글로벌 대중사회와 하나 되기

1870~1910년, 중국 초기 신문의 언어, 이미지와 도시

엮은이

루돌프 와그너 Rudolf G. Wagner, 1941~2019
하이델베르크대학교 중국학 수석 교수

글쓴이

바바라 미틀러 Barbara Mittler
하이델베르크대학교 중국문화연구 교수

나타샤 겐츠 Natascha Gents
에딘버러대학교 중국학과 교수

내니 킴 Nanny Kim
하이델베르크대학교 강사

캐서린 예 Catherine Vance Yeh 葉凱蒂
보스턴대학교 중국현대문학 및 트랜스문화연구 교수

옮긴이

심태식 沈泰植 Shim Tae-shik, 1967~2014
고려대학교 민족문화연구원 HK 연구교수 및 동 대학 중국학연구소 연구교수 역임

민정기 閔正基 Mihn Jung-ki
인하대학교 중국학과 교수

이성현 李成賢 Lee Seong-hyun
서울대학교 강사

차태근 車泰根 Cha Tae-geun
인하대학교 중국학과 교수

글로벌 대중사회와 하나되기

1870~1910년, 중국 초기 신문의 언어, 이미지와 도시

초판인쇄 2023년 8월 21일 초판발행 2023년 8월 30일

지은이 루돌프 와그너 외 옮긴이 심태식·민정기·이성현·차태근

펴낸이 박성모 펴낸곳 소명출판 출판등록 제1998-00017호

주소 서울시 서초구 사임당로14길 15 서광빌딩 2층

전화 02-585-7840 팩스 02-585-7848

전자우편 somyungbooks@daum.net 홈페이지 www.somyong.co.kr

값 29,000원 ⓒ 소명출판, 2023

ISBN 979-11-5905-770-0 93910

글로벌
대중사회
와
하나 되기

1870~1910년,
중국 초기 신문의 언어, 이미지와 도시

루돌프 와그너 외 지음 ─ 심태식 · 민정기 · 이성현 · 차태근 옮김

일러두기

저자의 원주는 미주를 사용하였고, 역자의 주는 각주를 사용하였다.

머리말

이 책은 1993년 하이델베르크에서 조직된 '중국 공론장의 구조와 발전'이라는 비공식적 연구그룹 멤버들의 연구 결과 가운데 일부이다. 이 연구 그룹은 주제와 연관된 다양한 연구계획을 위해 포럼을 개최하였다. 포럼에서는 청말 신문사설의 수사修辭로부터 중화인민공화국의 아카이브를 통한 국가 기억의 관리까지, 중국인의 선호에 부응한 신문의 문화적 변용으로부터 직업적인 저널리스트의 출현까지, 중국의 가장 중요한 초기 신문인 『신보申報』의 설립자이자 운영자인 어니스트 메이저Ernest Major로부터 중국 오락신문의 기준을 수립했던 이백원李伯元에 대한 연구에 이르기까지, 그리고 광고의 잠재적인 수신자에서부터 근대적인 스타의 등장까지 다양한 주제들이 다루어졌다.

'유럽의 팽창과 극적인 변환'을 기획한 독일연구기금DFG : Deutsche Forschungs-gemeinschaft은 수년 동안 본 연구를 지원하였다. 또 본 그룹이 조직한 두 차례의 학술회의는 독일연구기금과 장징궈蔣經國기금으로부터 지원을 받았다. 이러한 지원에 깊은 감사를 드린다. 본 연구 그룹의 출판물 및 기타 관련 정보는 다음 사이트에서 찾아볼 수 있다. http://sun.sino.uni-heidelberg.de.

본 연구 그룹은 지금도 관련 연구를 수행 중에 있다. 처음 참여한 연구자들 중 지금은 다른 영역에서 활동하고 있는 멤버도 적지 않지만, 대부분은 여전히 이 영역에서 연구를 계속 진행하고 있다. 수년 동안 함께 연구를 진행한 것은 우리 모두에게 놀라울 정도로 순조롭고 유쾌한 경험이었다.

차례

들어가며

루돌프 와그너^{Rudolf G. Wagner}

1962년 유럽에서 출판된 위르겐 하버마스의『공론장의 구조변동』이 1989년에 영어로 번역되자, 중국에 공론장^{public sphere}과 시민사회와 같은 개념이 적용 가능한가에 대해 중국 연구자들 사이에 논쟁이 일어났다.[1] 하버마스의 연구와는 별개로 또 다른 혁신적인 연구에서, 메리 랜킨^{Mary Backus Rankin}은 저장浙江 지방의 지역적 공론장이 장강 하류 지역의 공론장으로, 심지어는 1860년에서 청 왕조의 마지막 해인 1911년 사이에 국가적 차원의 공론장으로 점점 확대되어 가는 모습을 보여주었다.[2] 그녀는 국가 기구와 느슨하게 연계된 신흥 엘리트 집단의 '공공' 활동의 증가 및 그 집단의 점증하는 자각, 그리고 그에 따라 증가하는 문화적 표현, 이데올로기적 주장 및 사회적 연계를 주목하였다. 그녀는 상하이의 신문『신보申報』를 그들 간의 중요한 연결고리이자 심지어는 그들의 목소리라고 보았다. 그녀는 신문에 초점을 두지는 않았지만, 종종『신보』를 자료원으로 사용하였다. 또 하나의 중요한 것은 강남江南지역의 엘리트에 초점을 맞춘 윌리엄 로^{William Rowe}의 연구인데,[3] 그는 좀 더 '중국 중심적'인 접근법을 취하고 있다. 그는 외국의 영향과는 관계없이 중화제국 후기의 도시에서 발전하는 '시민사회'를 발견하였다. 프레더릭 웨이크맨^{Frederic Wakeman}이 지적하였듯이, 그가 다룬 한커우漢口 상인들 대부분이 상하이에 있는 외국기업의 매판상인들이었고, 외국인 소유의『신보』를 통해 한커우에 대한 뉴스를 접하였다(이 신문은 윌리엄 로에게도 중요한 자료원이었다).[4] 그렇지만 로의 분석에서 이 '외래' 미디어는 어떠한 자리도 차지하지 못했다.

하버마스의 논의와 함께 이들 연구들은 새로운 더 큰 맥락 속에 자리 잡게 된다. 하버마스의 초점은 공론장 발전의 친숙한 사회적 기초가 아니라 공론 장 속에서의 소통에 있었다. 그의 사회학적 연구는 역사학자들에 의해 수행된 방대한 실증적 연구에 의거하고 있다. 중국학 연구에 있어, 그와 같은 역사학적 연구는 아직도 초기의 단계에 있다. 역사학적 연구의 뒷받침이 없는 개념화의 확대는 기초가 허약할 수밖에 없다. 이 책은 그러한 기초를 보다 강화하는 데 일조하기 위한 노력의 일환이다.[5]

하버마스는 그 공론장을 명확한 유럽의 계몽 의제, 즉 국가와는 별개로 자신의 목소리를 내고 현대의 독점적 매체의 조작에 대항하여 강렬하게 비판하는 사회에 관한 의제와 연결시켰다. 그의 책 독일어판을 위한 1990년도의 서문에서, 그는 자신의 초기의 비관주의에 대해 재론하였다. 중부 및 동부 유럽의 진전된 상황들은, 수십 년간 선전매체가 완전히 독점되고 "자유에 익숙해진 사람들"이 없었다 하더라도, 사람들은 겉보기에 전권을 가진 독재정부의 합법성을 부정할 정도로 강력한 시민사회의 구성요소를 만들기 위해 적절한 영역을 활용할 수 있었다는 사실을 보여주는 듯했다.[6] 공론장의 개념을 서유럽으로 제한하는 것은 너무 좁아 보였다. 1989년의 중국의 사건[톈안먼 사건]도 유사한 반향을 불러일으켰다.[7]

하버마스는 국가와 대비되는 공론장, 대중, 시민사회를 정의함에 있어 스코틀랜드의 계몽주의를 따랐다.[8] 국가는 논쟁의 대상이지 논쟁의 주체가 아니다. 국가는 공론장의 행위자로 다루어지지 않았다. 중국의 경우는 이러한 시각에 맹점이 있음을 보여준다. 최초 중국의 신문이 등장하기 훨씬 이전에, 조정에서는 승인된 정보와 문서들을 정기적으로 대중에게 공표하였다. 이를 바탕으로 한 『경보京報』는 비록 개인 인쇄소에 의해 운영되기는 하였지만, 조정에서 공표한 전체 내용을 문구의 변경이나 다른 텍스트의 추가 없이 그대로 복제해야만 했다. 1870년 초기 『신보』가 신문의 기능에 관한 사설에서,

『경보』형식은 상류와 하류 사회, 국가와 사회 간의 의사소통의 흐름을 위에서 아래로의 시달로 축소시켰다고 말한 것은 매우 적절한 지적이었다. 1870년대 이후 상하이에서 중국어 신문이 성행하고 전국적으로 보급되었으며, 비록 점진적이지만 광범위한 독자층에 의해 명확히 수용되었다. 하지만 이것이 곧 정부의 관보의 역할이 서유럽의 여러 국가에서처럼 중요하지 않게 축소되었음을 의미하는 것은 아니었다. 중국 정부는 공론장에서 계속하여 큰 목소리를 내고 있었다. 중앙정부는 대중의 정당한 의사표시를 국가의 목소리로 축소시켜버릴 실제적인 힘을 가지고 있는 한 이를 실행에 옮겼고, 1949년 이후에는 이것을 가장 효율적인 방법으로 실행하였다. 중국에서는 관보를 비롯한 정부의 매체들이 사실상 대중의 의사표시의 주류를 이루고 있다. 여러 목소리를 내는 언론의 존재는 국민의 마음을 통합할 수 없는 허약한 정부의 특징으로 간주되었다. 공론장으로부터 국가를 제외시키는 것은 유럽인의 문헌에 의해서도 지지받지 못하는 것처럼 보인다. 로제 샤르티에^{Roger Chartier}의 『프랑스 혁명의 문화적 기원들』¹⁹⁹⁰은 프랑스 정부가 부정적인 검열자로서가 아니라, 출판가, 역사학자, 논객, 편집자, 기자로서 얼마나 적극적이었던가를 보여준다. 중국의 경우 사태는 훨씬 더 복잡하다. 19세기 말 수년 동안 양계초가 신문이 지지와 선전의 수단이라는 것을 발견한 이후, 중국의 후세대 개혁자와 혁명가들은 계속해서 그의 뒤를 따랐다. 신문이 부르주아[9] 같은 "특정 계급의 수단" 혹은 제국주의 국가와 같은 권력의 수단일 뿐이라고 보는 시각에서 보면, 자유 언론이라는 개념은 적대적 의도를 숨기기 위한 위장에 불과했다. 뿐만 아니라 이 "수단"을 공산 프롤레타리아의 선전과 "피억압" 국가인 중국의 이익을 옹호하기 위해 사용하는 것 역시 정당했다. 중화인민공화국에서의 공식적인 의사표시는 국가의 목소리와 성공적인 혁명의 목소리가 통합된 권위를 지닌다. 상하이와 같이 고립된 지역조계지를 의미함-역자의 "제국주의자"들의 공론장을 중국본토로부터 계속해서 배제시킴으로써, 지도층을 비롯한 온 나라가 자신의 상황만을 볼 수 있게끔 시야를 효과적으로 차단시켰다. 그 대가는 무시될 수 없었다. 인간이 초래한 20세기의 최악의 기근은 1958~1961년의 대약진 운동 시기에 발생하였다. 아마티아 센^{Amartya Sen}의 연구에 따르면, 그 원인은 "문제들"에 대한 정보가 파편적이어서 전체적인 재난 상황을 파악할 수 없었던 점과 농업과 산업 생산에 있어서의 훨씬 더 놀라운 돌파에 관한 신문의 극단적인 초현실주의적 보고 때문이었다.

공론장에서 국가의 역할에 대한 인식의 필요에 대해 1990년대 초반 이후 중국 연구자들에 의해 제기된 몇몇 주장을 받아들여, 나는 우리가 이 개념을 공식화하되 그것을 "부르주아사회"[10]에 국한시키지 않고 간단히 유사한 세계에서 발견되는 기능적인 가치로 볼 것을 제안하고 싶다. 이러한 의미에서 "공론장"이라는 개념은 국가와 사회 그리고 사회의 기타 부문들이 이성과 타당성이라는 문화적이고 역사적으로 정의된 규칙 내에서 그들의 이익과 의견을 표현하는 그런 공간을 의미한다. 공론장의 존재는 그 구성원들이 갈등이 발생할 때마다 폭력에 의존하지 않는 사회 질서의 핵심 구성요소이다.

이렇게 공식화된 의미에 있어 공론장은 전근대 시기 중국에도 존재했었다. 이는 현실적으로 존재하였을 뿐만 아니라 현자들이 다스리던 유토피아적인 과거시기에 가능했거나 당위적이었던 혹은 실제였다고 생각하는 사회적 상상 속에서도 존재하였다. 그것은 "의사표시의 통로言路", 즉 국가와 관리들에 대한 사회의 하층민의 비판적 의견을 황제에게 알리는 열린 의사표시의 길이라는 개념에서 잘 나타난다. 이 통로는 왕조의 붕괴를 막기 위해 항상 열려있어야 한다는 것이 기본적인 간언의 특징이었다. 이와 반대인 위로부터의 지시는 교화化라는 개념, 즉 도덕적인 "변화" 및 그에 따른 황제와 관리들의 글, 말, 행동을 통한 인민들의 정신적 통합이라는 관념으로 표현되었다. 한편 청조 말기 및 민국시기뿐만 아니라 1988년 이후의 타이완에서의 다양한 목소리를 가진 언론에 대한 폭넓은 수용은, 적어도 화인華人사회에 공론장에 관한 서로 대립적인 문화적 가치가 존재하고 있음을 말해주고 있다. 이런 측면에서, 초기 단계의 중국어 신문에 대한 연구는 골동품 애호활동을 넘어선 그 이상의 의미를 지니고 있다고 할 수 있다.

각각의 세력들이 자신들의 열망을 쫓아 공론장 및 그 안에서의 자신의 역할을 구축하려 시도함에 따라 극적인 변화가 발생하였다. 아편 전쟁과 그것으로 인한 조약 항구의 개방, 특히 상하이의 개항과 홍콩의 할양은 그러한 변화를 추동한 대표적인 계기이다. 이들 조계지 및 식민지에서 보다 넓은 중국 공론장에서의 의사표현의 발판을 제공한 중국어 신문들이 연이어 출현하였다. 마침내 상하이도 정당, 노조, 상업회의소 등과 같은 비정부 사회조직이 형성되기 위한 터전이 되었다. 이들 조계지 및 식민지는 스스로를 중국인이라 생각하는 사람들이 거주하고, 관리는 다른 부류 사람들에 의해 행해지는 혼합적인 장소였다. 결국 그들은 인종, 언어, 문화적 배경에 의해서가 아니라, 동일한 도시 공간 및 방식으로 활동하는 것에 기반을 둔 상하이인Shanghairen/상하이 정착인Shanghailander으로서의 혼합된 정체성을 받아들였다. 이들 두 집단의 상호작용하에 두 가지 전통에 의거한 새로운 공론장의 구조가 나타났다. 본서에 수록된 연구는 이 새로운 구조에 대한 탐색을 보여준다.

19세기 후반의 상하이와 중국에 있어 공론장의 존재가능성과 유효성에 대한 검증은 유럽의 경우에서는 간과되어왔던 다른 측면들을 부각시킨다. 공론장과 관련된 세 가지의 추가 영역은 다음과 같다.

1. 국가와 경계를 같이 하는 것이 아니라 본질적으로 국가를 초월하고 국제적이다.
2. 단일한 것이 아니라 개방성과 "문명화된 합리적인 행동"의 정도에 있어 뚜렷

한 공간적 차이를 나타낸다.

3. 의사표현을 고상하고 이성적인 담론의 범위나 그것을 창출할 수 있는 사회 부문에 국한시키지 않는다. 그것은 사회의 각 부문, 각각의 "대중"의 재량에 의한 다양한 모든 의사표현과 행동의 형태를 활용한다.[11]

하버마스 본인은 공론장을 국경 내의 지역사회와 경계가 동일한 것으로 간주한다. 그러나 규모, 중요성, 성질, 영향력 등 어떠한 기준을 적용하더라도, 1870년에서 제2차 세계대전까지 모든 언론매체에 나타난 거의 모든 중국 공론장의 의사표현은, 중국 영토이지만 외국인이 관리하던 상하이라는 조계지에서만 표현될 수 있었고 실제로도 그러하였다. 1949년의 상하이 "해방", 그리고 중국내부의 조치와 외부에 의한 보이콧으로 인해 스스로를 사회주의 블록에 가두어 둠으로써, 중국 내부의 공론장은 공산당 선전부에 의해 감독을 받는 당의 의사표현으로 통합되어 붕괴되고 말았다. 그 이후, 외국에 기지를 둔 라디오 방송국들과 홍콩은 비록 극도로 축소된 형태이기는 했지만 상하이의 역할을 떠맡았다. 그러나 이 고립된 지역에서 제공된 정보와 의견은 중국 공론장의 핵심 요소였고, 우리 시대의 인터넷과 월드와이드웹으로 계속 유지되고 있다. 18세기의 프랑스를 되돌아보면 동일한 구조가 나타난다. 하버마스의 연구를 참조하지 않았지만, 로버트 단턴Robert Darnton에 의하면 디드로의 백과전서에서부터 마리 앙투아네트에 반대하는 포르노 팸플릿에 이르기까지, 프랑스 혁명의 중요한 지표이자 심지어는 전조로 간주된 거의 모든 작품들이 프랑스 국경을 넘어 뇌샤텔Neuchâtel 또는 라이덴Leiden에서 출간되었다.[12] 이 논문에서 언급된 모든 신문들이 상하이 외국인 거주 지역 또는 식민지 홍콩에서 출판되었을 뿐만 아니라 그 시기의 신문매체들 중 가장 중요한 것이었다는 사실은 전혀 우연이 아니다. 또 대부분의 핵심 활동가들은 진정한 외국인들이거나 외부 세계와 강력한 연계를 맺으며 보호를 받고 있던 중국인이 었다는 사실도 우연이 아니다.

이렇게 세계화되어가는 공론장은 그 나름대로의 독특한 구조를 가지고 있다. 19세기 중반 이후 중국은 탈중심화되었다. 오늘날 근대화라 불리는 뒤이은 과정은 국경 저 너머의 중심지들에서 규정되었다. 일반적으로 이러한 멀리 떨어진 중심지에 대한 중국인의 지식은 피상적이었으며, 이는 본질주의적이고 탈역사적, 탈맥락적, 실용주의적인 인식을 초래했다. 바로 그 도구는 사회에서의 정보 흐름뿐만 아니라 갈등을 이성적이고 효율적으로 처리할 수 있게 하는 핵심 구성요소로서 성공적인 근대화의 패키지의 일부로 등장하였다. 따라서 부상하는 '현대' 중국의 공론장의 국제성은, 단지 그 중심이 상하이에 혹은 그보다 정도는 덜하지만 홍콩에 위치했다는 점, 특별한 유형의 국제적인 관계자들이 맡고 있다는 점, 중국의 대외 관계뿐만 아니라 중국 발전의 모델과 관련된 외국뉴스를 포함하고 있다는 점들만을 의미하는 것은 아니다. 신문이나 사회단체와 같은 근대적 공론장의 제도들은 그 이론적 근거와 더불어 처음부터 외부로부터 이식된 것이었다(이 외래성은 어느 정도 오늘날까지 계속되고 있다). 청조의 영토 안에서, 우리는 각 지역에서의 지역 엘리트의 형성, 심지어는 그들의 응집력 있는 네트워크에로의 점진적인 통합을 발견할 수 있지만, 그들의 의사소통의 압도적인 중심지는 바로 상하이였다. 동시에 상하이는 이러한 신흥 엘리트들의 가장 큰 집합지였다. 매체와 사회적 관계망을 제쳐놓고 청조 말기의 중국의 공론장에 대해 이야기하는 것은 거의 무의미하다. 상하이는 매체가 발아한 장소일 뿐만 아니라 동시에 중국의 근대화의 중심지였다.[13] 상하이의 매체는 그것들이 고위 정치인을 다루든 기녀와의 유희를 다루든 아니면 사회 및 제도의 변화에 대한 제안을 다루든, 그 도시의 특권에 의지할 수 있었고 또 의지하였다. 근대 중국 공론장은 상하이로부터 확산되었으며, 각 지역의 공론장의 밀도는 이후 수십 년간 극도의 편차를 나타냈다.[14] 이 고르지 못한 분포는 갈등을 다루는 데 엄청난 차이를 보여주었다. 반대 의견에 대한 『신보』 지면의 개방성은 "이성적"이고 비폭력적인 논쟁에 특권을 제공하였다.

신문의 역사에 대한 연구에서 계몽 및 (혹은) 선전의 의제는 수년 동안 인기는 있지만 영향력 있고 중요한 의사표명 형태를 간과하도록 이끌었다. 이 불균형은 서구의 신문 역사의 연구에서는 점진적으로 사라진 반면 — 아마도 현대의 타블로이드의 현저한 영향에 대한 반응일 것이다 —, 중국 연구에서는 거의 그렇지 않다. 오늘날까지도 주의나 이념 지향적 언론이 강조되고 있으며, 중화인민공화국의 연구자들은 이것을 현대적 정당 신문의 합법적인 선구자로 간주한다. 이러한 강조는 그런 유형의 매체에 대한 최초의 선전자인 양계초에 의해 시작되었다. 그의 견해에 의하면 1895년 이전에 중국에는 언급할 만한 신문이 없었다. 왜냐하면 그 이전에 있었던 것은 순전히 상업적이었고 게다가 외국인의 자본 통제하에 있었기 때문이었다. 그 결과 상업신문은 물론 대규모의 오락신문도 피상적인 관심 이상을 끌지 못하였고, 만약 관심을 끄는 경우가 있었다면 오로지 정치적 관점하에서만 그리하였다. 이러한 해석에 따르면, 초기의 『신보』는 단지 반동적 제국주의자가 중국 내부 문제에 간섭하는 수단에 지나지 않는다. 1898년의 백일유신으로 끝난 무술변법시기에 『신보』의 편집자 황협훈黃協塤이 변법운동의 지도자들 중 한 사람이었던 강유위康有爲 — 지금은 공식적으로 당시의 진보적인 부르주아 혁명가로 평가받고 있는 사람 — 에 대해 견지하였던 비판적 태도는 이에 관한 대표적 증거로 언급된다. 1920년대 중국, 더 어려웠던 계급투쟁의 시기에 『신보』의 실제 소유주이자 편집장이었던 중국인 사량재史量才조차 부르주아 반동분자로 간주되었다.[15] 삽화가 그려진 신문 『점석재화보點石齋畵報』 역시 종종 사회적, 정치적 장면을 정치적으로 의심스러운 관점에서 묘사한 삽화의 아카이브로 폄하된다. 그리고 청조 말기와 민국시대의 수많은 조그마한 형식의 타블로이드판 소보小報는 지금까지도 그것에 관한 개요 보고서가 한 편에 불과할 정도로 중국에서 홀시되고 있다.[16]

중국인이 쓴 중국 역사서에서는 1900년 이전 수십 년 사이 중국어 신문의 설립에 관해서 서술하지 않았다. 이들 신문은 중국어로 중국인에 의해 작성되었고 중국인들에 의해 읽혔기 때문에, 중국내 서구적인 매체에 관한 연구에서도 그들이 자리할 공간이 없었기 때문이었다. 대표적인 사례가 어니스트 메이저라는 인물이다. 그는 1872년 이후부터 70년간 상하이를 중국의 매체와 신문의 수도로 만드는 데 중심적인 역할을 하였다. 그럼에도 그는 아직까지 중국이나 서구의 편람에서조차 적절한 위치를 얻지 못하고 있다.

중국의 공론장의 구조를 그 역사적 변화, 혁명, 대변동, 다양한 밀도를 고려하여 탐색함에 아직도 해야 할 작업의 규모와 중요성을 감안하면, 이 책에서의 연구가 제공할 수 있는 공헌은 충분히 가치가 있다. 광범위하고 대담한 새로운 개념화를 위한 풍성하고 확고하고 구체적인 기초는 갑자기 만들어지지 않는다. 그러나 본서에 수록된 연구들이 추구하는 것은 이 매우 방대하고 난해한 자료들에 대한 연구에서 갖가지 유용한 방법론적 접근을 모색하는 것이다. 그리고 기본적인 특질이 확립되던 결정적인 초기 단계 신문의 핵심적인 특징의 일부를 조사하는 것이며, 특히 삽화가 포함된 오락적인 신문에 대한 연구를 통해, 이 시기의 대중의 의사표현의 넓은 스펙트럼에 대한 시야를 확보하는 것이다. 본서는 기록되고 출판된, 문자적이고 시각적인 중국과 서구의 자료 — 이것의 대부분은 모든 언어를 막론하고 최초로 여기에서 소개되었고 제시되었다 — 의 풍요롭고 다양하며 환상적인 기록을 처음으로 개방하여 보여 줄 것이다.

새로운 매체는 그것들이 합법적으로 주목을 끌고 시장에서의 위치를 확보하는 데 필요한 문화적 특징을 가질 수 있도록, 내포 독자들에게 받아들여질 수 있는 중국의 사물의 질서 속에 일정한 위치를 부여받아야만 한다. 사회적 상상 속에서의 이 자리는 가장 높은 수사학적 수준의 논증을 통해, 이상적으로는 사설과 서론의 형식 그리고 문화적 패키지의 전략을 통해 확보되었는데, 이것은 다소 친숙한 외관의 이면에 새롭고 세계적이라는 흥분을 함축하고 있었다.

　혹자는 당시 독자들은 실로 『신보』, 『점석재화보』, 『유희보游戲報』의 뉴스, 그림, 가십에 대해서만 관심을 가졌을 뿐, 이러한 수사학적 실천에 대해서는 관심을 두지 않았다고 주장할지도 모른다. 이러한 신문들을 중국의 상상 속에 위치시키려는 계속적인 노력은 또 다른 이야기를 전해준다. 『신보』는 사설을 통해 신문이 상류층과 하층, 조정과 인민, 국가와 사회 간의 막힘없는 의사소통을 중시한 고대 중국의 이상을 실현하기 위한 근대적인 기술이라는 점을 강조하기 시작하였다. 『점석재화보』는 그 발간사에서 전 세계에서 일어나는 이상한 것들을 그림을 사용하여 묘사할 때 사실주의적으로 전환할 것을 제창했다. 오락신문의 경우 기사들은 도시의 거주자들의 주간週間 활동에 새로운 오락 공간을 제공하기 위하여, 상하이 기녀 세계의 묘사를 중심으로 사회 병리현상을 간접적으로 반영하였다.

　문화적 패키지는 역시 이에 못지않은 역할을 하였다. 이에 대한 증거로는 더욱더 잘 적응하기 위해 거듭 새롭게 시도하는 가운데 이루어진 끊임없는 변화를 들 수 있다. 다시 말하면 형식적인 측면에서 달력의 활용, 언어 수준, 수사적 장치, 독자와의 관계의 활용 등에 대한 고려라든지, 아편흡연에 대한 『신보』의 지속적인 비판과 같이 사회적 문제에 개입, 또는 홍수 피해자를 위한 『점석재화보』의 기금모집이나 『유희보』의 중국 최초의 "민주적 선거" 구성 — 상하이 기루의 단골손님의 투표에 의한 가장 매력적인 기녀의 선발 — 등이 그 예이다. 이들 신문들은 시장에서의 성공에 영향을 미치는 대중적 이미지와 수용양상에 많은 신경과 주의를 쏟는 등, 중국 공론장에서 개성 있는 행위자로 활동을 하였다.

바바라 미틀러Barbara Mittler의 글은 최초라는 이름에 걸맞는 중국 신문이 준비되던 과정에 개입된 논증적, 수사적, 문화적 전략에 대한 분석을 매우 강조한다. 19세기 유럽의 백과사전에서 규정한 이상적인 신문의 목적과 역할이 중국에 소개되고, 마찬가지로 이상화된 중국의 고대 방식으로 재규정되었지만, 양자 사이에는 현저한 차이점이 존재하고 있었다. 유럽에서 언론은 사실 다양한 검열에서부터 시장경쟁과 재정적 통제에 이르기까지 각종 제약을 받았지만, 상하이 시의회 격인 공부국工部局에는 어떤 형식이든 그와 같은 기관이 없었다. 언론에 적용된 유일한 법규는 상하이에 영사관을 둔 각 국가의 법률 가운데 명예훼손법이었는데, 이것은 따분한 도구였고 거의 적용된 적이 없었다. 조계지 상하이 지역에는 대체적으로 가장 자유로운 언론이 존재하였는데, 이는 바로 국정에 관해 조정의 가장 배타적인 독점을 주장하던 국가의 한 지방이었다.『신보』가 해결해야 했던 문제는 검열이 아니라 새로운 매체의 흥분과 전망을 포기하지 않으면서도 중국인 독자들로부터 받아들여지는 것이었다.

중국의 1세대 저널리스트에 관한 나타샤 겐츠Natascha Gentz의 인물 연구는 역사 사회학의 전통을 따라 진행된다. 그의 주장의 기본 입장에 의하면, 1895년 이전 중국에는 신문에 대한 관심과 존경이 결여되어 있었다. 초기 저널리스트들은 제국의 과거시험에 낙방한 자질이 떨어지는 사람들로서, 그들이 언론 활동에 참여한 것은 외국인과 협력하여 중국의 학자들과 관리들을 중상모략함으로써 자기들의 좌절감을 분출시키기 위한 것이었다. 그의 연구는 형성되고 있는 최초의 새로운 '근대적' 계급, 지식인과 저널리스트 계급, 그리고 선교사 또는 다른 외국 관련 기관 및 학교와의 모종의 관계를 공통된 배경으로 하는 교육받은 사람들을 보여준다. 그들은 상하이와 홍콩이라는 임시 체류자의 도시에서 자신들의 출신지와는 무관하게, 전국적인 상호 연계를 형성하였다. 그들은 교육, 지식, 사회적 지위를 가지고 있었다. 그들은 정치변화와 거역할 수 없는 중국과 세계의 상호연계로 인해 출현한 새로운 선택권을 자각한 최초의 사람들이었다.

와그너와 내니 킴Nanny Kim은 그림신문(화보)의 국제적 연계 속에서 중국의 최초이자 가장 중요한 화보인, 어니스트 메이저의 『신보』사의 또 다른 신문『점석재화보』1884~1897를 다룬다. 문화 연구 접근법을 통해, 와그너는 다음과 같은 새로운 맥락 즉 이미지를 매체의 핵심 특징으로서 삼는 일반적이고 세계적인 변화, 특수한 것을 중심으로 한 심미적 기호의 변화, 일반 대중이 갖는 잠재적 뉴스 가치에 대한 긍정이라는 맥락에서 이 신문의 기원을 추적을 한다. 이러한 새로운 시각적 제국의 기본 요소는 국가의 상징 및 선전 포스터의 석판인쇄 선구자에 해당한다. 이런 신문에 어울리는 스타일 및 그에 대해 관심을 가진 안정적인 시사 화가 그룹의 발전은 나타샤 젠츠에 의해 연구된 저널리스트들과 유사한 특징을 나타낸다.

내니 킴의 연구는 『점석재화보』를 청조 말기의 사회사에 대한 독특한 관점을 보여주는 아카이브로 간주하는 시각을 거부한다. 그의 연구는 비록 정확한 숫자는 알 수 없지만, 얼마 안 되는 한 자릿수의 지식이라도 없는 것보다는 훨씬 낫다는 가정하에 진행된다. 그는 최초이자 가장 성공적인 이 화보의 구체적인 특징을, 또 주제와 지역적 선택, 내포 독자와 그래픽 전략의 매우 구체적인 특징을 효과적으로 보여준다. 뿐만 아니라 그는 지금까지의 연구가 고려하려 했던 것보다 훨씬 복잡하고 간단히 도시적 합리성으로 환원시키기 어려운 내포 독자의 심성을 부각시킨다. 이 연구에서는 내포 독자를 실제 역사적인 독자와 직접 연결시킨다. 이 연결은 처음부터 본질적으로 기정사실적인 것이 아니다. 그러나 특별한 경우에 그 연결을 형성하는 것은 바로 시장이다. 문장과 삽화에 대한 내포 독자들은 실제 독자와 밀접히 연관되어 있음이 분명하다. 왜냐하면 이것만이 실제 독자에게 『점석재화보』를 구매하려는 동기를 부여할 수 있기 때문이다. 그 신문이 보여준 시장에서의 성공과 장기간 발간은 독자가 구매한 동기가 무엇인지를 말해주는 증거이다.

캐서린 예Catherine Yeh는 『유희보游戲報』와 『세계번화보世界繁華報』를 중심으로 1895년 이후의 상하이에서 발달한 새롭고 전문적인 오락신문에 대해 맥락을 고려한 문화 연구를 제공한다. 이 신문들은 청일전쟁, 1898년 무술변법의 시도 및 실패를 배경으로, 이에 대한 반작용으로 상하이 오락문화가 번성하던 시대에 대한 풍자적인 비평으로서 성행하기 시작하였다. 새로운 오락 신문과 그 성공은, 중대한 민족적 관심 ─ 그 당시의 모든 의식있는 인물들의 유일한 관심이었다고 역사책들이 우리에게 말해주는 ─ 이 그들의 도시 여가를 보낼 새로운 방법에 대한 관심, 그리고 네 명의 톱 기녀들이 새로운 모자를 씀으로써 가을 시즌의 시작을 널리 알릴 날짜에 동의했다는 뉴스와 함께 불편한 공존을 해야 했다는 사실을 암시한다. 외견상 가벼운 이 두 신문을 모두 주관하였던 편집장 이백원李伯元은 그의 소설 ─ 그중 일부는 그의 신문에 연재되었던 ─ 과 함께 당시에 가장 날카로웠던 사회비평가로 알려져 있다. 동시에 그의 신문은 초기의 정치적 인물들이 상당 수준으로 부상하기 수년, 심지어는 수십 년 전에, 상하이의 기녀와 경극 배우들이 대중적이고 국가적인 스타가 되는 통로로서의 매체가 되었다.

전반적으로, 본서의 각 장의 공통된 의제는 광범위한 기초를 가진 실증적 연구를 제공하는 데 있다. 그들은 근거있는 반대 의견을 위한 기초를 제공하고, 숙고의 대상인 주제가 논의되고 서술되는 방식을 보여주기 위해, 그들 핵심 증거에 대한 반증 가능한 번역을 제공하는 것을 마다하지 않았다. 그들은 자료 평가에 있어서든 혹은 논쟁에 있어서든 유행하는 방법에 의해 방해받는 것을 피하려 하였고, 인문학의 다른 분야에서 개발된 접근방법을 최대한 활용하려고 하였으며, 통제되고 반증 가능한 방법으로 보다 넓은 개념화에 도달하려고 노력하였다.

제1장

외래 매체의 현지화

서구식 신문을 중국 공론장에 편입시키기

바바라 미틀러Barbara Mittler

외국인 선교사와 상인들이 중국에서 최초로 스스로의 중국어 신문을 발간하기 전까지 중국에는 서구적 의미의 신문은 없었다. 그리하여 새로 발전하는 중국 신문도 또한 그 상대인 서구 신문의 여러 특징들을 공유했던 것이다.[1] 그러나 새로운 환경에서 살아가기 위해 이 신문들은 변화하지 않으면 안 되었다.

본 장에서는 이러한 변화 과정을 분석할 것이다. 신문이 어떤 **모습이어야 하는가**에 관한 19세기 후반의 서양과 중국의 규범적 담론, 그리고 초기의 중국 신문이 **실제로 취할 수 있었던 모습**을 분석할 것이다. 신문의 중국화 과정 속에서 많은 아이러니한 예상 밖의 사건들이 일어나고, 그 일들이 신문의 기능과 지위를 급격하게 변화시켰다. 이러한 사건들은 중국의 미디어를 서구 미디어의 단순한 모방품이라기보다는 오히려 경쟁자로 만들어 버렸다.

제1장의 초기 버전은 나의 저서 *A Newspaper for China? Power, Identity and Change in Shanghais News Media, 1872~1912*(Cambridge : Harvard University Press, 2004)의 서문과 제1장, 제2장의 작은 부분들을 구성하고 있다. 이 장은 하이델베르크의 공론장 그룹과 1995년 2월 베를린에서 유럽 확장의 전환이라는 학제 간 연구 그룹(독일연구협회의 지원)에 제출되었다. 나는 두 그룹 성원들의 제안과 비평에 감사드린다. 그러나 남아있는 모든 결함은 나의 책임이다.

제1장 | 외래 매체의 현지화   21

신문이란 무엇인가? 서구의 시각

신문 매체라는 것이 중국에 도입되었을 무렵 서양사회에서는 이미 언론 매체가 확고한 기관으로서 지위를 확보한 상태였다. 언론인이라는 새로운 직업이 생겨서 이미 확고해져 있었고, 이 언론계라는 집단의 자부심이 높아진 것처럼 신문의 이점에 관한 대중의 기대감도 커져 있었다. 이 시기의 신문에 관한 규범적 담론은 프랑스의 『19세기 대백과사전』*The Grand Dictionnaire Universel du 19ième siècle*[2]이나 『브리태니커 백과사전』[3]과 같은 저명한 백과사전에서 볼 수가 있다. 그러한 백과사전들은 주어진 특정한 시기의 지식층들에 의해 공유되는 개념들을 반영하는 경향이 있다. 그 면모를 보다 구체적으로 보여주기 위해, 나는 여러 신문의 발간사와 사설에서 중요한 인용문들을 소개하겠다.

오랜 기간 동안, 신문의 역사가 공적 통제하에서 공식 정보를 바탕으로 한 공식적인 발표의 역사였다면,[4] 독립적 신문이라는 이상은 적어도 디드로의 『백과사전』[1751] 이래로 강하게 제기되어 왔다. 그 『백과사전』에서는 신문을 다음과 같이 설명하고 있다. "사람들이 언론의 자유가 국가에 도움이 되는가 아니면 해가 되는가를 묻곤 한다. 대답하기는 어렵지 않다. 자유라는 토대 위에서 세워진 나라에서는 이 언론의 자유를 지키는 것이 너무나도 중요하다. 나는 더 나아가 다음과 같이 말하길 주저하지 않겠다. 언론의 자유와 관련된 단점들은 그 장점들에 비해서 너무나도 작은 것이므로 언론의 자유는 온 세상의 공통적인 권리가 되어야만 한다. 그리고 모든 정부들이 언론의 자유를 허용해야 한다는 것은 분명히 권할 만한 일이다."[5] 따라서 비록 오늘날에도 대부분 신문들이 이 말에 부합하지 않는 경우가 많지만, "진짜" 언론에 대한 백과사전의 정의들은 당연히 오직 "자유 신문"[6] 이라는 이상적 형태에 초점을 맞추고 있다. 그리고 언론 규제 법령과 언론 검열은 국가의 합법적인 관리 수단으로서가 아니라 "자유 언론"에 대한 부적절한 침해로서 묘사된다.

우선 이상적인 신문은 방대한 뉴스를 수집하고 배포할 능력을 가지고 있다. 그리하여 『브리태니커 백과사전』은 런던의 『데일리 코란트*The Daily Courant*, 매일신문』 발행인의 1703년 다음과 같은 주장을 싣고 있다. "우리는 기자들에게 해외로부터 오는 모든 소식이 제대로 공급되도록 주의를 기울여왔다."[7] 또 다른 예를 보자면, 1785년에 『유니버설 데일리 리포터*The Universal Daily Reporter*』의 창간호는 다양한 뉴스를 얻으려는 노력을 강조하고 있다. "신문은 (…중략…) 시대의 기록이며, 모든 종류의 정보의 충실한 기록자여야만 한다. 어떤 특정한 대상에 몰두해서는 안 되며, 마치 잘 차려진 식탁과 같이 모든 사람의 구미에 맞는 것을 포함해야만 한다."[8] 국내외의 그리고 진지하든 재미있든 광범위하고 다양한 소식을 제공한다는 이상은 초기 신문들의 약속이며 목적이었다. 이것은 『19세기 대백과사전』이 1609년에 발간된 운문 신문에서 인용한 다음 구절에서 명확하게 보여주고 있다.

> 시처럼 써 내려간 이 신문은 모든 지식인을 만족시키네.
> 온 세상으로부터 우리는 소식을 얻는다네.
> 이 신문은 병참 장교도 없이 도처에 살고 있는 수많은 기수를 보유하고 있다네.
> 모든 사람들이 신문에게 소식을 묻네, 신문의 쉼 없는 이야기에서.
> 이곳과 저곳, 동양으로부터 그리고 서양으로부터,
> 그리고 세계의 모든 지역으로부터, 단 한 가지 일도 빼놓지 않고,
> 칙령 소식이거나, 위원회 소식이거나, 또는 전쟁 소식까지, 취미생활이거나 관심사항이거나.
> 신문은 모두 말하네, 어려운 일들 그리고 전망 좋은 일들,
> 무슨 일이든지 간에, 절대 빼먹는 일이 없네.

말에 기수를 늘리지 않고도, 독수리처럼 빠르게 소식을 전한다네.[9]

동양에서 서양까지의, 칙령에서 전쟁에 관한 것까지 모든 범위의 소식으로 신문은 독자들의 호기심을 빠르게 만족시켜줄 수가 있다. 신문의 다양한 내용은 또한 두 번째 기능을 가지고 있다. 바로 교육적 가치이다. 『19세기 대백과사전』에서 말한 바와 같이, 언론은 "계몽운동의 확산을 위한 가장 강력한 수단이다".[10] 또는 『뉴욕 헤럴드*The New York Herald*』의 1830년대 한 사설에서 주장하듯이, "신문은 이끌어 갈 수가 있다. (…중략…) 인간의 사상과 인간의 문명의 위대한 운동들에서. 신문은 더 많은 영혼을 하늘나라에 보내 줄 수 있고, 뉴욕의 모든 교회나 성당보다도 더 많은 영혼을 지옥에서 구할 수 있다. 게다가 동시에 돈을 벌면서".[11] 『19세기 대백과사전』의 "신문"과 "언론" 항목에서는 신문은 "그것이 지식이기 때문에 강력하다", 신문은 "감전되듯 마음의 문제에 관여한다"[12]고 주장한다. 그리고 결론적으로 신문은 "구시대적 사회에게는 적으로 간주된다"[13]라고 말한다. 따라서 세 번째 기능은 바로 교육적인 신문은 근대화의 도구이자 근대화를 나타내는 표상이라는 점이다.[14]

게다가 신문은 서로 다른 의견을 펼칠 공간, 토론을 위한 공간, 그리고 여러 가지 일들을 생각할 공간을 제공한다. 신문은 대중적인 감정을 기록하여 제공하며 "여론의 형성"[15]에 책임이 있다. 그리고 "(신문은) 지적인 삶의 발전에 기여하면서 동시에 공공의 삶과 관계있는 모든 것을 이해하고 합리적으로 판단하도록 가르친다".[16] 이와 같이 여론을 성숙하게 한다는 점이 바로 백과사전들에서 제시한 신문의 네 번째 기능이다.

또 신문은 정보를 제공하고 비평을 하며, 상하층의 사람들에게 판단을 가르치기 때문에 심지어 정부를 통제하는 기능을 하기도 한다. 『19세기 대백과사전』에 따르면,

이러한 목적을 위해 구성된 의회를 제외하면, 오로지 신문만이 정부에 관한 감독권을 행사하는 것이 가능하다. 단지 신문만이 공공의 일에 관해서 시민들이 알도록 해주고, 시민들이 스스로의 이익과 관련된 일을 깨닫게 해 줄 수가 있다. 마지막으로, 단지 신문만이 절대 심판자인 대중에게, 한 시민이 정부의 어떤 특정한 대표자, 즉 관리에게 품을 수도 있는 불만에 관해 알려줄 수 있다.[17]

이 백과사전은 "언론" 항목에서 심지어 언론을 "비판자의 무기"[18]라고 말하기도 한다. 정부는 여론에 뒤지지 않고 따르기 위해서 신문을 읽어야만 한다.[19] 왜냐하면 신문은 "정부에게 사회의 관심사, 생각, 의견, 토론, 그리고 불만사항에 관해 말해주고, 또 다른 나라의 발전 상황도 말해주며",[20] "신문은 기사가 옳고 그른지와는 별개로 신문을 멸시하는 것을 업으로 하는 사람들에게도 자신의 존재를 인식시키기"[21] 때문이다. 그러므로 신문은 통치자와 피통치자 사이의 중요한 의사소통의 통로가 된다.[22]

위의 백과사전들은 언론을 설명하기 위해서 기본적으로 찬사의 논조를 유지하고 있다. 국가 권력이 자신의 목적에 맞게 잠재적으로 "위험한 이 도구"를 이용하기 위해, 저널리스트와 발행인들을 고용하거나 검열제도를 수립하고 관방신문을 발간하는 등을 통해 계속해서 적극적으로 간섭했다는 점을 고려하면, 역사 기록은 분명히 다소 다른 관점을 지지할 것이다. 국정(또는 다른 일의) 홍보를 위해서 언론사를 이용할 수 있는 잠재성은 인정하고 있지만, 그렇다 하더라도 언론을 찬양하는 표준 화법을 넘어서지는 않는다.

신문이란 무엇인가? 중국의 시각

　언론에 관한 유럽의 규범적 담론의 핵심 요소들은 중국의 실용주의적 진술에서 다시 등장한다. 이 부분에 해당하는 증거는 바로 중국의 지식인과 정치인들의 관념을 보여주는 가장 중요한 초기의 중국어 신문인 『신보』의 사설과 발간사이다. 비록 나중에 백과사전들이 아주 간략하게 언급하는 데 그치고 있지만, 그 창간사와 사설들은 널리 읽혔고 같은 신념과 관념을 공유했다는 것을 보여준다. 1872년 영국의 한 기업가 집단에 의해 상하이에서 창간된 『신보』는 창간자 중 한 사람인 어니스트 메이저가 운영하였다. 그의 직원들은 거의 모두 중국인들이었다. 친서양적이라는 비난에 대한 변호를 위해서,[23] 『신보』는 중국인 독자를 위한 신문이며 중국의 관습에 따르고[24] 중국인에 의해 중국인을 위해 중국어로 쓴다고[25] 종종 주장했다. 1872년 4월 30일자 창간 사설은 뉴스의 전달이 『신보』의 주요한 목적이라고 선언한다. "오늘날 세계에는 전해져야 할 엄청나게 많은 소식이 있다. 그러나 그것들이 너무나도 자주 소실되고 전혀 전달되지 않는다. (…중략…) 그것은 아마도 그것들을 기록하는 것에 아무도 관심이 없기 때문일 것이다."제1행 국내외의 이러한 모든 일들을 기록하는 것이 『신보』의 소임이 될 것이었다. 며칠 후 「『신강신보申江新報』의 유래」[26]라는 사설에서 이 점을 재차 언급하며 주장하길, 세계에서 가장 거대한 국가 중 하나인 중국은 분명히 엄청난 양의 뉴스거리가 있으나, 지금까지는 흔히 공개가 금지되거나 단지 조정에나 보고될 뿐이었으며, 먼 지방에 살고 있는 사람들에게까지 그 뉴스가 전해지는 경우가 결코 없었다. 『신보申報』는 바로 이러한 상황을 개선하기 위해 출범했다고 하였다.

　「저보邸報와 신보의 차이점에 관하여」[27]라는 1872년 또 다른 사설에서는 국제 뉴스의 보도를 강조하였다. "일반적으로 말해서 서양의 신문들은 모든 세상의 사건들을 전달한다. 위로 조정의 이야기든 아래로 하찮은 오두막집의 이야기든, 아름다운 이야기나 추악한 이야기, 세련된 이야기나 조잡한 이야기를 막론하고, 모든 행위와 말, 모든 능력 등 모든 것이 신문에 기록되곤 한다."15~17행28 그러한 다양한 뉴스에 관한 대중들의 평가에 대해서는 각기 다른 여러 방식으로 설명을 덧붙인다. "신문을 읽는 사람들이 귀찮아하지 않는다면, 그들의 견해에 깊이를 더해주고 지식을 넓혀주는 이로움이 어찌 적을 수 있겠는가?"「『신강신보』의 유래」, 15~16행 한편 오락기사와 관련하여, 『신보』는 서구의 신문들과 매우 유사하게 교육적 가치를 강조했다. 1873년의 한 기사는 신문과 "위대한 역사가" 사마천145~90 BCE의 해설을 비교하였는데, 사마천은 그의 『사기』에서 매 편의 전기문을 비판적인 논평을 가하여 교훈적인 의미를 부여하고자 하였다.29 이러한 교육적 목적을 달성하기 위해서, 『신보』는 처음부터 이해하기 쉽고 명확한 신문 언어의 필요성을 강조했다. 메이저는 그 직원들에게 "화려하고 우아한 어휘"를 사용하지 않도록 권고하였다. 『신보』의 새로운 (성공하지는 못한) 사업투자인 "인민의 신문" 즉 『민보民報』는 문맹에 가까운 여성과 기층 대중에 특히 다가가면서, 쉬운 언어로 쓰인 이 비정기적인 신문을 계속해서 읽는다면 "지금까지는 그들이 이해하지 못했던 어려운 말"을 결국에는 터득하게 될 것이며, 나아가 "갑자기 그들에게 완전한 지식의 문이 열릴 것"30이라고 그들에게 약속했다. 이와 유사한 교육적인 이유로, 『신보』는 1895년 사설에서 그림신문, 즉 화보가 "독자들이 지식과 경험을 넓히고 사고와 의지를 확장시키는 데"31 도움이 될 것이라고 말했다. 1898년 5월 『시무보時務報』는 서양의 신문들처럼 지식을 제공하고 시각을 확장시키는 것이 자신들의 목적이라고 광고했다. 그리고 1905년에 이르러서도 『신보』는 "신문이 지식의 문을 열어줄 수 있다는 사실을 모두가 알고 있다"32고 거듭 언급하였다.

현재의 시사적인 문제에 대한 대중의 관심을 자극함으로써, 신문은 독자들에게 "안내자"[33]의 역할을 하고 국내외의 문제들에 관해서 기층 시민들과 고위 관리들을 교육하고자 했다.[34] 이러한 "근대적"인 서양식 언론의 교육적 잠재성으로 인해 신문은 중국의 변화와 근대화를 선전함에 있어서 특권적인 기구가 되었다.[35] 1905년 새로 재정비한 『신보』는 사설에서 다음과 같이 강조하였다. "세상은 매일매일 진보하며 새로운 사상들이 등장한다. 우리의 전략은 과거에 연연해하거나 오랜 세월 있었던 그대로를 계속 유지하는 것이 아니다."8~9행[36]

약 30여 년 전 최초 몇 개월 동안 신문에 실렸던 사설의 내용들이 철도, 관개 시설, 서양의 기계, 증기선, 그리고 전족의 잔인성을 포함한 기사들과 함께 이미 이러한 아젠다를 증언한다.[37] 가장 새로운 최신의 지식을 제공하겠다는 약속을 지키기 위해서,[38] 『신보』는 처음부터 줄곧 중국의 의고적 경향과 거리를 두어 왔다.[39] 신문들은 발전된 인쇄 기술활자 인쇄과 빠른 보급 속도로 독자들에게 "전에는 들어본 적이 없는 사실"을 가져다주었다. 현대적 기술뿐만 아니라 당연시하는 계몽적인(그리고 계몽시키는) 내용과 그 내용의 넓은 범위 및 이해하기 쉬움의 측면에서 신문을 설명하면서, 이 사설들은 신문의 세 번째 기능 즉 신문은 근대화의 표상일 뿐만 아니라 또한 근대화의 도구라는 점을 역설하였다.

사설들은 또한 신문의 특징을 토론과 견해의 장이라고 규정하였다. 이와 같은 신문의 네 번째이자 중심적인 기능은 "신문은 여론의 공개적인 표현이다報子者輿論之公言也"나 1909년과 1910년의 기사 중의 "신문은 시민들의 입이다"와 같은 『신보』의 진술에 이르러서야 겨우 완전한 발전을 이루게 되지만,[40] 그러한 관념은 이미 수십 년 전부터 확인할 수 있다.[41] 1873년 8월 18일자 『신보』의 사설 「각 국가 신보의 설립을 논함論各國新報之設」에서는 다음과 같이 주장한다. "개인이 신문을 발행하는 이유는, 신문에서는 위로는 조정의 엄청난 손익에서부터 아래로는 기층의 매우 사소한 행복과 고통에 이르기까지 모든 것을 공개적으로 토론할 수 있기 때문이다."20~21행 따라서 신문은 대중적 토론의 장으로서 그리고 공개적 비판의 매체로서 역할을 한다. "국가에 촉구하고 국가가 자신의 잘못된 점을 고치고 국가의 번영을 염원하는 것, 바로 그것이 우리 신문사가 자신의 나라에 충성을 바치는 적절한 방법이라고 생각한다."7~8행42

신문의 이러한 비평은 국가의 번영을 위해 필요할 뿐만 아니라 또한 유익하기도 한 것이다.

신문사의 첫 번째 규칙은 통치자를 명예롭게 하는 것이다. 그러나 통치자를 명예롭게 한다는 것이 단순히 그의 성과를 찬양하는 것을 의미하는 것은 아니다. (…중략…) 나라를 위해 유용한 모든 것들이 상세히, 명료하게, 그리고 깊이 있게 보도되어야만 한다. 나라를 위해 좋지 못한 것들도 명확한 논조를 가지고 거친 말을 주저함이 없이, 그리고 듣는 자의 기분이 상할까 두려워함도 없이 보도되어야만 한다. (…중략…) 이러한 언어의 힘은 일단 한 번 발휘되면 매일매일 점점 더 큰 힘을 발휘하게 되고, 이러한 방법을 사용해왔던 서양의 각국은 바로 그와 같이 되었다.5~7행43

여기서 신문은 대중 여론을 위한 동력 전달 벨트로서 등장한다. 중국에서 정책 토론에 지식을 갖추고 비판적으로 참여하는 것을 이상적인 정부 형태와 연계시키고는 있었지만, 그것을 위한 구체적 절차까지 확립한 것은 아니었다.44 반면에 『신보』와 같은 신문들은 베이징의 공식 관영신문인 『경보京報』의 뉴스를 자신들의 뉴스 지면에 다시 수록하여 널리 읽히도록 만들었으며, 또한 이러한 공식적 기사에 대해 이의를 제기하는 기사를 게재하기도 하였다. 이런 식으로 정부의 결정과 비판적인 의견이 동일한 지면에서 만나게 되었다. 어느 정도 분란을 일으킬 수도 있는 이와 같은 방법으로, 신문은 통치자들에게 "국민의 관점과 의견에 따라 통치하도록", 그리고 나아가 "정부를 관리할"[45] 것을 주장했다. 1872년 5월의 『신보』의 사설은 다음과 같이 주장했다.

매우 이상한 일이지만, 조정은 국민들을 가르쳐 일깨우기 위한 훈유訓諭와 조정이 접수한 모든 상주문 등을 조정 관보에 싣는다. 그러나 이러한 방법으로는 국민으로부터 나오는 사건이나 소식은 단 한 마디도 통치자에게 도달하지 못한다. (…중략…) 이제 조정 관보에 관해 말하자면, 그것은 국가의 견해나 의견을 이해하는 데는 유용하다. 하지만 당연한 말이지만 국민들도 또한 견해를 가지고 있다. 만일 국민들의 견해나 의견들이 통치자에게 도달할 방법이 없다면, 통치자들이 어떻게 국민의 여론에 따라 나라를 다스리겠는가?19~20행[46]

1873년 「각 국가 신보의 설립을 논함」이라는 사설에서는 통치자와 국민을 연결하는 역할을 강조하였다. "비록 누군가가 통치자와 대화對話를 원한다 해도, 통치자와 피통치자가 분리되어 있어 매우 불편함이 있다. 그러나 만일 (그 문제가) 신문에 실리면, 아래 국민들의 상황이 바로 위의 통치자에게 전달된다."11~12행 「신문의 유용성에 관하여」라는 또 다른 사설도 그러한 사실에 동의한다. 왜냐하면 신문을 읽는 통치자는 "가장 완벽한 방법으로 자신의 통치권 내의 실제 상황에 대해 알 수 있게 되고, 그리하여 가장 유익한 방법으로 통치하고 이끌 수 있기 때문이다."21행[47] 『신보』는 이것을 서양 신문의 주요한 장점이라고 보았다. "서양 각국이 신문 제도를 확립한 기본적인 사상은 상층 사람들의 일과 하층 사람들의 일을 연결하는 것에 중점이 있다. (…중략…) 만일 누군가가 국민들의 상황에 관한 무엇인가를 알고자 한다면 신문만 한 것이 없다."29~31행 『신보』 사설의 낙관적인 어조에 따르면, 그 중문 신문은 이상적인 신문의 형식에 부합하고 현재 유럽에서 부여한 신문의 다섯 가지의 기능 모두를 충족하고 있다.

1905년까지 『신보』가 외국인이 소유하고 경영하는 민간 기업이었기 때문에, 신문의 기능이나 유용성에 관한 사설들이 당시 서구의 견해와 일치하는 것은 당연한 것으로 보일지도 모른다. 만약 『신보』만이 홀로 신문의 이러한 기능들을 제기했다면, 누구라도 그것은 사실상 중국식으로 가장한 서양 신문이라고 주장할 수도 있었을 것이다. 그러나 그 당시의 다른 신문들도 유사한 견해를 가지고 있었다. 예를 들어, 1876년 상하이의 도대道臺에 의해 발간된 『신보新報』[48]는 발간사에서 스스로 상층 사람들과 기층 사람들 모두에 관심이 있고, 견문을 넓히고 교육적이며 진보적인 것이라고 서술하였다.[49]

> 관원이나 사업가나 모두 세계에서 벌어지는 모든 일에 관해 잘 알아야 한다. (…중략…) 수도에서 벌어지는 국가적인 일도 있고, 지방에서의 관원들의 인사이동과 임명 등도 있고, 서구 국가들의 정치문제들도 있으며, 일반적인 상업상의 일, 전국의 농업 전망에 관한 일, 외국 상품의 가격 변동에 관한 일, 선적 정보들도 있다. 사실상 현재의 새로운 소식이나 소문은 모두 공직자와 사업가가 관심을 가져야 하는 것으로, 간과해서는 안 되는 일들이다. (…중략…) 보통 평민들의 관심사와 관계된 조금은 덜 중요한 일들도 또한 우리 신문에서는 자리를 차지할 것이며, 그리하여 사람들은 각 가정에서 모든 사건을 손바닥 보듯 훤히 알게 될 것이다. (…중략…) (특정한 관심사에 관한) 기사들은 영어로도 번역하여 실을 것이므로, 외국인이 읽을 수도 있고, 교육을 많이 받은 중국인들은 스스로 두 언어 사이의 유사점도 보게 될 것이다.[50]

또한 1890년대 후반부터 정치활동과 저술로 많은 영향력을 발휘한 저명한 정치가이자 지식인인 양계초梁啓超와 장지동張之洞의 견해도 위의 글과 유사하다.[51] 이 두 사람의 글은 『신보』나 다른 초기의 신문들이 전파했던 다소 대담한 주장들이 이즈음에는 일반적으로 받아들여졌다는 것을 보여준다.

장지동의 『권학편勸學篇』[1898]은 황제의 명령으로 수백만 권이 보급되었고 널리 읽혔다.[52] 신문에 관한 장章인 「신문을 읽다閱報」『勸學篇·外篇第六』에서는[53] 신문으로부터 얻어 이용할 수 있는 정보의 범위를 설명하기 위해서 『노자』에서 발췌한 인용문으로 시작한다. "자신의 집 밖을 나가지 않고도 세상에 관해서 알 수가 있다."[54] 그에 의하면 신문은 또한 "미래지향적인" 지식인과 공직자를 가르치고 육성하는 데에 도움을 준다.[55] 근대화와 변화의 교육적 도구로서, 신문은 토론의 장을 제공하고 상하 계급 사이를 연결해준다. 신문이 거의 없는 중국에서만 국민들이 어떤 일이 벌어지는지 알지 못하며, "설사 무엇인가를 안다고 할지라도, 감히 그것에 대해 자세히 말하지 못한다".[56] 장지동은 두 가지 역사적인 일화로 그 장의 결론을 마무리 짓는다. 그가 말하기를, 제갈량諸葛亮, 181~234은 자신의 약점을 과감하게 공격해 줄 누군가를 찾았다. 주돈이周子는 병을 숨기다가 몸을 망치게 되는 것을 통탄했다. 고대인들은 다음과 같이 말했다. "현명한 사람은 자신에게 과감히 간언할 친구를 가지고 있다."[57] 이러한 역사 속의 두 가지 긍정적인 교훈은 통치자는 정보를 받아들이고 비판을 직접 대면해야 할 필요가 있다는 것을 증명한다. 신문은 이 두 가지 기능을 모두 수행할 수 있다.

장지동의 주장은 양계초가 자신이 주관한 『시무보時務報』에 실었던 1896년 8월의 중요한 사설인 「국가적 사업에 대한 신문의 유익함에 관하여論報館有益於國事」[58]에서의 주장과 맥을 같이 한다. 관보인 『경보』를 배포하면서 동시에 『시무보』의 사본도 한 부씩 관리들에게 배포했던 무술변법운동시기인 1898년의 수개월 동안 양계초의 개혁적인 글들은 널리 회자되었다. 그의 견해는 개혁을 추진하고 있는 수많은 관원을 대표하는 것이었다. 신문의 기사에서 양계초는 "우물 안 개구리식"[59]의 놀음을 경고한다. "(중국에서) 조정은 말할 필요도 없이, 시민과 가까운 지방관들조차도 자신들이 통치하는 시민들의 모든 일을 알 기회가 전혀 없다."[60] 이러한 상황은 서양의 각국과는 대조적이다.

서양에서는 신문들이 법령 개정, 새로운 과학 이론, 그리고 기계 발명 등뿐만 아니라 의회의 진행 상황, 국가의 예산 기록, 사망률과 출생률, (…중략…) 그리고 국민의 취업 상황 (…중략…) 등까지도 보도를 한다. (…중략…) 그러므로 국정을 책임진 사람들이 무엇인가 그들에게 차단되어 알려지지 않는 것이 있을까 걱정할 필요가 없다. 국민들이 신문을 더 많이 읽고 더 많이 지식인이 될수록, 더 많은 신문사가 설립되고 국가는 더 강력해진다. 그리고 이것은 오롯이 (신문에 의해 이루어진 상하의) 의사소통 때문이다.爲通之故[61]

이 간단 명료한 글이 신문의 핵심적인 기능들을 요약해준다. 즉 신문은 국민과 국가의 모든 일을 기록하여 지식을 넓히고 통치자나 국민 양쪽을 모두 가르쳐서 알게 한다. 통치자와 피통치자들 사이에 의사소통 그리고 심지어는 비판적 대화까지도 가능한 통로를 제공함으로써, 신문은 국가를 강하게 하고 근대화를 이루는데 중요한 요인이 된다.

양계초와 장지동 두 사람 모두 서양의 대표적인 중요한 저서들에서 일반화된 신문의 (외래의) 장점들을 찬양하고 있는 것이 분명하다. 이는 단지 『신보』 등 서양식 신문들만이 아니라 『신보新報』와 같은 중국 신문과 중국의 정치인들도 또한 서구적 관점에서 자유 신문의 유용성과 장점을 인정하였음을 말해준다. 양계초와 장지동 두 사람 모두 신문 그 자체를 위해서 이 외래의 매체를 옹호하고 있는 것은 아니다. 사실 양계초는 남의 험담을 일삼고 당파에 치우

치는 서양식(그리고 중국 내의 서양식) 신문들에 대해 상당히 비판적이었다.[62] 두 사람은 애국심에서 출발하여 국가의 부강을 위해 이 외래의 매체를 옹호한 것이었다. 이러한 이유로, 그들은 자신들이 비판했던 바로 그 신문과 똑같이 논쟁적인 방식으로 신문에 대한 지지를 나타냈던 것이다.

『신보』의 사설의 기본 논조는 중국의 신문에 관한 상상을 나타내는 두 사람의 어휘 속에서 반향을 얻었다. 양계초와 장지동은 『신보』의 주장들에 관해서 상세히 의견을 피력하고 자신들이 원하는 방식으로 다듬었지만, 그들은 결코 논쟁지향적인 틀을 버리지는 않았다. 이것은 『신보』의 수사법이 청 말기에 기본적이고도 전형적이었음을 보여준다. 이러한 수사법의 범위 내에서 매체는 외래의 면피를 쓰고 있다. 『신보』가 1872년 4월 30일 「본관 고백本館告白」에서 처음으로 다음과 같이 선언했던 것에 관해서는 아무도 이의를 제기하지 않았다. "신문의 발간은 서양에 의해 처음 시작되었으며 그후 중국 땅에 전파되었다.新聞紙之制創自西人傳與中土"7~8행[63]

중국에 적합한 신문 설계하기

앞에서 소개한 규범적 설명이나 가정들은 우리에게 신문이 갖추어야 할 형태에 대한 일반적인 관점을 보여주는데, 그것은 바로 외래적 형식의 매체였다. 그러나 신문이 정말로 중국에서 외래적인 형식의 매체로 존속할 수 있는가의 문제는 여전히 의문으로 남아 있다. 외래 통치자나 집단, 그리고 심지어 자질한 용품까지도 능숙하게 중국화하는 확고한 전통을 가지고 있는 국가에서, 신문이 정말로 중국의 정치 문화가 단순히 받아들이기만 해야 하는 외래의 상품으로서 수용될 수 있다고 상상하기는 어려울 것이다. 이제 나는 더 이상 규범적 측면이 아니라 "양식화"의 측면에서 중국 신문 내외부의 형식적 구성을 조금 더 상세히 살펴봄으로써, 중국에서 가능했던 신문의 모습에 대해 대답하고자 한다.

1810년대 이래로 중국에서 서양식의 뉴스 매체를 처음으로 사용했던 선교사들은 기독교의 신앙과 근대적인 지식을 전파하는 수단으로서 신문에 관심을 가졌다.[64] 반면에, 19세기 후반에 중문 신문의 발간에 착수한 상인들은 주로 수익성 있는 사업으로서 신문에 관심을 가졌다. 각기 다른 이유로, 두 집단은 만일 자신들의 외국적인 게임을 중국적 시각에서 진행한다면 더욱 성공적일 것이라고 생각했음에 틀림없다. 후에 광고업자들이 중국인 고객들의 가치 구조와 상징체계 속으로 그들의 외래 상품을 밀어 넣고자 했던 것과 매우 비슷하게, 중국의 인쇄시장에 최초로 들어 온 이들은 그들의 제도가 지닌 명백한 외래 성격을 옅게 하려고 시도하였다.[65]

이 분야에서 매우 활동적인 선교사들 대부분은 중국어로 읽고 쓰는데 능숙했다. 이들은 자신들이 중국 문화의 초보자라고 생각했다. 그리고 그러한 태도는 선교사에만 국한된 것은 아니었다. 『신보』의 창간자인 어니스트 메이저 또한 중국에게 중국의 문명을 판매"Cochran"한다는 상인의 희망과 중국 문화에 대한 정직한 관심과[66] 진정한 애정이 직접적으로 뒤엉켰다.[67] 그리하여 이들은 중국어로 중국적인 것처럼 발간하기 시작했으며,[68] 자신들의 독자들과의 의사소통을 위해서 적합한 중국식 논조, 적합한 중국어 표현 양식 또는 어조를 이해하고자 노력했다.[69]

중국어 어조로 바꾸는 방법은 여러 가지가 있었다.[70] 모든 서양 신문의 1면에 거의 필수적인 좌우명이 시작하기에 좋은 지점이었다. 1815년부터 1821년까지[71] 런던 선교회의 로버트 모리슨Robert Morrison과 윌리엄 밀른William Milne이 말라카에서 발행했던 최초의 중국어 신문인 『찰세속매월통기전察世俗每月統記

傳』은 일면에 다음과 같은 『논어』「술이」편의 인용문을 신문의 좌우명으로 삼고 있다. "공자께서 말씀하시길, 많은 것을 듣고 그중 좋은 것을 택하여 행하라.多聞擇其善者而從之"[72] 월터 헨리 메드허스트Walter Henry Medhurst는 1823년부터 1826년까지 바타비아에서 발간했던 『특선촬요매월기전特選撮要每月記傳』[73]에 『논어』「선진」편에서 또 다른 인용문을 실었다. ("공자께서 말씀하시길, 각자 자기의 뜻을 말할 뿐이니라子曰亦各言其志也已矣") 네덜란드 선교회 소속의 칼 귀츨라프Karl Gutzlaff는 자신의 『동서양고매월통기전東西洋考每月統記傳』[74]의 일면에 『논어』「위령공」편의 또 하나의 다른 인용문을 찾아내어 실었다. "먼 장래를 내다보지 않으면, 조만간에 어려움에 부딪히게 된다.人無遠慮 必有近憂"

수년에 걸쳐 그러한 고전적 좌우명의 사용은 흔한 관행이 되었다.[75] 이와 비슷하게 몇몇 신문의 제목들이 중국 고전을 인용하거나 넌지시 암시했다.[76] 예를 들어 알렉산더 와일리Alexander Wylie가 발간한 『육합총담六合叢談』[77]은 짧은 기간1857~1858 동안이기는 하지만 영향력이 컸던 월간지인데, 그 잡지명은 널리 알려진 세계六합 및 그 너머의 일에 관해 이야기하고 토론하고자 하는 현자들의 의도를 다루는 『장자』의 「제물론齊物論」편에서 나온다.

이렇게 경전의 가치관을 표명하는 인용문이나 암시를 이용하는 것은 서양 선교사나 상인들의 신문이 중국적인 것으로 인정받는 데 도움을 주었다. 목적을 위해서 아무리 변형시켰다 하더라도 고전을 환기시키기 위해 고전 문구의 권위에 호소"경전인용引經"[78]하는 것은 설득력이 있어 보였다. 예를 들어, 『육합총담』에서의 육합과 관계가 있는 「제물론」편의 문구는 다음과 같다. "현자는 우주 밖에 있는 것을 있는 그대로 찾아낸다. 그러나 아무 말도 하지 않는다. 현자는 우주 안에 있는 것을 언급한다. 그러나 평하지는 않는다." 문장 전체가 『장자』의 전형적인 회의론과 같이 우주 만물을 이해하고, 토론하고, 언급하는 것에 회의적이거나 심지어 그 가능성마저도 부정하는 태도를 명확히 보여주고 있다. 하지만 와일리의 제목 선택은 자신의 태도가 『장자』의 태도와는 완전히 다른 변형임을 보여준다. 『장자』의 회의론적 태도와는 달리, 와일리의 간행물은 우주六合에 관한 이야기와 토론衝談에 전념한다. 이와 같이 글을 읽고 쓸 줄 아는 중국인이 연상할 수 있는 문구를 인용함으로써 자신의 새로운 상품을 소개하는 데 관심 있는 신문 종사자들은 승인을 획득하였는데, 그들의 인용문은 새롭고 때로는 전혀 다른 맥락에 의해 원의와 모순되기도 하였다.[79]

귀츨라프가 『논어』를 인용한 것은 이러한 방법을 변형하여 사용한 또 하나의 증거이다. 여기서 공자는 제자들에게 예측과 예비의 중요성을 상기시킨다. "먼 장래에 관해 생각하지 않는다면, 조만간에 어려움에 직면하게 될 것이다." 자신의 신문으로 전 세계의 소식을 전함으로써, 귀츨라프는 공자의 이 말의 의미를 증폭시킨다. 공자 자신은 분명히 제자들이 넓은 세상의 모든 것을 알 것이라고 상상하지는 않았을 것이다. 그러나 귀츨라프는 외국을 모르는 자는 조국의 미래에 위험을 초래할 것이라는 사실을 암시한다. 여기에서 원문의 문구를 변형하지 않고도 그 인용문 자체가 새롭고 확장된 의미를 얻게 된다.

이 증폭 효과는 또 『신보』의 창간사에서 인용한 『노자』제47장의 한 문장에서도 보인다(우연히도 『신보』에는 좌우명이 없다).[80] "신문이 등장하기 시작하여 모든 것이 전달될 수 있게 되었고, 전 세계에 퍼질 수 없는 것은 한 가지도 없다. 신문이 등장하여 신문을 보는 모든 사람이 (노자가 말한 것처럼) '자기 집을 떠나지 않고도 세상에 관해 알 수가 있다'."[81] 자기 성찰을 통해 세계의 근본 원리를 이해하는 현자의 능력에 관한 언술로서 초기의 주석자들에게 널리 읽힌 『노자』의 한 구절이 이미 당唐대에 백과사전의 유용성을 강조하기 위해 인용되기도 했지만, 이제는 『신보』의 사설에서 그리고 나중에는 장지동에 의해서 신문의 유용성을 찬양하는 데 활용되고 있다.[82] 중문 신문의 서양인 경영자와 서양식 신문의 중국인 옹호자 모두 이 외래의 매체를 합법화하고 나아가 중국화하는 데에 그러한 암시가 큰 위력을 지닌다는 것을 알고 있었다.

앞서 언급한 「신문을 논함」이라는 1909년의 기사에서도 이 방식을 이용했다.[83] 여론을 표현하는 장치인 신문을 억압하는 것은 국가의 번영과 조화에 손해를 초래할 것이라는 주장을 지지하기 위해서, 그 기사에서는 『시경詩經』 중 대아大雅의 송시頌詩를 인용했다. "암수 봉황새가 높은 장대 꼭대기에 앉아서 노래를 하고 있다." 번영봉황새로 상징과 완전한 조화확 트인 사면을 볼 수 있는 장대 꼭대기로 노래함를 가져오는 훌륭한 통치자를 찬양하는 시의 일부이다. 대중의 여론이 신문을 통해 표현될 수 있는 중국은 축복받을 것이다. 대중 여론의 배출구로서 신문의 필요성을 강조하는 근대적인 주장을 정당화하고 합법화하기 위해서 고대 경전의 몇몇 문구가 인용되었다.

중국 역사는 인용을 위한 또 하나의 자료이다. 신문들은 서구적인 것으로 보이는 새로운 것을 소개하기 위해서 종종 과거 중국 역사속의 근거들을 제시했다. 예를 들면, 『신보』의 발간사에서 신문을 역대 왕조의 역사와 지리연구로부터 저명한 소설과 "신화적인 이야기들"[84]에 이르기까지 중국의 모든 역사적인 저작들과 같은 맥락 속에 자리매김하였다. 1870년대 후반 대기근 동안에, 『만국공보萬國公報』는 관개 시설과 수자원 보호, 철도 시설 등 기근 방지를 위한 장기적 대책마련과 함께 주나라를 모델로 한 세금 인하와 기타 경제적 지원을 촉구했다.[85] 『시보時報』에서 양계초는 『맹자』의 "(정당성의) 근거로서의 민중(의 동의)"에 기반을 두는 민본民本 사상을 "시민의 권리"인 민권民權과 연계시키고,[86] 3세기까지 거슬러 올라가서 "여론"이라는 단어를 추적했다.[87] 몽테스키외가 맹자의 덕과 비교되고『시보』,1911.11.29, 나폴레옹은 고대의 왕들을 통해서 설명 되었다.『시보』, 1908.1.19·20[88]

중국의 신문들에 부여된 기능과 역할은 서양 신문의 그것과 동일했다. 이러한 의미에서 중국 신문들은 외래 매체로서의 특징들을 지니고 있었다. 그럼에도 불구하고, 신문은 외적인 부분에서뿐만 아니라 내용면에서도 중국이라는 조건에서 생존하기 위해 변형되었다. 선교회의 신문, 상업적 신문, 그리고 정치적 신문에 이르기까지 모두가 서양 매체를 중국인의 기호에 맞추어 포장을 하는 유사한 장치들을 채택했다. 그들은 모두 외래적이고 새로운 것임을 주장하지 않고, 대신에 전통적이고 중국적인 것을 과시함으로써 합법성을 얻고자 하였다.

이상과 같은 특징은 그 밖의 여러 곳에서도 발견할 수 있다. 그러나 한편 이와 같이 반복해서 주장되는 중국적인 태도나 다양한 중국화의 방식은, 그들 신문 대부분이 조약으로 개항된 항구에서 발행됨으로써 중국인의 격분을 야기하는 등 그들의 본질적 권위에 불리한 조건이 있었다는 것을 말해주는 증거이기도 하다. 또 고대 중국의 관습에 상당히 의존하는 그들의 형식적 특징은 중국에서 신문이 보여줄 수밖에 없는 모습, 즉 서구식 신문은 오직 중국적인 가장假裝하에서만 존재할 수 있다는 증거이다. 사설의 양식 역시 이를 잘 말해준다.

중국에서 사설을 쓴다는 것

중문 신문에서 이미 익숙해진 전통적 어구를 사용하는 것은 당연한 일이라고 할 수 있을 것이다. 왜냐하면 교육을 많이 받은 중국인 모두가 그것들을 사용하고 음미하는 것을 배웠기 때문이다.[89] 몇몇 선교회의 간행물들이 이미 이러한 경향을 취하기 시작했던 것은 그들이 중국인 독자들로부터 전통적 어구를 적절하게 구사하지 못한다는 지적을 받았기 때문이었다.[90] 서양식보다 중국식을 취하는 것은 중국인 독자들이 서구적 신문을 수용하도록 설득하는 또 하나의 방법이었다.

저자는『신보』의 문체가 비록 완전한 복제라고는 할 수 없지만, 얼마나 "팔고문八股文"[91]의 흉내를 냈는지를 보여주는 한 예로『신보』의 사설[92]을 살펴볼 것이다. 팔고문의 문체는 부당하게도 오명을 쓰고 있지만, 1487년 이래로 관리선발을 위한 과거시험에서 의무적으로 취해야 할 문체였다. 팔고문에서는 글을 쓰는 이가 고대의 현자 한 사람의 관점을 취하게 된다. 표준적인 팔고문은 8개의 부분으로 되어 있으며 각각의 부분은 특정한 기능을 가지고 있다. 즉 시험 주제를 위해 경전에서 제목을 취해야 하는 서문破題파제, 두 개의 도입 부분承題승제와 起講기강, 병행하는 대구의 성격이 강한 네 개의 다리 부분起股기고 · 虛股허고 · 中股중고 · 後股후고, 그리고 결론大結대결이 그것이다.[93]

왜 팔고문의 관점에서『신보』의 사설을 분석하는가? 1873년 사설인「각 국가 신보의 설립을 논함」[94]의 주제는 고전에서 인용한 것이 아니었다. 그 사설은 1,500자로 이루어져 팔고문의 일반적인 격식인 600자를 훨씬 초과하는 것이었다.[95] 전형적으로 대구의 형식을 취하는 몇몇 부분들이 대구 혹은 비대구 형식의 삽입 구절들로 인해 상당히 길어졌다.[96] 그 이외도 다른 차이점이 있기는 하지만 팔고문이 사설의 기본구조를 이루고 있으며, 이는 독자들이 사설의 주장을 수용하는 데 일정한 영향을 발휘하였다.

이 사설은 중국 역사에서 누가 최상의 통치자였고 누가 최악의 통치자였는지를 모두가 알고 있다는 주장을 대구의 서술로 시작하면서 다음과 같이 질문을 한다. "그 이유는 무엇인가?" 이러한 도입 방식은 여러 가지 면에서 과거시험 출제자가 제시하는 인용문과 파제(주제를 분석함)의 방식을 결합해 놓은 것이다. 다음 문장에서는 네 명의 모범적 고대 황제들이 실제로 왜 그렇게 훌륭한가를 설명한다. 그에 따르면 그 황제들은 여러 사람들과의 소통을 통해 자신들의 실수를 바로잡았다. 반면에 널리 알려진 포악한 황제들은 사람들이 뭐라고 말하든지 신경 쓰지 않았고, 자신들이 "실수를 깨닫고 더 나은 방향으로 개선되도록" 해줄 "조정의 비판자나 지방의 정직한 친구들"이 없었기 때문에 개선할 수가 없었다. 이 두 부분은 상상의 현자가 말한 바를 지지하는 태도를 취한다. 사설의 승제承題는 서문 즉 파제破題에서 제기된 의문을 해명한다. 즉 훌륭한 정부는 쌍방향의 의사소통을 촉진시키고, 훌륭한 황제는 가깝거나 먼 곳으로부터의 비판을 경청한다.

기강起講에 상당하는 다음 부분에서는 다른 영역으로 화제를 돌려 서양에서의 신문의 기능과 영향을 설명한다(대구를 이루는 내용은 강조체로 인쇄되어 있다).

조정이 새로운 정책을 수립할 때마다 **어떤 신문들은 아마도 그 정책이 도움이 되지 않을 것이라고 말할 것이다. 또 다른 신문들은 그 정책이 실수라고 말할 것이다.** 정책 결정을 하는 데 있어서, 조정은 여러 곳의 모든 신문들이, 이번 정책은 잘 되었고 이제 시행할 때라고 말하기를 분명히 기다릴 것이다.

약 200년전까지만 해도 어떤 국가에서도 신문이 아직 자리 잡지 않았고, 국가들은 오늘날만큼 발전하지도 않았다. 오늘날 가장 번영한 국가들을 보면, 그것은 영국, 미국, 독일, 그리고 프랑스 이외에는 없으며, 또한 신문이 가장 완벽하게 자리를 잡은 곳도 바로 이 국가들이다.

이 글에서는 신문지新聞紙, 흥망興亡 그리고 신문新聞, 즉 뉴스이라는 단어를 반복적으로 사용하여 일종의 최면적인 스타카토 효과를 형성하고 독자가 그 단어들 사이의 연결성과 상호 의존성을 (심지어는 상호 가변성조차도) 인정하도록 유도하고 있다. 이어서 기강起講에서 기대되는 바와 같이, 내포 독자를 대신한 허구 대화자의 질문에 대답하기 위해 저자가 등장함으로써 이러한 효과는 더욱 강화된다. 실제 독자가 지금까지 가지고 있었던 관념을 포기하고 다른 주장을 믿을 것이라는 점을 확실히 하기 위해 몇 가지 우스꽝스러운 견해들이 표명된다.[97]

누군가가 말했다 : "당신의 말은 참으로 이상하군요! 그 작은 신문이 어떻게 한 나라를 번영하게 할 수가 있나요?"
내가 말했다 : (하지만) 당신은 서양의 모든 국가들의 번영이 신문을 바탕으로 하고 있다는 것을 한 번도 들어본 적이 없나요?[10~11행]

저자는 역설적인 절제된 표현으로 결론을 짓는다. "여러분은 이 얇고 보잘 것없는 종이에서 모든 소식을 읽을 수 있습니다."[14행] 매우 절제된 설명에 이어서 저자는 폭탄 같은 주장을 내놓고 있다. 즉 신문만이 오로지 훌륭한 정부를 보장한다.

팔고문의 기고起股에 해당하는 다음 부분에는 세 개의 대구 문단이 있다.

민간인들이 신문을 발행하는 이유는 **신문을 통해 위로는 조정의 엄청난 이익과 손실, 그리고 아래로는 보잘것없는 작은 지방의 아주 작은 행복과 고통까지 모든 것들이** 공개적으로 토의될 수 있기 때문이다.[20~21행]

신문이 세상에 유익하다는 것은 정말로 근거 없는 말이 아니다. 서양인들은 다음과 같이 말한다. "일반적으로 말해서, 통치자와 피통치자는 현명한 정도와 능력의 측면에서 모두 거의 비슷하다. **통치자들은 소수이고 통치받는 자들은 다수이다. 또 (그러므로) 위에 있는 자들이 아래 있는 자들로부터 혜택을 받게 되어 있고, 소수가 다수로부터 이익을 얻게 되어 있다.**" 그러나 만일 적절한 상황을 넘어 도가 지나

칠 경우, 공공연한 비밀이나 음모를 꾸미길 원하는 시민들은 신문을 이용할 것이다.^{21~23행}

그러므로 우리가 신문 없이 지낼 수 없는 이유는, 신문들이 **상층과 하층을 서로 연결해주고, 가까운 사람들과 먼 곳의 사람들을 서로 연결해주며,** 국가의 정치적인 사안을 위해 서로를 압박하고 충고할 수 있게 해주기 때문이다.^{23~24행}

기고起股와 흡사한 이 부분은 사설의 기강起講에서 암시한 주제들을 말하고 있다. 즉 신문을 통해 서로 소통하고 통치자와 피통치자가 동일한 권리와 능력을 갖고 있으며, 대중들이 정보를 향유하는 국가의 유리한 점을 말이다. 약간은 주저하듯 "신문이 세상에 유익하다는 것은 정말로 근거 없는 말이 아니다"라는 말로부터 시작하여, "어떤 일들은 신문없이는 불가능하다"고 저자는 단언한다.

다음은 여러 종류의 허고虛股인데, 허고는 기고의 글에 근거해서 서술되며 지엽적 기능을 가지고 있다. 이 문단은 신문을 통한 통치자와 국민사이의 의사소통의 이로움을 상세히 설명한다. 기고 부분에서는 피통치자의 관점이 강조되었던 반면에 이번에는 통치자의 관점이 강조된다.

국가 경제와 국민들의 삶을 강조하는 사람들 중, 신문의 존재를 불쾌해하거나 시민들이 어디에서나 신문을 발행하도록 **권유하지 않는 사람은 없다.** 신문발행을 금하고 막는 사람들 가운데 국가에 유익하고 국민에게 이로운 것에 관해 **진심으로 주목하는 사람은 결코 없다.** 대신에 그들은 혹시라도 국민들이 폭로할까만을 두려워하며 자신들의 이기적인 욕망을 채우기를 희망한다.^{24~26행}

이전에, 서양 국가의 (몇몇) 통치자들도 또한 (신문이) 그들에게 불편함을 두려워하여 막기를 원했다. 누군가가 다음과 같이 비유했다. "신문을 흐르는 물과 비교해

보라. 우임금의 아버지 곤鯀[98]이 둑을 쌓자 물이 둑을 넘쳐흘렀다. 우禹임금(그의 아들이 하夏나라를 세움)이 둑을 열어 물이 흘러가도록 하자 물은 평화롭게 흘러갔다. 만일 당신이 물을 막아 그 흐름을 방해한다면, 그 물의 힘이 점점 더 커질 것이고 더욱더 큰 걱정거리가 될 것이다. 이것은 물을 맑게 하고 물이 흘러가도록 이끄는 전략만큼 좋은 방법은 아니다.26~28행

이와 같은 대구적인 문장은 오늘날까지 통용되는 여론의 힘[99]을 잘 비유해주는 수사법에서 절정을 이루고 있다.[100] 통치자가 "물을 맑게 하고"[101] "물길을 열어" 대중들이 하고 싶은 말을 하게 만들고 좌절에 따른 대중적인 폭발을 피해야 한다는 제안을 통해, 은근히 통치자에 대한 잠재적인 위협을 지적한다. 깨끗하다를 뜻하는 단어 청淸을 사용한 것은 사심 없이 "깨끗한" 관리 즉 청관淸官과의 연관성을 암시한다. 청관은 훌륭한 통치자로부터는 환대와 경청을 받았지만 포악한 통치자로부터는 자신의 간언으로 인해 오히려 벌을 받거나 침묵을 강요받았다. 문화자본에서 중요한 관념, 즉 사심 없이 진실을 전달한다는 전통적인 사고가 이제 신문에 적용되고 있다.[102] 『신보』의 독자는 신문을 막으려고 시도하는 통치자는 누구나 틀림없이 결코 현자가 아니라 사설의 첫 문장에서 언급한 잔인한 제후 중의 하나로 간주하게 될 것이다.

이 두 부분은 서로 다른 관점에서 한 가지 주제를 다룬다. 그리고 둘 다 설명을 위해 비유를 이용하는데, 첫째는 전해지는 권위 있는 서양의 어구이고 (아마도 흄Hume[103]에까지 거슬러 올라가게 되는), 둘째는 중국 역사 속의 비유이다. 허고虛股에서 중국의 물의 비유가 우선 신문을 없애고 싶어 하는 서양의 통치자를 대상으로 한 반면에, 기고起股에서는 서양의 격언이 거울 속의 중국인을 대상으로 말해지고 있다는 사실은 흥미 있는 일이다. 교차문화적인 주장을 통해 논설의 전체 목적, 즉 신문은 세계에서 반드시 있어야만 하며 중국에서

또한 그러하다는 주장이 효과적으로 전달된다.

중고中股 해당하는 다음의 부분은 앞서 논한 원리를 현재의 중국에 적용하고 있다. 특히 지방 정부의 정책과 관리들에 대해 충분히 비판을 행하지 않는다고 중국의 신문을 비난한다.[30행] 왜 그런가? 그 잘못은 신문을 싫어하고 뉴스의 전파를 중대한 범죄로 간주하는 중국의 관리들에게 있다.[32행]

중국은 위대한 역사와 문화를 가지고 있으나, 이러한 찬사는 황량한 현실과의 대조를 더욱 부각시켜 줄 뿐이다. 심지어 현재에도 학자나 관리들은 학문에 몰두하여 누가 현자이고 누가 최고 악당인지를 아주 잘 알고 있으나, 그들은 자신들의 본보기로 선한 쪽이 아니라 악한 쪽을 선택한다.[32~34행] 그들은 심지어 사적인 서신을 금하고 자신들의 잘못이 기록되어 있을지도 모르는 비공식적 역사를 태워버리기까지 한다.[34~35행] 학자나 관리들의 부패가 아주 심해서 그들은 신문을 증오하고 언론인을 괴롭히며 신문사를 불태우고 싶어 할뿐만 아니라 자신들의 자서전을 듣기 좋도록 꾸며내기도 한다. 그러나 훌륭한 정부의 정책들을 뒤집으려는反 그들의 모든 노력들은 아무 소용이 없을 것이다. 즉 "결국 **그들은 자신들의 통치자를 속일 수 있을지도 모르지만 국민들을 속일 수는 없을 것이다. 또 그들이 자신들의 시대를 속일 수는 있을지도 모르지만 후대를 속일 수는 없을 것이다**".[35행]

전형적인 중고中股의 방식처럼, 이 부분은 처음에 제기되었던 질문에 대한 대답을 제시하며 시작한다.[104] 중국은, 비록 그들의 정부가 얼마나 나빴는지를 모두가 알고 있음에도 불구하고, 폭군 걸桀이나 주紂와 같은 자들에 의해 통치된다. 이러한 정부들의 잔혹성은 사설 중 후고後股 부분에서 효과적으로 구성된 두 대구의 문장을 통해 논해진다. 즉 누구라도 중문 신문이나 영문 신문 모두 금지할 수는 있으나, 대중의 감정을 억누르는 것은 불가능하다.

다음의 대조적인 문단은 부정적인 현실과 통치자와 피통치자 사이의 대화가 존재했던 황금시기를 대비시키면서 처음으로 거슬러 올라간다.

(aa)게다가,

(통치자는) (국민들의) 노래를 듣고 (국민들의) 습관을 관찰함으로써 그들의 행복과 불행을 이해할 수 있다.(c)

그리고 (통치자는) (다른 사람의) 말을 자세히 살피고 끊임없이 물어봄으로써 자신의 장점과 단점을 이해할 수가 있다(d),

(bb)옛날에는,

현명한 통치자는 불평을 주의 깊게 듣는 것을 특별한 덕으로 간주했다(d), 그리고 훌륭하고 덕이 높은 관리는 (자신이 다스리는 지역 사람들의) 생각을 수집하는 것이 크게 도움이 된다고 생각했다(c).

이 마지막의 논증을 전개하는 문단의 네 줄은 (aa, bb) 원리에 관한 첫 문장과 역순 형식의 원리 적용에 관한 두 번째 문장이 한 쌍의 병렬구조를 이루면서 하나의 골격의 구조(c dd c)를 구성하고 있다. 국민의 노래를 듣고 그들의 습관을 관찰하고, 그리고 그들의 생각을 수집함으로써 국민들의 생각을 알게 되는 것(c)은 권력을 가진 사람들이 자신을 개선하기 위해서 항의를 활용하는 법이나 비판적 여론을 대하는 인식 틀을 형성한다(d). 이러한 효과적인 배치는 긍정적인 기능을 가지고 있고 설득력 있게 마지막 단락의 결론으로 이끈다.

과거시험의 논술에서는 익숙한 절제 있는 논증에서, 결론 부분인 대결大結은 현 상황으로 돌아가서 신문의 장점을 요약 정리한다. 경험 많고 마음이 넓은 학자들이 불만의 긍정적 기능을 틀림없이 알고 있음에도 불구하고 다르게 행동한다. 왜 그럴까? 저자는 다음과 같은 『맹자』의 문장4B9을 인용한다. "다른 사람의 좋지 못한 점에 관해 이야기하는 사람들이 장래에 어떠한 불행을 겪거나 겪어야만 할까?"[40행][105] 이러한 상당히 모호한 구절을 인용함으로써,[106] 그는 현대 언론인의 소극적 태도에 대해 설명하고, 어느 정도까지는 그에 대한 이해를 보여주기도 한다. 하지만 글은 감탄조의 질문으로 결론을 짓는다. 즉 양측이 서로 진실을 실천한다면, 어찌 양측 모두에게 유익하지 않을 수 있겠는가?[41행][107]

저자는 독자들에게 중국에 더 많은 신문을 도입하고 이미 존재하는 신문을 개혁할 필요성을 설득하기 위해 많은 화려한 수사학적 전략을 사용한다. 이 전략 중의 하나는 의심스러운 것과 의심의 여지가 없는 것 사이에서 끊임없이 중재를 행하는 것이다. 그는 먼저 의심의 여지가 없다고 여기는 몇 가지를 지적한다. 즉 좋은 통치자와 나쁜 통치자를 구별하지 못하는 사람은 없다. 또 신문을 억누르고자 하는 사람은 누구나 이기적인 목표를 가지고 있다. 신문은 세상에 도움이 된다. 중국은 훌륭한 문화를 가진 나라이다. 무모한 관리들은 후대를 속일 수가 없다. 이처럼 빈번하게 사용하는 수사학적 질문들은 논쟁 중 긍정적인 주장을 지지한다. 그러나 저자는 항상 사례를 너무 많이 사용하지 않으려고 주의하고 있으며, 그의 이중부정과 질문의 사용은 적어도 분명하게 의심의 여지를 남겨둠으로써 독자를 저자의 편으로 이끈다.

저자의 설득하려는 시도는 또 주장의 구조적인 모습을 통해서도 작용한다. 허구적 대화에서 (내포) 독자의 질문들이 채택된다. 이러한 장치는 그 내포 독자를 저자의 결론 쪽으로 이끌어 오면서 내포 독자와 그 주장을 텍스트의 필요불가결한 부분으로 만든다. 그리고 마침내, 독자와 저자 모두에게 학창시절부터 익숙한 팔고문 본래의 구조를 고수함으로써 메시지 발신자와 수신자 사이의 모종의 일치감을 형성하도록 돕는다. 즉 현자의 목소리로 쓰인 것으로 상상되는 바로 이 형식의 선택이 사설과 그 논리에게 권위적인 무게를 더해준다. 이러한 형식의 암시는 만일 저자의 과장된 주장이 단순히 이해할 수 없거나 또는 덜 존경스러운 것으로 간주되는 다른 형식으로 제시되었을 때 혹시라도 발생할지도 모르는 이질감을 피하게 해준다.

저자는 중국 전통의 매우 특별한 부분으로부터 많은 주장을 차용하는데, 이것은 열사나 반체제 인사들[108] 그리고 통치자에 의해 자주 언급되긴 했지만 실제로는 거의 실현된 적이 없었다.[109] 그것은 "(정당성의) 뿌리로서의 민중(의 동의)"인 민본民本, "하늘은 우리 국민이 듣는 것을 듣는다"는 천청天聽, 그리고 "하늘의 명령"인 천명天命[110] 등 이론과 연관된 비판적 전통이다. 그는 통치자의 합법성은 천명에 달려 있는데, 천명은 만일 통치자가 국민들과의 접촉과 소통을 소홀히 하여 지지를 상실한다면 도로 회수할 수 있다고 주장했다.

이러한 비판적 전통은 또 하나의 이상과 이론적으로는 연계되어 있지만 실제로는 양립할 수 없는 것이었다. 그 이상이란 적어도 진秦시대 이래로 중국인의 사고를 지배했던 사상으로서[111] 중국 전역에 걸쳐서 영원히 조화, 통일, 그리고 안정이 있기를 바라는, 심지어는 무력을 통한 통일조차도 용인하는 철학적 이상이다. 이 두 가지가 중국의 철학적 사고의 주요한 흐름 속에 잠재하지만 평소에는 주로 감추어져 있는 변증법적 사상이다. 중국의 통치자들은 하늘에 의식을 거행하는 그들의 제사장들로부터 종종 하늘의 뜻을 들었을 것이며, 아마도 자신들이 하늘의 법을 어겼기 때문에 분노했을 하늘로부터 비를 내리도록 허락받기 위해서 공개적으로 자신을 자책하는 의식을 거행했을지도 모른다.[112] 그럼에도 불구하고, 중국의 통치자들은 전통적인 규범을 어겼다는 이유로 유학을 금지하거나 심지어는 유학자를 죽인 후에, "국민의 편"이라는 천명의 고상한 전통의 명분으로 통치하기를 반복했다.[113]

중국인 독자들에게 외래 매체의 유익함을 확신시키기 위해서, 편집자들은 신문적인 형식으로서뿐만 아니라 전례로서도 역사를 이용하는 익숙한 방법을 쓰고 있다. 상하이나 또는 기타 조약항에 자리를 잡은 『신보』와 같은 서양식 신문들이 스스로를 설명하기 위해서 제시한 정통적인 주장과는 아주 별개의 다른 역할을 그들에게 수행하도록 만드는 중국-서양의 상호작용의 과정 속에 묶여있다는 것은 분명하다. 그러나 편집자들은 그들의 신문이 지닌 중국적 성격을 강조할 필요가 있음을 명백히 인식하고 있었다. 그들이 그렇게 한 것은 단지 그들 신문을 전국으로 배포하기 위한 것만은 아니었다. 비록 상하이의 중국인들이 서양과 외래의 풍물에 대한 특별한 친밀감 때문에 상하이에서 살기로 선택한 특별하고도 특이한 사람들이기는 했지만, 그들의 심리적 안정을 유지하기 위해 그들의 의식은 여전히 중국적 세계관에 맞추어져 있다는 징후들이 많았기 때문이기도 했다.[114] 그리하여 과거시험의 글과 유사한 형태로 중국의 비판적 전통의 부활에 대한 요구를 포장한 서구식 신문은 "고대의 현자의 목소리"로 스스로를 합법화시키며 영웅적 유산의 계승자로 자부하였다.

따라서 편집자들은 신문이 외래의 것이고 새롭다고 주장하는 방식이 아니라, 신문이 중국적이며 전통적이라는 것을 과시하는 방법으로 권위를 얻으려고 시도했다. 신문이 어떤 모습이어야만 하는가를 설명하기 위해서 서양식 개념이 이용될 수 있었을지라도, 이 외래의 매체를 중국의 대중 영역으로 합류시키기 위해서는 모종의 의미론적 재구성이 필요했던 것이다. 그와 동시에, 이러한 의미론적 재구성은 예상외로 신문의 지위와 기능을 완전히 변화시키는 창조적인 과정의 시작이었다.

중국에 적합한 신문의 모습이란?

본 장의 서두에서 언급했던 정치 개혁가들의 진술뿐만 아니라 『신보』의 사설도 중국에는 신문의 전신이라고 부를 만한 매체가 없다는 점에서는 의견이 일치했다. 중국에 "세계 최초의 신문"[115]이라고 부를 만한 것이 있었다는 사실에도 불구하고 그들은 그렇게 인식하고 있었다. 한나라[206 BC~220 AD] 이래로 중앙과 지방의 연락을 담당하는 저邸라는 기관의 저리邸吏들이 조정의 소식을 봉건 제후의 영지로 보냈고 또 반대로도 전하였다. 그들의 소위 저보邸報(저邸로부터의 통지문)는 청나라 옹정제의 통치 시기[1723]에 공식적으로 이름이 바뀌어 『경보京報』가 되었다.[116] 『경보』는 공식적으로 승인된 포고령과 기록물 이외에도 황제의 공식적 활동, 관리의 임명, 승진, 좌천 등의 내용을 기록했다.[117] 중국 관리들이 처음으로 서양의 신문에 관해서 잘 알게 되었을 때, 그들은 이것들을 『경보』와 같은 것이라고 생각했다. 예를 들면 1830년대에 쓴 서신에서, 위원魏源,1794~1856은 비밀리에 서양 신문에 대한 번역을 옹호하면서 신문을 조정의 소식지와 동일한 것으로 보았다. 그에게 있어서 서양신문과 『경보』는 둘 다 주로 정보를 전달할 목적으로 만들어져 유포되는 것이었다.[118]

나는 이 글과 다른 발표문을 통해 내포 독자들이 자신을 받아들일 수 있도록 중국의 서구식 신문들이 어떻게 외형이나 수사법적인 면에서 적응하고자 했는지를 분석하였다.[119] 서양 신문들은 중국의 책과 같은 방식으로 인쇄되곤 했으며, 기사문들은 중국의 고전의 인용문에 근거한 주장을 과거시험 글쓰기의 형태로 서술하였다. 게다가 그들은 『경보』를 다시 인쇄하여 그 분할 방법과 형태를 모방하곤 했다. 이 신문들은 자신들 미디어에 대한 인식이 중국 독자의 『경보』에 대한 친숙성에 의해 결정된다는 사실을 명확히 알았다(그리고 그것을 이용했다). 그러면 자신들의 신문을 중국화하려는 노력을 기울였음에도 불구하고, 왜 신문은 단지 중국 본래 전통의 계승일 뿐이라고 주장하지 않았을까?[120]

당시 신문의 발행자들이 이러한 유사성이 자신들의 새로운 매체가 인정받는 데에 도움이 되기보다는 오히려 해가 될 수도 있다고 우려했음이 분명하다.[121] 이러한 사실은 『경보』와 새로운 신문 사이의 차이점을 주로 설명하려고 노력한 초기 몇 차례의 『신보』 사설을 보면 분명하다. 이 사설들은 새로운 매체가 자신과 관보를 구별 지으려고 노력해야만 했다는 것을 명확히 보여준다. 「저보와 신보의 차이점에 관하여」라는 1872년 사설은 『경보』가 몇 가지 측면에서 새로운 신문과 유사한 역할을 한다고 인정하고[19~20행], 저보가 정보를 확산시키는 데 공헌했었던 중국의 역사적 사례들을 제시했다. 그러나 그것이 강조하고자 하는 바는 둘 사이의 기본적인 차이점이었다. 즉 "저보는 오로지 조정의 정치나 문제들만을 알리기 위해 만들어진다. 그것은 난해하고, 먼 곳의 작은 지방에서 벌어지는 사건들은 기록하지 않는다. 그 결과 관보를 읽는 사람들 대부분은 지식인과 관리들이다. 농민이나 노동자, 상인, 그리고 사업가들은 관보를 읽지 않는다".[17~18행][122] 원칙에서도 차이가 존재한다. 새로운 신문은 모든 곳의 모든 사람에 의해 소식이 전파되는 반면에, 『경보』는 오로지 지배층인 관리의 일들만을 보도한다. 일 년 후, 「중국 『경보』와 서양 신문의 차이점을 논함」[123]이라는 사설은 『경보』의 한정된 뉴스 영역 때문에 독자가 점점 더 줄어든다고 주장한다.[3~4행][124] 그리고 사설은 중국의 역사적 단계들을 소개하면서 조정과 정치적 정보로 집중화가 점점 증가되어 청 왕조시기에 최고조에 이르렀다고 설명하였다. 이러한 상황은 엄격한 비밀유지 법체계에 의해 뒷받침되고 있다.[125] 그 결과 『경보』는 그 성격상 조정 문제에만 국한될 뿐만 아니라 단지 가장 흔하고 진부한 (그래서 지루한) 부분들로만 되었다.[22행]

서구의 새로운 신문도 결국은 신문報의 일종이었고, 중국에는 예로부터 신문報으로『경보』및 그것과 유사한 형태만이 존재했으므로, 중국인은 서구 신문에 대해서도 그러한 관점으로 보게 되었다. 새로운 신문은 보報라는 유사한 용어를 사용하는 대신에 완전히 새로운 중국 단어를 사용할 수도 있었지만 그렇게 하지 않았다. 새로운 신문의 발행자들은 『경보』가 인기 없고 퇴보했기 때문에 그들이 그것을 대체해야 한다고 주장하면서, 또 한편으로는 매우 의식적으로 스스로『경보』와 같은 부류로 분류하고 그 이름이 지닌 문화적 자본과 명성을 이용하고자 하였다. 그러나 그 목적에는 여전히 모호한 점이 있다. 즉『경보』는 형식, 글, 그리고 명칭을 표절당하면서도, 전례나 모범으로서가 아니라 오히려 서구적 신문인『신보新報』를 돋보이게 하는 부정적인 표상으로서 등장했다.[126] 신보新報, 새로운 소식라는 용어에서 새롭다는 신新이라는 단어를 사용한 것은 바로 시대에 뒤진『경보』수도의 소식의 낡은 스타일을 대비시키는 위한 일종의 비판으로서 해석될 수 있다. 따라서『신보』제10,000호를 기념하는 사설에서1901.2.14[127] 중국의 저초邸抄, 『경보』의 또 다른 명칭를 역사적으로 추소하긴 했지만, 그 사설의 필자는 다시 "깊이 잠에 빠진 중국昏昏入睡之中國"을 깨우는 데에 서구 매체인 신문의 영향력의 중요성을 역설하였다.

『경보』와 신문의 유사성을 강조했다면 그 둘은 경쟁자가 되었을 것이다. 즉 중국이 신문 발간의 풍부한 전통을 가지고 있다면, 그것을 대체할 외래의 매체를 도입하는 것이 정당화될 수 있었을까? 반대로『경보』와『신보新報』사이에 본질적인 차이점이 정말 있을까? 사설의 필자는 차이점이 있다고 주장하고자 했다. 즉『경보』는 오로지 공적 소식만을 전달하는 데 반해 서양 신문은 대중이 글을 발표할 수 있도록 공개되어 있다는 것이다.[128]

이러한 논리는 새로운 매체의 합법화를 위해 중국의 전통에 대한 모종의 취사선택이 행해지고 있음을 보여준다. 중국의 전통을 구분하고 취사선택하여 이용하는 만큼 서양의 전통에 대해서도 마찬가지이다. 서구와 중국의 기관 및 개념들의 동일시는 자유 언론으로서의 서양 신문의 이상적 개념과 관련하여 앞서 언급한 인용문들에서 보여준 바가 있다. 대체로 꾸며지고 이상화된 자유언론의 "전통"은 사설에서, 『경보』는 역할을 하지 못했지만 중국인의 사고 속에 존재하는 이상적인 비판적 전통과 연결되었다. 양계초는 신문의 비판적 기능을 유교의 청의淸議, 순수한 논의[129]의 비판적 기능과 비교하고, 언관言官, 간언하는 관리을 언론인의 전례라고 부르면서도, 다만 서양의 많은 언론인이 단지 보수를 위해서만이 아니라 또한 통치자의 명령하에 일한다는 점에 대해서는 언급하지 않았다.[130]

중국의 텍스트에서는 신문 덕분에 통치자와 피통치자 사이에서 정보의 흐름을 원활하게 할 수 있다고 보지만, 반면에 매우 많은 서양의 신문들이 오로지 통치자에게 봉사하고, 위에서 아래로 단방향으로만 의사를 전달했다는 사실은 전혀 언급되지 않는다.[131] 장지동의 『권학편』에서, 상호 간의 의사소통은 사람이 모든 것을 알 수 없었고不能盡知之 사람이 감히 모든 것을 말할 수 없었던亦不敢盡言之[132] 그러한 상황에서 만병통치약으로 등장한다. 손가내孫家鼐는 1898년, 당요唐堯와 우임금 그리고 고대 삼대의 태평성대 기간에는 "통치자가 인민들의 실상을 모르는 경우는 없었다未有不通達下情"라고 말했다.[133] 그는 국가가 힘이 약한 것은 비난받을 일은 아니다. 그러나 만약 의사소통의 통로가 막혔다면 그것은 용서할 수 없는 일이라고 결론을 맺었다.[134] 양계초는 이보다 2년 앞서 "한 국가의 강하고 약함은 (의사소통 통로의) 개방여부에 달려 있는데 오늘날은 주로 폐쇄되어 있다"[135]라는 경구와 함께 신문에 대한 논의를 시작했다. 그의 견해에 의하면, 이러한 폐쇄된 조건에서 사람은 눈, 귀, 목, 그리고 혀를 가지고 있어도 제대로 사용할 수가 없으므로 아예 없는 것과 매한가지이다.[136] 심지어 홍콩의 『순환일보循環日報』도 상하이의 『신보』보다도 훨씬 더 서구화된 형식으로 등장했는데, 신문의 목적에 관한 강령적인 논설에서 고대의 위대한 현자들의 이야기를 원용하였다.[137] 앞에서 언급했던,「중국『경보』와 서양 신문의 차이점을 논함」[138]이라는『신보』의 사설에서는 한편으로는 『경보』와『신보新報』의 차이점을 매우 강조하면서 또 한편으로는 중국의 태평성대의 상하 의사소통의 일반적인 실례를 들었는데, 이것은『경보』와 연관된 것이 아니라『신보新報』의 역할과 관계된 것이었다.

요堯와 우禹 그리고 고대 삼대의 통치는 상세하게 기록하여 전파했던 시기로서 그 후의 세대들과 구별된다. 그러므로『상서尚書』의 홍범洪範편[139]에서 (통치자에게 조언하여) 이르기를, "만일 그대에게 중요한 질문이 있다면, 당신의 마음에 물어보고, 관리와 재상들에게 물어보고, 그리고 인민에게 물어보라"고 하였다.
(그리고)『예기禮記』의 왕제편王制篇[140]에서 이르기를, 예전에 천자는 5년에 한 번 제후를 시찰하러 나갔다. 그는 제후들을 접견하고, 100세 된 노인이 있는가 물어 있으면 친히 방문하였다. 그는 태사太師에게 노래와 시를 수집하게 하여 인민들의 풍속을 관찰했다. 저자의 일을 맡은 자에게 물가를 보고하게 하여 인민들이 좋아하는 것과 싫어하는 것을 살폈다.4~7행[141]

통치자와 인민이 가까이 대화를 했던 이러한 영광스러운 중국의 전통은 소통 및 그 결과에 따른 이점이 모두 사라져 버린 비참한 현실과 대조를 이룬다. 이러한 형식의 주장은 상당히 진부하며, 의사소통의 통로 즉 언로言路의 개방을 요구하는 중국의 여러 문장에 누차 등장했다. 하지만 새롭게 변형된 형태의 주장에서는 상황을 개선할 수 있는 유일한 새로운 매체로서 서구식 신문을 요청하고 있다. 이러한 대조적인 구조가 새로운 매체가 태평성대의 방법들과 동일함을 강조하는 데 일조한다. 고대의 현인 황제들이 상호 의사소통의 필요성과 비판 수용의 유익함을 인식했다고 간단히 진술하고 나서,「각 국가 신보의 설립을 논함」이라는 사설은 다음과 같이 설명한다. 서양의 각국이 처음으로 신문을 확립하게 되었을 때, 그들은 사실상 우리 선조들의 이러한 덕을 깊이 그리고 직감적으로 이해했던 것이다.4행142 새로운 매체인 신문을 내놓으면서, 서양인들은 중국에서 오랫동안 잊혀왔던 것, 즉 고대 중국의 모습에 대한 깊은 이해에 공헌했다. 1886년의 『신보』 사설143은 중국의 태평성대에 통치자와 피통치자 간의 의사소통을 가능하게 만들었던 활동 목록을 반복하여 언급하면서1~4·22~23행, 의사소통 통로의 장애가 증가됨에 따라 보도의 속도와 정확도가 훼손됨을 통탄해하고, 신문을 국민들의 상황을 정확하게 파악하기 위한 최상의 도구라고 다시 한번 찬양한다. 그리고 절망적인 결론이 이어진다. "서양에서는 모두가 이와 같은 고대 중국의 방법을 사용한다. 그들은 민중의 일들이 상층의 지도자들에게 전달되도록 함으로써 통치자와 피통치자가 일체를 이루고 국가의 사정은 날이 갈수록 번성한다. 왜 중국만이 고대 왕들의 완벽한 방법을 따르지 못하는가?"31~32행144

재미있는 현상이 하나 있다. 개혁은 종종 의식적으로는 외국의 전형을 모방하는 것으로 인식되지만, 반면에 무의식적으로는 토착 전통에 의거한 맥락 속에서 개혁이 이해된다는 것이다.145 그러나 현재의 경우에는, 이 외래의 매체를 채택하는 것이 고대 중국의 태평성대를 이루는데 중요했던 특징을 재확립하도록 해줄 뿐만 아니라, 근대 세계에서 중국의 번영에 결정적인 역할을 하게 된다.146 그 이상적인 묘사를 포함해서 중국인에 의해 서구식 신문이 의미론적으로 재구성되는 것은 창조적 과정의 시작이었으며, 그 과정에서 외래 매체의 지위와 역할은 완전히 변화했다. 서양 매체의 도입이라는 이 혁신은 (비록 선택적이었지만) 중국 역사로부터 선택된 동등한 특징들과 서로 일치하도록 정교하게 묘사되었다.147 신문을 소개하는 여러 사설들에서 외래 매체를 중국식으로 제시하는 것이 단지 중국적인 방식의 차원에서만 논해지는 것은 아니다. 형식 면이나 내용 면 둘 다에 있어서, 사설들은 신문을 중국의 이상적 전통 중의 "훌륭한 부분"인 특별한 중국적 맥락 속으로 통합시키는 데 기여한다. 신문의 외래적 배경에 관한 문제제기는 더 이상 중요하지 않다.[148] 서구적 신문은 혁신적인 것으로 받아들여지지만, 신문은 중국의 공론장의 유기적이고 필수불가결한 부분으로서 기능할 수가 있고, 중국의 가장 훌륭한 전통에 그 뿌리를 두고 있다. 바로 앞서 인용한 문장은 새로운 매체와 오래된 이상 사이보다 더 조화로운 것이 있는지 질문을 제기한다. "옛날에 신문지에 관한 언급은 없었다. (그 단어가 마침내) 등장했을 때, 신문이 서양으로부터 온 것이라고 했다. 그러나 그것이 정말로 서양에서 창조된 것인지 아닌지는 알려지지 않았다."[1행]

결어

신문의 중국으로의 유입은 외래 매체의 도입으로 간주되어 왔다. 외국 양식의 중문 신문의 규범적 기능은 서양 신문들의 (이상적) 형태에 부여된 의미를 모델로 하고 있다. 그럼에도 불구하고, 나는『신보新報』가 순전히 외국 수입품으로서 팔리거나 그렇게 인식되지 않았다는 것을 보여주었다. 대신 중국에서의 수용과 중국인의 설득을 위해 그 매체를 토착화하고 중국화하려는 강한 경향이 있었다. 동양으로의 여행에서, 신문은 환경에 적응하기 위해 새롭고 중국화된 모습으로 가장하였다. 신문은 내부의 구성에서뿐만이 아니라 외적인 모습에서도 변화했다. 서양이나 중국의 언론인 모두가 중국 신문을 상황에 맞도록 중국의 전통으로부터 선별된 요소들에 의존했다. 신문을 서양의 힘(그리고 잠재적으로는 또한 중국의 힘)의 중요한 요소로서 설명하면서, 그리고 동시에 신문과 아주 동등하게 중요한 무엇인가가 오랫동안 중국의 이상적인 정치 형태에 내재되어 있었다는 것을 진술하면서 신문은 이중으로 합법성을 인정받았다. 더욱이 언론인들은 서양의 힘과 부의 밑에 숨어있던 비법으로서 뿐만 아니라 또한 전통적인 정치적 합법성의 계승자가 됨으로써 이중적인 즐거움 속에서 번영할 수 있었다.

이 글에서 이 모든 방법은 쓴 약과 함께 사탕을 주는 것과 같이, 입에 몹시 매운 외래 매체의 중국의 공론장으로의 성공적인 통합을 보장하는 데 필요한 방법으로서 해석되었다. 새로운 매체인 서구적 신문의 각 면에 존재하는 중국적 요소는 신문의 외래적 폐해를 (신문 발행인과 옹호자들이) 명확히 알고 있었음을 잘 보여준다. 반면에, "신문이 정말로 서양에서 발명되었는가?"라는 의문에 대한 대답과, 신문은 진정으로 "고대 중국적 방법"이었다는 확신은 다른 해석을 요구한다. 어떤 토착적 주장은 이용하면서 다른 것(그만큼 강력하거나 어쩌면 잠재적으로는 훨씬 더 강력한데도)을 버렸다는 것은(『경보』를 『신보新報』의 전신이라고 간주하지 않았다) 사설의 필자들에게 상당히 중요했던 의제에 대해 증언하는 것이라 할 수 있다. 중국의 전통에서 뽑은 요소들을 의식적으로 재평가하고 회복한 것은 서양식 혁신에 대한 근본적인 오해(아마도 의도적인 오해)에서 온 결과이며, 또한 역사적으로든 현재적이든 외래적인 자원과 중국의 수용자 사이의 충분한 공유 의식이 부족했음을 보여주는 오해의 결과이다. 역사적으로 말하면, 서양의 신문도 또한 오랫동안 여러 시대를 거치면서 주로 조정의 관보의 형태로 존재해왔지만, 이 점은 중국의 문장에서는 지적되지 않았다. 이 사설들을 쓴 편집자들이 새로운 신문을 전파하고자 사용한 전통적인 구문은 미지의 서양 발명품을 익숙한 문화의 언어로 번역하기 위한 단순한 수사학적인 장치 그 이상이 되었다. 이 구문들은 진실로 옹호자 자신들이 가장 오랫동안 견지한 준거의 틀이 되었으며, 서양 신문의 성격에 대한 그들의 이해를 결정하고 동시에 변형시켜주었다. 참으로 이 새로운 매체에서 자신들의 전통을 재발견하는 데에 너무 심취한 나머지 중국인들은 매체의 (진짜) 외래적 성격을 완전히 놓쳐버렸다. 그들은 중국이 통치자와 피통치자 사이의 자유로운 의사소통上下之通을 통해 국가의 평화와 번영을 위한 세계 최초이자 최고의 정치적 프레임을 발견했다고 확신하였다. 그리고 서양에서 발전된 신문이 그러한 이상을 실현시켜 줄 이상적이고 최적의 도구라고 확신하였다.

제2장

유용한 지식과 적절한 의사소통

19세기 말 중국 신문·잡지의 생산 영역

나타샤 겐츠 N5atascha Gents

중국 청 말기의 공론장과 정치 문화 일반에 관한 연구들이 신문과 기타 인쇄 매체들에 초점을 두기 시작한 것은 최근의 일이다. 이는 18세기와 19세기 유럽의 공론장 발전에서 인쇄 매체의 중추적 역할을 탐구한 하버마스의 연구로부터 일정한 영향을 받았다.[1] 또한 신문과 인쇄매체를 주목하게 된 또 다른 이유는 거기에 — 심지어 역사가들에 의해 "빈약한 자료"로 밝혀지더라도 — 적어도 관련 공동체의 정치적 문화와 사회적 의사소통에 관한 직간접적인 정보들이 많다고 여겼기 때문이었다. 하지만 최근까지 이런 새로운 관심 분야의 연구들은 주로 20세기 초 이래 중국 언론의 발전에 집중해왔다. 이는 진정한 "토착" 언론은 오직 1890년대 중반의 개혁 신문들과 함께 시작되었다고 보는 중화인민공화국의 시대구분에 의거한 것이다. 또한 그것은 저널리즘의 전문 직업화가 청 말기에 이르러 진전되기 시작하여 1910년대와 1920년대에 발전했다는 주장을 기반으로 하고 있기도 하다. 특수하게 분화되고 제도화된 교육, 전문 협회의 형성, 그리고 명시화된 윤리적 강령과 같이 사회학자들이 "전문직profession"의 특징으로서 묘사하는 요소들은 사실 중문 신문들이 출현한 첫 수십 년간 아직 형성되지 않았다.[2]

하지만 당시 문헌과 신문에 대한 분석은 상하이 조계지와 식민지 홍콩에서 시작된 중국 언론 초기 단계에서 이미 언론의 정치적, 사회적 의사소통 역할에 대한 인식이 다소 진전되었을 뿐만 아니라 관여한 사람들 간의 조직 구조와 상호 소통구조의 수준이 높았음을 보여준다.

이 장에서는 사회역사적인 접근법에 따라, 신문들의 입장과 행위자들의 진술들이 부르디외가 "문화 생산의 장field of cultural production"이라 부른 보다 폭넓은 맥락 속에서만 완전히 해석되고 증명될 수 있다고 가정하고 논의를 시작하고자 한다. 문화적 생산은 물질적 생산과 분배, 수용, 혹은 상징적 생산 등을 위한 여러 기관의 상호작용으로부터 출현하며, 이런 기관들은 다시 그 영역 내의 행위자들과 그들의 특정한 활동, 인맥, 연합 등에 의해 생성되고 형성된다. 이를 파악하기 위해서는 주로 실제적인 맥락에서 텍스트 생산을 연구하는 유연한 경험적 접근이 필요하다.[3]

나는 분석을 위해 19세기 후반의 가장 중요한 두 민간 상업신문들로서 상하이의 『신보申報』1872~1949(이하 『신보』로 표기하여 『신보新報』와 구별함-역자)와 홍콩의 『순환일보循環日報』1874~1949, 그리고 거의 알려져 있지 않은 준 관보의 성격을 지닌 상하이의 『회보匯報』1874와 『신보新報』1876~1882를 선택했다.

서구의 인쇄 기술을 활용하며 국내외의 보급망을 빠르게 확립한 『신보』와 『순환일보』는 널리 유통되어 동종 업계에서 중요하고 성공적인 최초의 기업으로서 가장 많은 주목을 받았고, 중국에서는 지금도 당시 가장 중요하고 영향력 있는 신문으로서 평가되고 있다. 『순환일보』는 유명한 산문 작가였던 왕도王韜, 1828~1897[4]가 설립했는데, 전적으로 중국인이 경영하는 첫 번째 중문 신문임을 표방하였다. 반대로 『신보』는 네 명의 영국인 상인들이 공동 투자한 합작 회사였으며, 어니스트 메이저Ernest Major, 1841~1908가 경영자이자 편집자로서 과반 이상의 지분을 소유하고 있었다. 『회보匯報』와 그것을 계승한 『휘보彙報』

1874~1875 및 『익보益報』1875는 최초로 특정 이익집단이 창간한 신문들이었는데, 광둥출신의 상하이 상인들이 중심이 된 이 그룹은 당시 상하이의 한 관료 즉 지현知縣인 엽정권葉廷眷, 1829~1886의 지원을 받고 있었다. 비록 단기간 발간되다 종간되었지만, 이 신문들은 『신보』에 대항하기 위해 만들어졌다. 그중 하나인 상하이의 『신보新報』는 상하이 도대道臺 풍준광馮浚光, 1830~1877이 사실상 관보의 성격을 지닌 신문을 시장 환경에 적응시키기 위한 시도였다고 볼 수 있다.

연구사 검토

19세기 후반에 발간된 어떤 중문신문들도 면밀한 원본 중심 연구의 대상이 었던 적이 없었지만, 그것들을 다루는 방식의 차이는 역사적인 실재들보다 오늘날의 정치적인 관심들과 더 많은 관계가 있다.[5] 중국 신문의 역사 중 초기에 등장했던 『신보』는 1920년대 말엽부터 이미 외국인들이 경제적인 이익을 목적으로 운영한 주요 상업 중심 신문으로 언급되고 있다.[6] 중국에서의 저널리즘 이론의 역사에 관한 연구들은 『신보』를 ― 그 모든 중요성에도 불구하고 ― 완전히 무시하는 경향이 있는 반면, 『순환일보』에 대해서는 광범하게 다룬다.[7] 최초의 토착 신문으로서 『순환일보』는 외국인의 편집진 지배로부터 해방을 추구하기 위한 민족주의적이고 애국주의적인 시도로 묘사된다. 그 신문의 주요 사설의 필자로 여겨지는 왕도王韜는 중국 역사에서 "최초의 훌륭한 정치 논설위원"[8]이자 "중국 저널리즘의 아버지"[9]로 평가받고 있다. 그는 기본적으로 지금은 매우 유명해진 그의 개혁 지향적인 정치 에세이(논설)를 펼치기 위해 그 신문을 만들었다고 한다. 로스웰 브라이튼Roswell Britton에 의하면 "양계초는 왕도의 선구적인 작업을 완성했다. 그는 왕도가 신문 출판을 통해 한 작업을 잡지 출판을 통해 수행하였다".[10] 이와 같이 왕도는 1895년 이래 양계초를 중심으로 전개된 정치지향적 저널리즘을 앞서 실천한 선구자가 되었다.[11]

『회보匯報』와 『신보新報』에 대한 관심은 주로 그것의 상업적 실패에 초점을 두고 있으며 상하이 관료들이 자기들이 소유한 인쇄 매체를 활용하여 공론장에 참여하려던 노력에는 주목하지 않는다.[12] 그러한 노력은 중국 외교부[1901년 이전에는 총리아문總理衙門]가 처음으로 공식적인 정부 신문을 발간한 1895년의 청일전쟁 이후에 비로소 시작되었고, 의화단 사건[1900년] 이후인 1901년에 대규모의 공식 관보官報 창간이 이루어지면서 정점에 달했다고 말해진다.[13]

초기 중국 신문들이 국민이나 정부 관료들에게 폭넓은 관심의 대상이 아니었고 개혁 시기의 핵심 인물들이 등장하기 전까지 정치 문제에 관여하지 않았다는 주장은[14] 1902년 중국 신문들에 관한 양계초의 영향력 있는 문장에서 지적된 이후 지금도 반복해서 제기되고 있다. 그는 자신이 발간하는 개혁 언론의 중요성을 강조하기 위해 그에 앞선 수십 년간의 중국 언론이 지닌 중요성을 과소평가했다.[15] 중국 신문 역사에 관한 학술 연구들은 종종 1897년 이후부터 비로소 『신보』의 저널리스트로 활동했던 뇌근雷瑾, 1871~1941[16]이 1922년 『신보』의 50주년 기념호에 발표한 그 신문의 초창기에 관한 감상을 이런 주장을 뒷받침하는 자료로 삼고 있다.

조정과 시골 모두 조용했던 당시에 [우리의] 바다 모퉁이(=상하이)에서는 아무 일도 일어나지 않았다. 정치에 관여했던 사람들은 (…중략…) 신문을 중요시하지도 않았고 지나치게 싫어하지도 않았다. 전체 사회 중 훌륭한 재능을 가진 모든 이는 과거시험에 열중하고 있었고, 그들 중 아무도 신문 관련 일을 기꺼이 자기 직업으로 삼으려 하지 않았다. 오직 과거에 낙방한 불우한 지식인들과 거칠고 무모한 학생들만이 때때로 자신들의 낙담과 무료함을 달래기 위해 신문을 활용하곤 했을 뿐이었다. 다른 (조약) 항구들에 있던 통신원들은 고귀한 성품을 갖고 있었지만, 그들이 취합한 보고들은 대부분 그다지 중요하지 않은 길거리의 소문들이었다. 그들에게는 국가 정치의 대사와 계획에 관한 중대한 논의를 취재할 방법이 없었다. 그리고 심지어 그들이 (그런 정보들을) 파악했다 하더라도, 분명히 그들은 그런 것들을 감히 기록하려 하지 않았을 것이다. 결국 신문의 내용은 대부분 산만하고 진부했다.[17]

뇌근은 더 나아가 당시 저널리스트들의 소득에 관해 "어떤 소득도 그보다 더 낮을 수 없었다"고 주장했다.[18] 1928년부터 종종 인용되어 온 또 다른 설명에 따르면, 청의 고위 관료 좌종당左宗棠, 1812~1885이 자신이 외국 은행으로부터 차관한 것을 비판하는 저널리스트들[19]에 대해 격분하여 "신문을 마지막 거처로 삼은 장쑤와 저장 출신의 무뢰배 문인"에 다름 아니라고 비난하였는데, 이 말 가운데는 당시 널리 퍼져있던 저널리스트에 대한 일반적인 시각이 반영되어 있다. 그 설명은 또한 신문팔이 소년들이 구독료 수금에 어려움을 겪는 등 종종 『경보』를 판매하는 외설적인 행상인들과 동등하게 취급되었다고 주장한다.[20]

저널리스트들에 대한 모욕적인 용어로서 가장 많이 인용되는 것 중 하나인 "타락한 위군자斯文敗類, 斯文敗類"는 일반 대중으로부터 연유한 게 아니라 무술변법 이후 1898년 10월에 저널리스트들의 처형을 명령한 서태후의 칙령에서 기인한 말이다.[21] 그러나 당시 신문과 저널리스트의 빈약한 기반에 대한 이와 같은 일반적인 평가는 지금도 여전히 반복되고 있다.

중국 초기 신문 및 저널리스트들의 지위와 공적 역할에 대한 나의 재평가는 두 부분으로 구성된다. 첫째, 먼저 앞서 언급한 네 개의 신문에 누가 관여했고, 그 의사결정에 있어서 누가 권한을 행사했는지 확인하기 위해 인물 연구를 진행할 것이다. 초기 저널리스트들에 대한 상세한 정보는 부족하지만, 각각의 사소한 정보들을 합치면 이런 출판사들에 대한 꽤 완전한 개요를 그릴 수 있다. 그 행위자의, 그리고 그 출판사들을 설립하는 방식과 과정의 사회적 배경 역시 당시 신문을 창간하고 운영한 동기들을 기본적으로 이해하는 데 도움이 될 수도 있다. 아울러 편집진의 변화들, 초기 저널리스트들 간의 사회적 상호작용과 그들의 다른 문화 활동 및 자선 활동 참여에 관한 정보는 우리가 다루고 있는 것이 독립적인 개인들인지 하나의 사회적 네트워크인지에 대한 질문에 답하는 데 도움을 줄 것이다.

둘째, 사회적 맥락과 상호작용 속에서 신문을 파악하기 위해 즉 신문들의 공적 역할을 위한 선결 조건들을 분석하기 위해 그것들의 재정 관리와 시장 전략들을 조사할 것이다. 그들의 상업적인 전략과 편집 디자인은 그들이 의도한 잠재적 독자층에 대한 지침들로서 기능할 것이다. 또 우리는 신문들이 스스로 내세운 공적 역할을 고찰해 볼 것이다. 관련된 계획적인 진술들 속에 은닉되거나 암시된 의미들을 해독하기 위해, 우리는 그것들을 당시의 공적 표현public articulation 방식이라는 맥락 속에 두고 읽어야 한다.

이 분석은 최초의 중국 언론인들이 자신들의 신문을 설계하기 위해 다양한 대안들을 참조했으며, 공적 역할을 내세우기 위한 그들의 전략들이 그동안(그리고 지금도) 간주해 온 견해와는 꽤 달랐다는 점, 신문 사업에 대한 상당한 공적인 관심이 존재했다는 점, 그리고 상당수의 중국 관료들이 그 신문들을 관심 있게 구독하면서 커다란 중요성을 부여했다는 점을 보여줄 것이다. 그 신문들의 독특한 특징은 사회적이고 정치적인 의사소통의 공론장에서 주도적인 위치를 차지하기 위한 투쟁을 반영하고 있다.

언론인들의 네트워크

외국인 소유의 신보관의 편집자들

초기의 『신보』 편집자들에 대한 정보는 많지 않다. 가장 유용한 — 하지만 여태껏 활용된 바 없는 — 자료들 가운데에는 찬미적 성격의 장르이기는 하지만, 『신보』에 게재된 약력을 포함한 부고, 즉 사망 소식이 있다.

『신보』는 1872년 4월에 영국인 상인 어니스트 메이저가 우드워드^{C. Wood-}ward, 프라이어^{W. B. Fryer}, 존 워칠롭^{John Wachillop}과 함께 공동 주식회사 형태로 설립하였으며, 그 네 명은 각각 그 기업에 400랑^兩을 투자하였다. 메이저는 1860년대에 그의 형제인 프레드릭 메이저^{Frederic Major}와 함께 중국으로 온 젊은 사업가였다. 그의 매판^{買辦 : 중국에 있는 외국 상사영사관 등에 고용되어 거래의 중개 역할을 하던 중국인}이었던 진경신^{陳庚莘, 19세기 후반}이 신문사의 창업을 제안했을 때, 그는 이미 세 개의 회사를 거느리고 있었다. 진경신의 조언은 『노스 차이나 헤럴드^{The North China Herald}』가 1861년 이래로 발간해 온 중문 신문이었던 『상하이신보^{上海新報}』가 얻은 수익에 자극받은 것이었다고 전해진다.[22] 다른 세 명의 영국인 상인들은 신문 경영에 직접적으로 관여하지 않은 것으로 보인다. 왜냐하면 그들은 『신보』에서나 『노스 차이나 헤럴드』와 『노스 차이나 데일리 뉴스^{North China Daily News}』의 『신보』에 관한 어떤 기사에서도, 혹은 그 외의 어떤 자료들에서도 다시 언급된 적이 없었기 때문이다. 메이저가 중국어에 숙달해 있었다는 사실은 『신보』에 실린 그의 부고[23]에 언급되어 있을 뿐만 아니라, 신보의 기사들이 그의 사업장 명칭을 따른 "존문각주인^{尊聞閣主人}"[24]으로 서명되었다는 점이 뒷받침한다. 또한 메이저는 상하이 회심재판소^{會審裁判所}로부터 어떤 중국어 표현들에 얽힌 논쟁을 해결하기 위해 권위자로서 참석해달라는 요청을 받기도 했다.[25]

『신보』를 편집하는 과정에서 메이저는 네 명의 강남 중국인들의 도움을 받았는데, 그들은 바로 장지상蔣芷湘, 생졸년도 미상, 오자양吳子讓, 1818~1878, 하계생何桂 笙, 1840~1894, 그리고 전흔백錢昕伯, 1833 출생이었다. 1872년 11월부터 신보관이 발 간한 문학잡지『영환쇄기瀛寰瑣記』와 연관하여 추도鄒弢, 1913년 사망[26]와 이사분내 훼蕖, 1821~1885[27]이라는 두 명의 편집자들이 더 언급되지만, 그들이 이 잡지에서 저자 이상의 역할을 했는지 여부를 말해주는 확실한 암시는 없다. 추도도 역 시 강남 출신이다. 1876년에 신보관이『신보』에서 읽기 쉬운 글들만 발췌한 신문인『민보民報』를 창간하면서 두 명의 강남 출신 편집자들, 즉 채이강蔡爾康, 1852~1920과 심육계沈毓桂, 1807/8~1907가 편집을 맡았다.[28]

상하이에서 가까운 강남 지역의 저장과 강소 출신이었던 그들은 모두 상하 이 조계지로 처음 이주해왔지만 동향同鄕이라는 유대감에 의해 서로 연계된 것은 아니었다. 그들의 나이는 매우 다양했는데, 심육계64세와 오자양54세이 가 장 나이가 많았고, 하계생39세과 전흔백32세은 중간 나이에 속했으며, 채이강22 세이 가장 적었다. 우리는 메이저가 그의 직원들을 어떻게 선발했는지는 모르 지만, 앞으로 보는 바와 같이 이들 중 다수는 1862년 10월에 홍콩으로 망명한 왕도와 교류를 한 적이 있었고, 일부는 그런 교류를 계속해서 유지했다. 상하 이의 선교기구들은 또 다른 연결 고리를 제공했다.

가장 적게 알려진 것은 장지상이다. 강남의 수재秀才 출신이었던 그는 12년간 『신보』에서 일한 다음 1884년에 진사進士에 합격하고 나서 그 출판사를 떠났다.[29]

저장 출신인 하계생에 관한 짧은 부고는 그가 신동으로서 명성이 있었음을 언급하고 있다. 그는 성공적인 수재秀才로서의 경력을 이어갔지만 다음 단계 의 시험에서 실패했다. 태평천국의 난으로 고향을 떠나 상하이로 온 그는 풍 계분馮桂芬, 1809~1874의 영향을 받은 것으로 전해지는데, 풍계분은 선교사 저널 리스트 영 앨런Young J. Allen, 1836~1907[30]과 협력하여 1861년에 상하이의 첫 외국어 학교인 상하이동문관上海同文館, 혹은 광방언관廣方言館[31]을 세운 인물이다. 하계생은

『신보』에서 사무원으로 종사하다가 나중에 편집자 중 한 명이 되었다. 그는 결혼하여 두 아들과 두 딸이 있었다. 그는 1894년에 병으로 사망할 때까지 편집진에 남아 있었다. 또한 그는 자신의 몇 권의 저서를 출간하기도 했다.[32] 그의 50번째 생일날에 『신보』는 그를 고전, 역사, 철학과 문학 방면에 광범한 지식을 지닌 명성 있는 학자로 묘사하며 칭송하였다. 일본과 한국, 혹은 베트남에서 온 방문객들은 그에게 존경을 표하고 그의 유명한 시 한 수를 요청하기 위해 그에게 선물을 보내곤 했다.[33] 장원張園에서 열린 하계생의 생일 축하연에서 왕도는 그들의 오랜 우정에 관해 연설하면서 그를 상하이 문학계의 모범으로 칭송했다.[34] 하계생은 경극을 좋아해서 유명한 배우들과 가까운 사이였다고 한다. 근시가 심해 안경을 써야만 글을 읽을 수 있었던 그는, 무대 뒤편에 앉아서 가수들의 목소리를 듣고 다음 날 연극 후기를 썼다는 일화도 전해진다.[35]

전흔백은 저장 출신의 수재秀才였다. 그 역시 상세한 내용은 모르지만 상하이의 선교사들과 연관이 있었다. 그는 왕도가 상하이 런던선교회 출판사London Missionary Society Press, 즉 묵해서관墨海書館에서 일할 때 그를 만난 적이 있다고 한다. 왕도가 홍콩으로 망명을 떠났을 때, 그는 자기 딸을 전흔백 가족에게 맡겼고, 그 후 그녀는 1869년 전흔백과 결혼하였다.[36] 왕도와 전흔백 간의 친밀한 우정은 왕도가 후일 자신이 제임스 레그James Legge, 1814~1897와 머물렀던 스코틀랜드에서 전흔백에게 보낸 편지들에서도 잘 보여준다.[37] 『신보』가 창간된 지 얼마 지나지 않아 전흔백은 더 발달한 출판 기술들을 배우기 위해 홍콩에 있던 왕도에게로 갔다. 그리고 곧 『순환일보』의 편집자로 참여하였다.[38] 하계생과 같이 그는 곤극昆劇을 좋아했지만 그가 남긴 기사나 문학 작품들은 알려진 바가 없다.[39]

왕도의 또 다른 친구였던 오자양은 그 편집진의 일원으로서만 가끔 언급된다.[40] 하지만 1878년 그가 사망한 이후 메이저는 장문의 부고를 그에게 헌정했는데, 그는 "조의대부朝議大夫, 운동運同, 즉 부염관副鹽官, 즈리直隷의 지주知州이자 지현知縣이라는 명예로운 직위를 수여받은 오吳씨"로 소개되었다. 메이저는 그에 대한 깊은 애정과 존경을 표현하며 이렇게 말했다. "지난 6년간의 일반적이고 폭넓은 논설들 대부분이 (그로부터) 나왔다."[41] 향시鄉試에 낙방한 이후 오자양은 여러 지방을 유력하다가 결국 증국번曾國藩, 1811~1872의 군사 막료로 합류했다.[42] 그는 증국번의 막료로서 군대에서 성공하여 종4품에서 정7품까지 다양한 직급과 직함을 받아 가문의 명성을 널리 알렸다고 한다. 1872년 증국번이 사망한 이후 오자양이 상하이에 왔을 때, 그는 메이저로부터 편집자 자리를 제안받았다. 그는 1878년에 병으로 사망할 때까지 이 직위를 수행하였다. 오자양은 1860년에 왕도를 만났다고 하며, 혹자는 두 사람의 친분 때문에 그가 『신보』 직위에 임명되었다고 추정하기도 한다.[43] 후다오징胡道靜은 메이저의 매판 진경신이 오자양을 동향 출신이란 이유로 발탁했다고 주장한다.[44]

장지상을 제외한 모두는 자신들의 직업적 경력이 끝날 때까지 『신보』의 편집자로 남아 있었다. 이런 점에서 보면 오직 두 명의 『민보』 편집자들, 즉 채이강과 심육계만이 달랐는데, 두 사람은 비록 나이는 44살이나 차이가 났어도 평생 우정을 유지했다.

윈난雲南에서 관료생활을 한 ─ 쑹쿼末軍에 따르면 그는 팔기八旗의 교사이자 통판通判이었다고 한다[45] ─ 심육계는 도광제시기1821~1851가 끝나갈 무렵 이미 상하이로 옮겨왔으며, 이후 영 앨런과 알렉산더 와일리Alexander Wylie, 조셉 에드킨스Joseph Edkins, 1823~1905, 그리고 티모시 리처드Timothy Richard, 1854~1919와 친분을 갖게 되었다. 『신보』의 편집자로 3년만 근무한 다음 심육계는 1881년 중서서원中西書院 설립 과정에서 앨런을 도왔다.[46] 1889년에는 영 앨런이 자신의 『만국공보萬國公報』를 위한 중국인 편집자로 심육계를 고용했다. 심육계는 나이 84

세가 되던 1892년에는 "여생을 시와 문학에 쏟기" 위해 편집자를 그만두길 요청했고, 그로부터 2년 후에 사직했다. 심육계는 『만국공보』의 주요 저자 중 유일한 중국인이었으며, 그의 후계자로 채이강을 직접 추천하기도 하였다.[47]

채이강은 1874년 22살이라는 이른 나이에 신보관에 합류하기 전에 선교사의 비서였다. 이는 그가 영어 회화와 독해가 가능했음을 말해준다.[48] 향시에서 낙방한 젊은 수재秀才였던 채이강은 과거시험에서 요구되는 문체, 즉 팔고문을 싫어했다고 한다. 그는 상하이에서 "조계지 지식인", 즉 양장재자洋場才子이자 기생집 단골손님으로서 즐거운 삶을 시작했다. 그는 손가락 게임에 능했고 술을 좋아했으며, 유행을 매우 선호했다.[49] 신보관에서 그는 주로 메이저의 유명한 호화판취진판聚珍版을 위한 책들을 찾아 편집하는 일을 했을 뿐만 아니라, 신보관의 문학잡지들과 단기간 발간되었던 『민보』와 『환영화보環瀛畫報』[1877]를 위한 사설도 썼다.[50] 1882년 5월에 그는 신보관을 떠났는데, 혹자는 그가 화가 나 있었다고 한다.[51] 그리고 그는 『노스 차이나 데일리 뉴스The North China Daily News』가 발간하기 시작한 중문 신문 『호보滬報』[1882~1900]의 중국인 편집자가 되었다. 이직하자마자 그는 때때로 전문가답지 않은 술책으로 『신보』를 이기려고 시도했다.[52]

채이강의 직업적인 경력의 특징은 변화가 빈번하다는 점이다. 그는 1892년에 『호보』를 떠났고 티모시 리처드와 영 앨런을 도와 선교회 단체인 광학회廣學會를 위해 책 편집을 맡았다. 1년 후에 그는 또 새로 창간된 『신문보新聞報』[1893]의 편집장이었지만, 5개월이 지난 후 — 신문사의 운영에 대한 견해의 차이를 이유로 — 다시 떠났다. 그리고 1894년부터 1901년까지 『만국공보』의 중국인 편집자로 있었지만 그는 단순히 앨런을 위한 유성기留聲機 — "앨런이 구술하면, 채이강이 중국어로 옮기는林之口, 蔡之手"[53] — 에 불과했다고 불평하면서 오히려 자기는 일간 신문을 편집하는 게 낫다고 주장했다.[54]

채이강은 또한 저널리즘 표준의 확립에도 기여했을 뿐만 아니라 열정적인 서적 편집자이자 작가이기도 하였다. 1877년에 그는 『신보』에서 뉴스들을 발췌한 중국 신문 역사상 최초의 뉴스 모음집 『기문류편記聞類編』을 편집했다.[55] 그의 서문은 그 시기에 이미 『신보』의 뉴스와 사설들이 수집되고 전승될 만큼 충분히 중요한 사료로서 간주되었음을 말해준다.[56] 『호보』에서 일하는 동안 채이강은 중국 출판 역사상 최초로 중국 소설 『야수폭언野叟曝言』을 문학 부간副刊으로 연재함으로써, 20세기 초에 일반화된 것을 20년 전에 이미 앞서 실천하였다.[57] 그는 신보관의 매우 성공적인 화보 잡지였던 『점석재화보點石齋畵報』를 본떠 1888년 『사림서화보詞林書畵報』라는 이름의 유사한 잡지를 발간했다.[58] 채이강은 칼 마르크스를 "마커쓰馬克思"라고 처음 음역을 한 것으로도 알려져 있는데, 그 음역 방식은 오늘날에도 여전히 사용되고 있다.[59] 그는 티모시 리처드 및 영 앨런과 함께 20여 권 이상의 책을 출판했다. 그 중 가장 유명한 것은 로버트 맥켄지Robert MacKenzie의 『19세기 역사Nineteenth Century. A History』1889에 대한 번역서1895[60]로서, 이 책은 출간 즉시 3만 부 이상이 판매되는 베스트셀러가 되어 여러 곳에서 재출간되었으며, 당시 부상하던 유럽 열강에 관한 가장 중요한 중문 자료였다.[61] 그가 자기 기사들을 포함하여 청일전쟁1894~1895에 관한 기사들과 보고서들, 그리고 각서들을 모아 공동 편집한 『중동전기본말中東戰紀本末』1898 역시 널리 읽혔으며, 이홍장李鴻章, 1823~1901과 손가내孫家鼐, 1827~1909와 같은 고위 관료들에 의해 추천되었다.[62] 그는 마침내 매우 유명한 개혁 인사가 되어 후난湖南의 신설학교 시무학당時務學堂의 교사로 천거되고 황준헌黃遵憲, 1848~1905, 담사동譚嗣同, 1865~1898 등과 함께 『상학신보湘學新報』1897의 공동 편집을 권유받았지만, 이를 모두 거절했다. 1903년에 그는 『남양관보南洋官報』의 리포터가 되었다. 하지만 1920년에 사망할 때까지 그의 이후 삶에 대해서는 알려진 바가 없다.[63]

채이강의 생활방식과 경력은 이미 근대의 전문 저널리스트의 대중적인 이미지와 닮아 있으며, 손옥성孫玉聲은 그를 "당대 언론계의 진정한 영웅"이라 불렀다. 정이메이鄭逸梅에 따르면, 채이강은 그의 필명들을 나열하는 것으로 시작하는 명함을 사용했다.

채이강, 중국찌나 스타나Cina-sthana, 장쑤江蘇의 상하이 출신.
어릴 때 이름 행운아幸兒, 호는 자불紫紱, 만년의 호는 지불支佛, 별호는 주철암주鑄鐵盦主, 누형선사樓馨仙史, 청 황제 퇴위 이후에는 채지옹采芝翁으로 바뀜.

찌나 스타나Cina-sthana는 중국을 호칭하는 불교 산스크리트어이다. 이런 불교적이고 도교적인 요소들은 당대 저널리스트들의 필명에서 종종 발견된다. 그것은 핵심에서부터 부패한 정부에 저항적인, 은퇴한 학자나 관료, 노인 및 은둔자를 가리키는 뉘앙스를 상기시킨다.[64] "직업"이라는 항목에서 채이강은 출판사에서 자신이 맡았던 다양한 직위들을 나열했고 명함 뒷면에는 그의 가장 유명한 책들의 제목을 적었다.[65]

이러한 정보는 우리에게 신보관의 구성원들과 그들의 여러 임무에 대한 그림을 개략적으로 그릴 수 있게 해준다. 분명한 것은 편집자 집단 중 일부는 하계생과 전흔백, 그리고 이후의 채이강과 심육계와 같이 문학과 시, 그리고 가극에 강한 관심을 보였다는 점이다. 그들은 대부분 신문에 등장하는 상하이에 관한 많은 시들과 죽지사竹枝詞들을 맡았을 공산이 크다. 손옥성에 따르면, 하계생과 전흔백은 모두 『신보』에서 한동안 총편집자總編纂의 직위를 맡았다.[66] 그에 의하면 또 그 신문 전체 내용을 책임지던 별도의 총편집자가 있었는데, 그는 원고와 전보, 다른 신문들로부터의 발췌문, 출간될 칙령과 시들을 선정했고 특별한 기사들에 대한 논평을 쓰곤 했다. 다른 편집자들은 신문

내의 어떤 칼럼들을 맡았고 자기들의 기사를 총편집자에게 제출해야 했으며, 총편집자는 그것들을 읽고 수정하였다.[67] 오자양에 대한 부고 내용이 사실이라면, 그는 초기 사설들의 대부분을 썼으며, 심육계와 장지상처럼 그는 과거시험을 통과하여 관료의 경력을 경험하기도 하였다. 비록 장지상이 그 편집자들 가운데 과거시험에서 가장 높은 단계에 합격하기는 했지만, 그는 논설위원으로 언급되지 않았다. 오자양에 관한 부고의 어조로 볼 때, 그는 메이저와 가장 가까웠던 걸로 보이며, 이것이 그를 그렇게 중요한 논설위원으로 만들었을 수 있다. 메이저 자신은 재정을 포함한 신문사 경영을 맡고 있었다. 메이저가 상하이에서 경영하던 다른 모든 사업 기획들을 고려해보면, 그가 매일 사설에 쏟을 만한 충분한 시간을 가졌을 가능성은 매우 적다.[68]

이 모든 상하이 출판 시장의 중국인 선구자들은 런던선교회의 선교사였던 영 앨런 및 티모시 리처드와 교류를 하고 있었고, 따라서 서구의 지식에도 친숙했다. 그들 대부분은 고전적인 교육을 받았거나 심지어 관료로 일한 적도 있었으며, 다수는 왕도의 친구들이거나 그와 알고 지내는 관계였다. 홍콩에 있던 왕도의『순환일보』에서 일하던 편집자들도 이런 특징들의 일부를 공유하지만 적잖은 차이점 또한 존재한다.

중국인 소유 『순환일보循環日報』의 창립자들

『순환일보』의 초기 역사에 대한 자료들은 흔치 않으며 종종 모순적일 때도 있다.『신보』는 영인본과 마이크로필름으로 보존되어 있지만『순환일보』는 거의 남아있는 게 없다. 탁남생卓南生 교수가 대영도서관에서 초기 몇 개월의 사본들1874년 2월호부터 4월호을 발견하기 전까지 이 신문의 사본들을 실제로 본 학자들은 거의 없었다. 그 후 1881년과 1883~1885년의 몇 개월분의 자료가 홍콩대학교 도서관과 도쿄 국회도서관에서 발견되었다.[69]『순환일보』 창간에 매우 중요한 역할을 한『화자일보華字日報』의 1895년 이전 첫 수십 년 동안 자료도 전혀 남아있지 않다.[70]

『신보』와 비교하여『순환일보』의 설립은 보다 복잡한 과정이었다. 이 신문의 실제적인 재정 지원자들과 관련해서는 설명이 분분하지만, 그 신문의 설립과 재정지원, 그리고 경영에 관여한 모든 이가 서구적인 교육을 받은 지식인과 매판, 그리고 상인과 같이 새롭게 부상하던 홍콩의 중국인 엘리트 상위계층이었음에는 이견이 없다. 직업적인 유대와 상업적 이익, 그리고 친족 관계가 그들의 사회적 인맥을 튼튼히 유지시켰다.

『순환일보』는 1873년 중화인무총국中華印務總局이 구 런던선교회 인쇄소였던 홍콩의 영화서원英華書院에서 구입한 장비로 인쇄되었다. 왕도와 그의 동료들이 설립한 이 출판사는 서적을 출판하기도 하고 활자와 자모, 화학 용액들을 팔기도 했다. 런던선교회 인쇄소가 왕도와 황승黃勝, 황평보黃平甫라고도 불림, 1825~1905[71]에게 매각되었다고 하지만, 실제 매매 계약서에는 중국인 측에서는 진애정陳藹亭, 일명 진언陳言[72]만이 서명을 하고 런던선교회 측에서는 제임스 레그와 어니스트 에이텔Ernest Eitel, 1838~1908이 서명을 한 것으로 되어 있다. 레그의 영어 활자와 압형기뿐만 아니라 일련의 자모들과 각인쇠들을 포함한 그 장비는 1만 달러에 팔려 1873년 4월까지 3회 분납으로 지불되었다. 이것은 영어 및 중국어 판본의 섬세한 인쇄를 가능케 했고, 더 중요하게는 활자 서체의 주조를 가능케 했다.[73]

왕도는 부친의 사망 이후 1849년에 상하이로 거처를 옮겼다. 그의 생계를 보장한 것은 1843년에 설립되었던 묵해서관墨海書館이 그에게 부여한 업무였다. 그는 일전에 "야만스러운 보잘것없는 것들"이라 불렀던 이들에 의존해야 한다는 데 대해 종종 불평하곤 했다. 반면, 그는 아플 때는 의사 홉슨Hobson을 만나러(그리고 칭송하러) 갔고, 심지어 상하이의 자기 집을 꾸미려 홉슨의 가구를 몇 개 사기도 했다. — 이는 그가 외국 것들에 대해 불평했다고 주장하는 바와 모순된다.[74] 왕도는 윌리엄 뮈어헤드William Muirhead, 1822~1900와 조셉 에드킨스, 그리고 알렉산더 와일리에게 중국어를 가르쳤고, 그들의『육합총담六合叢談』상하이 정기간행물, 1857~1858의 편집을 도왔다.[75] 또 왕도의 섬세한 문체는 그들이 공동으로 번역한 성경을 널리 보급시키는 데에 많은 도움이 되었다고 한다.[76]

상하이 문인으로서의 왕도의 다채로운 삶 덕분에 그는 "상하이의 3대 기인海上三奇士"이라는 명성을 얻었다.[77] 1862년 봄에 그가 태평천국의 난에 가담했다는 혐의로 고소되었을 때, 선교사와 영국 영사 메드허스트가 비밀리에 그를 홍콩으로 피신시켰다. 1862년 가을부터 그는 23년간 지속된 망명생활을 시작했다.[78] 당시 홍콩은 그가 보기에 음식이 나쁘고 사람들은 저속하며 사투리는 천박한데다 기생들은 교육 수준이 떨어진다고 생각했던 곳이었다.[79] 하지만 그는 중국 고전의 번역이라는 장대한 프로젝트와 관련하여 제임스 레그와 함께 일하는 걸 매우 흡족하게 즐겼다. 그는 레그의 학식을 칭송했고 그의 우정과 도움에 감사를 표시했다.[80]

레그와 함께 번역 작업을 진행하면서도 그는 나머지 여유 시간에『근사편록近事編錄』을 공동으로 편집했다.[81]『신보』는 심지어 그를『화자일보』의 공동 창립자로 언급하기도 했다.[82] 1868년부터 1870년까지 유럽을 여행하는 동안 왕도는 인쇄소와 종이 공장, 그리고 출판사들을 방문하면서 서구의 인쇄 기술들에 친숙해졌다. 1870년에 귀국한 다음 그는『차이나 메일The China Mail』의 소유자인 앤드류 딕슨Andrew Dixon과 단기간 함께 머무르며 그곳의 인쇄 장비에 매료되었다.[83] 그는 관료들과 친구들에게 쓴 편지에서 중국에 신문이 필요함을 지적하였다.[84] 홍콩에서 생활을 시작한 첫 몇 년 동안 왕도가 아주 활동적이거나 두드러진 적은 없었다.[85] 하지만 새로운 지식을 얻고 유럽에서 돌아온 다음에는 그의 문학창작이 활발해졌고,[86] 신설된 저명한 동화의원東華醫院 위원회의 위원으로 선출되었다.

그 이후 왕도의 활동에 대해서, 대부분은 그를 『순환일보』 편집자 중 가장 걸출한 인물로 묘사한다. 하지만 그는 매우 걸출한 홍콩 인사들로 이루어진 집단에 둘러싸여 있었고, 그 집단 중 다수가 또한 동화의원의 위원들이었는데[87] 그들은 그 사업에서 중요한 역할을 했지만 거의 언급되지 않았다.

그들 중 한 사람인 황승 — 아마도 첫 중국인 전문 인쇄기사[88] — 은 홍콩의 모리슨 교육회 학교Morrison Education Society School에서 공부했고, 1847년 처음으로 미국으로 유학을 갔던 세 명의 중국 학생 중 한 명이었다. 『차이나 메일』에서 인쇄기사 수련을 마친 후 그는 런던선교회로 옮겨 조계지 최초의 중국어 잡지인 『하이관진遐邇貫珍』1853~1856을 위해 번역을 맡았다. 같은 해에 그는 영화서원의 총괄 인쇄 관리자가 되었고 왕도가 올 때까지 그 자리를 유지했다. 황승은 1858년 『중외신보中外新報』의 창립자였을 가능성이 매우 높다.[89] 1872년 여름 황승이 홍콩을 떠나 베이징의 동문관을 위한 인쇄소를 차린 지 얼마 안 되어 영화서원 인쇄소는 진애정과 왕도에게 팔렸다.[90] 1873년에 황승은 용굉容宏, 容純甫, 1828~1912이 계획한 중국 아동들의 미국 유학사업 중 두 번째 그룹을 인솔하여 미국에 갔다. 3년이 지나 홍콩으로 돌아온 후 그는 1884년에 홍콩 입법위원회에 임명된 두 번째 중국인이 되었다. 칼 스미스Carl T. Smith에 따르면, 중국 정부 관료들이 황승을 관직에 추천했었지만, 그가 청 왕조를 위해 일하는 걸 거부했다고 한다.[91] 1844년에 황승은 홍콩 중앙 상업지역에 있던 유럽인 소유의 땅 한 필지를 사들였는데, 그 땅의 지가는 10배로 상승하여 경제적으로 부유해졌다.[92]

세인트 폴 대학St. Paul's College 출신의 세례 받은 학생이자 오정방伍廷芳, 1842~1922의 학급 동료요 좋은 친구였던 진애정은 처음에는 지방 법정에서 홍콩 정부를 위한 복무를 시작했다. 1871년에는 『차이나 메일』의 기자가 되었고, 1년 후에는 그것의 중국어 부간인『화자일보』의 발간을 맡았다.[93] 이를 위해 그는 선교사로부터 또 다른 중국어 활자 서체들을 구매했다.『화자일보』의 관리자로 활동하면서 그는 또 런던선교회 출판사를 매입하였다. 이러한 과정을 거쳐, 그는 마침내 1874년『순환일보』의 창간호에 총괄 관리자로서 이름을 올리게 된다. 하지만 한 달 후, 이후 수년간 업무를 책임지게 될 다른 관리자에게 자리를 승계하고서, 진애정은 1877년까지『화자일보』의 총괄 관리자로서의 업무를 지속했다.[94] 그가『순환일보』창간에 참여했다 발간 이후 곧 그만둔 이유나 런던선교회 출판사를 사들인 동기에 대해서는 알려진 바가 없다. 하지만 우리는 그 두 신문이 처음부터 격심한 경쟁 관계에 있었음을 알 수 있다. 진애정은 이후에 저널리스트로서의 자신의 경력을 포기하고 새로 임명된 주미 중국 대사의 직원으로 합류했다가 쿠바의 총영사로 임명되었다.[95]

일설에 의하면 오정방 역시『순환일보』를 재정적으로 후원했다.[96] 싱가포르의 중국인 상인의 아들이었던 오정방은 일곱 살 때 홍콩으로 왔다. 1858년 세인트 폴 대학을 졸업한 다음 그는『홍콩 데일리 프레스*Hong Kong Daily Press*』에서 번역가로서 자신의 경력을 시작했다.[97] 1861년부터는 지방 법원에서 통역가로 활동했지만 1864년부터 1873년까지는 그의 동생 오아광吳亞光과 함께『중외신보』의 총괄 경영을 맡았고, 오아광은 이후에 그를 이어 총괄 관리자가 되었다.[98] 오정방은 진애정의『순환일보』의 창간을 위해 재정지원을 했다고 알려진 또 다른 인물인 하계何啟, 1859~1914[99]의 누이와 결혼했고, 그의 아들은 하계의 딸과 결혼했다.[100]

하계는 말라카의 영화서원 출판사에서 일하던 판각공의 손자였다. 그의 아버지 하복당何福堂, 일명 하근선何近善, 1818~1871[101]은 레그와 잘 아는 사이였고, 1843년에는 첫 번째로 임명된 중국인 목사로서 레그를 따라 홍콩으로 가 저명한 런던선교회 구내에서 그의 가족과 함께 살았다.[102] 그는 또 매우 성공적인 토지 투자가였는데, 전하는 바에 의하면 그는 15만 달러 가치가 넘는 부동산을 그의 아들들에게 남겨 그들이 좋은 교육을 받을 수 있도록 보장해주었다.[103] 퀸스 칼리지Queen's College를 졸업한 다음, 하계는 열네 살이 되던 1873년에 영국으로 유학을 가 의학과 법학 학위를 받았다. 1882년에 귀국하자마자 그는 변호사가 되었고 아버지의 재정 담당자로서 부를 증식시켰다. 하계는 당대 홍콩사회에서 가장 걸출하고 중요한 인물 중 한 명이 되었다.『순환일보』와의 연관관계가 어떻게 시작되었는지는 명확하지 않지만(1874년에 하복당은 이미 사망한 지 3년이 지났고, 하계는 너무 어렸을 뿐만 아니라 아주 먼 유럽에 있었다), 하씨 가족 구성원들이 런던선교회와 밀접한 관계였다는 점, 그리고 하계가『순환일보』의 다른 중요한 후원자들과 밀접하게 교제했다는 점은 명확하다.[104]

『순환일보』의 60번째 기념호에 언급된, 논설과 경영, 그리고 재정적인 문제들에 관여한 집단의 초기 구성원들 가운데서 우리는 왕도와 전흔백 이외에도 홍간보洪幹甫, 또는 홍사위洪士韋와 풍한신馮翰臣, 그리고 번역가 곽찬생郭贊生도 있었음을 알 수 있다.[105]

호례원胡禮垣, 광동의 삼수현三水縣, 1847~1916은 1879년에야 비로소『순환일보』에 합류하여 2년간 번역가로 일하면서 유명해졌다. 왕도처럼 태평천국의 난에 연루된 이유로 홍콩으로 망명한 한 광동 상인의 아들이었던 호례원은 일찍이 열 살 때부터 오정방과 함께 영어를 공부했다. 그는 퀸스 칼리지에 등록하였고 1870년에는 거기서 또다시 오정방을 알고 지내던 하계를 만났다. 호례원은 과거시험을 통해 공명을 추구하다가 여러 번 실패했다. 1881년『순환일보』의 번역가로서 활동을 끝내고, 그는 직접『월보粵報』1883를 창간하여 운영하기 시작했다. 그의 여러 사업은 성공적이었으며, 덕분에 그의 아들도 경제적 어려움 없이 서구식 교육을 받을 수 있었다.[106]

『순환일보』는 경영과 편집 기능들을 엄격하게 분리했다. 진애정이 떠난 이후, 홍간보가 총괄 관리자 직위를 이어받았다. 그는 부관리자 오경파吳瓊波, 광둥의 난하이南海 출신의 후원을 받았는데, 오경파는 50년간 그 신문사에 머무르다 1881년에 총괄 관리 업무를 맡은 인물이다. 중화인무총국의 경우는, 1874년 광고에서 세 명의 관리자들이 더 언급되었는데, 풍명산馮明珊, 양학소梁鶴巢와 진서남陳瑞南이 그들이다.[107] 그들 중 두 명은 매판이자 동화의원 위원들로 파악된다.[108]

풍명산일명 풍보희馮普熙 혹은 풍조馮照, 1898년 사망[109]은 호그 앤 컴퍼니A. H. Hogg and Company의 매판이었고 이후에는 공인상업은행Chartered Mercantile Bank의 매판이었다. 그는 세인트 폴 대학에서 오정방의 급우였을지도 모른다. 풍명산은 동화의원의 창립자 중 한 명이었고, 그가 1878년 청원에 참여하여 설립한 홍콩의 또 다른 중요한 자선기관인 보량국保良局의 대표를 역임하고 오정방이 부대표를 역임했다.[110] 양학소일명 양안梁安 혹은 양운한梁雲漢, 1890년 사망[111]는 깁 리빙스턴 앤 컴퍼니Gibb, Livingston and Company의 매판이자 동화의원 창립 위원회의 위원장이었다.[112] 『신보』와 비슷하게 『순환일보』의 초창기 경영진은 명확하게 지역적인 특색 즉 광둥의 특색을 지니고 있었다. 『신보』와 대조적인 점은, 『순환일보』에는 고도로 그리고 때때로 위장된 경영진의 변화가 있었다는 점이다. 왕도는 1883년까지 『순환일보』의 1면 하단에 신문의 총괄 편집자로 표기되었지만, 사실 그는 1876년에 이미 홍간보에게 그 직책을 넘긴 상태였다.[113] 풍한신은 단 1년간 머물렀고, 번역가 곽찬생의 직무는 1877년에 주중생周重生이 이어받았다. 『순환일보』는 『신보』에 비해 과거시험을 통과하여 관료가 된 사람들에게 덜 의존하였다. 이들 광둥 편집자들 가운데에는 수재 출신이었던 홍간보의 이력만이 알려져 있다. 그는 홍콩에 도착하기 전에 광둥의 순무巡撫 장익례蔣益禮 밑에서 일했다고 전해진다.[114]

황승, 오정방, 왕도, 진애정, 그리고 하복당과 같은 『순환일보』의 중요한 공동 창립자들 대부분은 동화의원의 위원들이었고,[115] 이 의원은 당시 "홍콩에 있는 중국인 가운데서 공공연하게 엘리트의 출발로 간주"되었다.[116] 선출된 이사들은 대부분 중요한 홍콩 지역 상업 조합들의 수장들이거나 부유한 상인들, 그리고 기타 존경받는 인물들이었다. 따라서 "중국인 지역사회 전체를 대표하고, 더 중요하게는 정부에 의해 엘리트 집단으로 인정받는다고 주장"해도 지나치지 않았다.[117] 하지만 황승을 제외하고는『순환일보』집단 중 아무도 동화의원의 이사가 되지는 못했는데, 그들은 상업 조합의 대표가 아니라 개별 상인들이었기 때문이었다. 그럼에도 불구하고『순환일보』의 다른 창립자 중 다수는 홍콩 지역사회에서 명성과 지위를 얻었다. 오정방은 재판관裁判司, 치안판사으로 임명된 첫 중국인이었다. 하계와 황승이 그의 행보를 뒤따라 결국 세 명은 모두 입법위원회의 위원들이 되었다.[118] 이런 임명은 영국 정부의 결정과정에서 중국인의 의견을 공식적으로 인정한 최초의 사례였다.

『순환일보』는 과거 시험에서 낙방한 일부 낙오자들의 투기사업이 아니라 홍콩에서 중요한 몇몇 상인들이 참여하였으며, 그들은 상업적인 관심을 공적인 문제들에 대한 책무와 연계시키고자 한 인물들이었다. 저명한 다수의 강남 출신 문화 엘리트가 이주해 왔던 상하이의 조계지와는 달리, 홍콩에는 그런 배후지가 부족했기 때문에 새롭고 성공적인 홍콩 상인들은 지역 엘리트의 역할을 맡는 데에 있어서 거의 경쟁하지 않았다. 그들이 자신들이 구입한 사회적 신분에 어울리는 공식 의상을 입고 자주 나타났던 것이나 화려한 연회를 주선하던 그들의 관습을 보면 그들이 얼마나 관료 및 지식인들의 생활양식과 지위를 모방하고자 열망했는지를 알 수 있다.[119] 이후 살펴보는 바와 같이,『순환일보』의 목적에 대한 표명도 역시 그들이 취한 전통적인 학자의 태도에 잘 부합한다. 그러나 자료가 보여주는 바에 의하면 관련된 모든 사람들이 개신교 선교사들로부터 교육을 받았고, 그들 중 다수는 유럽이나 미국 여행의 경험을 지니고 있었다. 그리고 이것이 그들과 같은 새로운 엘리트들의 생활양식에 영향을 미쳤다. 가장 극단적인 예는 하계로서, 그는 영국인 아내와 함께 영국에서 돌아와 홍콩에서 양복을 입은 첫 번째 중국인이었다.[120]

중국 첫 번째 준-관영 신문의 창립자들

『회보匯報』의 편집자들과 운영자들에 관한 대부분의 정보는『신보』,『노스 차이나 헤럴드』그리고『셀레스티얼 엠파이어The Celestial Empire, 華洋通聞』1874년 창간와 같은 당시 신문들에 산재해 있다. 게다가 — 지금까지 신문 역사에 관한 자료로 거의 사용되지 않은 — 런던 공문서 보관소에 보관되어 있는 영국 상하이 영사관 관리들의 보고서가 또 하나의 유익한 정보 출처이다.

『회보』의 창립은『신보』에서 매우 극심했던 한 논쟁의 결과였으며, 이러한 연관관계는 2차 문헌에서는 대부분 무시되고 있다.[121] 그 논쟁은 상하이 조계지의 유명한 경극 배우였던 양월루楊月樓가 광둥 샹산香山 출신의 한 상인의 딸과 결혼한 이후에 시작되었다. 저급한 배우와 "양가집" 규수 사이의 결혼에 격노한 샹산 지역사회는 샹산 출신이기도 했던 상하이 지현知縣 엽정권葉廷眷에게 그 부부를 체포하고 분리시킨 다음 고문하라고 요구했다.『신보』가 엽정권의 소송 처리에 대해 그가 샹산 지역사회의 압력에 굴복했음을 암시하며 비판하는 서신을 게재한 이후 그 신문지상에서 격렬한 논쟁이 진행되었다. 샹산의 매판들은 그들이 차별을 받고 있다고 느꼈고 처음『신보』의 지면상에서 자신들을 변호하는 데에 실패하자 지현에게 그 신문의 발행을 금지할 것을 요청했다.[122] 이 노력 또한 실패로 돌아가자, 그들은 그에 대한 반대급부로『회보』를 창간하기로 결정했다.『회보』에 관여한 모든 이들이 샹산 출신이었다는 건 놀라운 일이 아니지만, 더 놀라운 것은 이러한 광둥과의 연계가『순환일보』를 둘러싼 홍콩 언론 지역사회로 우리를 이끌게 될 것이라는 점이다.

『회보』는 1874년에 상하이 지현 엽정권과 사업가 당경성唐景星, 일명 당정추唐廷樞, 1832~1892이 주요 투자자가 되어 설립한 공동 주식회사였다.[123] 『신보』는 한 논쟁적인 사설에서 상인들과 일반인들이 자금마련에 협조하지 않아 그 관료들은 전적으로 공적 자금으로만 그 사업의 재정을 지원해야 한다고 보도했다. 이러한 지적은 당시 관찰자들의 발언과 2차 문헌들 속에 반복적으로 나타난다.[124] 엽정권은 1872년에 상하이의 광자오회관廣肇會館의 설립에 관여한 바가 있었는데, 그해에 그는 상하이의 지현으로 발령받았다. 이 회관은 광저우와 자오칭肇慶 출신의 상인들을 연결했다. 당경성은 그 회관의 창립자 가운데 한 사람으로서 그 회관의 주요 주창자이자 기부자였다.[125] 비록 『신보』의 기사들에서는 위에서 언급한 논쟁 중에 엽정권이 고집스럽게 반 외세적이고 보수적인 관료로 묘사되어 있긴 하지만, 그는 그래도 중국 내 첫 공공 서양 과학 도서관, 그리고 왕도가 홍콩에서 돌아와 이끈 격치서원格致書院을 설립하는 데에 100량을 기부할 만큼 서구적인 것들에 충분히 관심을 갖고 있었다. 당경성과 상하이 도대道臺 풍준광馮浚光도 역시 기부를 했다.[126]

당경성은 1841년에 홍콩의 모리슨 교육회 학교에 입학하였다. 그와 용굉은 그 학교를 함께 다녔다. 1849년에 런던선교회 학교로 옮긴 그는 제임스 레그와 황승을 알게 되었다. 황승은 당경성이 1851년부터 1856년까지 유지한 홍콩 지방법원 통역가의 직위를 이어받았다. 그가 홍콩에서 통역가로 일하고 있을 때, 신문에 당경성을 비난하는 몇몇 기사들이 게재되었다. 이것이 그가 상하이로 떠나게 된 동기 가운데 하나일지도 모른다. 당경성은 상하이 해관에서 직장을 잡고, 자딘 매시선Jardine Matheson의 매판이 되었다. 그리고 1873년에는 이홍장의 추천으로 중국 윤선초상국輪船招商局의 총괄 관리자를 맡았다. 그는 1884년에 그 회사를 사직했고, 이후 1892년에 사망할 때까지 카이핑탄광開平煤礦 관련 업무를 맡았다.[127] 당경성은 부유하고 인맥이 좋은 인물이었다.

그는 이중 언어를 구사했고 서구인 및 서구 기관들과 오랫동안 접촉했다.

『신보』는 용굉 외에는 아무도 『회보』를 경영하지 않는다고 폭로했다.[128] 당 경성과 황승처럼 홍콩의 모리슨 교육회 학교에 다녔던 용굉은 선교사들과 『차이나 메일』편집자였던 앤드류 쇼트레드Andrew Shortrede의 지원으로 미국으로 유학을 간 첫 번째 세 학생 중 한 명이었다. 1872년에 용굉은 중국 정부가 어린 아동들을 미국으로 유학 보내게 하는 교육 계획으로 유명해졌다. 그는 미국에 파견된 첫 번째 아동 유학생들을 직접 하노버와 코네티컷에까지 인솔하였다. 1874년 『회보』가 창간되었을 때 그는 막 귀국한 상태였다. 그는 많은 청혼자를 뿌리치고 미국인 켈로그 여사Mrs. Kellogg와 결혼하여 미국 시민권자가 되었다. 이 모든 것이 상하이 신문들 속에서 적잖이 보도되었다.[129] 놀랍게도, 그의 자서전은 『회보』나 그 신문사의 설립에 대해서 언급하지 않는다.[130] 『회보』가 발간되고 나서 곧 그가 미국으로 돌아갔기 때문에, 그는 오랫동안 그곳에서 일할 수 없었다.[131]

『회보』의 정관들은 또 다른 샹산 출신이자 저명한 개혁가인 정관응鄭觀應, 1842~1922이 썼다고 한다.[132] 정관응은 첫 번째 과거시험에서 떨어진 후 1859년에 상하이에 와서 덴트 앤 코Dent&Co.의 매판이 되었다. 선교사 존 프라이어와 함께 영화서원에서 영어를 공부한 다음 그는 처음에는 번역가로 일했다. 1868년에는 자신의 고유한 차 사업을 시작했고 이후에는 버터필드 앤 스와이어Butterfield&Swire의 매판이 되었다. 그가 티모시 리처드에게 보낸 편지들로부터 우리는 그가 선교사들과 교제했다는 것을 알 수 있다. 그의 오랜 친구였던 당경성은 1883년에 그를 윤선초상국에서의 자기 후임자로 지명했다.[133] 그는 중국 신문들의 초창기 지지자 중 한 사람이며, 종종 중국 신문 역사에서 최초의 언론 이론가 중 한 명으로 언급된다.[134]

실제적인 논설 작업은 샹산 출신의 덜 유명한 사람들에 의해 이뤄졌다. 주요 편집자는 미국에서 유학한 바 있던 광기조鄺其照였는데 그는 모리슨의 영중사전 편집을 도왔고, 정부의 고위관직에 오를 것으로 예상되던 교육개혁의 지지자 장지동張之洞, 1837~1909과도 협력했다.[135] 약 10년 후에 광기조는 광둥에 자기 소유의 신문인『광보廣報』1886~1891를 창간했는데, 이는『신보』를 모델로 하여 면밀하게 설계되었다.[136]『회보』의 또 다른 편집자로는 관재숙管才叔, 황계위黃季韋와 가계량賈季良 등이 있었다.[137]

『회보』는 창간 후 수개월 후에 곧 도산했다. 메드허스트 영사는 그 이유를 다음처럼 기술했다.

> 나는 주된 이해 당사자인 중국인 중 한 사람으로부터 이 조치가 신문사를 계속 지배해 온 지방당국의 고위 관리에 의한 성가신 검열의 결과로 결정되었으며, 그 검열이 주주들이 대중의 요구를 맞추는 데 너무 방해되어, 그들이 이 신문으로 수익을 내기가 불가능하다고 생각했다고 전해 들었다.[138]

하지만 다른 자료들은 그 폐쇄 및 외국인 경영진에 의한 재발간이 "한 외국인과의 어떤 계약을 이행하길 회피하기 위한 술책에 불과했는데, 그 계약은『위보衛報』『위보』는 영국『가디언The Guardian』지에 대한 중국식 명칭임-역주가 발간되기만 하면 유효한 것이었다"고 주장한다.[139] 그 신문은 1874년 9월 1일에 영국인 스콧 길Scott Gill의 경영하에 새롭게『휘보彙報』로 명칭을 바꾸어 발간되었다.『신보』에 따르면, 편집자들뿐만 아니라 주주들도 사실은 전과 동일한 사람들이었다.[140] 또 당시『중국 인명 사전China Directory』1874에서도 스콧 길을 정관응이 공부한 선교사 학교인 영화서원의 관리자로서 소개하였다.[141] 유럽과 중국의 혈통이 섞인 아이들을 위해 1870년에 세워진 이 유라시아 학교는 상하이에서 매우 성공적인 자선기관이었다.[142]

1875년 7월에는 새 편집자인 주연생朱蓮生이 등장했고, 그 신문의 이름은 다시 한번 바뀌어 이젠『익보益報』가 되었다. 주연생은 샹산이 아닌 상하이 근방의 쑹장松江 출신이었다. 이 신문사는 엽정권의 주도하에 재조직되었는데, 당시 그는 이미 자기 직책을 떠난 후였다.[143]『셀레스티얼 엠파이어』는 "광둥인"의 부정적 영향이 줄어들길 바라는 희망을 가지고 처음에는 이런 변화를 환영했지만,[144] 얼마 지나지 않아 "광둥인들과 같이 부유하고 영향력 있는 계층의 사람들이『익보』보다 나은 대표 기관을 설립할 수 없었다는 건 정말 놀라운 일이다"라고 인정해야 했다. 이는 그 신문이 옛 소유주들과 함께 같은 연장선상에서 지속되었음을 보여준다.

『익보』는 신속하게 상하이 언론에서 흥미로운 이야기들의 주축이 되었다.[145] 그러나 그러한 새로운 노력은 1875년 12월, 주연생이 "다른 중대한 일 때문에" 편집자 직분을 그만두겠다는 의사를 밝혔을 때 함께 끝나고 말았다.[146] 그의 사직은 주연생이 사실상 내륙 오지를 여행하는 외국인들을 죽이라고 독자들을 독려한 기사들을『익보』에 게재한 것에 대해, 영국 영사 메드허스트가 도대 풍준광에게 그를 기소할 것을 요구한 분노어린 서한이 동기가 되었을 것이다.[147]

그로부터 1년도 채 안 되어 신문 설립을 위한 새로운 시도가 있었는데, 이번에는 발간 기간이 좀 더 오래 지속되었으며 도대 풍준광에 의해 주도되었다. 처음 한 관료의 개인적 구상에 기초하여 만들어진 중국신문은『신보新報』란 이름으로 1882년까지 발행되었는데 역시 주식회사로 조직되었다.『셀레스티얼 엠파이어』는 "어쨌든 약 2년 동안 그 신문사 운영을 위해 필요한" 자본이 6,000량이라고 하였다.[148] 심지어『신보新報』스스로도 각각의 가치가 50량인 200개의 주식, 즉 10,000량의 자본을 요구했다.[149] 그 모든 프로젝트는 그 도대의 공금으로부터 재정지원을 받았다고 하며, 심지어 이홍장이 그 신

문의 실제 소유주였다는 암시도 있었다.[150]

도대 풍준광은 오자양처럼 증국번의 막료였고, 『회보』에 관여한 다른 이들처럼 광둥 출신이었다. 그는 1865년부터 1874년까지 해안 방위 하급 책임자이자 상하이 강남제조국江南制造局의 총판總辦이었고, 이후 44세가 되던 1874년에 상하이의 도대 직위를 맡게 되었다.[151] 비록 그는 외국어를 전혀 하지 못했지만, 강남제조국 내에 외국어를 교육하는 방언관方言館을 설치하고 감독하는 데에는 각별히 신경을 썼다.[152] 그는 외국인들에 대해 협조적인 태도를 취하면서 양무운동을 적극적으로 추진한 사람이었다. 그는 "아마도 청불전쟁 이전 시기에 경제적 근대화라는 관념을 가지고 있던 유일한 도대였을 것"이라고 평가되기도 한다.[153] 이와 동시에 그는 국가의 주권을 강조하기도 했다. 그는 외국인 비서를 고용한 첫 상하이 도대였다고 하지만, 우쑹吳淞철도 건설에는 단호하게 반대했다.[154] 비록 그가 공식적으로는 서구적 노선에 따른 근대화를 지지하고 있었다 해도, 개인적으로는 열정적인 유교적 도덕주의자였다고 한다.[155] 새로운 신문을 위한 편집자를 모집함에 있어서 그는 명확히 외국어 능력과 더불어 외국인과의 협업, 그리고 외국 문물에 대한 직접적인 경험을 지닌 사람들을 선호하였다.

『신보新報』의 두 편집자, 즉 원조지袁祖志, 1827~1898와 양조균楊兆均은 예전에는 1873년부터 상하이의 강남제조국이 발행한 번역 잡지인 『서국근사西國近事』의 번역가이자 편집자였다.[156] 『셀레스티얼 엠파이어』는 또 한 사람을 편집자로 언급하는데, 그는 "예전에 『위보The Guardian』와 연관이 있던 인물로 다소 명성과 명석함, 그리고 능력을 지닌 요란 이름의 광둥인"이었다.[157] 마광런은 그를 강남제조국에서 번역가로 활동한 적이 있던 요분姚芬과 동일인물로 보고 있다.[158] 1879년 첫 몇 개월간 상하이 주재 영국 영사가 작성한 정보 보고서에서는 그 신문의 "운영자"는 두 명의 "편집자"를 부하 직원으로 둔 차이Ts'ai/Cai라

불리는 "말단 관리"라고 기록하였다.[159]

원조지는 청대 중기의 유명한 관료이자 시인이었던 원매袁枚, 1716~1798의 손자였다. 그 가족의 운명은 태평천국의 난 때 심각한 타격을 입었다. 원조지의 조부는 난징南京 근방의 유명한 수원隨園이란 정원의 소유주였으나, 그 정원은 1853년에 완전히 파괴되었다. 같은 해에 원조지의 형제인 상하이의 한 지방 관리는 태평천국에 대항하여 그 도시를 지키는 동안 자기 아내를 잃었다.[160] 원조지가 『신보新報』에 합류했을 때, 그는 관료이자 지방 관리로서의 경력을 갖춘 거의 50세의 나이였다. 그는 열정적인 글쓰기로 유명해졌다. 그는 『신보』의 저널리스트들과 가까운 관계를 맺고 있었으며, 전흔백과는 좋은 친구였던 것으로 보인다.[161] 1883년 그는 당경성과 함께 유럽 여행을 하면서 관찰한 것들을 기록했다. 10년 후인 1893년에는 66세의 나이로 새로 설립된 『신문보新聞報』에 합류했고, 그곳에서 몇 달 동안 채이강과 함께 일했다.[162] 운영자였던 채이강에 관한 정보나 정보 보고서에서 그 신문사에 번역가로 고용되었다고 언급한 "외국인"에 관해서는 더 이상 알려진 정보가 없다.

풍준광은 편집 업무 전반에 대해 엄격한 통제를 행사했던 것으로 보인다. 외국인사회에서 그 신문의 기사들이 극히 진부하다고 조롱하기 시작했을 때, 풍준광은 그 주요 편집자에게 심지어 처벌하겠다고 위협하면서까지 엄한 서한을 썼다고 한다.[163] 그 정보 보고서 속의 표현을 빌리자면 "그 신문의 검열관"으로서,[164] 그는 발행 이전에 각각의 기사를 면밀히 검토했다고 전해진다.[165]

그 신문은 도대 직책이 두 번 바뀌는 와중에도 유지되다가 결국에는 1882년 2월 새로 부임한 도대 소우렴邵友濂에 의해 — 신문상에 어떤 이유도 밝히지 않은 채 — 폐간되었다.[166]

이상으로부터 명백히 알 수 있는 것은 『신보新報』가 광둥인, 특히 상산 사람들의 이해관계와 연계되어 있었다는 점이다. 물론 그들이 강남제조국과 외국

선교회, 그리고 외국어와 관련된 직접적인 경험을 갖고 있긴 했어도 그 점은 명백하다. 심지어 그 신문이 자신의 열망을 실현할 수 없었고 도대의 관심 때문에 질식할 정도였다 하더라도, 그 새로운 직업에 고유한 새로운 자격들이 요구되었다.

개인적인 우정과 직업적인 연계와는 별개로, 개별적으로나 공동으로 저술된 작업이 이런 초기 신문들에 관여한 사람들 간의 또 다른 연결고리일 수 있다. 그들은 통상적으로 익명의 신문 기사들 다음으로, 시와 서신들 이외에 서학西學에 관한 많은 개혁 성향의 산문들과 저작들을 출판하기도 했다. 출판된 저작들의 내용과 출판 일자들은 모두 그들이 중국의 미래에 관한 문제에 대해 고심하고 논쟁하는 데에 지속적으로 개입했다는 점, 그리고 그들이 수십 년에 걸쳐 개인적인 유대관계를 유지하고 있었다는 점을 보여준다. 그들의 저널리스트로서의 과거 경험은 후일 그들이 주요 저작을 통해 개혁 논쟁에 참여할 때 크게 도움이 되었고 그들에게 약간의 권위를 부여했다.

왕도의 지치지 않는 편집 활동과 그의 선집 『도원문록외편弢園文錄外編』[167]과 『도원척독弢園尺牘』[168] 등, 그가 직접 쓴 수많은 산문은 잘 알려져 있으며, 여기서는 그것들을 언급하는 것만으로 충분할 것이다. 서학에 관한 그의 지속적인 관심을 보여주는 그의 몇몇 작품들은 아직도 덜 알려져 있다.[169] 또한 그는 영어와 일본어를 대상으로 한 번역가로도 계속 활동하였다.[170] 채이강은 전흔백과 공동으로 시들을 출판했을 뿐만 아니라,[171] 『신보』 독자들이 기고한 시들의 선집 『존문각시선尊聞閣詩選』을 편집하기도 했으며, 신보관이 출판한 18점의 서구 화보집에서 제목과 삽입문장을 번역하기도 했다.[172] 내가 본 채이강의 거의 모든 후기 출판물은 국제 정치와 서학에 관한 저서들로서 티모시 리처드와 영 앨런과 공동으로 집필한 것들이었다.[173]

원조지 역시 유럽의 여러 나라들을 소개하고 그곳의 정부와 관습, 국방 체계, 생산 등을 설명하면서 중국에 서학을 보급하기 위해 모든 노력을 기울인 저자였다.[174] 광기조鄺其照는 타이완에 관한 저서와 한 편의 지리학 논문, 그리고 영중사전을 출판했으며,[175] 심지어 도대조차도 지리학에 관한 두 편의 글을 편찬하였다.[176]

용굉과 정관응은 왕도와 잘 아는 사이였고 모두 자신의 출판물에서 혹은 서로를 위한 서문에서 서로의 개혁 방안을 지지하였다.[177] 또한 그들은 공동으로 책을 편집하고[178] 서한을 주고받았다.[179]

1894년 광학회가 철도와 차, 실크무역, 혹은 쑤저우蘇州와 항저우杭州, 베이징, 푸저우福州, 그리고 광저우廣州에서 아편 금지 등을 주제로 전국적으로 공모했을 때, 172편의 응모작품들을 평가할 심사위원들은 심육계와 채이강, 그리고 왕도가 전부였다.[180]

이와 같은 연관관계를 보여주는 참고문헌들은 훨씬 더 많을 것이다.[181] 그러나 이상의 사례만으로도 우리가 다룬 대상은 당시에 가장 영향력 있고 가장 "진보적"이었던 기관들과 연관된 사람들로 이루어진 다소 동질적인 집단임을 증명하기에 충분할 것이다. 영향력 있고 진보적인 기관이란 예를 들자면, 해외를 오가는 여행자들을 위한 중요한 문화적 교류의 중심이 되었던 선교회 출판사들, 상하이 강남제조국이나 격치서원, 광방언관과 같은 번역 학교, 혹은 광학회와 같은 협회들이 있다. 사람들은 이런 기관들을 옮겨 다니고 있었는데, 이는 당시 저널리스트들 간의 상당히 지속적인 정보 흐름을 보여준다. 외국으로부터 소개되거나 외국에 관한 새로운 지식은 저널리즘 분야의 모든 행위자들에게 있어 중요했다. 그들은 외국인 동료들과 협력하여 서양의 책들을 번역하거나 유럽과 미국을 여행하기도 했다. 그들은 중국 내에 외국의 지식을 전파한 중요한 자원이었다.

중국어 신문이란 무엇인가 – 중국 언어에서의 "토착" 신문과 "외국" 신문

저널리스트들의 초국가적인 인맥과 그들의 글쓰기가 지닌 세계적 경향에도 불구하고, 스스로를 토착적이고 진정한 중국적 시도라고 주장하는 것이 당시 모든 신문들의 중요한 시장 전략이었다.

1875년 12월『익보』가 정간되었을 때,『셀레스티얼 엠파이어』가 만족감을 나타내면서도 여전히 유감스러워했던 부분은 이제부터 상하이에는 더 이상 "공적인 문제들에 관하여 토착민들이 취해야 할 관점"을 전달할 수 있는 매체가 없게 될 것이라는 점이었다.『신보』는 — 비록 상하이의 중국 언론 시장에서 선두를 달리고 있었지만 — 이 역할을 담당할 자격이 주어지지 않았다. 왜냐하면 "잘 알려져 있다시피 그것은 외국인 소유이자 외국인이 통제했을 뿐만 아니라 토착적인 관점들과 편견들에 친숙해지길 기대할 수 없기" 때문이었다.[182]『셀레스티얼 엠파이어』는 비록『회보匯報』및 그것을 계승한 신문들이 모두 스콧 킬을 형식적인 편집자로 내세워 발행되긴 했지만, 풍준광의『신보新報』를 "중국의, 오직 중국적인" 첫 신문으로서 환영했다.[183] 동시에『셀레스티얼 엠파이어』는『신보』의 기사를 번역하여 "토착 언론의 정신"이라는 표제하에 계속해서 발행했는데, 이는『노스 차이나 헤럴드』가 "토착 언론"에서 발췌한 기사들과 상응하는 것이었다.『순환일보』도 또한 계몽된 중국인의 관점들을 진정으로 대표한다는 주장을 내세우고자 그 신문이 중국인 소유라는 점을 강조하였다. 한편『신보』는『순환일보』의 사설들은 상하이에 있던 중문 신문들의 사설에서는 볼 수 없는 것으로서, 수년 동안 정기적으로 전재할 만큼 충분히 가치 있다고 생각했다. "토착적인 관점들"을 대표한다는 것을 설득력 있게 제시하는 주장은 명백히 신문 시장에서 주도권을 점하기 위한 투쟁에서 핵심적이었다.

근대 중국 학계는 상하이의 경우와 마찬가지로 홍콩에 있던 중국 소유의 신문과 외국 소유의 중문 신문들 간에 선을 그었고, 『순환일보』를 진정한 최초의 "중국적"인 신문으로 칭송했다. 그런데 매우 놀라운 사실은 그 증거가 바로 『순환일보』의 자기 광고라는 점이다.

> 공고 : 이 인쇄소를 위한 자본은 오로지 우리 중국인들에 의해서만 모아졌습니다. 이런 점에서 우리는 다른 모든 출판사와는 다릅니다. (…중략…) 홍콩 및 각지의 개항장들에서 온 학자들과 상인들의 지원에 힘입어 우리가 이미 여러 곳에서 수많은 독자를 갖게 되었으며, 이를 통해 우리 중국인이 함께 굳건하게 서 있음을 알 수 있습니다.[184]

『순환일보』가 1874년에 창간되었을 때, 홍콩 시장에는 두 개의 중문 신문, 즉 『중외신보中外新報』1858와 『화자일보華字日報』1872가 이미 있었는데, 모두 홍콩의 두 대형 영국 신문사들이 발행하는 신문들이었다.[185] 『순환일보』는 그 신문들을 "서구인들이 세운" 것으로 치부했다.

> 우리 회사가 지난달 말에 『순환일보』를 설립했을 때, 이를 위한 구상은 전적으로 중국인에 의해 이루어졌다. 총괄 관리자는 진애정이고, 편집장은 왕자전王紫詮, 즉 왕도이다. 두 사람 모두 (이 신문에 관여한) 동료들에 의해 제안을 받았고, 이는 오로지 중국인에게 혜택을 주고자 하는 동기에 의한 것이다. 다른 신문들은 최근 중국어판을 발행해 오고 있지만, 그것들은 기본적으로 서구인들에 의해 설립되었기 때문에, 그들이 설령 중국인을 편집장으로 고용했을지라도 (신문의) 문체와 목적에 있어서 불가피하게 큰 차이점을 지니지 않을 수 없다. 게다가 누차 (서양인 사업주들이) 제약을 가하여 (중국인들은) 자기들의 관점을 자유롭게 표현할 수 없었다. 동시에 (그

신문들에 실린) 그 (중국인) 지식인들의 몇몇 글들은 서구의 얕은 지식만을 담고 있다. 그리하여 그들은 불가피하게 중국에 관한 내용은 매우 상세하게 기술하는 반면 외국 관련 일들에 대해서는 적당히 얼버무리고 있다. 중국과 서구에 관한 지식을 모두 겸비한 사람을 찾고자 한다면, 그런 사람들은 정말로 드물다![186]

실제로는『화자일보』와『중외신보』는 모기업 출판사와 재정적인 계약을 통해 연계되어 있는 독립체였다. 그 계약에서는 신문의 경영 및 편집 등의 방면에 있어서 중국 측 당사자의 독립성 및 재정적 위험에 대한 자기 책임을 명기했다. 외국 측 당사자는 매월 임대료를 받는 대신, 공간과 더불어 인쇄 자재와 장비까지 제공했다. 게다가 중국 측 당사자는 무료 광고를 위한 고정된 공간을 보장받았다.[187]

외국 측 당사자는 중국 측 당사자가 번창한다고 판단될 경우 임대료를 인상할 수 있었고 또 그렇게 했다. 적어도 두 신문의 경우, 임대료의 상승이 중국 측 당사자가 계약을 철회하고 자신의 신문사를 세우는 동기가 되었다. 그들이 계약을 해지한 이유는 이데올로기의 문제라기보다는 재정의 문제였다.[188]

또한 그들의 자아설정, 즉 그 소유주와 통제권의 귀속이 중국인이냐 외국인이냐의 여부를 결정함에 있어서 놀라운 유사성이 존재한다.『화자일보』가 1872년에 창간되었을 때, 영자신문『차이나 메일』에 실린 그 신문의 광고에서는 "순수 토착적인 관리하에 발행되는 최초의 중문 신문일 것"이라고 이탤릭체로 강조했다.[189] 거의 2년 후에『순환일보』는 같은『차이나 메일』에 발간 소식을 알리며 거의 같은 말을 덧붙였는데, "한편으로는 중국인의 신념과 관심을 내세우고, 다른 한편으로는 외국인들이 줄 수 있는 모든 도움을 받을 만하다"라고 했다.[190] 이와 같이『화자일보』는 그것의 토착적인 방침을 강조한 반면,『순환일보』는 외국인의 지원을 요청하는 데에 아무런 문제를 느끼지 않았다.

『신보』의 발간을 환영했던『차이나 메일』[191]은 이제는 그 두 홍콩 신문들에 대해 두 신문 모두 "그들의 사업이 외국인의 지원을 받기를" 희망했다고 기술했다.[192] 그것은『화자일보』의 편집자인 진애정을 "경험과 능력이 이미 완전히 증명된" 저널리스트로 표현하며 그의 전문적 능력을 칭송했다.[193] 따라서 토착적인 관리하에 있다는 주장은 모든 신문이 활용한 사업적이고 마케팅적인 장치였던 반면, 실제로는 외국인들에게 매우 열려 있었으며 어느 정도 그들의 지원에 의존했다.

그 두 중국 신문 간의 격렬한 경쟁은 1874년의 첫 몇 개월 동안 전개되었다.『순환일보』가 발행주기를 일간으로 바꾸자,『화자일보』는 단지 몇 주 만에 그 뒤를 따랐고[194] 1874년 3월에 이르러서는 그 경쟁 신문에 필적하기 위해 미국과 호주까지 넓힌 보급망을 자랑하기도 했다. 아이러니컬하게도, 이를 관찰하던 영국인들은『타임스*Times*』의 형식을 채택하고 홍콩에 있던 당시 영국 신문들의 사설을 모방했다는 이유로 "모든 것이 중국인의 지시하에 운영되던" 바로 그『순환일보』를 "진보적"이라고 적극적으로 평가했다.[195]

왕도의 사설들이 겨냥한 내포 독자 가운데는 외국인들이 포함되어 있었고, 그는 심지어 중국인이 중국이나 서양에서 외국어로 된 신문들을 발행해야 한다고 명확히 제안하기도 하였다.[196] 많은 기사들이 영국과 러시아 황실 간의 결혼 동맹에 대한 축하와 같은, 중국인사회에서는 주변적인 서구적 흥밋거리들을 다루었다.[197] 그들은 매우 자주 중국 관료들보다는 홍콩의 외국인들의 견해를 반영하고 지지했다.[198] 또 다른 기사들은 영국 정부의 홍콩에서의 식민지 행정에 대해 칭송했다.[199]

영어판 홍콩 신문들이『순환일보』의 명칭을 *Universal Circulating Herald*로 표현한 것은 그 신문이 포괄하고자 한 세계적인 소식 범위와 배급망을 강조한다.[200] 이렇게 "세계적global", "보편적universal", 혹은 "국제적international"이라는 뜻을 내포하는 단어들을 신문 명칭으로 활용하는 것은 당시에 적잖이 유행하던 바였다. 예를 들면, *Universal News Item*『영환쇄기瀛寰瑣記』, 1872~1875과 *Global News Items*『환우쇄기寰宇瑣記』, 1876, 혹은 *Globe Illustrated*『환영화보環瀛畵報』, 1877와 같은 신보관 잡지들이 그것이다.

『순환일보』가 세계에 대해 열려 있음을 강조한 반면, 외국인 소유의 신문이었던 『신보』는 중국인의 개화된 관심을 증진시키는 데에 강조점을 두었다. 『신보』는 심지어 해외 뉴스와 논의에 대한 번역과 출판에서도 결코 서구 옹호적 경향을 나타내지 않았다.

> 활용되는 기계가 대체로 서구의 것이어서 이 신문이 서구인들의 것이라고 말하지만, 붓을 잡는 이들이 모두 중국인이라는 점은 잘 알려져 있지 않다. (…중략…) 서구인들이 그들의 일들에 대한 찬반을 토론 중이라면, 서구인들은 그것에 대한 정보를 알 것이다. 그러나 일단 그것이 번역되면 중국인 또한 정보를 알게 될 것이다! 서구인들이 중국 관련 문제에 대해 수용 여부를 논의 중이라면, 서구인들은 그것에 대해 알게 될 것이다. 하지만 일단 번역이 이루어지고 나면 중국인 역시 그것을 잘 알게 될 것이다![201]

따라서 『신보』는 『순환일보』만큼이나 중국의 관심사들을 대표한다고 주장했다. 『신보』가 서구 옹호적 입장이었다고 주장하기도 하지만, 그것이 지나치게 중국 옹호적이고 은근히 외국인들의 이익에 역행한다는 서구 신문들의 반복적인 비난에 대해 스스로를 방어해야 했다는 사실은 그러한 주장이 사실과 다를 수 있음을 보여준다. 한 "서구 언어 신문"의 그러한 비난에 대해 『신보』는 반박하여 이렇게 기술했다.

서구인들이 확실히 감사하게 여길 어떤 것은, 일부 중국인들에게는 매우 불쾌한 것일 수도 있다. 그리고 서구인들의 열망에 확실히 들어맞는 어떤 것에는, 중국인들의 열망과는 완전히 반대되는 어떤 요소가 있을 것이다. (…중략…) 우리 회사의 중문 신문은 중국인들의 눈과 귀를 얻고, (이 새로운 매체에 대한) 그들의 수용의 폭을 넓히기 위한 수단이다. 만약 우리가 중국인들을 보호하지 않는다면, 중국인들이 (우리) 주장들의 공정성의론지공議論之公을 따르겠는가? 그리고 만약 우리가 중국인들에 대해 약간의 칭찬도 하지 않는다면, 중국인들이 (우리의) 훌륭한 보도 기사를 기꺼이 받아들이겠는가?[202]

영국 시민들과 외교관들 또한 여왕의 지위와 호칭에 대한 『신보』의 번역, 그리고 중국 황제를 지칭할 때 의례적으로 몇 칸 들여 쓰는 방식을 영국 여왕에게는 적용하지 않는 것 등에 대해 이는 메이저의 애국심의 결여를 명확히 보여주는 것이라고 비판했다.[203]

『신보』가 스스로 이익 창출을 위한 상업적인 사업이라고 한 진술에 근거하여[204] 학자들은 그 신문을 "순수하게 상업적"이라고 규정한다.[205] 하지만 이런 진술의 맥락은 그것의 상업적인 성공이 중국인 독자들의 수용 여부에 달려있다는 주장을 통해, 중국인을 친서구적으로 전향시키려 한다는 비난에 맞서 자신을 변호하기 위한 것이었다. 동시에 그 진술은 당대의 준-관영 신문이었던 『휘보』 및 『익보』가 『신보』를 폐쇄시키려던 시도에 대항하여 조계지 내의 영국 상업 기업들의 적법성을 내세운 것이었다.[206] 또한 메이저는 당시 비판에 직면해 있던 선교회 본부로부터 지원을 받으며 개종을 목적으로 설립한 선교회 출판사들과의 차이를 부각시켰다.[207]

이 준-관영 신문들은 자신들의 편집 정책이나 신문 시장에서의 자기 역할을 표명한 적도 거의 없었다. 메드허스트 영사가 『휘보』에 대해 (자신의 한 중국인 동료의 말을 인용하며) 표현한 개괄적인 묘사는 당시 영국 신문들에 종종 표현되었던 한 의견을 반영한다.

그(영사관의 한 중국인 직원)가 말하길 『휘보』는 대개 『경보』기사의 재탕으로, 중요치 않은 해외 토막기사 몇 가지를 추가하여 구성될 뿐이다. 따라서 그 내용의 질이나 다양성에 있어 『신보』를 따라잡기에는 어림도 없다고 한다.[208]

외국인 소유의 신문이 반드시 외국 옹호적일 필요는 없다는 가장 명확한 증거는 심지어 『휘보』와 『익보』와 같은 준-관영 신문들조차도 스콧 길이라는 외국인 편집자의 이름과 보호 속에 등장했다는 사실이다. 마찬가지로 『익보』는 그것의 반외세적 정신에 대해 당시 외국 신문들로부터 자주 비판을 받았다.

한 외국인 편집자의 고용이 단지 하나의 방패 역할이었다는 점이 한 소송에 의해 밝혀지게 되었다. 스콧 길은 편집에 관한 결정에는 관여하지 않고 대신 신문의 해외 관련 부서의 경영, 뉴스 번역, 해외 고객 관리, 그리고 해외 광고주들과의 연락 업무를 위해 광기조에 의해 고용되었다. 하지만 『휘보』의 공식 발표에서 그는 유일한 — 그리고 법적으로 책임이 있는 — 편집자이다.[209] 스콧 길이 사실은 자기가 그 신문사에서 아무런 힘도 영향력도 없었다고 법정에서 진술했을 때, 법정은 여전히 이 공식적인 발표를 근거로 그에게 그 신문에 대한 전체적인 책임을 물었다.[210]

개항장이었던 상하이와 영국령 식민지였던 홍콩 간에는 차이가 있다. 홍콩의 저널리스트들은 재정적인 이유로 외국인들과의 계약을 해제하려 했다. 반면 상하이의 중국 신문들은 법적으로 보호받기 위한 외국인 "편집자"를 찾고 있었다. 이런 보호는 일반적으로는 인정되었지만, 외국인 편집자의 법적 책임 역시 강조되었다.

『신보新報』는 상인들과 관료들의 정보에 대한 수요를 강조했다.[211] 하지만 그 신문의 공식적인 성격은 대중들의 시각 속에 반영되어 있다. 중국인들은 그 신문을 "관료 집단의 신문관장신보官場新報"라고 불렀고, 외국인들은 "도대의 기관지"라고 불렀다.[212] 한 주장에 의하면 1877년에 그 이름을『관보官報』로 바꾸려 계획하기도 했다고 한다.[213] "대체로" 외국에 관한 소식이나 외국인과 관련된 문제들은 싣지 않았던『경보京報』와는 달리,[214]『신보新報』는 중국 역시 서구 국가들의 정치에 대해 알아야 할 필요성을 강조했다. 그 신문사는 런던의『타임스*Times*』를 구독하면서 상하이와 홍콩의 다른 신문들과 자주 교류했다고 한다.[215]

『신보新報』는 조정과 지방 관보에 비해 새로운 방침을 시도했는데, 서구의 기사들을 중국어로 번역한 기사들과 심지어는 외국인 독자들을 위한 영어 기사들까지 게재했다. 이에 대해 외국인 집단은 다음과 같이 어리둥절하게 반응했다.

> 우리는『신보新報』가 외국인 독자들을 위한 기사에서 보여준 의외의 취향을 여러 차례 언급하였다. 얼마 전에 그 신문은 "벼루"에 관한 일련의 문장들을 게재하였다. (…중략…) 그리고 이제 그 신문은 우리에게 수많은 "역사적 소재들"을 소개하고 있는데, 이는 마치 통상적으로 사설과 지역 기사들이 있을 자리에 렘프리에르 Lempriere의『고전 사전*Classical Dictionary*』에서 일련의 내용을 옮겨 놓은 것과 같은 것이다. (…중략…) 이보다 더 어처구니없는 일이 어디 있겠는가! (…중략…) 솔직히 말해서 우리는『신보新報』가 보다 실제적인 먹거리를 제공해 줄 수 있기를 바란다.[216]

『신보新報』의 영문 기사는 1877년 5월에 자취를 감췄다.

재정 관리와 마케팅

중국 친화적 이미지를 선전하려던『신보』의 노력을 보여주는 가장 명백한 증거는 그것이 중국 회사들보다 외국 회사들에 더 높은 광고 수수료를 부과한 것을 들 수 있다.[217] 외국 광고주들에 대한『신보』의 이런 특별한 가격은 재정적 효과의 측면에서 무시할 수 없었다.『순환일보』는 중국 광고주와 외국 광고주를 구분하지 않았지만, 일반적으로 발행 부수가 훨씬 더 적었기 때문에 광고료가 더 낮았다.[218] 그럼에도 그것은 여전히 광고 사업에서 훨씬 덜 성공적이었다. 무작위로 골라서 1874년 2월 5일 자 신문을 보면, 신문 내 광고의 거의 절반이 그 신문사 자체 광고였다.『휘보』도 역시 중국 광고주와 외국 광고주를 구분하지 않았고, 대규모 할인을 통해 장기적인 광고를 장려했다.『익보』는 명백히 그 이전 신문의 광고주 중 상당수를 잃었다.『익보』의 마지막 호 중 하나[1875.12.2]에서는 겨우 일곱 개의 광고만이 실렸다.『신보新報』는『휘보』와 같은 광고 계산법을 활용하여 게재된 광고 수도 대략 같았다. 그 광고들에는 글자가 더 많았기 때문에 그 신문은 그 이전 신문들보다 더 나았다.

그 모든 신문들에 광고했던 대부분의 광고주들이 외국 회사들이었기 때문에, 특별한 가격 체계를 갖고 있던『신보』는 커다란 수익을 남기며 최고의 성과를 냈다. 외국 광고주들이 다수를 점한 이유는 마케팅 전략의 결과가 아니라 이런 시스템을 이용하길 꺼려하는 중국 상인들의 성향 때문이었다. 그 신문들은 광고의 효과를 설명하는 기사를 통해 홍보했지만, 광고주들을 설득하는 것은 어려운 임무였다.『상하이신보上海新報』[1862~1872]는 중국 상인들을 구체적인 대상으로 삼아 공략했지만 중국 광고주들을 한 번도 설득할 수 없었다.[219]

1877년에 이르러 발생 부수가 8천 부에서 1만 부에 이르렀던『신보』[220]는『순환일보』가 판매한 500부, 600부, 혹은 800부보다 훨씬 더 많다.[221] 비록 매회 8문文(연간 2.5달러 이하)이었던『신보』의 가격이『순환일보』가격의 절반이었을지라도, 그 매출은 연간 총2만에서 2만 5천 달러였으며 홍콩의『순환일보』는 5천 달러였다.『순환일보』의 인쇄소는 화학 용액과 서적, 그리고 활자들도 판매했다. 이런 수입은 런던선교회 출판사의 주요 수입원이었지만 알려진 수치는 없다.[222]『셀레스티얼 엠파이어』는『신보新報』의 구독자가 120명이라고 언급한 적이 있는데, 그 신문이 6년 동안 지속해서 유지할 수 있었던 사실에 비춰보면 너무 적은 수치이다.[223]

신문	가격	광고료	광고 수	일일 소득	발행부수
신보	8문 (=2.5$/연)	50자(字) = 1$, +광고당 1센트	19	30$/일 = 11,000$/연	8~10,000
순환 일보	연간 5$ (=16문/일)	100자 = 1$, +광고당 0.5센트	15	19$/주 1,000$/연	700~1000
휘보	10문 (=3$/연)	10자 = 50문	31	11$/일 4,000$/연	?
익보	10문 (=3$/연)	1자 = 5문	17	8.5$/일 3,000$/연	?
신보 (新報)	10문	10자 = 50문	27	16$/일 6,000$/연	(120)

매달 신문 구독료를 지불하는 관행은 상하이나 홍콩 어디에서도 쉽게 도입되지 않았고,『순환일보』뿐만 아니라『신보』도 자주 독자들에게 납부를 촉구하며 배달을 끊겠다고 위협해야 했다.[224]『신보新報』는 가짜 수금收金원을 구분하기 위해 인쇄소에서 준 인증서를 소지한 배달원에게만 구독료를 지불하라고 독자들에게 추가적으로 권고했다.[225]

표에서 광고 및 매출 소득을 지출과 비교해보면,『순환일보』의 소득으로는 그 기업을 거의 지탱할 수 없음을 쉽게 알 수 있다.[226] 편집자들의 봉급—1인당 10위안에서 50위안 사이의 월 소득—만으로도 약 2,300달러에 달했다.[227] 개략적인 인쇄비용 계산을 위해서는, 런던선교회 출판사에 관한 기록 자료가 도움이 된다. 1872년에 에이텔Eitel은 그 출판사에서의 봉급을 연간 약 1,100달러로 계산했다. 여기에는 인쇄소 주인 한 명, 보조원 한 명, 식자공 두 명, 도제두 명이 포함되었다.[228] 한 명의 식자공이 매일 약 4천 개의 문자들을 조판하였고 신문은 약 18,000개의 문자들로 이루어졌기 때문에,『순환일보』하나만으로 4~5명의 식자공들이 필요했었음이 틀림없다.[229] 에이텔의 1,100달러라는 총합은 확실히 적게 계산된 결과이다.

두 번째로 커다란 비용 요인은 종이였다. 에이텔은 그의 인쇄소에 대해 종잇값을 연간 1,080달러로 계산했는데,『월보粵報』는 종이와 잉크값이 연간 1,100달러였다.[230] 『순환일보』는『월보』보다 더 컸고 주요 면은 수입지에 인쇄했다. 시장 소식을 담는 보조 면은 훨씬 더 싼 중국의 남산패南山貝 종이에 인쇄되었다. 임대료와 자본 상환, 그리고 기계의 감가상각을 고려하면, 6,000달러에 서체와 서적, 그리고 화학용품 판매 소득을 합한『순환일보』의 총소득은그 비용을 처리할 수 없었을 가능성이 매우 높다. 따라서『순환일보』는 부유한 홍콩 상인들로부터 일정 정도 지속적으로 보조를 받았을 것으로 보인다. 그럼에도『순환일보』는 그 경쟁 신문들을 능가하여 홍콩 시장에서 광고 매체로서 확립하기 위한 전략을 개발했다. 그 신문은 첫 3주 동안 무료로 배달되었고 더 낮은 광고료를 제시했다.[231] 중국 상인들에게는 그들의 상점에『순환일보』의 신문이나 광고를 게시해달라고 독려했다. 다른 신문들의 광고주들에게는 더 낮은 가격이 보장되는『순환일보』로 광고를 옮기라고 독려했다.[232] 게다가, 그 신문은 근대적인 상인사회의 요구사항들에 맞춰 전문적인 저널리즘 스타일을 개발했는데, 그것은 신속성과 시간엄수, 신빙성, 신뢰성, 그리고 정확성이었다. 그 신문이 항상 제때에 발간될 거라는 점이 반복적으로 강조되었다. 만약 그 신문이 정해진 휴일에 발간되지 않을 경우 별도로 공지되었다.[233] 어떤 매우 중요한 뉴스를 발행할 경우에는 보다 작은 판형의 특별호를 발행할 것을 약속했다.[234] 오류 정정을 위해서 매호 고정된 방식으로 "교정校正"이라는 별도의 난을 마련했다.[235] 이 모든 방법들은 상인 독자층에게 호소했고 자본주의 사업 문화의 요구조건들을 만족시켰다.

이와 비슷한 방식으로, 『신보』도 독자층의 폭을 넓히기 위한 자기들만의 매우 효과적인 전략들을 개발했다. 전국적인 배급망의 발 빠른 확립과는 별개로, 그 신문을 강남 엘리트 구성원들 사이에서 문화적으로 수용 가능하도록 만드는 데에 중점을 두었다.[236] 그 신문은 매우 유명한 죽지사竹枝詞를 포함하여 그들의 시를 정기적으로 출간했고,[237] 문학 경연대회를 조직하거나 과거시험의 합격자 명단을 발 빠르게 가장 먼저 발행했는데, 그런 날에는 판매가 극적으로 최고조에 달했다.[238] 그 신문은 흥미로운 시들과 문학 작품들을 무료로 게재해 주겠다고 광고했다.[239] 상하이 문인들에게는 이런 제안이 매우 매력적으로 다가왔다. 그 신문은 그들의 작품을 빠르고 폭넓게 보급하기 위한 무료 매체와 더불어 문학적 명성과 사회적 지위를 얻는 길을 제공했으며, 신참 저자들에게도 그런 혜택을 제공했다. 심지어 어떤 뉴스의 제목이 풍기는 문학적인 향취조차도 문인들의 취향에 호소하기 위한 의도였다.[240]

게다가 『신보』는 때때로 흥미를 자극하는 기적적인 이야기들을 게재하기도 했다. 이는 초기 편집자들의 경험 부족 탓으로 간주되고[241] 미신을 조장한다는 이유로 당시 서구인들로부터 비판을 받았지만, 메이저는 그의 독자들이 이런 이야기들의 성격을 꽤 잘 인식하고 있고 서구인들 역시 (성경의) 매우 이상하고 미신적인 이야기들을 믿기 때문에 이에 대해 비평할 수 있는 자격은 없다고 대응했다.[242]

『순환일보』도 역시 그런 이야기들을 실었지만, 그것들은 모두 "광둥소식양성소식[羊城新聞]" 난에 등장했고, "중국과 해외 소식" 난과는 엄격히 구분하였다. 그들의 내용은 "재자가인才子佳人"류의 로맨스를 모방하거나 소설 『유림외사儒

林外史』에 가까운 종종 유머러스하고 풍자적인 어조로 문인들의 상황을 묘사했다. 무리를 지어 돌아다니던 지식인들이 "시를 지을 줄 아는 백정"을 발견한다.[243] 한 현령의 아들은 그 이웃의 첩과 아마도 비밀스럽게 만나던 중 발각되었는데 이는 잘 계획된 함정이었던 걸로 판명된다.[244] 한 기생이 결국 정절을 지킨다. 그리고 한 악독한 지주는 소작농들의 미신과 순진함을 이용해 그들을 속인다. 이런 이야기들이 얼마나 흥미롭던 간에, 그것들은 모두 도덕적 권계로 끝을 맺는다.

요즘 고위 관직과 중요한 자리에 있는 이들은 오직 그들의 배를 채우고 자기 집안을 부유하게 만드는 데 여념이 없다. 어떻게 그들이 아직껏 서적과 두루마리 책들의 향취를 기억하겠으며, 그들이 어려운 환경에서 살았던 때의 우정을 기억하겠는가? 그들은 매일 꿈속에서 살고 그들이 언제 깨어날지는 아무도 모른다! 부끄러운 일이로다![245]

따라서 이런 이야기들을 무익한 초창기 뉴스 기사로서 폄하하기보다는 전통적인 문인들의 의상으로 자신을 드러내길 좋아했던 홍콩의 상인 독자층을 위한 문학적이고 도덕적인 배려로 보아야 한다. 뉴스 면에 게재하기 위해 그러한 기사를 선택했다는 것만으로도 그 편집자들이 신문을 발행함에 있어 갖는 도덕적인 책임감을 공적으로 인정받고자 진지하게 노력했음을 보여준다.

문인 독자들을 끌어들이기 위해 『익보』는 서구 신문들로부터 한 가지 아이디어를 차용했는데, 고전에 나오는 극히 짧은 인용문에 근거한 단어 맞추기 퍼즐들을 맞추면 포상을 주는 것으로서, 그 인용문들은 문인들에게 친숙한 것들이었다.[246] 또한 독자들에게 자기들이 직접 만든 퍼즐을 제공하도록 독려하기도 했다. 하지만 그 약속했던 포상들은 한 번도 실현된 적이 없어 보였다.

『셀레스티얼 엠파이어』가 재미있다는 듯이 보도한 바에 의하면, 그 참가자들이 이를 깨닫고 "목요일에 그것은 한 번의 소동으로 끝이 났다. 우리가 들은 바가 정확하다면, 소동 와중에 그 편집자는 변발을 잡힌 채 그의 서재로부터 길거리로 끌려나왔다".[247]

모든 신문들이 각호의 첫 면이나 마지막 면에 『경보』의 일부 혹은 전체를 전재하였다. 『경보』에 대한 조정의 규제조항은 모든 칙령과 각서들의 전문을 축약하지 않고 공표하길 요구했기 때문에,[248] 『순환일보』의 "경보 선록"과 같은 무작위 선별은 영국령 식민지에서만 가능했고, 상하이 조계지의 『신보』, 『휘보』 그리고 『익보』는 『경보전록京報全錄』처럼 『경보』의 "전문"을 출간했다.

이런 신문들에 『경보』의 내용이 전재되는 건 문제도 많고 논쟁적인 이슈였다. 『신보』는 기사들과 광고들 사이에 『경보』의 내용을 끼워 넣었을 때 존경심이 부족하다는 비판을 받았다. 그에 대해 이 신문은 『신보』상하이[申] 뉴스와 "베이징 뉴스"경보의 혼동을 막기 위함이었다고 주장하며 변호했다.[249] 『익보』는 계속해서 『신보』를 비도덕적이고 반역적인 신문이라며 헐뜯었는데, 기생들과 가녀歌女에 관한 선정적인 시들이 실린 섹션 바로 뒤에 황제의 칙령들을 인쇄했기 때문에 비도덕적이며, 반역자 왕도가 편집하는 『순환일보』의 뉴스들과 사설들을 전재했기 때문에 반역적이라는 것이었다.[250] 그 신문은 또한 황제의 칙령들을 왜곡했다며 『신보』를 비난했다.[251] 어떤 신문이든 빈번히 발생하는 조판 상의 오류 문제는 전신電信의 도입과 함께 약호 해독 문제들이 생기면서 심해졌다. 『신보』가 1882년 1월 16일에 최초의 "전신기로 전송된 칙령"전전상유電傳上諭을 게재했을 때, 『신보新報』의 원조지는 그 신문이 황제 칙령의 게재에 따른 실수를 감수해야 하는 위험을 무시한다고 질책했다.[252] 이에 대해 『신보』는 황제의 칙령과 같이 중요한 문제는 지체 없이 발행해야 한다고 대꾸했다.[253]

준-관영 신문들은 첫 면에 『경보』를 전재하면서도, 다른 신문들이 때때로 경보에 표제를 달면서 "뉴스"처럼 소개하듯이 지나치게 떠벌리는 건 피하고자 했다. 『경보』와는 별개로 대부분의 신문들은 그 지방 관청에서 발표하는 원문초黄門鈔나 도대의 공식 포고문들도 실었다. 일반적으로 준-관영 신문들은 그런 발췌문들을 훨씬 더 정기적이고 상세히 게재함으로써 관료계로부터 나오는 지방뉴스의 중요성을 강조했다.

신문들의 자기 표상

재정적인 생존 능력을 확보하고 신문의 내용을 호소하는 것과는 별개로, 편집자들은 독자들에게 뉴스 매체의 필요성과 효과, 그리고 만족스러움을 설득하고 심지어 여전히 부족한 뉴스 서비스와 기자 네트워크 때문에 일부 독자들을 기고자로 포섭해야 하는 가장 기본적인 문제에 직면했다. 『신보』 발행 부수의 급속한 증가가 이런 과정이 매끄럽게 진행되었음을 보여주지만, 또 다른 한편 많은 갈등의 존재가 이런 친숙화 과정에서 다소 극적인 국면이 있었음을 나타낸다. 『신보』가 창간된 지 몇 달 후에 메이저는 앨러배스터 영사 Consul Alabaster의 중재를 요청했는데, 분명히 그 신문이 상하이에 거주하는 한 중국인 가족을 비난했다는 이유로 메이저의 식자공들 중 한 명이 출근하는 길에 얻어맞았고 이후 날조된 혐의로 관청에 소환되었기 때문이었다.[254]

『순환일보』 같은 신문들은 상인 독자층 앞에서 이데올로기적인 정당화를 위해 힘쓸 필요는 없었다. 상인 집단에서 순수하게 전문적이고 경제적인 가치에 관한 주장은 받아들여졌지만, 『순환일보』는 그 신문을 하나의 도전으로 여기는 전통적인 유교 시각으로부터 거친 비판에 직면해야 했다. 가상 대화

형식을 취한 사설들은 이런 반대론자들에게 시대의 요구를 무시하는 편협한 유자儒者들이라고 비판하였다. "그들은 누군가 시사 토론을 하는 걸 보면 그를 입이 가볍고 건방지다고 부른다. 그들이 누군가 외국에 관한 일을 논하고 있는 걸 보면 그를 외국인들에게 꾀였다고 부른다."[255]

유용한 정보를 보급하고 의견을 소통시키는 자신들의 새로운 공적 역할을 정당화하기 위해, 19세기 말 중국 저널리스트들은 상하의 용이한 소통이라는 전통적인 정치적 이상과 권력 남용을 비판하는 임무를 지닌 감찰기구이라는 이상화된 기관을 예로 들어 변호했다. 수 세기의 역사를 지닌『경보』는 긍정적 또는 부정적인 배경을 제공했다. 독자의 측면에서도, 서신을 통해 공적 이슈들에 관한 개인적인 관점들을 교환하고 문학 사단들 속에서 미학적인 논평을 하던 오랜 관습들이 존재했다.

『신보』와『순환일보』는 모두 신문의 새로운 형식을 이상화된 중국적인 틀 속에 확실히 자리매김했는데,[256] 신문의 기능이 "상하 간의 관계를 소통시키는" 것, 즉 정부에는 인민들의 상황과 상애들을 고하고, 인민들에게는 국가의 업무들에 관해 알리는 것임을 강조하였다.[257] 그 신문들은 올바른 정부를 유지하기 위해서는 상하 간의 정보의 흐름과 황제에 대한 충고가 필요하며 정부는 반대로 "표현의 통로를 개방"해야 한다는 이미 널리 공유된 관념에 호소했다.[258] 자기 신문들을 공자와 비교한 편집자들은 정부에 대한 충성심을 표현하는 동시에, 그것이 인민들의 비판을 정부에 고하는 것을 의무로 여긴 공자의 유산이라고 주장했다.[259] "신문의 첫 번째 규칙은 그 통치자를 존경하는 것이다. 하지만 군주를 존경한다는 것이 단지 (그의) 성공과 미덕만을 칭송하는 걸 의미하지는 않는다."[260]

문제는 국가적인 문제를 논하는 것의 합법성이었다. 반대론자들이 보기에, 국가적인 문제들에 관해 저널리스트들이 개인적인 의견들을 공적으로 표현하고 심지어 인민들로부터 또는 그들에 관한 정보를 수집하는 것은 조정과 유자儒者의 권위 그리고 위계적인 소통 원칙에 근본적으로 도전하는 것이었다. 왕도는『순환일보』의 한 사설에서 그 신문의 실제 내용과는 꽤 모순적으로 스스로를 변호했는데, 자신은 정통적인 방식으로 고전 텍스트들을 꽤 잘 다룰 수 있으며, "옛것을 빌려 현재에 대한 증거로 삼는다"원고증금援古證今고 주장했다.[261]

편집자들은 뉴스 보도는 거리낌 없이 사실대로 해야 한다는 자신들의 주장을 충분히 책임 있게 실천하지 못한다는 비판에도 직면했다. 왕도의 "고객"은 이렇게 주장한다. "현재 사건들에 관해 쓸 때 당신은 많이 주저하고, 누군가의 악행에 관해 보도할 때 당신은 그 이름을 지운다. 당신은 이런 식으로 진실성의 원칙을 위반하고 있지 않은가?" 이에 대한 답변에서 왕도는 자기 기사들의 중요성이 폄하되는 것을 감수하면서, 어떤 실수든 그에 대한 무시나 반박, 혹은 이의제기는 다른 학자들의 유사한 목적 활동에 의한 것이어야 한다고 주장하였다.[262] 더욱이 모든 기사들은 개인적인 의견을 반영하며, 고객이나 독자, 혹은 당국은 그것을 자유롭게 수용하거나 거부할 수 있다고 주장했다.[263] 하지만 그가 독자들과 당국에게 자신들의 의견을 선택하고 형성하며, 심지어는 스스로 신문사를 설립하여 대응하도록 독려한 건 부적절했다. 매우 아이러니컬한 것은, 만약 반대론자인 유자儒者들이 그 도전에 직면하여 자신들만의 전단지나 신문들을 발행한다면, 그들은 보다 중심적인 권위에 대한 자신들의 요구를 약화시켰을 것이라는 점이다. 따라서 미디어로서의 신문은 단지 정보를 전파하는 것이 아니라 어떤 의미에서 그 자체가 메시지였다.

『신보』는 심지어 한 단계 더 나아갔다. 그 신문도 역시 성공적이거나 그렇지 못했던 조정 정책의 역사적 사례들을 계속해서 인용했다. 과거 중국의 도덕적이고 정치적인 기준들을 강조하면서, 이 사설들은 당시 청 정부에서 그것들이 홀시되고 있음을 지적하고 정치적인 소통구조에서 신문들의 새롭고 매력적인 지위를 암묵적으로 요구했다. 그 신문들은 청 정부가 더 이상 충족시킬 수 없는 기능을 떠맡아 국가적 관심사를 토론하기 위한 공공의 플랫폼을 제공하고자 했다.

『신보』에 따르면, 당唐왕조가 군사적 명령과 칙령의 비밀을 유지하기 위해 새롭게 취한 조치가 상하의 소통에 있어서 중요한 전환점이었다. 책임을 맡은 관료는 심지어 감히 그의 동료들에게 그것들에 관해 얘기하거나 질문을 하지도 않았다. 그 사설은 이어서 이렇게 말했다. "오늘날 군기처軍機處의 대신들이 바로 당唐시기의 그런 학자와 같다."[264] 군기처는 옹정제雍正帝가 도입한 비밀 각의 체계를 가리키며 군사적인 문제에만 제한된 것이 아니었다. 청 관료들은 서로 간에 수평적인 의사소통이 허용되지 않았고, 심지어 많은 경우 "지현 등 지방 관리들과의 상호 의사소통도 비밀문서를 통해 이루어졌다."[265] 따라서 정무의 투명성 부족과 그에 따른 부패의 증가가 위기의 징후로서 자주 언급되었다. 신문에 대한 주요한 장애물 가운데 하나는 지역 관료들의 비협조적인 태도였다. 『신보』에 따르면, 그들은 대개 신문사들을 폐쇄하고 공론들을 금하고자 하였다.[266] 그들은 자기들이 비밀에 부치려 했던 내용들이 출판되면, 그것을 "비방毁謗"이나 "유언비어傳聞"로 규정하였다. 지역 관료들과의 갈등은 대개 『신보』가 사법적인 문제들이나 법적 소송들, 즉 양월루楊月樓 또는 양내무楊乃武, 1840 혹은 1841~1914의 소송사례와 같은 내용을 상세히 보도할 때 발생했다.[267] 『신보』는 법과 행정 실무가 충분히 투명하지 않을 때만 유언비어들이 생긴다고 주장했다.[268] 이 신문은 또 고대의 사례를 인용하면서 중국 관료들이 인민들 사이의 불안과 혼란을 두려워 한 나머지 항상 이슈가 결정되기 전에 공개적으로 논의하길 꺼려해 왔음을 지적했다.[269] 하지만 만약 관료들이 법적 소송의 결과들뿐만 아니라 그 논쟁들까지 "외부인들外人"에게 공표하려

했다면, 인민들이 사적인 정보에 더 이상 의존할 필요가 없었을 것이다.[270]

유럽적 전통에서, 공론장Öffentlichkeit의 개념은 법적 기준과 절차적 규준의 준수에 대한 보장을 의미하는 법적인 영역legal sphere으로부터 발전되었다. 공공 행위는 도덕적인 강직함 및 합법성과 동등하고, 비밀스럽고 은폐된 행위와는 반대되는 것으로 인식되었다.[271] 이와 비슷한 방식으로, 『신보』는 "공公"과 "사私"의 이분법을 "공공"과 "비밀"의 이분법으로 간주했다. 청 말기에 정부가 정무를 비밀에 부치고자 했기 때문에, 유언비어가 생길 거라는 것은 예측 가능했다. 외부인이란 엘리트와 배타적인 관료 집단들 사이에만 이루지는 비밀스런 소통 방식에 접근할 수 없는 사람들을 가리킨다. 따라서 『신보』는 협소한 소통 경로를 개방하여 인민들에게는 정부에 대한 소식을 알리고, 정부에는 인민들에 대한 소식을 알리는 임무를 맡고자 시도했다. 19세기 유럽에서의 유언비어의 정치학에 관한 연구는 억압적인 상황들이 청원과 교정矯正 등을 통한 비판의 통상적인 합법적 통로를 차단했을 때 그리고 대중이 정보를 알고 싶어 하지만 얻지 못할 때, 유언비어들이 하나의 "정보 암거래 시장"으로 등장함을 보여준다.[272] 『신보』는 그 보도들이 사실임을 입증하려고 노력했다. 그러나 유언비어들은 오직 정부가 행정 조치들을 인민들에게 알리지 못했을 때에만 일어났기 때문에, "저잣거리와 뒷골목"에서 얘기되는 것들의 출간은 널리 퍼진 의견들을 대표하는 한 적법성을 띠었다.[273]

준-관영 신문들의 방침을 말해주는 유일한 항목은 『회보匯報』의 첫 호들 속에 등장했다. 그 신문은 "수집된 뉴스에 관한 보도"라는 뜻의 그 신문명이 심사숙고 끝에 선택되었음을 강조했다. 그 신문은 단지 뉴스들을 모아 출간하려 했으며, 편집을 하고 사설을 통해 논평을 할 만큼 허세를 부리려 하지 않았다.[274]

첫 『회보』가 나오기 전에 『신보』가 폭로하길 "그들상하이 거주 상산인들은 비관방"대중" 신문들을 전멸시키고자 관영 신문을 설립하려 하는데 이는 그들만의

생각을 보여주고 다수의 입을 봉하는 것과 같은 것이다設官報以減民報亦如塞衆口而視
運己志"라고 했다. 그 신문은 상산 상업조합의 대표들이 경영했기 때문에 상하
이의 이익 집단 매체로 볼 수도 있었지만,『신보』는 그렇게 보지 않고 주로 위
장된 관청의 기관지로 간주했다. 엽정권은 원래 그 신문의 이름을 공보公報라
고 명명하려 했었다. 이에『신보』는 한 신문이 어떤 공공의 이익公[소]을 대표
할 수 있는지를 질의하고, 그 신문의 존재를 독자들의 논쟁에 부치게 했다.[275]
하지만 1874년 6월 16일에『회보』가 나오자,[276]『신보』는 따뜻한 환영의 기사
를 쓰면서도 곧이어 그것은 대중의 의견을 대표할 수 없고 오직『신보』를 없
앨 목적으로 설립된 "관보"로 묘사했다. 그리고 그것과 비교하여『신보』는 스
스로를 인민의 신문으로 내세우며, 동등한 의견 교환이 가능하다면 모든 새
로운 신문사를 환영한다고 표명하였다.

　수많은 기사를 통해『신보』는 그의 편집 방침을 설명했고, 직업적인 규범을
준수하지 않는다는 이유로『회보』를 비판했다. 즉 신문들 간의 비판과 논쟁
들은 환영할 만하고 필요하지만,『회보』가 이름을 거론하며 동료를 공격하는
것은 부적절하다는 것이었다.[277] 또한『회보』는 근거 없는 소문들을 제멋대로
게재함으로써 무고한 사람들이 처벌당하는 결과를 빚었고,『회보』의 기자가
회심 법정에서 한 부적절한 행위 때문에 지현이 모든 저널리스트들의 출석을
금지했다고 했다. 이 마지막 사례는 흥미로운 뉴스이긴 했지만,『신보』는 동
종 업계에 있는『회보』를 보호하기 위해 자제를 했다고 공표했다. 신문은 매
우 중요하고, 또 무거운 책임을 지니고 있다. 신문업이 보다 번창하도록 서로
협력할 필요가 있었다.[278]『신보』는 가장 적대적인 기사에서도 많은 신문들의
공존이 경쟁을 의미할지라도 결국은 이롭다는 점을 몇 번이고 역설했다. 이
는 일종의 직업적 신조였던 것으로 보인다.[279]

　1874년 9월에『휘보彙報』로 재발간 되고 난 후에 논쟁이 격렬해졌다. 하지

만 예를 들어 중국 내 철도 도입을 둘러싼 논의는 논쟁적이었지만 그것이 전적으로 비합리적이진 않았다. 두 번째로 재조직된 『익보』가 창간되자 주련생朱蓮生이 새로운 편집자가 되었는데, 그는 다소 어리석고 무능했다. 『신보』는 "돼지가 연속적으로 분만되다저연생猪連生 : 중국어 발음은 주련생朱蓮生과 같음"라는 일견 악의 없는 뉴스를 발간하였다. 이는 『회보』와 『휘보』, 그리고 『익보』가 연속으로 재탄생한 것에 대해 주련생의 이름을 가지고 말장난을 한 것이었다. 『신보』는 『익보』가 이제 "『신보』가 말하는 건 모두 거짓이고 『익보』가 말하는 게 진실이다"라고 주장하며 『신보』와 대립각을 세우는 걸 원칙을 삼았다고 보았다. 『익보』는 그 스스로를 욕설 유포지로 전락시켰는데, 『익보』의 독자들 만큼이나 『신보』의 기자들도 짜증나게 만들었다.[280] 그 신문은 『신보』의 편집자 중 한 명이었던 전흔백에 대해 인신공격을 했다.[281] 『익보』의 이러한 모욕적인 언동에 대해, 신문의 신뢰성을 크게 위협하는 것으로 느낀 『신보』는 중국 내 저널리스트들과 출판사들 간의 상호 지지와 상호 보호, 정보 교환, 그리고 단결의 필요성에 관한 방침을 내세웠다. 비록 이에 대해 중국 역사에서 다룬 적은 한 번도 없었지만, 이 진술들은 중국 저널리스트들을 위한 직업윤리 강령의 윤곽을 처음으로 발전시킨 것이었다.

　『신보新報』의 초점은 베이징과 관료 집단의 소식, 그리고 상업적인 문제들에 있었다. 그 신문은 "시기나 악의에서 비롯된 개인적인 공격은 절대 포함되어서는 안 된다"고 약속했다.[282] 마광런에 따르면, 그 신문은 정부의 정책에 대한 토론, 미신이나 기이한 이야기, 혹은 사회적인 뉴스는 신지 않을 것임을 명확하게 공표했다.[283]

　『신보新報』의 두 번째 호에 실린 「신문의 기원」이라는 기사는 어떤 면에서 1872년에 『신보』의 네 번째 호에 실린 「신문의 기원」에 대한 응답이었다. "사私"와 "비밀秘密" 대 "공公"과 "투명성"의 긴장이 다시 표면화되었으나, 그것을 대하는 방식은 사뭇 달랐다.

알고 있는 바와 같이 "보報"라는 단어는 말한다("백曰")는 뜻이다. 신문들은 공적으로 발표된 내용을 취해 그것을 국가 내에 널리 알린다. 옛사람들은 정무를 볼때 사적으로 비밀로 하는 일이 없었다. 모든 (지역) 관청의 모든 조치는 그 (지역) 인민 사이에 알려지는 게 완전히 허용되었다. 그렇다면 어떻게 중앙 정부의 중요한 지시들을 최대한 공적인 방식으로 제국 전체에 알리지 않을 수 있겠는가?[284]

대중에게 알리는 것은 필요하지만, 여기서의 의사소통은 위에서 아래를 향해 일방적으로 이루어진다. 외부인들은 (예를 들면 『신보申報』처럼) 정보를 얻거나 퍼뜨려서는 안된다. 내부인 엘리트는 외부인들을 가르치고 그들에게 정보를 제공한다. 그 신문의 의무는 정부 문서들을 공표하여 대중에게 알리는 것이다. 관에 의해 걸러지지 않은 공론의 형성은 본래 목적이 아니었다. 보도에 있어서 편파적이어선 안 된다고 『신보』가 진술한 원칙不偏袒은 편집자들의 개입 없이 자유로운 토론을 허용하려는 의도였지만,[285] 여기서는 『상서尚書』의 「홍범洪範」에 나오는 "편파적이거나 당파적이어서는 안 된다無偏無黨"는 글귀를 함께 인용하면서 그 의미를 다음과 같이 부연하였다. "'왜곡이 없고 편파성이 없으면, 왕의 길은 넓고 길다. 편파성이 없고 왜곡이 없으면, 왕의 길은 평탄하고 쉽다.'[286] 우리 신문이 높이 평가하는 것은 거짓(공허함)을 몰아내고 진실(완전함)을 공경하는 것이요, 악을 감추고 선을 칭송하는 것이며, 이런식으로 정의와 평화를 전반적으로 보호하는 것이다.守夫中正和平也"[287] 따라서 『신보新報』는 선택적이고 도덕적이며 동질적인 언론을 옹호했다. 그 신문은 스스로를 그 고유의 목적을 위한 엘리트 신문으로 표현했다. 그 신문은 상업이 폭발적으로 번창하는 도시의 변화하는 사회 세계를 왕도王道라는 전통적인 개념으로 다시 정의했고, 새로운 상인 공동체를 이 세계의 새롭고 잠재력 있는 행위자들로 언급했다.

결어

중국 저널리즘의 선구자들 대부분은 유사한 배경을 갖고 있다. 특정 신문과의 가까움과는 상관없이 그들은 서로를 잘 알고 있었다. 그들은 새롭고 유용한 지식을 보급한다는 같은 목표를 추구했지만, 그것을 새로운 대중에게 전파하는 데에는 다른 전략들을 활용했다. 다른 외적 환경, 다른 독자층, 그리고 문화적 습관들로부터 서로 다른 전략들이 전개되었을 뿐만 아니라, 상징적이고 경제적인 자본의 가치를 각기 다르게 평가한 것도 그 원인에 포함된다.

세 가지 경우 각각의 핵심 집단이 특정한 성격들을 공유했다. 신보관은 예전 관료들과 향시 이상의 과거시험에 실패한 강남 출신의 젊은 수재秀才 문인들을 함께 모았다. 다른 많은 사람들처럼 그들은 태평천국의 난의 고난에서 벗어나길 고대하며 상하이가 제공하는 새로운 기회들에 이끌렸다. 새롭게 떠오른 지역 엘리트들의 적극주의 — 메리 라이트Mary C. Wright가 언급한 바 있는 태평천국의 난의 결과[288] — 는 정부의 관료제를 벗어나 복지 및 교육 시설에 개별적으로 몸담음으로써 더 많은 걸 성취할 수 있겠다는 확신이 그 동기가 되었던 것으로 보인다.[289] 그러한 경력의 출발점은 확실히 상하이였다.

홍콩도 역시 주강삼각주珠江三角洲에서 온 많은 태평천국 난민들을 받았지만, 그들 중에 『순환일보』의 창립자들은 없었다. 대신, 그것은 식민지 정치에 대한 더욱 강력하고 제도적으로 확립된 영향을 행사하고자 노력했던 홍콩 중국인 사회의 저명한 상인 지도자 집단이 공동으로 일군 노력의 결과였다. 무역

도시 한커우漢口에 관해 로Rowe가 분석한 것처럼, 사회 신분을 결정하는 부는 개항장들에서 점차적으로 중요성을 얻어가고 있었다.[290] 홍콩에서는 이 과정이 충분히 성숙되어 공론장에서 상인들 — 그리고 그들의 기업과 연관된 지식인들 — 이 사회의 대변인으로서 활동하기 위해 필요한 합법성을 부여받았다. 이런 상인들과 서구적으로 훈련된 지식인들은 외관상으로는 전통적인 방식으로 동화의원과 같은 복지 기관들을 설립했지만, 곧 그것들을 홍콩의 중국인 엘리트들의 폭넓은 입장을 대변하는 정치 기관으로 전환시켰다. 상하이에서는 『신보』가 동화의원을 직접 거론하며 그것의 설립을 옹호했음에도, 중국인 거주자들을 — 형식적으로라도 — 대표할 수 있는 어떤 기관도 발전시키지 못했다.[291]

홍콩과 상하이 저널리스트들의 진로는 매우 달랐다. 『신보』의 편집자 중 대부분이 언론인의 직업을 유지했던 반면, 홍콩의 저널리스트들은 종종 다른 — 그리고 대개는 훨씬 더 유망하고 수익성 있는 — 방식의 돈벌이를 찾아 옮겨 다녔다. 이는 그 두 항구의 주요한 사회적 구성의 차이점으로 설명할 수 있다. 상하이의 문인 엘리트는 강남으로부터 지속적으로 보충되어 곧 문화적, 사회적으로 정착되고 인정받은 반면, 홍콩은 결코 그런 풍부한 지식인층을 형성할 수 없었다. 상하이에서는 관료로서의 길을 고취하기보다는 채이강과 같은 사람이 자신의 불안정한 삶을 적은 명함을 인쇄할 만큼 교육과 학문을 높이 평가하는 경향이 아직 널리 퍼져있었다. 상하이에서는 문화적 자본이 계속해서 가치를 지닌 반면, 홍콩에서는 부유함이 점점 더 유일한 기준이 되어갔다.

상하이의 준-관영 신문들에서 일하던 저널리스트들은 대개 광동 출신이라는 공통점으로 연결되어 있었다. 그 지역 상업 조합들과 토착적인 연관관계들은 의심의 여지 없이 지역 정체성과 공동체 의식의 형성에서 중요한 역할을 했다.[292] 하지만 이 신문들은 결코 상하이에서 광둥인의 이익 집단이 되지 못했고, 주로 『신보』가 문을 닫거나 불타버리지 않는 한, 그것에 대응하고자 했던 상하이 관료들의 노력이었을 뿐이었다.[293] 광둥 사람들은 상하이에서 가장 중요하고 부유한 상인 집단이었다. 그 신문의 창립자인 당경성은 유명한 중국 윤선초상국輪船招商局의 대표였다. 『신보新報』는 상하이의 같은 집단들에 의해 설립되었는데, 그들 중 다수가 상하이 강남제조국 및 그곳과 관련된 서구 기기 제조업체와도 연관이 있었다. 『회보』의 공동 창립자들 중 다수는 『순환일보』 창립자들과 같은 교육적인 배경을 갖고 있었고, 때로는 학생 시절 때부터 홍콩의 선교 기관들에서 그들과 알고 지내기도 했다. 비록 언뜻 보면 이 신문들이 매우 달라 보이지만, 후일 출판물에서 명확히 나타나는 바와 같이 그들은 서학 및 일반적으로 새로운 것들에서 공통적인 관심을 가지고 있었고, 때때로 책들을 공동으로 집필하기도 했다. 이 모든 것이 그들을 신문이라는 새로운 매체를 통해 중국의 미래에 관한 논의에 참여하고자 시도했던 새롭고 열린 마음을 가진 다소 동질적인 집단으로 보이게 만든다.

그들의 교육적 배경과 직업적 배경 그리고 이후의 경력들을 보면, 근대 중국학자들이 표면적으로 받아들였던 초기 저널리스트들의 뒤틀린 진로와 낮은 사회적 명성에 관한 이후의 진술들은 분명히 논쟁의 여지가 있다고 생각된다. 1920년대와 1930년대 젊은 세대의 저널리스트들은 5·4시기의 익숙한 관점을 따라서, 이전 세대들을 봉건적 사고에 사로잡혀 있다고 묘사하며 그들로부터 스스로를 차별화하였다. 역사 연구에서도 — 여전히 정의되지 않은 이 초기 저널리스트 집단에 대해서 — 시험에 낙방한 젊은 모험가들이나 다른 방편이 없었던 부패하고 교육받지 못한 엉터리 문인의 모습을 제시하지 않는다. 이와 달리, 이 초기 저널리스트들은 확실히 잘 교육받고, 19세기 말에 사회문제에 가장 관심과 지식을 갖추고, 대담하고, 명확하고, 성공적인 중국의 중견 인물들이었다. 그들 가운데에는 성공적인 기업가들, 은퇴한 관료들, 그리고 유명한 대중 작가들도 있었다. 그들은 중국을 하나의 새로운 방향으로 밀고 갈 방법들을 찾고 있었고, 신문은 (때로는) 그 방법들 중 하나에 불과했다.

이런 사회적 행위자들 간의 다층적인 연결망과 연관관계들은 그 모든 신문들의 초국가적 성격을 위한 토대였다. 하지만 신문은 무엇보다도 우선 하나의 상업적인 기업이다. 그것은 매일 텍스트의 판매를 시도하고, 베네딕트 앤더슨이 말한 바 있듯이 일회적 특성이 잘 고려된 소비재로서 텍스트의 개념을 함축하는 인쇄 자본주의의 시작을 상징한다.[294] 따라서 그 신문사들은 자기들의 신문을 판매하고 새로운 인쇄 시장에서 자리를 잡기 위한 전략들을 개발해야 했다. 그러므로 그 신문들의 초국가적인 성격은 그들이 공통적으로 애국적인 헌신을 강조하며 "순수하게 중국적"이라고 자기표현을 한 사실과 대비를 이룬다. 이러한 — 중국인 소유의 신문들뿐만 아니라 외국인 소유의 신문들까지 내세웠던 — 주장은 마케팅의 차원으로 이해해야 한다. 하지만 그와 같은 민족적 관심의 표현이 판매의 기치가 되었다고 해서, 신문들이 반외세적인 태도를 전개했음을 뜻하지는 않는다.

이런 공통적인 특징들에도 불구하고, 각각의 신문은 자기 독자들의 관심에 맞춰 저마다의 특징들을 발전시켰다. 『순환일보』의 주요 독자들은 홍콩의 상인 공동체였고, 따라서 그 신문의 주요 초점은 홍콩과 마카오, 그리고 해외의 중국인 공동체들이었다. 청 제국 남부 언저리에 위치한 신문사로서, 아마도 훨씬 더 큰 세계의 일부에 불과하다는 관념을 발전시키기가 보다 쉬웠을 것이다. 그 저널리스트들이 서구에서 교육을 받고 경험을 쌓았을 뿐만 아니라 서구 공동체와 경제적으로 연결되어 있었다는 것을 보면,[295] 그들의 신문이 형식과 내용 면에서 서구의 신문들과 대개 유사했다는 것이 그리 놀라운 일은 아니다. 『경보』의 발췌 기사와 홍미를 자극하는 도덕적인 이야기들이 있었다는 것은 그 신문들의 관심이 단순히 상업적인 이슈들을 뛰어넘었고 중국 제국을 향해 관심을 기울이기도 했음을 보여준다. 그 신문 편집자로서의 왕도의 역할은 모호한 채로 남아있다. 이론적으로는 주로 상인 공동체를 위한 신문이었지만, 이 신문은 스스로를 문인과 관료처럼 꾸미려는 상인들 사이의 유행에 맞추어 사설에서는 전통적인 유교적 의무와 책임들을 강조하였다. 반역자라고 지목된 정치적 망명자인 왕도는 청조라는 시대적 맥락에서 공식적으로 상주上奏할 수 있는 준準 관료적 역할을 떠맡을 권위가 없었다. 따라서 그는 자신의 공적 발언을 합법화하기 위해 그의 학자적 경력과 유교적 가치들을 강조해야 했다. 홍콩의 제도적이고 사회적인 환경은 그가 스스로 새로운 역할을 맡는 데에 유용하게 작용했다. 한 새로운 대표 기관지의 구성원으로서 그는 갑자기 사회적 지위를 다시 얻었고, 이는 그에게 다시 익명의 전통적인 학자들에 맞서 자신감 있게 자신의 목소리를 내기에 충분한 권위를 부여하였다. 그럼에도 주목해야 할 것은, 왕도가 상하이로 돌아갈 수 있는 권한을 계속해서 청원했다는 점이며, 그는 1880년대 초에 마침내 그것을 획득했다.

『순환일보』는 이미 서구식 신문에 익숙해져 있던 독자층을 갖고 있었다. 그 신문의 창립자들과 후원자들의 상업적인 배경에도 불구하고 그 신문 자체는 결코 그것이 이익을 위해 존재한다고 언급한 적이 없는데, 내가 본 바로는 그것은 처음 몇 년 동안에도 깨지지 않았다. 따라서 그 신문이 지속적으로 존재할 수 있던 건 끊임없는 재정 지원이 있었음을 뜻했다. 그러므로 그것은 홍콩사회에서 성장하는 자기들의 중요성을 표현할 매체로서, 그 신문을 기꺼이 지원하고 재정을 보조할 만큼 점차 자신감이 오르던 한 사회 계층의 노력으로 보아야 한다. 하지만 얼마 남아 있지 않은 이 신문의 초창기 몇 년 동안의 자료들로부터 판단하자면, 관료들에 대한 고유의 공적 비판을 위한 목소리는 지나칠 정도로 자주 제기되지는 않는다. 『순환일보』의 사설들은 대개 개혁적인 어조로 민족의 부강과 국부 창출을 위해 일반적으로 중요한 이슈들을 설명하였으며, 지역 뉴스의 짧은 이야기들은 관료들에게 미덕을 갖고 인민을 선하게 대하라고 훈계하는 표준적인 도덕적 성향을 담고 있다. 그 편집자는 웅변적인 용어로 독자들을 내려다보며 얘기하고 있으며, 그 신문의 주요 기능은 인민과 상인, 그리고 영국 및 중국 관료들에게 정보를 제공하는 데에 있었다.

중국의 객관적인 관심사들과 황제에 대한 깊은 충성심으로 자기 신문을 "애국적인" 신문으로 제시하는 데에 있어서, 어니스트 메이저의 『신보』는 『순환일보』보다 훨씬 더 나아간다. 그 신문은 중국인의 상업적이고 재정적인 일에 대한 관심들을 촉진시켰고, 외국인들에게는 더 높은 광고료를 부과했다. 또한 선교사들과 영국 상인들의 조치들을 비판했고, "합리적인" 언론에서는 질색하는 초자연적이고 매우 공상적인 보도들로 영국 신문들을 화나게 했다. 하지만 이 신문의 보도들은 그것의 많은 발행 부수와 함께 중국 당국을 지속적으로 자극했다. 『신보』는 황제에 대한 충성을 — 전통적인 중국적 개념들에 잘 들어맞는 — 공식적인 진정陳情으로 이해했고, 상하의 소통에 대해서는 — 아마도 유럽적 전통에 더 가까울 — 정부 조치에 대한 투명성의 요구로 해석하였다.

『신보』는 당시 이미 소멸되어 언론과 같은 기관들로 대체되어야 했던 정부 기관들을 지적하거나, 법적인 절차들을 방해하던 만연한 관료 부패와 족벌주의를 조명하는 데에 있어 거리낌이 없었다. 이런 배경에 대해 그 신문은 그 자신의 존재의 필요성과 그 활동들의 합법성을 설명했다. 사설에서도 표현되고 실제로도 시행된 바 있는, 그 신문이 확신했던 가장 중요한 한 가지는 다양한 의견들을 개방적으로 표출할 필요성이었다. 『신보』 자체가 그러한 공개 토론장을 독자들에게 제공했지만, 다른 신문들이 공정하고 합리적이며 합법적인 토론의 원칙들을 고수하는 한 그 신문들을 조건 없이 수용하겠다고 공표하기도 했다. 그 공적이고 공표된 논쟁과 분쟁들에는 — 적어도 이론적으로는 — 모든 사회 계층, 즉 문인들과 상인들, 장인들, 농민들, 그리고 심지어 여성들까지 모두가 참여하게 될 것이었다. 하지만 그것을 판매의 측면에서 가장 성공하게 만든 특징들은 모두 교육받은 엘리트 독자층과 관계되어 있었고, 그의 관심은 정부와 세계의 소식 문학, 그리고 시에 있었다. 관료 계층 외의 사람들에게는 자기들의 의견을 표출하고 시험할 제도적 통로와 공공 매체가 없었다. 이 신문은 그들의 목소리를 들을 수 있게 할 기회와 매체를 제공했다 — 그리고 여태껏 그러한 의사소통이 가졌던 엄격하게 위계적인 구조들을 없앴다. 의견들을 표출하기 위한 매체를 주로 제공했던 『순환일보』와는 반대로, 『신보』는 문인이든 상인이든, 혹은 관료이든 간에 그 독자들과의 논쟁과 소통을 강조했다. 『경보』가 중앙 정부와의 아무런 협의도 없이 전재되었지만 상하이 지역의 중국 당국들도 결국 『신보』의 지면들을 활용했는데, 그들 역시 자기들의 의견과 발표, 그리고 결정사항들을 전파하기 위해서였다. 그 매체를 통해서 당국의 공적인 성명과 선언들이 공론의 대상이 되었고, 다음 호에서는 어떤 독자에 의해서든 비판될 수 있었다. 급속하게 증가하던 발행 부수와 광고 소득을 누렸던 『신보』는 재빠르게 수익성 있는 기업이 되었다. 그것의 경쟁 신문이었던 『상하이신보』는 비록 『신보』가 의도한 건 아니었더라도 1년도 채 안 되어 사업을 접었다. 그 신문의 재정적인 독립성은 그 내용에 반영되었다. 외국 회사들로부터의 광고가 주요 수입원이긴 했지만, 그들의 관습을 비판하거나 논쟁적인 이슈들에서 중국의 입장을 변호하는 데에 있어 거리낌이 없었다. 그 자체로 인상적인 『신보』의 상업적 성공은 메이저의 지속된 개입을 설명하는 데에 충분한 이유인 듯하다. 상하이에서 이렇게 이미 매우 성공한 그는 확실히 다른 유망한 사업들도 경영하고 있었는데, 그가 예상했듯이 중국과 영국 당국 모두와 많은 갈등을 야기할 수 있는 사업들이었다.

이 신문들은 결코 이상화된 이미지가 제시하는 것처럼 하나의 모델을 엄격하게 따르지 않았기 때문에, 우리는 아이러니컬한 뒤얽힘을 발견할 수 있다. 즉『순환일보』는 디자인과 공식적인 방침의 측면에서 보면 진정한 서구식 신문으로 등장했지만, 결국 (물론 아마도 의도적인 건 아니었겠지만) 독자층 사이의 토론과 비판적인 논쟁들을 배제한 편집 정책을 유지했다.『신보』는 그 디자인과 독자층 설득 전략에 있어서 보다 전통적인 형식을 유지했지만, 실질적인 효과에서는 그 지면상에 비교적 자유롭고 무제한적인 토론을 허용함으로써 자유주의적 언론의 요구들을 훨씬 더 많이 수행했다. 똑같이 아이러니컬한 맥락에서 홍콩의 재계 집단에 근거하고 그들의 후원을 강력하게 받았던『순환일보』는 유학자들의 용어로 그것의 사회적 책임과 의무를 강조하였다. 이와는 대조적으로, 수많은 강남 문인들이 편집진에 포진한『신보』는 그 신문의 상업적인 성격을 강조하고, 그것의 주요 목적이 이익 창출임을 솔직하게 진술함에 있어 주저하지 않았다.

단기간 운영된 상하이의 준-관영 신문들도 비록 그들의 뉴스 섹션 중 가장 두드러진 "경보京報"와 "지방 관보"란을 통해 명확하게 중국 제국에 집중하긴 했지만, 국제적 성격이 강한 뉴스 및 해외 소식 내용도 담았다. 이 신문들은 외국인 독자들의 언어로 중국 제국 정부에 관한 뉴스를 제공하며 그들에게 직접 다가갔고, 큰 규모의 국제 뉴스 번역 부서를 갖고 있었다. 의견 표출과 공론에의 참여보다는 정보 제공에 강조를 두는 방침은『회보』가 직접 밝혔을 뿐만 아니라 실제로 그 지면상에 공론을 배제하는 결과로 이어졌다.『회보』는 실로 정부 행정의 투명함에 대한 중요성을 중국 고대의 원칙으로 인정한 반면, 인민의 비판을 정부에 알리기보다 정부의 결정을 인민에게 알리기를 선호했다. 하지만 『경보』가 결코 그 미디어 고유의 역할과 기능에 관한 기사를 싣지 않았던 반면, 이 새로운 준-관영 신문들의 공개적인 방침과 그들의 개인적 구상은 근대적 신문의 중요성에 대한 초기 자각과 함께 중국 정치 문화에서 이 새로운 매체가 지니는 적절한 역할에 관한 숙고를 보여준다. 이 준-관영 신문들이 결코 많은 진전을 이루진 못했다 하더라도, 그것들은 언론의 잠재적인 힘을 인정한 증거를 보여준다. 이 신문들에게 있어, 신문과 『경보』의 차이는 사용된 기술 그 이상의 것이었다. 그들은 이 새로운 수단을 활용하여 전통적인 미덕과 도덕적인 강직함을 전파할 작정이었다. 아마도 이 신문들은 일단 어떤 시장 상황에 진입하고 나면 개념적인 변화가 필요하다는 것을 예상하지 못했던 것 같다.

얼핏 보기에는 이런 신문들의 디자인이나 상업적인 전략들이 『신보』와 『순환일보』의 전략들과 많이 달라 보이지 않는다. 처음부터 —『익보』는 제외하고 — 이 신문들은 결국 자기들 사업의 수입을 위해 많은 광고주들을 접근했는데, 이는 이들이 상하이 지역사회에서 하나의 시장을 발견했음을 보여준다.

이 준-관영 신문들의 가장 중요한 혁신은 그것들의 독자층에 있다. 『경보』는 대개 관료들 사이에서 읽혔던 반면, 이 새로운 준-관영 신문들은 명백하게 상인들을 자기들의 내포 독자들로 언급했다. 이는 그 사회 계층의 중요성이 점증하고 있음을 공개적으로 인정한 것이었다. 게다가 그 신문들은 외국인들을 독자층의 일부로 포섭하고자 노력했다. 이는 특히 『신보新報』 및 그것이 게재한 "중요한" 기사들의 영어 번역 사례에서 명확하게 드러난다. 하지만 이 신문들은 의도와 달리 상인들로부터 초기 자본을 모금할 수 없었고 대신 공금에 의존했다. 이 신문의 추진력은 상인들이 아니라 강한 지역적 연계를 가진 관료들이었다. 상인들이 자기들의 목소리를 내기 위한 공개 토론장을 요구한 것이 아니라 관료들이 그들에게 기고하라고 촉구하였으며, 관습적인 방식으로 상인 계층을 경멸한 것이 아니라 이 새로운 사업가들을 이데올로기적인 문제와 민족적인 문제에 관한 담론에 참여하라고 초대했다.

어떤 면에서 이 준-관영 신문들은 다양한 목소리를 가진 대중을 처음으로 수용한 경우이다. 이러한 수용은 진정한 공감보다는 개항장의 상황들에 의해 더욱 촉진되었을 수 있지만, 그 결과는 전통적인 의사소통 위계에 대한 고집이 아닌 도시의 대중 속에서 권위적인 목소리를 내기 위한 투쟁에의 자발적인 참여였다.

제3장

전 지구적 이미지 생산에 동참하기

상하이의 삽화신문 『점석재화보』

루돌프 와그너Rudolf G. Wagner

세계적 배경

19세기는 공교육의 보급으로 유럽과 북미지역의 독서 대중이 크게 확장되었다. 가스등과 전등을 사용하게 되면서 독서 시간이 길어졌고, 늘어난 여가와 기차여행 등으로 인해 독서의 기회 또한 대폭 증가하였다. 제지업이 크게 성장했고 기계화된 인쇄기가 인쇄속도를 높여주었다. 그 결과 더 생생한 소식을 저렴한 가격에 찍어내는 신문과 정기간행물에 많은 대중이 흥미를 보이며 쉽게 접할 수 있게 되었다.

이러한 인쇄 혁명의 한 측면인 인쇄된 이미지는 종종 간과되어 왔다. 르네상스 시대 이래 미술작품을 판각한 복제품이 널리 유통되었다. 1798년 알로이스 제네펠더Alois Senefelder가 우연히 발견한 석판인쇄 기술은 어느덧 높은 충실도와 저렴한 비용의 사진석판 복제가 가능한 수준에 이르렀다.[1] 동시에 새로운 인쇄기의 개발로 동판화와 목판화를 기계적으로 처리하는 것이 가능해지면서 이 두 영역에서도 대중화의 장애물이 크게 줄었다.

그 결과 삽화신문과 석판인쇄로 대표되는 두 종류의 인쇄물이 번창하여,

전에는 고품질의 이미지 시장에 접근할 수 없었던 계층의 가정에 유입되었다. 1820년대 이래 새로운 삽화신문이 등장했다. 이 시기 대표적인 삽화신문으로는 미국의 『하퍼스 위클리Harper's Weekly』1857~1916와 『프랭크 레슬리스 일러스트레이티드 뉴스페이퍼Frank Leslie's Illustrated Newspaper』1852~1922, 런던의 『일러스트레이티드 런던뉴스The Illustrated London News』1842~2003와 『그래픽The Graphic』1869~1932, 프랑스의 『르몽드 일뤼스트레Le Monde illustré』1857~1948와 『르 투르 뒤 몽드Le Tour du Monde』1860~1914, 그리고 독일의 『일루스트리르테 차이퉁Illustrirte Zeitung』1843~1944과 『가르텐라우베Die Gartenlaube』1853~1944 등을 들 수 있다. 이들은 성공적으로 시장에 안착하여 충분한 구독자를 확보한 수익성 있는 기업이 되었다. 또한, 미국의 '커리어 앤드 아이브스Currier and Ives'[1]2나 프랑스의 에피날Épinal 지역2)3 인쇄업자들 같은 석판 전문 출판업자들은 가정 장식용의 수작업 채색 석판화를 선보였다. (채색 석판화는 이미 잘 알려져 있었지만, 가격 등의 문제로 널리 사용되지는 않았다.) 이러한 신문과 판화들은 '순수 미술'을 복제하기도 하였으며 그중에서는 반 고흐 같은 예술가 구독자의 작품에 상당한 영향을 끼친 『그래픽』지와 같은 사례도 있다. 그러나 이들 지면에 복제된 작품의 주제와 회화기법은 일반적으로 그것을 출판하는 신문 매체 및 새로운 고객층의 기호에 맞추어져 있었다. **신문삽화**newspainting라는 새로운 장르가 활짝 꽃피기 시작했다. 국제적인 사태의 중요성이 점증함에 따라, 이들 매체는 멀리 떨어진 장소와 사건의 외관을 독자들에게 시각적으로 보여주려 했다. 크림반도에서 러시아-튀르크 전쟁이 벌어진 1876~1878년은 하나의 전환점이 되었다. 이때부터 『일러스

---

1) 석판화가 커리어(Nathaniel Currier)가 아이브스(James Merritt Ives)와 공동창업한 석판인쇄 회사(1835~1907). 미국식 풍경, 생활, 사건 등 다양한 주제의 수작업 채색 석판화를 저렴한 가격에 판매하였으며, 72년간 최소 7,500점 이상을 제작하였다.
2) 에피날 판화(image d'Épinal)라는 말이 있을 정도로 판화로 유명하며, 19세기에는 이 지역 소규모 공방에서 제작한 채색 석판화가 인기를 끌었다.

트레이티드 런던뉴스』는 요즘 보도사진이 그러하듯 현장의 진실성을 삽화가 갖출 수 있도록 특파원과 함께 삽화가를 파견하기 시작했다. 이들 삽화는 체계적으로 엄정한 증거를 제시하기보다는 오락적 측면에서 진기하고 흥미로우며 일화적이고 깜짝 놀라게 하는 이미지와 정보를 더 우선시하였다.

삽화신문들은 순식간에 일종의 세계 공동체 같은 것을 형성하였다. 그들은 서로를 잘 알고 있었으며, 자기 매체의 국제면 보도범위를 확장하고 보도의 진실성을 입증하기 위한 방식으로 상대의 삽화를 다시 찍어내거나 기사를 그대로 가져오곤 했다.[4] 여기서 우리는 전 지구적인 이미지가 개화하기 시작한 지점을 확인할 수 있다. 바로 그 전 지구적 이미지 속에서 점차 이미지, 관점, 장면, 줄거리 그리고 독자의 태도들이 공유되었다. 이 발전의 결과는 훗날 '할리우드 시스템'이라는 이름으로 알려진 영화의 보편 문법에서 가장 응집된 표현으로 나타난다.

이들 삽화의 주제와 양식은 새로운 독서 대중, 특히 삽화가 가미된 쉬운 내용의 읽을거리에 더욱 매료되는 것으로 간주되었던 여성들 및 문자와 이미지의 결합이라는 더 쉬운 접근경로를 제공받게 될 신흥 식자층 서민들의 마음을 움직이려는 출판업자들의 노력을 잘 보여준다. 이처럼 정보와 오락의 전달자로서 이미지의 중요성이 증가함에 따라 이후 영화와 TV의 발전까지 예고되고 있다. 이들 삽화신문의 판매 부수와 오랜 발행 기간은 그들이 충분히 수익성이 있었음을 시사한다. 캐서린 예Catherine Yeh가 '인쇄 오락'이라 명명한 이 새로운 매체는 보다 '진지한' 신문에 해가 되지 않았으며, 오히려 정통지들 역시 이 시기에 급속한 확장을 보여주었다. 진지한 신문들은 계속해서 국제, 정치, 경제 및 사회 문제에 대한 신속하고 신뢰할 수 있는 정보를 갈구하는 의사결정층 독자에 맞추어져 있었다. 사실 삽화신문은 힘든 일과와 한 주간의 노동에 끼어 있는 새로운 유형의 여가시간을 위한 읽을거리를 독자들에게 제공하였다. 그러면서 덤으로 더 많은 대중에게 신문 읽기의 습관을 형성시켰다.

새로운 주제, 새로운 기술, 새로운 대중, 그리고 새로운 시장에 예술가들은 매혹되기 시작했다. 순수 예술은 대부분 새로운 기술발전을 기피했지만, 보들레르는 '신문화가newspainter'[5]에 관한 에세이에서 그것의 중요성을 인식했다. 비록 예술작품의 복제는 그보다 더 이른 시기에도 존재하고 있었지만, 기술적, 사회적, 예술적인 질적 변화에 관한 발터 벤야민의 논의는 여전히 설득력이 있다.[6]

진기하고 흥미로운 것의 보고 역할을 해온 중국은 이 새로운 출판 세계에서 빈번하게 묘사되고 기술되는 대상이었지만, 그 주체는 아니었다. 이 리그에 가입하여 중국과 외국에서 일어나는 사태에 대한 중국적인 관점을 제시한 중국의 삽화신문은 없었다. 한편 1850년대 이래로 중국 고전에 대한 중요한 번역 프로젝트가 제임스 레그James Legge, 랜슬롯 자일스Lancelot Giles,[3] 세라팽 쿠브레Séraphin Couvreur 등에 의해 진행되긴 했지만, 한 줌의 외교관 집단을 벗어나면 국제적인 목소리를 내는 중국인은 그 시기엔 없었다. 적어도 평범한 서민들에게는 중국의 지식인이 중국 자체의 사회, 정치, 문화, 경제적 현실의 신뢰할 만한 근거로 비치지도 않을 정도로 중국문화는 탈중심화되고 주변화되었다. 1830년대 이래 발자크, 뒤마 형제, 수Sue, 디킨스와 같은 작가와 유럽의 독자들은 '생리학적physiological'(그 당시는 '사회학적sociological'을 지칭하는 용어였다)인 흥미에 빠져 대도시 사회적 표상들의 이상하고도 알려지지 않은 삶에 매료되었는데, 이는 결국 먼 곳에 있는 사람들의 기이하고 재미난 관습까지 포함하는 것이

---

3) 중국고전 번역에 관해서라면 랜슬롯 자일스(1878~1934)보다 그의 아버지인 허버트 앨런 자일스(Herbert Allen Giles, 1845~1935)를 예로 들어야 할 것이다. 허버트 자일스는 『논어』, 『노자』, 『장자』 등을 번역했으며, 한어병음방안 이전의 가장 대표적인 중국어 로마자 표기법이었던 웨이드-자일스 표기법(Wade-Giles romanization)을 수정 제안한 바 있다.

되었다.[7] 그러나 중국에서 활동하던 선교사들은 중국인의 저작에서 이와 관련된 정보를 거의 발견하지 못했다. 그래서 그들은 결국 직접 관찰한 결과를 출판했다. 그렇게 해서 나온 책으로 저스터스 두리틀Justus Doolittle의 『중국인의 사회생활Social Life of the Chinese』1865, 아서 스미스Arthur Smith의 『중국인의 특징Chinese Characteristics』1890, 다이어 볼Dyer Ball의 『중국적인 것Things Chinese』1903 등이 있다.[8]

중국 문화가 주변화된 결과 중 하나는 일반적인 경향이 중국의 문화영역을 훨씬 넘어선 다른 중심들에서 설정되었거나, 계속하여 설정되기 시작했다는 점이다. 당시 문화 권력의 역학관계를 고려할 때, 중국이 참여할 것인가의 여부는 더 이상 문제가 되지 않았다. 문제는 언제 어떻게 참여하느냐 하는 것이었다.

중국적 배경

전 지구적 이미지 제작에 중국이 동참한 것을 제국주의 팽창이라는 거친 맥락에 끼워 넣으면 썩 괜찮아 보일 수 있다. [이는 또한 중국 대륙 학자들의 관점과 연계되기도 한다. 그들은 상하이의 초기 출판업을 중국 내부의 일에 대한 제국주의자들의 간섭으로 개괄하곤 했다. 왜냐하면 『신보』가 중국어로 출간되었다고는 하나, 그 출판사는 외국인의 소유였기 때문이다.] 그러나 실제로 당시 출판된 구체적인 자료를 검토한 일부 중국 대륙학자들은 증거를 찾기가 어렵다는 것을 발견했다. 예를 들어 1962년, 한 전임 『신보』 기자가 이 신문의 초기상황을 조사한 바 있다. 그는 결국 그 신문의 설립자이자 소유주였던 어니스트 메이저Ernest Major가 "진실한 중국의 친구였다"고 단언했다.[9] 1988년 쉬짜이핑徐載平 역시 동일한 검토를 거쳐 동일한 결론에 이르렀다.[10]

중국에 삽화신문을 도입하고 신문 삽화와 회화작품을 석판화로 복제한 결정적인 인물은 어니스트 메이저이다. 그는 쌍둥이 형제 프레더릭Frederic과 함께 1841년 2월 15일 런던 육군부War Office 3급 서기의 중산층 가정에서 태어났다. 중국어 교육을 포함한 진정한 국제 교육을 자식에게 제공했던 부친의 열정, 런던의 금융가였던 삼촌의 사회적 관계, 그리고 동인도회사 직원의 딸로 캘커타에서 태어난 모친의 외부세계에 대한 개방성에 그는 큰 혜택을 받았다. 그의 집안은 중국적인 것에 현저한 관심을 지속하던 런던 토박이 사회에 속해 있었던 것으로 보인다. 그들은 당시로는 드물게도 중국과 중국인을 상대하기 위해서는 그 문화와 제도를 잘 알아야 하며 심지어 중국어를 말할 수 있어야 한다는 의견을 가졌다. 그들의 진보에 대한 추구, 사업적 통찰력, 그리고 세계주의 같은 것에는 스코틀랜드 계몽주의적 요소도 포함되어 있었다.[11] 중국과 관계를 맺고 있으면서도 미온적인 오만과 무지로 일관했던 많은 자국민의 태도를 그들은 거부했다.[12]

메이저 형제는 1861년 중국에 도착했다. [홍콩에서 선박회사에서 일하거나, 1865년 닝보에서 자기 상점을 개설하는 등] 다양한 직종과 창업을 시도한 끝에 상하이로 이주했다. 상하이에서 어니스트 메이저가 처음으로 언급된 것은 1870년 7월이다.[13] 여기서 그는 무역업을 그만두고 산업으로 전환하였으며 정말로 놀라울 정도의 열정으로 사업을 전개하였다. 그로부터 5년 만에 그는 경영에 개입하지 않는 출자자[4]들과 함께 근대 중국에서 가장 중요한 신문인 『신보』1872를 창간하고, 그 시기 가장 중요한 중국어 출판사가 될 신보관申報館, 상하이에 두 지점을 비롯하여 전국적인 판매처와 연계된 중국 최초의 출판 유통망인

---

4)   이들은 각각 워드(C. Wood Word), 프라이어(W.B. Pryer), 모히온(John Mohuon)이며, 각각은 400량씩 출자하여 도합 1600량으로 사업을 시작했다. 徐載平·徐瑞芳,『清末四十年申報史料』, p.3.

신창서국申昌書局을 설립했으며, 마지막으로 이미지 인쇄물이 출간목록에 추가되면서 신창서화실申昌書畫室까지 만들었다. 이 모든 사업을 그는 매일같이 관리했다. 이에 더하여, 그는 소규모 화학 공장을 사들여 현대적인 공장으로 확장했는데, 여기서는 낮 동안 지불수단으로 사용하다 남은 다량의 부스러기 은화나 말굽은sycee 따위를 모아 야간에 표준화된 은괴로 주조했다. 그의 장쑤 화학공장Kiangsu Chemical Works은 곧이어 수입대체 첫 단계에서 성냥과 다양한 목적을 위한 화학 액체를 생산하기 시작했다.[5] 이는 중국에서 가장 이른 근대적 민영기업 중 하나였다.

1878년 메이저는 저렴한 고화질 이미지 복제 방식인 석판인쇄술에 주목했다. 이에 대해 이 장에서 자세하게 소개할 것이다. 그는 수동 석판인쇄기를 구입하여 신보관이란 틀 내에 새로운 자회사인 점석재석인서국點石齋石印書局을 설립했다. 메이저는 당시 유일한 중국인 석판인쇄공이었던 구자앙邱子昂을 초빙하였다. 구자앙은 프랑스 예수회가 선교 서적을 인쇄하기 위해 1876년 상하이에 세운 토산만인서관土山灣印書館에서 일하고 있었다.[6] 중국인 인쇄공을 고용한 것은 정책적인 결정이었다. 당시 홍콩과 상하이에서 활동하던 인쇄공들은 대부분 다언어에 능통한 포르투갈인이었다.

새로 설립된 점석재석인서국은 1879년 복제된 그림과 서적을 시장에 출시했다.[14] 훌륭한 석판삽화로 상하이의 경물을 담은 화보『신강승경도申江勝景圖』,1884는 새로운 상하이를 창조하는 데 자신이 일익을 담당했다는 메이저의 자부심

---

5) 메이저가 설립한 여러 기업 중 수창성냥공장(燧昌自来火局, 1880)에 대한 설명과 강소화학 공장(江蘇藥水廠, 1879)에 대한 설명이 섞인 것으로 보인다.

6) 토산만인서관은 고아들에게 기술을 가르치기 위해 1867년 토산만고아원의 부속기관으로 설립되었다. 시기에 따라 다양한 인쇄술을 사용하여 출판했으며, 석인술을 도입한 것이 1876년이다. 상하이에 처음으로 석인술을 도입한 것은 1843년 선교사 메드허스트(W.H. Med-hurst)가 설립한 묵해서관(墨海書館)이다.

과 평가를 보여준다. 이 화보에 수록된 오우여의 64폭의 삽화 가운데 최소한 4폭이 메이저나 신보관과 관련된 것이다.[15] 메이저는 새로운 복제기술의 장점을 자랑하는 데 조금도 주저하지 않았다. 그중 점석재석인서국 삽화<그림 3.1>에 덧붙인 글은 다음과 같다.

그 옛날 경전의 글귀는 모두 돌에 새겼는데,

맹촉孟蜀: 후촉, 934~965이 처음으로 목판으로 바꾸었다.

이제 더욱 신기한 또 다른 혁신이 이루어지니,

다시 돌을 기반으로 새로운 기술을 창출했다.

자르고 다듬을 필요도 없고,

판각하거나 조각할 필요도 없다.

붉은 문자 푸른 죽간의 글이 한순간에 새겨지되,

귀신같은 솜씨로 아무 흔적 남기지 않는다.

기계는 착착 돌아가고,

돌은 반질반질 윤이 나니,

온갖 전적 그러모아 빗돌에 붙인다네.

돌을 다루어 돈을 만드는 것의 가치를 어찌 헤아릴 수 있겠는가?

장차 수백, 수천, 수만, 수억의 후세에 소중한 선물이 될 것이다.

古時經文皆勒石, 孟蜀始以木版易.

玆乃翻新更出奇, 又從石上創新格.

不用切磋與琢磨, 不用雕鏤與刻畫.

赤文靑簡頃刻成, 神工鬼斧泯無跡.

機軋軋, 石粼粼, 搜羅簡策付貞瑉.

點石成金何足算, 將以嘉惠百千萬億之後人.[16]

　7자의 두 구절로 이루어진 엄격한 규칙을 과감히 파괴함으로써 훗날 태어날 수많은 독자를 위한 공간을 내어준 마지막 행은 신보관의 사업 전체에 대한 강령처럼 읽힌다. 사업은 사업이라 돈을 벌어야 했지만, 이처럼 명백한 상업적 목적에 더 높은 가치를 지닌 문화적 사명을 통합하려 애썼다. 즉, 그 당시 전란으로 너무나도 큰 피해를 입은 중국의 풍부한 저작과 시각예술의 유산인 "소중한 선물"을 새롭고 저렴한 고품질의 기술로 보존하여 후 세대가 이용할 수 있도록 했던 것이다. 이 마지막 구절은 이익에 대한 갈망의 지표라기보다 오히려 돈과 명예를 모두 챙길 수 있는 중국문화 보존 사업에 참여하도록 다른(즉 중국인) 사업가들을 초대하는 것으로 봐야 한다.

　메이저는 새로운 상품을 성공시키기 위해 문화적 호환성이 얼마나 중요한지에 대한 예리한 감각을 서적사업을 통해 보여주었다.[17] 그는 새로운 석인술 사업을 중국적 맥락 깊숙이로 확실히 끼워 넣었다. 삽화, 도표, 지도, 그래프를 문자 텍스트에 추가한다는 생각은 중국에서 새로운 것은 아니었다. 그러나 메이저가 해박한 정강 기사『點石齋畫報緣啓』에서 기술한 것처럼 텍스트와 결합된 삽화에서 이미지는 언제나 텍스트보다 부차적인 것이었다.[18] 송대 학자 정초鄭樵는 이미 다음과 같이 기술한 바 있다. 글은 "지극히 넓은書, 至博也" 반면 삽화는 "지극히 간략圖, 至約也"하여 "쉽게 이해할 수 있다". "옛 학자들은 배움에 요령이 있어, 왼쪽에 그림을 두고 오른쪽에 글을 두었다.古之學者爲學有要, 置圖於左, 置書於右" 하지만 후대 학자들은 "그림을 버리고 오직 글에만 집중하였다後之學者, 離圖即書".[19] 그렇다고 하지만, 정부가 후원하는 농업 관련 기술 지침서나 대백과사전인『고금도서집성古今圖書集成』에서 삽화를 찾아볼 수 있다. 초창기 삽화는 정태적 이미지만 묘사했지만 송대부터 삽화로 사람의 동작까지 묘사하기 시작했으며, 명말 이후 일부 소설 삽화가들에 의해 이 방식이 사용되었다. 『태상 감응편太上感應篇』과 같은 여러 권선서勸善書들은 핵심요지를 강조하는 장면들을 삽화로 묘사했다. 이러한 민간의 서적을 교정하기 위해 관에서 편찬한 『성유 상해聖論像解』[20] 또한 마찬가지로 삽화를 사용했다. 당대의 장면을 묘사한 그림 중 어느 정도 사실주의적이라고 할 수 있는 유일한 분야는 서양 화가들에게 주문하여 서구 전쟁회화의 전통대로 그린 강희 황제의 군사 원정이나 강남 시찰이거나, 마찬가지로 전투화의 전통으로 소급될 수 있을 민간의 소식지들 이었다. 개신교 선교사들이 여러 중국 출판물에 삽입한 삽화는 이미 여러 차례 사용하여 선명도가 떨어지는 서구 동판화로 만들어졌다.[21]

상당수 중국 명저의 경우 원본의 훌륭한 서체를 잃게 된다거나, 혹은 문자와 삽화의 결합이라는 난제를 처리해야 했기 때문에 활자판은 끔찍할 정도로 비쌌다. 이제 석인 재판본은 원본에 아주 근접했으며, 정확성을 잃지 않은 채 크기를 축소함으로써 부피를 줄일 수 있었다. 1889년 『노스차이나 헤럴드』는 그 장점을 다음과 같이 기술하고 있다.

독서가 아주 기본적인 소양인 (중국 같은) 나라에서 (석인술로) 만들어진 염가의 서적은 상당한 권장사항이다. 석인술의 또 다른 장점은 목판에 비해 석판에서 훌륭한 필적의 아름다움이 더 잘 보존된다는 점이다.[22]

예술작품의 재생산 또한 중국에서 유구한 전통을 가지고 있다. 이름난 회화를 손으로 옮겨 임모본을 만들었을 뿐 아니라 작품을 목판 인쇄로 복제하거나 비문에서 탁본을 뜨곤 했다. 또한 희극 무대의 장면, 신상, 명절이나 집안대소사의 상징물 등의 인쇄를 염가에 공급할 수 있게 특화된 판각공과 인쇄공들의 교역통로도 온전히 갖춰져 있었다. 중국 수묵화와 서예의 복제 영역에서 석인술은 가장 분명한 우세를 보였다. 석인으로 찍은 사본은 원본과 구별할 수 없을 정도였으며, 더 상급의 깨끗한 종이에 인쇄함으로써 원본보다 더 개선될 여지마저 있었다.

석인술을 채택함으로써 메이저는 중국의 기존 취향의 범위 안에서 안정적인 위치를 점할 수 있었다. 그러나 비용 절감과 질 좋은 인쇄물을 생산할 기술 혁신도 함께 진행되었다. 이 기술 혁신을 통해 인쇄된 예술품은 문화 엘리트 및 상류층 신분을 열망하는 벼락부자 상인들의 애호의 대상이 되었다. 당시는 바로 태평천국의 난이 진압된 직후로 강남지역의 주요 장서루와 개인 소장품이 대거 파괴되었던 상황도 한 요인으로 작용하여, 상하이 안팎에서는 석판인쇄품을 찾는 부유하고 거대한 시장이 형성되었다.

1879년에 이르러 신보관은 상하이를 위시한 그 주변 지역에서 문인들이 서로 소통할 수 있는 꽤 존중받는 문화적 중심이 되어 있었다.[23] 점석재는 중국 서적 시장의 역학에 대한 메이저의 전문지식과 그의 수많은 고객을 활용할 수 있었다. 점석재에서 제작된 석판인쇄품은 산업용 상품 중 중국 최초로 전국적 유통망을 갖춘 메이저의 경영혁신을 통해 판매되었다. 『신보』가 신간 광고에 활용되었을 뿐 아니라 『신보』나 활자 서적과 함께 석판인쇄물의 유통이 이뤄진 것이다. 그를 뒤따라 상하이에 석인술을 도입한 경쟁자들 또한 1889년을 시작으로 베이징, 광저우, 충칭 등지에 석인 출판물 유통 거점과 지점을 세우기 시작했다.[24]

이미지 인쇄물 시장을 향한 메이저의 첫 도전

시작 단계에서는 메이저로서도 수입 용지에 외국에서 조판한 이미지를 인쇄하는 것 외에는 다른 방법이 없었다. 점석재가 설립되기 2년 전인 1876년 5월, "영국의 유명한 화가들"이 그린 회화의 동판화 복제품 18폭을 『환영도화 寰瀛圖畵』라는 제목으로 발행했다.[7] 아래의 『신보』 광고는 필자가 찾아내지 못한 이 화집이 어떠했는지를 전한다.

우리 신문사는 최근 해외에서 영국의 유명한 화가들이 그린 중국과 외국의 다양한 풍경 그림을 구매했다. 여기에는 베이징의 천단 대제天壇大祭, 남방의 항구를 왕래하는 상인들, 북해의 빙하, 새로 건조된 철갑선, 크리미아에서의 영국, 프랑스와 러시아 사이의 전쟁 등이 포함되어 있다. 이들 그림에는 인물, 가옥, 나무, 기계 및 온갖 풍경이 담겨 있다. 중국의 공필화工筆畵 화가들조차 이보다 정교한 디테일을 그리는 이는 없다. 모두 합쳐서 18폭이다. 우리 신문사에서는 독자들이 무엇에 대한 그림인지 단번에 알 수 있도록 간략하게 중국어 설명을 작성했다. 우리는 최상급 순백의 외국 종이를 사용했으며, 책으로 장정하여 남색 표지를 덧붙였다. 가격은 권당 2각角이다. 이들은 굉장히 중요한 해외 화가들이며, 동판을 판각한 사람들도 모두 당대의 유명인사들이다. 처음으로 중국에 소개되는 것이기에 여기서 명성을 얻을 의도로 그들은 단지 작은 수수료만 취한 것이다.[25]

---

7) 본문에서 거론하는 화집의 원판이 동판화인지는 논란의 여지가 있다. 역자가 조사한 바에 따르면, 여기서 거론한 그림들의 목록은 모두 『일러스트레이티드 런던뉴스』에서 발견되며, 따라서 모두 눈목판(wood engraving)으로 판각된 것이다. 즉, 이 화집과 이후의 『환영화보』는 동일한 출처의 그림을 사용하고 있다고 봐야 한다. 그러나 이에 대해서는 『환영도화(寰瀛圖畵)』 실물이 발견되어야 확정할 수 있다.

이 글에서 우리는 이중적인 의제를 확인하게 된다. 내용 측면에서 중국 왕조의 국가적 장엄함을 전시하는 주제가 현대적 무기로 전쟁을 벌이는 강한 나라들을 보여주는 소란스러운 이미지나 광저우에서 무역하는 상인들의 유혹하는 이미지 및 일부 관광 유적들과 연결되어 있다. 기교적인 측면에서 외국 회화의 사실성과 정밀성이 높이 평가되며, 중국 화가들의 작업보다 우수하다는 점을 보여주었다. 따라서 외국 회화가 사용되어야 할 당위성이 확보된다. 이 화집은 『환영화보寰瀛畫報』라는 이름으로 발행될 "세계"를 묘사하는 삽화 잡지의 첫 호로 고려되었다. "국가적" 의제를 대표로 내세우기 위해 큰 판형으로 찍은 만리장성 이미지를 화집에 별지로 접어 넣어, 따로 꺼내서 표구한 뒤 벽에 걸 수 있도록 했다.[26]

만리장성은 이 당시 서구에서 이미 꽤 유명해져 자주 그려지곤 했다. 그러나 중국에서는 국가적 상징이라기보다는 소모적인 강제노역의 장소로 기억될 뿐이었다. 중국에서 장성이 그와 같은 상징으로 묘사된 것은 메이저가 별지로 제공한 것이 최초이다. 장성이 국가적 상징을 역할을 맡아 웅대한 이력을 시작한 것은 1920년대 초에 이르러서였다.[27] 월드런이 잘 보여줬듯이 서구의 만리장성 이미지가 점진적으로 중국에 스며들었고, 결국 지금과 같이 대단한 역할을 맡을 수 있게 된 것이다. 우리는 이러한 스며듦이 시작되는 바로 그 지점에 있다. 메이저가 발행한 만리장성 그림은 중국의 현대적 국가 선전 포스터의 어머니이며, 그것은 결국 사람들의 사적 영역에 '공적'인 애국이나 혁명적 장식을 하는 거대 산업으로 발전되었다.

그림과 외국인 판각자를 고용하는 비용으로 인해 화집은 2각이라는 높은 가격으로 매겨졌다. 그럼에도 불구하고 상하이의 구매자들이 너무 빨리 사가는 바람에 상하이 바깥의 예약자에게 배송 지연 사태에 대해 두 차례에 걸쳐 사과하는 광고를 『신보』에 게재해야 했다.[28]

이러한 낙관적인 분위기 속에서 신보관은 신속히 두 개의 추가 이미지를 잇달아 발행했다. 1876년에 센세이션을 일으킨 사건은 조계지의 경계를 넘어 상하이와 우쑹커우吳淞口 사이를 연결한 협궤철로인 우쑹철도吳淞鐵路의 개통이다. 많은 중국 상인이 이 계획을 지지했으며,[29] 『신보』는 활발한 논쟁을 싣고 지원 사설을 게재했다. 반면 『신보』에 대항하기 위해 상하이 도대上海道臺와 그의 광둥廣東 샹산香山 동향 출신 상인들이 1874년에 설립한 『회보匯報』는 철도가 지나는 지역의 풍수가 교란되고 운수 노동자의 생계를 침해한다는 명목을 들어 맹렬한 비난을 가했다.[30] 꽤 다수가 이 새로운 것이 무엇인지 몰라서 도입을 반대한다고 가정한 『신보』는 모범적인 과정을 밟기로 결정했다. 즉 정보를 이용 가능하게 만드는 것이다. 그에 따라 여러 관련기사를 게재하는 한편, 기차의 새로움에 어울리게 최근에야 활용할 수 있게 된 사진 복제기술로 제작한 우쑹철도의 실제 사진을 1각에 제공했다. 이것은 중국에서 처음으로 판매된 사진 인쇄물로 보인다. 그들은 상하이의 "승객들이 매일 이용하지만", "중국 최초이며" "다른 지역에서는 볼 수 없는" "이 철도를 여성, 아이, 먼 곳에 사는 사람들까지 처음으로 볼 수 있게" 사진을 촬영하도록 "사진사照相者에게 특별 요청"했다.

삽화시장을 뒤흔든 그다음 사건은 몇 주 후 선보인 수작업 채색 동판화인 『아세아동부여지전도亞細亞洲東部輿地全圖』이다.[31] 높이 110mm, 너비 155mm의 이 지도는 벽에 걸 수 있게 설계되었다. 이는 지리학적 실측에 근거하여 현대적 투영기법으로 제작했으며 모든 지명을 중국어로 표기한 최초의 동아시아 지도였다.[32] 이 지도는 『신보』 독자들에게 신문에서 언급된 장소를 찾을 수 있게 해 주었고, 중국의 위치가 아시아 동부라고 불리는 세계의 한 부분에 불과함을 시각적인 인상으로 전하였다. 세계가 정확한 국경으로 구획된 국가들로 분할되어 있음을 볼 수 있었고, 눈과 손가락으로 동아시아를 여행할 수 있게 해 주었다. 그리고 이 모든 것을 영어 없이도 할 수 있게 되었다.[33] 메이저는 1.5각이라는 높은 가격에 대한 불평에 대응하여 이 지도가 굉장히 상세하고, 명확하게 판독할 수 있을 정도로 지명이 세심하게 표기되었으며, 수작업으로 채색되었다고 설명했다. 판각에 드는 인건비만 해도 1,000원에 달하였다. 서구의 지도 가격과 비교해 봤을 때 이 지도는 꽤 합리적인 가격이었다.[34]

중국적인 것과 서구적인 것, 국가적인 주제와 유람 주제가 뒤섞인 『환영도화』는 런던의 삽화신문에 중국어 설명을 덧붙인 정규 삽화저널을 발행하기에 앞서 대대적으로 시작을 알렸으며, 동시에 시험적 성격이 강했다. 중국어 설명은 메이저가 『영환쇄기瀛寰瑣記』[1872~1874] 및 『사명쇄기四明瑣記』[1874~1876] 같은 정기간행물의 편집자로 고용한 채이강蔡爾康이 작성했다. 1877년에 발행을 시작한 이 새로운 삽화 잡지의 제목은 『환영화보寰瀛畫報』[35]인데, 앞서 다른 제목들에서 드러나는 '글로벌'寰瀛한 지향을 잇고 있다. 아잉阿英이 지적한 것처럼, 이 화보는 강조점을 문자보다 이미지에 뒀다는 점에서 심대한 전환으로 남을 것이다. 사실상 『환영화보』는 엄밀한 의미에서 중국 최초의 '삽화신문'이다.[36] 한 영국영사관의 공식 보고에 따르면, 이미지의 정기적인 공급을 확보하기 위해 메이저는 『일러스트레이티드 런던뉴스』사와 직접 협의했다.

신보관申報館의 명의로 발행된 중국의 삽화신문이 출범하였다. 그 인쇄물은 『일러스트레이티드 런던뉴스』사의 옛 목판으로 인쇄된 삽화를 런던에서 가져온 것이다. 이 일에 『일러스트레이티드 런던뉴스』의 잉그램Ingram 씨와 이제 막 상하이에 부임한 홍콩상하이은행HSBC의 머레이Murray가 책임을 맡았는데, 그들 중 누구도 여기서 경제적 이익을 얻고자 하지 않았다. 아직은 1호만 출간되었으며, 엄청난 부수가 무상으로 배포되었다. 고국에서 2만 부가 이미 발송되었으니 2호가 곧 나올 것이다. 그림은 훌륭하지만 주제가 제대로 엄선되지 않았으며 설명문은 참담할 지경

이다. 여왕 폐하를 '英王'영국의 지도자/군주으로 칭하였다. 이 보고서에 제1호를 한 부 첨부한다.[37]

이들 그림은 서양인이 그린 삽화를 바탕으로 한 목판 인쇄물로, 런던에서 인쇄되어 상하이로 수송되었다.[38] 유일하게 보존된 것으로 알려진 『환영화보』를 살펴보면, 발행된 전체 53폭의 삽화 중 일부는 사실 『일러스트레이티드 런던뉴스』가 아니라 『그래픽』에서 가져온 것이다.[39] 즉, 메이저는 두 신문사에서 특정 삽화를 주문했으며, 혹은 어쩌면 다른 저널에서 그림을 가져왔을 수도 있다는 말이 된다. 2만 부는 삽화 낱장의 수를 지칭한다. 제1호와 제2호는 각각 8폭의 그림이 실려 있다. 따라서 제2호는 약 2,500부가 인쇄된 것이다.

"참담할 정도의 설명문"이라는 논평은 메이저가 여왕을 중국 황제와 동등하게 대우하지 않음으로써 중국 독자들에게 '영합'하는 것을 놓고 영국영사관과 벌인 오랜 불화와 관련된다. 영왕英王, 즉 '영국의 군주'는 여왕을 황족이나 어떤 고위의 부족 족장 수준으로 낮추는 호칭이다. 보고서에 따르면, 화보에 선택된 주제는 『신보』 뉴스로 알려진 서구적인 것들뿐 아니라 중국과 동아시아 관련 사건들이 강조되고 있다. 당시 『신보』는 매일 6,000~7,000부가량을 판매했다.[40] 창간호를 무료로 배포하고 제2호를 2,500부나 인쇄하기로 결정한 것은 메이저가 새로운 영역의 개척에 낙관하고 있었음을 보여준다. 어쩌면 그는 『일러스트레이티드 런던뉴스』의 중국 관련 보도에 고무되었을 수도 있다.[41]

채이강과 메이저는 공동으로 『환영화보』의 서문을 썼다. 채이강의 이름으로 발표된 「『환영화보』 소서小敍」는 1877년 4월 창간호에 실렸다.[42]

예로부터 당 현종이 하사한 정건鄭虔의 삼절三絶이라는 말이 전하니, 그것은 시詩,

서書, 화畫였다. 도화圖畫는 진실로 시, 서와 함께 영원히 전해질 것이었다. 배움을 좋아하는 서양의 선비들이 행랑을 꾸리고 붓을 들고서 사방을 주유하며, 처음으로 보거나 들은 것을 바로 기록하였다. 만약 붓으로 전할 수 없는 무엇이 있다면, 그들은 그림으로 전달하였다. 백성들에게 만물의 모양을 알려주기 위해 솥에 그 형상을 새기는 것鑄鼎象物을 하나라의 우 임금은 괴이하게 여기지 않았다. 오늘날에는 단지 서양에서만 중국의 옛 도를 여전히 실천하고 있다는 말인가? 『환영화보』와 같은 저널은 꽤 오래전부터 서양에서 유통되어 왔다. 존문각주尊聞閣主, 즉 메이저는 그것들을 중국으로 보내도록 한 뒤 출판물로 묶어서 발행했다. 중국에서 뛰어난 화가로 거론되는 이들 중에서 왕유王維를 가장 높게 평가한다. 그 뒤를 이어 형호荊浩, 관동關仝 등이 나왔는데, 이들은 비슷한 방식으로 산수를 그림으로써 그 성령을 묘사하였다. 서양 화가들은 그 법도를 더욱 잘 지키되 두루 능통했다. 그러나 묘사의 정확성과 강조나 음영의 세밀함에 있어서는 이공린李公麟 같은 백묘의 고수조차 그들의 상대가 되지 않았다.[43]

채이강이 메이저와의 대화에 기초하여 작성한 글이 1877년의 『신보관서목申報館書目』에 들어있는데, 이 글에서 관련 내용을 좀 더 자세히 파악할 수 있다.

『환영화보』 1권에 들어 있는 그림은 영국의 유명한 화가가 그렸으며, 채이강縷馨仙史이 설명문을 작성하였다. 모두 9폭이 포함되었다. ① 영국의 옛 궁전인 윈저궁 그림. 웅장한 규모와 묘지의 거대함은 직접 그 광경을 보는 것 같다. ② 영국 태자가 세계유람에 사용한 오스본이라는 명칭의 증기선 그림.[(8)] 파도를 헤치는 화려한 배와 눈부시게 수놓은 돛이 마치 눈앞에 있는 듯하다. ③ 일본의 새로운 관복 그림. ④ 마차에 올라 유람하는 일본 부녀자 그림. 생동감 있는 인물과 사실적인 표정은 이공린 같은 백묘 고수의 그림을 방불케 한다. ⑤ 인도 비자푸르의 옛 왕릉 그림.

첫 번째 그림과 함께 고고학자들에게 도움이 될 것이다. ⑥ 영국 여성들의 최신 유행 패션 그림. 장신구와 의복이 새롭고 신기하다. ⑦ 철조를 사용하지 않고 만든 인도의 기차 그림. ⑧ 터널 안을 달리는 기차 그림. 이 기계의 정교함은 하늘이 만든 작품을 능가하며, 신묘하게 땅의 축을 주유한다. 이와 별도로 중국의 천단 대제天壇大祭 그림이 있다. 의관을 갖춘 관리들은 엄숙하고 우아하며 생생하다. 이 그림은 편폭이 너무 커서 장정에 삽입할 수 없었으므로, 접은 형태로 끼워 팔았다. 이 그림을 살펴보면 여러 나라의 풍토와 인정에 직접 연결되어 있다는 인상을 받게 될 것이다. 자신이 평생 본 풍경을 집 벽에 그려놓고 침대에 누워 감상하며臥游 뛰어난 예술적 경지를 이룬 것으로 유명한 종병宗炳, 375~443의 그림보다도 훨씬 낫다. 매호 당 가격은 양은 1각이다.[44]

채이강은 주제에 대해서는 별다른 언급 없이 '근대성'의 또 다른 상징인 그림의 양식에 대해서만 집중하고 있다. 명말에 높은 경지에 이르렀던 삽화가 청말이 되면서 질적인 수준이 급격하게 떨어졌다. 새로 출범한 간행물은 이 전통을 되살리고 변화시키려 했다. 그 첫 단계는 문자 및 서예와 동등한 지위를 삽화에 부여하는 것이었다. 중국의 옛 성인들은 사실주의를 잘 활용했지만, 오늘날은 서양인들만 이 옛 이상을 지키고 있다. 본질의 포착과 특성화라는 측면에서는 유사하지만 사실적 디테일 면에서는 우위에 있는 서양 화가들을 들이댐으로써 이 새로운 저널은 중국화의 전통에 도전할 것이었다.

이 서문은 당시의 시류에 편승하지 않았다. 이전 세기에 그래왔던 것처럼 해외 출신 삽화 장인들의 기발한 기술적인 노력만 부각시킨 것이 아니라, 중

---

8) 영어원문은 중국어 '蛾士辦'을 음차하여 'Aspen(?)'으로 추측하였다. 이 삽화의 원출처의 제목은 "The Prince of Wales's New Steam Yacht Osborne"(*The Illustrated London News*, 1871.8.26)이다.

국 독자들을 향해 그들의 전반적인 우월성을 대담하게 주장한 것이다. 그림의 주제 선택은 광범위했으며 적당한 분량의 중국 장면도 포함되었다. 외국인에 의해 묘사되고 가치를 인정받은 중국 장면의 관람이라는 역전된 시각은 단순한 호기심 차원을 넘어서는 무엇이었다. 이들 그림은 베이징의 천단 대제와 같이 자국의 국경 바깥에 있는 것들을 정확히 묘사하기 위해 서양인들이 굉장히 주의를 기울였음을 보여주었다. 그들이 묘사한 중국은 세계의 일부이자 상당히 위엄을 갖춘 나라였다. 중국이 이 지구상에서 존중받는 공간이 되고 싶다면 똑같이 개방적인 태도로, 본질 탐구와 결합된 리얼리즘이라는 방식으로 자신과 세계의 나머지 지역에 친숙해지도록 노력해야 할 것이다. 이야말로 이 간행물이 이루어줄 핵심 내용이었다.

'천단 대제' 그림은 앞선 간행물의 그림을 재활용하여 따로 떼어내어 표구하거나 벽에 걸 수 있도록 했다. 만리장성에서 시작된 노골적인 선전 캐릭터 같은 국가적 그림의 대량 생산은 계속되었다. 비록 이제 더 이상 선전용 문구는 덧붙지 않았지만 말이다.

제2권의 서문은 메이저가 직접 작성하였다.

예로부터 온갖 사물과 형형색색의 기이함은 입에서 입으로 퍼져나갔지만, 영원하지 않은 것은 반드시 글로써 전하였다. 글쓰기를 통해 온전히 표현할 수 없는 것은 반드시 그림으로 전달하였다. 따라서 좌사우도左史右圖는 예로부터 명확한 지침이 되어 왔다. 최근의 상황을 보건대, 중국의 서적은 한우충동汗牛充棟이라고 할 정도로 많고 그 기괴함은 묘사할 수 없을 정도인데, 도화의 경우 거의 사라져 겨우 명맥만 유지하고 있다.

독자들이 그 이름을 알지라도 그것의 형상을 규명할 수 없으니, 박물博物의 어려움은 바로 이 때문이다.[45]

서양의 학문은 실제적인 이치에 힘쓰고 허명을 추구하지 않는다. 따라서 그곳에서 유통되는 저술은 모두 깊이 숨겨진 비밀奧突을 깨뜨리고 관건을 열어 보였다. 그러면서도 사람들이 그들의 설명을 이해하지 못할까 우려하여 뛰어난 삽화를 삽입하려는 노력을 아끼지 않는다. 그리하여 반드시 바람, 구름, 해, 달, 산, 돌, 궁전 및 날짐승, 물짐승, 여러 동식물 등을 극히 세밀히 묘사한 후에야 그친다. 독자가 이름을 따라가며 실물을 확인하니循名責實 한눈에 이해할 수 있다. 후학들에게 혜택을 주려고 이렇게 고심했으니 어찌 심오하다 하지 않겠는가!

한편, 신문日報이라는 것은 진실로 서양의 훌륭한 제도이다. 위로는 국가 정책을 논의하고 아래로는 민생을 알리며 아울러 여러 다른 나라의 이해득실까지 취급하여, 군자와 고위 관료들에게 법도와 경계할 점을 알 수 있게 하고 서민들에게는 감춰진 정보를 전달해 준다.

터럭 한 가닥만큼의 신문에 수만 근의 정보가 매달려 있으니, 성문에 내걸려 한 글자도 더하거나 뺄 수 없는 칙령에 비견된다.

최근에는 화보畫報가 만들어져 전 세계에 유통되고 있는데, 제1권은 이미 중국에 들여와 그 개략적인 내용을 번역했으니, 시야가 트인 이들도 미증유의 것을 입수했다며 경탄한다. 이제 다시 한 권 분량의 그림이 증기선에 실려 상하이에 도착했는데, 서양 글자로 작성된 기사 몇 개가 곁들여 있지만, 요점만 살피면 되므로 번잡한 말이라고 꺼릴 필요는 없다. 특별히 주의하여 번역한 뒤 참고용으로 찾아보도록 덧붙임으로써 견문을 넓힐 수 있도록 했다. 삽화가 훌륭하고 핍진하다는 점에 관해서는 눈을 가진 사람이라면 그 그림을 감상할 수 있으니, 내가 쓸데없이 군말을 덧붙일 필요가 없을 것이다. 번역이 다 되었기에 간단한 소개를 위해 몇 마디 덧붙였다.

광서光緒 3년[1877] 10월 1일 존문각주尊聞閣主 씀撰.[46]

메이저는 채이강의 관점을 되풀이하지 않았다. 그의 서문에 따르면, 글과 그림의 결합은 상당히 유용하고 경제적인 커뮤니케이션 수단이다. 그것의 내용은 교훈적이거나 과학적인 것으로 축소되는 것이 아니라 "온갖 사물과 형형색색"의 기이함奇, 즉 진기함과 재미로 가득했다. '기이함'은 상하이의 시장성에서 핵심적인 개념이다.[47] 이후에 발간된 『점석재화보』의 내용을 들춰보면, 격렬한 전투, 기형아 출산, 잠수 자전거에서 유명인사의 초상에 이르기까지 관심을 불러일으킬 수 있는 모든 것을 포함하고 있다. 『주역』「계사전繫辭傳」에 수록된 말, 글, 의미의 전통적인 위계 안으로 메이저는 보완적이면서 똑같이 중요한 장치로 그림을 집어넣었다. 또한, 이해하기 어려운 중국 서적의 넘쳐남과 부족한 삽화 사이의 불균형에 대해 개탄한다. 서구 출판물의 치밀하고 집중적인 경험주의적 논증과 공들인 삽화에 대한 칭송은 시각매체와의 관계를 이끄는 미학적 의제 중 가장 강력한 언명 중 하나이다.

이러한 몇 구절에서 우리는 극적인 새로운 발전의 전조를 확인할 수 있다. 이미지가 동등한 위상을 갖춰야 한다고 주장되고 있으며, 이미지를 전문으로 하는 출판기업을 키우기 위한 실질적인 단계가 수행된다. 그것은 이미지가 우위를 차지하기 시작한 통신매체로의 전략적이고 전 지구적인 전환 속으로 상하이를, 그리고 상하이를 통해 중국을 밀어넣는 일이다. 메이저의 사업은 시장을 발굴하는 것 이상의 성과를 거두었다. 즉, "실제"와 사실적인 근대 커뮤니케이션의 버팀목으로 이미지의 위상을 높이기 시작했다.

메이저는 삽화신문을 소설의 삽화가 아닌 신문과 연결시킨다. 신문은 상층과 하층 사이의 의사소통에 있어 핵심적인 도구이며, 정치가가 무엇을 하고 무엇을 하지 말아야 할지를 배우고 시민들은 형세가 움직이는 방향을 배우는 정보의 원천이다. 신문의 중요성은 한 글자도 바꿀 수 없는 제국의 칙령 수준으로 높아졌다. 이는 언론의 존엄한 위상에 대한 강력한 주장이었다.

『환영화보』의 독자들은 특별했다. 그들은 세계 각지의 실제 사물들과 사건에 대한 독특한 묘사를 감상할 능력이 있는 "시야가 트인 이들恢眼界者"이었다. 그들은 심지어 중국문화의 자부심의 일부인 회화에 결함이 있다는 것까지 고려했다. 근대 서구의 커뮤니케이션 형식은 단지 고대 중국의 성인들이 꿈꿔왔던 것을 손에 잡을 수 있는 현실로 만든 것일 뿐이라는 사유 형태는 이미 메이저가 신문의 목적을 밝히는 『신보』 사설에서도 사용했던 것이었다.[48]

부록은 무료였다. 이 무료 부록은 『신보』에서 이미 사용한 바 있는 특전이었다. 예를 들어 무료로 선물용 지도나 사진을 끼워 넣는다거나, 1889년에는 최초의 삽화본 동서양 달력을 삽입하는 방식이었다.[49] 무료 부록은 훗날 『점석재화보』에서도 핵심적인 특징으로 채택하고 있다.

사실적이고 명확한 묘사에 대한 선호, 그리고 그 바탕이 되는 '생리학적physiological'인 관심은 신보관에서 출간된 서적들뿐 아니라 『신보』에서 당시 사건을 기술할 때 사용하던 용어에서도 찾을 수 있는 경향이다. 그럼에도 불구하고 신보관의 여타 분야의 출판업에 비해 현저하게 다른 점이 있다. 신보관은 중국문화의 진수와 현대적인 서구의 인쇄기술을 결합하여 중국의 중요 작품을 고품질로 출판하는 것에 중점을 두었다. 그런데 삽화의 경우 비견할 만한 중국의 전통이 살아남지 못했기 때문에 서양에서 가져온 것이라는 주장이 제기되었다. 『환영화보』의 세일즈 포인트는 그것의 외래성, 그것의 '글로벌'한 가정과 초기 중국의 '국가적' 테마의 삽입 같은 것이었다. 제2호는 권당 2각의 가격으로 2,500부가 팔렸다. 당시의 한 논평에 따르면, "그것은 상당히 성공적이었다. 당시 중국인에게 2각이라는 돈은 꽤 많은 액수였기 때문이다. 지금 광고하고 있는 다음 호는 그림 수는 줄어들지만, 가격이 1각으로 예고되고있다. 가격 인하는 의심할 바 없이 판매의 증가로 귀결될 것이다".[50]

1878년 9월, 상하이의 영자 주간지 『셀레스티얼 엠파이어The Celestial Empire, 華洋通

『▩』는 상당히 색다른 잣대로 중국의 삽화신문에 대해 과감하게 호소하고 있다.[9]

중국에서 가장 필요로 하는 것 중 하나가 삽화신문이다. 사소해 보일 수는 있겠으나, 크게 실수하지 않는다면 짧은 시간에 특별한 결과를 산출할 것이다. 중국인들은 정보 획득을 매우 열망하고 있지만, 현재 유통되고 있는 신문들은 그들의 호기심을 충분히 만족시키지 못하고 있다. 그들은 이 놀라운 외부세계를 자신들이 직접 보고 그 진실을 알고 싶어 한다. 그 외부세계는 자신들의 세계와 접촉할 때마다 너무나도 혼란스러운 영향력을 행사하고, 너무 많은 자극과 소란을 일으켰다. (…중략…) 일반 가정에 스며들어 즐거움을 제공하고 정보를 전달하는 중국 토착의 잡지는 없다. 평균적인 중국인은 책이나 정기간행물 없이 시간을 보내기 때문에 그들은 사고, 팔고, 자고, 극장에 갈 때 말고는 휴양이나 심심풀이 삼아 아편으로 몰렸다. 예전에 상하이의 선원들이 합리적으로 즐길 것이 부족하여 싸구려 술집으로 몰렸던 것처럼 말이다. 우리는 삽화신문이 좋은 효과를 만들고 중국인의 마음을 환기시키는 데 매우 유용한 도구가 될 것이라는 큰 희망을 품고 있다. 이런 방향의 실험이 소규모로 시도된 적은 있었다. 아마 그중에서 가장 훌륭한 것은 『소해월보The Child's Paper, 小孩月報』일 것이다. 그러나 우리는 사업수행에 더 큰 자본이 투자되고 더 광범하고 개방적인 규모로 시도되는 것을 봤으면 한다. (…중략…) 개괄적인 계획은 쉽게 그려질 수 있다. 이 신문에는 충분한 수의 잘 제작된 그림이 포함되어야 하며, 그 속에 이목을 끄는 자연이나 예술품이 재현되어 있어야 한다. 이름난 명산과 폭포, 거대한 건축물과 아름다운 조각상 등의 외관을 신문으로 볼

---

9) 영문 원서와 중문 번역본에서 주간지인 『셀레스티얼 엠파이어』를 "일간지"로 적고 있어 고쳐 번역한다. 역자의 검토에 따르면 본문 인용문의 출처인 일간지는 다음과 같다. 날짜와 페이지는 동일한데 인용 출처만 다르므로, 고쳐야 할 것은 "일간지"가 아니라 저널 명칭일 수도 있다. "An Illustrated Paper for China", *The North-China Herald and Supreme Court & Consular Gazette* (1870~1941), Shanghai, 21 September 1878, p.284.

수 있게 될 것이다. 중국인들이 모든 지식을 통틀어 가장 갈구하는 것은 지리학 지식이다. 인간이 거주하는 지구에 관한 실용적 지식을 제공하고자 할 때, 있는 그대로 충실하게 재현된 눈목판^{wood engraving} 삽화만큼 유익한 것은 없다. 이것들은 중국인들의 관심을 일깨울 것이다. (…중략…) 자연사의 인류학적 주제와 대상 또한 신문지면에서 자유롭게 표현될 것이며, 사람들의 예의나 풍습 및 야생동물과 가축들의 습성도 주의를 끌 것이다. 실용적인 신발명품도 묘사될 것이다. 이 지구상에 명멸한 대국들의 역사에서 신기원을 이룩한 장면들도 빠질 수 없을 것이다. 만약 눈을 통해 중국인을 교육하는 임무가 효과적으로 수행된다면 말이다. (…중략…) 우리는 자본을 보유한 자선가가 중국에서 삽화신문을 창간하는 것을 보고 싶다. 이쪽 방면으로 돈을 쓰는 것은 상상할 수 있는 그 어떤 방향보다 더 지속적인 이익을 가져줄 것이다.⁵¹

메이저와 마찬가지로 『셀레스티얼 엠파이어』는 상하이의 선교회와 선명하게 거리를 유지하고 있었다. 이 신문은 상업적이라기보다는 자선사업으로 스스로를 묘사했다. 이들은 당시 유행하던 현대적 석인기술이 아니라 "충실하게 재현된 눈목판" 삽화를 사용했으며, 중국이 아니라 (중국적인 시각을 경유한) 세계적이고 외국적인 것들에 초점을 맞췄다. 또한 "중국인을 교육"하는 임무는 가져야 했던 반면, 중국인에게 오락을 제공하겠다는 생각은 떠올리지 못했다.

중국의 삽화신문에 대한 개념적인 논의가 중국에서 이루어지긴 했지만, 그어떤 중국인도 독자적으로 거기에 관여했다는 증거는 발견할 수 없었다.

『환영화보』는 1880년 중반에 정간되었다.⁵² 5년 동안 5호를 발간한 것으로는 크게 성공적이라 할 수 없었다.⁵³ 서양인들이 사물을 묘사하는 방식을 볼 때의 전율만으로는 중국화가에 의해 더 진하게 중국적인 내용이 담긴 뉴스회화를 고안할 필요성을 결국 억누를 수 없었다. 메이저의 출판사업은 서양의 서적과 이미지는 중국에서 팔리지 않을 것이고, 오직 중국에 더 확실하게 초점을 맞춰서 '현대적'인 안건을 최고의 서양기술로 제작한 작품만이 팔릴 것이라는 통찰에 따른 정보를 점점 쌓아갔다.

　다양한 유형의 삽화 출판물 실험은 시장의 잠재력을 보여주었으며, 중국인 구매자들의 선호와 그들이 기꺼이 소비할 수 있는 가격의 한계를 알려주었다. 그 뒤 메이저는 이 시장을 체계적으로 탐색하기 시작했다. 당시까지 사용된 기술들 중 동판화와 사진은 엄청나게 비쌌다. 게다가 동판화는 마모되기 일쑤였고, 사진은 아직 일반 종이에 인쇄할 수 없는 상태였다.

　석판인쇄가 출구를 마련했다.[54] 1878년 말, 메이저는 장비를 구입하여 점석재석인서국을 설립했으며 중국인 인쇄공도 고용했다. 1879년 5월부터 『신보』는 새로 출범한 이 석인 출판사의 상품을 광고하기 시작했다.[55]

　점석재에서 석인으로 제작한 예술품 복제는 좀 더 철저하게 연구할 가치가 있으므로, 여기서는 대략적인 윤곽만 언급하도록 하겠다. 점석재에서 처음으로 복제하기 시작한 상품은 뉴스 회화가 아니라 고급 회화, 서예 및 기타 예술품이었다.[56] 메이저는 이 목적을 이루기 위해 원작을 구해야 했다. 그는 앞서 정밀한 스케치로 칭송한 바 있는 북송의 화가 이공린李公麟,[57] 당인唐寅, 1470~1523, 운남전惲南田, 즉 운수평惲壽平, 1633~1690, 비효루費曉樓, 즉 비단욱費丹旭, 1801~1850 등 강남 화가들의 작품을 빌리거나 구매한 것으로 보인다. 그는 또한 적어도 잠시나마 왕희지303~361, 사가법史可法, 1602~1645, 모의향毛意香의 서예 명작혹은 정밀한 모작을 입수하였다.[58] 1879년 2월 메이저는 "원작 서예 작품과 조금도 다르지 않다"라고 썼다. "만약 진품을 사고 싶다 해도, 수십 금 혹은 그 이상의 금화로도 살 수 없을 것이다. 諸君如欲購名種真跡, 非數十金或數金不辦"[59] 그런데 그가 제시한 가격은 한 부당 2각으로, 은원銀元의 5분의 1에 불과했다. 그는 옛 명작들뿐 아니라 동시대 강남의 저명한 화가의 그림도 복제할 권한을 위임받았다. 이들 중에는 임훈任

薰, 1835~1893이나 임백년任伯年, 1840~1896과 같은 유명 화가도 있고, 왕란봉王蘭峰이나 조자앙趙子昻 같이 덜 알려진 화가도 포함되어 있었다. 1884년 새해와 같이 특별한 경우, 메이저는 임백년에게 '소나무와 네 명의 특별한 신선' 그림을 의뢰하기도 했다. 이 그림은 통상적으로 보던 것과는 "아주 다를 것"이며, 독특한 표구와 수작업 채색을 채택했음을 자랑했다.[60] 동시대 강남 화가들에 대한 메이저의 후원에 대해 우리는 아는 바 없다. 그러나 복제화의 출판을 통한 이러한 유형의 홍보는 확실히 화가들의 전국적 명성을 확산시키고 그들의 시장 지위를 높이는 데 기여했을 것이다. 이미 1879년 6월에 점석재는 "본관에서 인쇄한 서예 복제품碑帖이 이미 광범위하게 유통되고 있다"고 공언한 바 있다.[61]

9개월이 지날 무렵 점석재는 이미 서예작품 16종, 대련 15종 및 회화작품 20종을 출판하였다.[62] 예술품의 석인 출판 영역에서 점석재는 그 후로도 활발한 활동을 지속했다. 1884년 광고에서는 지도 11종(그중 최소 3종은 동판으로 인쇄한 것이다), 회화 32종, 탁본 41종, 서예 9종 및 대련 32종 등 총125종의 출판물을 판매 목록에 열거하고 있다. 게다가 이 목록 숫자는 수작업 채색, 표구 등의 다양한 규격은 산입하지 않은 것이다.[63] 이는 1860년대에 300종 이상의 판매 품목을 제공한 '커리어 앤드 아이브스'사의 목록에 비할 바는 아니지만, 대중 출판물이 아니라 고품격의 문화상품에 초점을 맞췄다는 점을 감안해야 할 것이다. 1879년은 또한 신보관의 최신 사진 출판도 시작된 해이다. 전임 미국 대통령 율리시스 그랜트Ulysses Grant의 방중 행사는 당시 국제적인 지위를 갈망하던 상하이에서 상당히 인기를 끈 사건이었다. 『신보』는 최소 10,000장의 그랜트 사진을 인쇄하였다(『신보』 독자는 무료로 받을 수 있었다). 그러나 습한 날씨로 인해 인쇄가 마르지 않아서 또다시 심각한 배달 사고가 발생했다.[64]

그 직후 점석재서국은 석인 서적을 출간하기 시작했다. 첫 출발은 휴대하기 편한 크기로 축소한 사전인 『자휘字彙』, 영어 입문서인 『영자입문英字入門』,

그리고 어니스트 메이저가 직접 새로 중국어 서문을 덧붙인 메드허스트^{Med-}hurst의 『중영사전_{Chinese and English Dictionary}』이었다.[10] 석판으로 재출간하는 것은 한자와 영문 알파벳 둘 다의 활자를 조판하는 데 드는 높은 비용을 피할 수 있게 해 주었다. 여행기인 『홍설인연기鴻雪因緣記』[65]나 농업 핸드북인 『경직도耕織圖』에 삽입된 훌륭한 삽화를 복제하는 데도 마찬가지의 비용상의 장점이 있었다(이 서적들도 1879년 여름에 출간되었다). 금속활자로 서적을 인쇄하는 신보관에 비해 점석재의 출판 수량은 보잘것없어, 1879년 가을까지 출판된 서적이 고작 9종에 불과했다. 그러나 신보관 계열사의 진정한 초대형 베스트셀러는 바로 석인으로 찍은 『강희자전康熙字典』1882으로, 당시 10만 부 이상이 판매된 것으로 알려졌다.

석인술은 상하이뿐 아니라 중국 전체에서 기술적, 문화적인 성공을 거뒀다. 그러자 불과 몇 해 사이 다른 출판사들도 석인 서적 복제 분야의 경쟁에 뛰어들기 시작했다. 광둥의 서씨 형제가 1881년에 설립한 동문서국同文書局은 12대 이상의 인쇄기와 500명의 인쇄공으로 시작했으며, 『강희자전』 같이 점석재의 출간서적과 동일한 제목의 책을 모방하여 출판하였다.

중국에서 삽화신문의 생존가능성을 확신하면서도 메이저의 궁극적인 전략은 『셀레스티얼 엠파이어』가 제시한 네 가지 지적과는 정반대 방향으로 나아갔다. 그의 출판사업은 상업적이고, 최신식 석인술로 인쇄되었으며, 중국 것과 외국 것의 결합 및 재미를 추구하는 방향이었다. 그런데 정말로 중국의 삽화신문에 뉴스회화를 채울 수 있는 중국인 화가가 존재했을까?

---

10)　원문(영어 및 중국어)에서는 이 책의 중국어 명칭을 『화영자전(華英字典)』으로 병기하고 있다. 『화영자전(*A Dictionary of the Chinese Language*)』은 메드허스트가 아니라 로버트 모리슨의 저작이다.

중국을 위한 중국어 삽화신문

1884년 무렵, 점석재서국은 석인 서적과 예술 복제품의 출판 및 전국적 배급 영역에서 선두주자가 되어 있었다. 모기업인 신보관과 함께 점석재는 오늘날 '메이저 판본美査版'으로 불리는 풍부한 삽화가 추가된 『고금도서집성古今圖書集成』의 재출간과 같은 거대한 프로젝트를 수행했다. 이제 점석재는 주요 산업기업이 되어 있었다. 점석재서국의 상당 부분을 보여주는 1884년 삽화에는 10대 이상의 각종 기계에서 작업하는 55명의 직공들이 묘사되고 있다.<그림 3.1>[66] 유럽에서와 마찬가지로 중국의 근대적 민간 산업체는 인쇄와 출판에서 시작되었으며, 신보관이 이러한 발전에서 핵심적인 역할을 한 것으로 판단된다.[67]

1884년 4월, 점석재서국은 돌연 새로운 석인 삽화신문을 선보였다. 이것이 바로 점석재의 그림 신문, 즉 『점석재화보』이다. 두 가지 요인이 바로 이 시점에 메이저로 하여금 중국의 삽화신문을 창간하도록 촉구했다. 이러한 출판물에 대한 중국 독자들의 관심이 높아졌다는 점과 중국인 삽화가들이 신문삽화를 작업할 능력과 의지가 있음을 발견했다는 점이 그것이다.

창간호를 대충 훑어보기만 해도 이 두 요소가 작동하고 있음을 알 수 있다. 창간호의 첫 그림은 격화일로에 있던 청불전쟁에서 박닌北寧 주변의 전투장면을 보여주고 있다.<그림 3.2> 이 전쟁은 청나라 군대에게 굴욕적인 패배를 안겨주었지만,[68] 다른 한편 새로운 영웅이 탄생하기도 했다. 한때 태평천국군의 장교였다가 (청나라 군대에 쫓겨) 흑기군黑旗軍을 이끌고 베트남으로 피신한 류영복劉永福, 1837~1917 장군은 이제 청 제국의 편에 서서 싸웠다. 그의 승전은 굴종적인 태도로 일관한 만주족과 한족 관리보다 더 중국다웠음을 공개적으로 증명했다. 그의 공적을 선전하는 낱장의 뉴스 삽화가 여기저기에 나붙었다. 대중적 관심이 고조되어 뉴스회화 매체의 인기가 올라가고 능력 있는 뉴스화가가

〈그림 3.1〉「점석재서국」, 석인, 『신강승경도』, 상하이, 신보관, 1884년, 상권 60면.

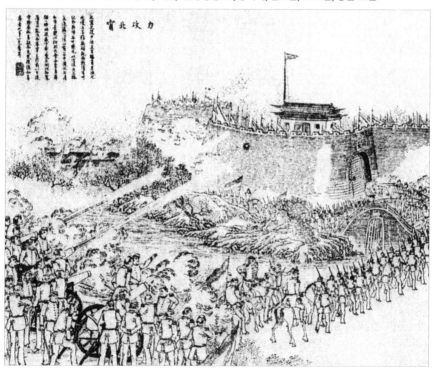

〈그림 3.2〉 오우여, 「프랑스군의 박닌 성 공격(力攻北寧)」, 석인, 『점석재화보』, 1884년 5월 4일.

몰려드는 순간이었다. 메이저는 바로 이 시점에 새로운 삽화신문을 출범시킨 것이다. 그리고 당시 진행 중인 청불전쟁을 집중적으로 조명했다.

프랑스군은 박닌에 있는 류영복의 요새를 함락시킨 김에 선떠이山西를 제압할 작정이었다. 선떠이 전투1883.12.13~14에서 류영복의 부대는 탄약이 떨어질 때까지 진지를 고수했다. 몇 시간 후 그들은 전력을 보충한 뒤 되돌아왔다. 『노스차이나 헤럴드』 특파원이 가까스로 현장에 진입하여 류영복의 흑기군이 펼친 효과적인 저항에 대해 상세한 보도를 한 바 있다. 흑기군은 터키, 알제리 및 외국인 군단으로 구성된 프랑스군에 맞서 첫 30분 동안 200명의 병사와 22명의 장교에게 손실을 입혔다.[69] 류영복의 이 유일한 승전에 대한 감동적인 뉴스는 홍콩과 상하이의 신문을 통해 중국이라는 "상상의 공동체" 사이로 퍼져나갔다. 곧이어 삽화가 그려진 낱장의 신문지新聞紙가 등장했다. 청나라 군대의 수많은 패배를 다룬 삽화는 알려진 바 없지만, 반역자였던 류영복의 영웅화는 분명 청황실에 대한 엄중한 비판과 한족 영웅에 대한 애국적 동일시를 암시했다. 이러한 신문지는 뉴스와 선전이라는 이중적인 목적을 지니고 있었다. 그 중 일부는 염군捻軍이나 태평천국 같이 "혁명"의 선구로 여겨진 세력의 저항을 찬양하는 삽화를 공식적으로 인용하는 중화인민공화국의 출판물에 포함되어 있다.[70]

낱장 신문지로 유포되었던 목판화 중 하나인 「류군극복선태대획전도劉軍克復宣泰大獲全圖」는 류영복의 흑기군이 선따이에서 프랑스 군대를 상대로 매복공격에 성공했음을 보여준다.[71] 발행 주체는 표시되지 않았다. 이후의 신문 보도와 비교했을 때, 여기서는 프랑스군의 다양한 부대 구성에 대해서는 거의 알고 있지 못했던 것으로 보인다.

그 외의 다른 신문지들은 박닌성의 후속 전투를 다루고 있다.[72] 그러나 프랑스의 보도 통제, 중국 관방의 과장된 보고,[73] 중국인들 사이에 대대적으로 퍼져나간 소문 등이 어우러져 사건을 모호하게 만들었고, 그 결과 전투가 실제로 어떻게 진행되는지 판별하기가 힘들었다. 상하이에서 제작한 목판화 신문지 중 하나가 『노스차이나 헤럴드』에서 논의된 바 있다.[74] 약 5푼分[75] 가격의 이 신문지는 흑기군이 프랑스군의 우월한 화력에 맞서 영웅적으로 버티고 있는 장면을 보여주는데, 한 흑기군 병사는 쓰러진 후에도 전투를 계속하고 있고 화면의 다른 한쪽에선 프랑스 장교가 포로로 끌려가고 있다.

1884년 2월 상하이에서 출판된 목판화 신문지法國攻打北寧劉帥大獲全勝圖는 결국 프랑스에 의해 박닌이 점령되기 한 달여 전인 1884년 2월 4일에 감행된 프랑스군의 박닌에 대한 공격을 직접적으로 다루고 있다. 문자설명에 제시된 전투력을 상실한 프랑스 병사의 숫자는 삽화에서 묘사된 것과 마찬가지로 중국인의 긍지와 낭만적 상상으로 넘쳐났다. 흑기군의 계략에 의해 프랑스군은 박닌성에 진입하게 되는데, 그 직후 갑작스러운 습격을 피해 치밀하게 준비된 매복 권역 안으로 쫓겨 들어갈 수밖에 없었다. 이 전략은 「공성계空城計」라는 유명한 연극으로 중국인들에게 친숙하다. 중국의 보도에서 성곽의 함락은 매번 거듭하여 바로 이 전략으로 해명되곤 했다.[76] 삽화의 문자설명에 따르면, 프랑스군의 총사령관 쿠르베Courbet, 1827~1885[11]는 박닌을 공략할 병력이 부족하여 4,000명의 안남 출신 병사를 동원하여 병력을 충원했다. 그런데 안남인 병사들은 은밀히 류영복과 접촉하였다. 그 결과 류영복의 큰아들이 쳐놓은 매복에 프랑스 병사 3,000명이 섬멸되었으며 류영복의 딸과 둘째 아들의 공격에 또 다른 3,000명이 전투력을 상실하게 되자 쿠르베는 피신할 수밖에 없었다는 것이다. 삽화 좌하단에서 쿠르베가 성문을 통해 박닌을 탈출하는 장면

---

11) 쿠르베(Anatole-Amédée-Prosper Courbet, 1827~1885) 제독은 중국사료에는 '孤拔'로, 베트남 사료에서는 '姑陂'로 표기한다. 와그너의 영문 및 중문 원서에 반복하여 '쿠베르(Coubert)'로 잘못 표기되고 있어 수정한다.

을 확인할 수 있다. 불과 7~8백여 명의 병사들만 목숨을 건졌다. 삽화의 중심 인물은 우상단의 "영웅적인 대장군 류영복雄威大將軍劉永福"이나 좌하단의 "프랑스 총사령관 쿠르베法元戎哥拔" 같은 이름표를 붙여 보다 눈에 띄게 부각시켰다. 이 삽화에는 며칠 전 외국 신문에 보도된 프랑스군 사령관 밀로Millot가 12,000여 병력을 동원하여 박닌에 대한 추가공격을 계획하고 있다는 소식까지 언급하고 있다.[77] 상황이 이러했으므로 '신문사'는 이 삽화신문지를 신속히 발행하여 흑기군의 영웅들을 지지하는 여론을 동원해야 했다. 류영복의 박닌성 방어 삽화신문지는 1884년 4월 말『일러스트레이티드 런던뉴스』<그림 3.3>에 전재되기도 했다. 즉, 이들 삽화신문지에는 (서양 신문을 포함한) 신문에서 획득한 정보가 소문, 희망사항 및 선전과 결합되어 있다. 그들의 독자층은 공식적인 채널 바깥에서 정보를 획득하는 현대적인 방식에 이미 익숙한 대중이었다

또 다른 삽화신문지인「박닌과 하노이의 수상전투에서 류영복 군이 획득한 승전에 대한 최신 그림克復北寧河內水戰劉軍得勝新圖」<그림 3.4>은 수상전투의 모습을 보여준다. 이것은 홍콩의 "신문사신보국"에서 발행한 우수한 품질의 동판화인데 날짜는 명시되어 있지 않다.[78] 같은 전투를 다룬 다른 삽화는 톈진에서 발행되었는데, 전체적인 구성이 비슷한 것을 보면 이런 삽화의 판각자들이 서로를 참고했음을 알 수 있다.[79] 이 삽화는 1883년 5월 19일 하노이 인근의 꺼우저이紙橋에서 벌어진 전투를 참조한 것으로 보이는데, 그 전투에서 프랑스군 사령관 앙리 리비에르Henri Rivière가 전사하고 그의 부대는 패망했다. 류영복의 이 완벽한 승리는 일단 전쟁이 본격적으로 진행되면 애국주의의 선전 역할을 할 것이 분명했다. 따라서 나는 이 삽화가 다른 신문지들과 같은 시기에 출현했다고 생각한다. 그 당시 유영복은 중국을 구할 유일한 사령관으로 추켜올려져 있었다. 홍콩의 중국인들 사이에 형성된 민족 감정은 심지어 꽤 정교하게 만들어진 더 비싼 삽화신문지까지 구매할 정도의 시장을 제공한 것

〈그림 3.3〉「류영복 장군의 박닌성 방어」, 1884년 4월·5월, 목판화, 『일러스트레이티드 런던뉴스』 1884년 5월 17일 자에 목판 복제.

〈그림 3.4〉 홍콩신보국, 「박닌과 하노이의 수상전투에서 류영복 군이 획득한 승전에 대한 최신 그림」, 목판화. 홍콩: 1884년. Public Record Office MPK 441/123.

으로 보인다. 프랑스군은 선박과 병력의 면에서 수적인 열세였다. 대포의 경우 쌍방이 동등하지만 화력은 프랑스 쪽이 우월하다. 그럼에도 프랑스 병사들만 물속에서 허우적대는 것을 볼 때 류영복의 부대가 우위를 점하고 있다. 이 삽화는 그림의 중심에 있는 두 해군의 매우 극적인 충돌을 통해 최소한의 문자만으로 정보를 전달하는 데 성공했다.

"신보국新報局", 즉 신문사는 사전에 등재되지 않은 단어이다. 상하이와 홍콩의 삽화신문지 출판사들이 신강신보국申江新報局이나 홍콩신보국香港新報局 같은 명칭을 사용한 것으로 봤을 때, 그것은 발행자를 식별하기 위해 지역명을 연결한 총칭이었을 것이다. 이들 신문사가 이후에도 존속했는지 임시적인 성격이었는지는 분명하지 않다.

전쟁화戰爭畵의 전통은 황실과 민간에 공히 존재하고 있었다. 인물이나 지역의 이름표가 붙은 삽화는 공훈이 있는 장군들을 기념하기 위해 황실에서 (때로는 서양 화가들에게) 주문한 그림을 계승한 것이다.[80] 민간 차원의 경우 『봉신연의封神演義』, 『수호전水滸傳』, 『서유기西遊記』, 『삼국연의三國演義』 등의 소설 삽화뿐 아니라 태평천국이나 염군의 난 같은 실제 사건에 대한 소식지에서도 그것을 찾아볼 수 있다.[81] 그들의 수하에 비해 핵심 인물은 종종 아주 크게 그려지곤 했다.[82]

『신보』와 같은 신문이 있다는 점에서 베트남에서의 전쟁은 중국 역사상 최초의 공개된 전쟁이었다. 그들은 전쟁 자체에 관한 간단한 통보, 전쟁을 둘러싼 정치적 고려, 그리고 우연히 『신보』에 유출된 비밀 문건 등을 통해 부상 중인 중국의 '대중'에게 정보를 전달할 수 있었다. 『신보』는 현지에 특별 파견된 러시아인을 통해 이 전투에 관한 자체 신문기사를 처음으로 중국어로 작성하여 발표했다. "프랑스-베트남 사건 중 중국과 관련된 모든 것이 신속하게 전보로 우리 신문사에 전달되면, 우리는 즉시 신문에 보도할 것이다."[83] 새롭게 출현한 전신선은 통신 속도를 대대적으로 높여주었다. 석인으로 제작한 베트남 지도를 『신보』 부록으로 무료로 제공하여 뉴스에서 언급된 장소를 식별할 수 있도록 했다.[84] 곧이어 『신보』는 사설을 통해 전쟁을 지속하는 것이 현명한 판단인지를 논의하기 시작했다.[85] 상대적으로 전쟁 담당 관리의 공식적인 보고는 그 진위를 확인하는 데 수개월이 걸릴 수도 있는 낡은 통신 구조에 기대고 있었다. 그 결과 『경보京報』에 떠들썩하게 보도된 중국의 승리는 프랑스군의 승전보와 마찬가지로 거짓에 불과했음을 『신보』를 위시한 신문들이 보여주었다. 따라서 실제로 전쟁이 어떻게 진행되는지 확인하기 위해서는 황실조차 신문을 펼쳐봐야 하는 이상한 상황이 벌어졌다.

이 시점은 중국에서 삽화신문을 출범할 조건이 무르익은 행운의 순간이었다. 이 전쟁은 삽화신문의 핵심 시장에서 즉각적으로 높은 관심을 보장할 터였고, 발간 초기부터 상당한 부수를 확보할 수 있게 해 주었다. 메이저는 점석재에 설비와 기술 인력을 투입하여 신속히 이 기회를 잡았다. 삽화신문지의 유통은 사실적인 뉴스화를 그릴 중국인 화가의 존재를 확인시켜 주었다. 삽화신문은 삽화신문지가 열어 놓은 시장을 휩쓸 것이었다. 그에 따라 중국은 신문삽화라는 전 세계적인 추세에 동참할 것이었다.

메이저가 경쟁한 것은 희극에서부터 설날이나 최신 뉴스에 이르기까지 전 영역을 포괄하는 출판업자들이었다. 따라서 처음부터 새로운 삽화신문이 담아야 할 내용은 굵직한 정치사건의 삽화에 국한되는 것이 아니라 기묘한 것들, 절기마다 필요한 것들(연화年畫 같은 것), 선정적인 것과 아름다운 것들까지 포함되어야 했다. 새로이 부상한 상하이 주변의 강남 지역을 핵심 시장으로 공략한 것은 타당했다. 『점석재화보』라는 전문 기구가 창간호를 발행하기 전부터 이 방면의 사업 투자가 계획되고 있었고, 메이저가 그것에 착수할 적절한 순간을 기다리고 있었을 가능성이 컸다. 이제 중요한 것은 지면을 채우기에 충분한 기술과 경험을 가진 화가를 찾는 것이었다.

오우여吳友如

중국 쪽 연구에서는 관례적으로 오우여를 『점석재화보』의 책임자로 기술한다. 증거는 빈약하다. 그의 고향 지역 지방지[1933]에 실린 소략한 전기는 오우여의 '진보적'인 경력으로 시작한다. 태평천국 전승도를 그리라는 청 황실의 초청으로 인해 명성이 드높아졌음에도 불구하고 그는 "영리榮利를 추구하지 않은" 채 곧바로 상하이로 돌아왔다.[86] 1958년에 출간된 『점석재화보』시사화 선집『點石齋畫報時事畫選』의 서문에 따르면, 『점석재화보』의 화가들은 동시대 '형식주의적' 화가들과 달리 현실에 유리되지 않아 그림의 새로운 방향을 열었다. 여기서도 오우여는 『점석재화보』의 "그림 작업의 총책임자"로 격상되었다.[87] 1959년 『문물文物』에 게재된 글에 따르면, 오우여는 가난한 집안 출신으로 목판용 작화 기법을 배웠다. 『점석재화보』가 제국주의 세력과 연계되어 있었음에도 불구하고, 일부 삽화는 당시의 역사적 배경과 사회적 상황을 반영함으로써 "어느 정도 진보적인 경향"을 보여주었다는 것이 그 글의 주요한 논지였다. 위에 제시된 1958년 선집은 바로 이러한 평가에 기초하고 있다. 1959년의 중화인민공화국을 지배하고 있던 상당히 엄격한 정치적 기준에 맞추어 오우여의 봉건적인 한계도 지적되고 있다. "혁명적인" 태평천국에 대한 진압을 오우여가 기꺼이 그린 것을 보면 그가 여전히 봉건 세력의 영향 아래 있었음을 알 수 있으며, 결국 오우여가 신문삽화의 지향을 포기한 것 또한 마찬가지라는 것이다.[88]

오우여의 본명은 오가유吳嘉猷이다. 그러나 자신의 그림에 남긴 서명은 오우여, 우여友如, 혹은 오유吳獻였다. 삽화가, 신문삽화 작가, 연화年畵 화가 같은 미천한 신분이었으므로 그에 관해 입수할 수 있는 정보는 극히 적다. 오우여를 포함한 『점석재화보』의 화가들이 더욱 전통적인 스타일의 그림도 그렸고 그중 상당한 인기를 누린 이도 있지만, 점석재조차 그들의 작품을 별도로 복제해서 판매한 적은 없다. 오우여의 생년월일과 배경을 확정하려는 노력은 대부분 외부적이고 일화적인 증거에 의존했다. 정이메이鄭逸梅가 제멋대로 날조한 '반제국주의'적 반항에 관련된 자료들도 빈번하게 인용되고 있다.[89] 그러나 1893년에 오우여 본인이 직접 남긴 짧은 자전적 기록은 지금껏 간과되어 왔다.

무릇 (소동파蘇東坡의) "시중유화詩中有畵 : 시 안에 그림이 있다"[90]라는 말은 왕유王維, 699~759의 뛰어난 경지에 대한 찬사이며, "협상첨호頰上添毫 : 뺨에 솜털을 더하다는 고개지顧愷之의 입신에 오른 묘사를 칭송한 말이다.[91] 그들의 법도가 삼매三昧를 초월하였기 때문에 그 명성이 대대로 이어졌던 것이다.

나는 소싯적에 돌아가신 아버지의 큰 은혜를 입고도 아무것도 이루지 못한 채 놀면서 시간을 허비했다. 약관20세 이후에 나는 태평천국의 난을 만났다. 그래서 상하이로 피난을 와서 그림을 공부하기 시작했다. 유명한 화가의 원작을 볼 때마다 늘 눈이 뜨겁고 마음에 남아 침식을 잊을 지경이 되었다. 그것에 대해 오랫동안 탐색한 결과 조금씩 깨달음이 생긴 것 같았다. 그래서 세상에 나가 그림으로 생계를 꾸렸다.[92]

이 글에 따르면 오우여는 쑤저우 출신으로 상하이에서 훈련받았다. (알려진 바와는 달리) 그는 쑤저우 산탕山塘의 화방에서 붓으로 그린 신년 연화 스타일을 배운 것도, 타오화우桃花塢 화방에서 목판화 전통을 배운 것도 아니었다.[93] 자신의 나이를 직접 언급한 또 다른 기록을 고려할 때, 그는 1841년에서

1845년 사이에 태어났다.[94] 여유로운 10대를 보내다가 상인이었던 것으로 보이는 아버지[95]가 죽은 뒤, 1860년 6월 태평천국군의 쑤저우 진공을 피해 상하이의 영국 조계공공조계, International Settlement로 옮겨와 그때부터 그림을 그리기 시작했다. 이것은 후손들에 의해 확인된 바 있다.[96] 또 다른 구술 자료에 따르면, 오우여는 상하이 구시가지의 예원豫園 서쪽의 작은 거리에 위치한 장신기전선장張臣記箋扇莊 : 편지지와 부채 공방에서 그림을 그리기 시작했다. 난징로와 허난로 교차로에 위치한 영국 조계 쪽 지점은 이 구술 정보를 제공한 우쭈더吳祖德의 모친의 외할아버지인 장진푸張錦甫가 운영했다.[97] 어떤 학자는 상하이의 목판화 전통에는 이미 당대에 일어나는 사건을 묘사하는 경향이 있었다고 지적하고 있다. 그가 제시한 사례는 「상하이에 새로 생긴 우쑹철도上海新造鐵路火輪車開往吳淞」, 「조계의 새로운 십경新出夷場十景」, 「상하이 사마로의 풍경화上海四馬路洋場勝景圖」와 같은 인쇄물이었다.[98] 오우여가 이러한 그림과 관련되었다는 증거는 없으며 그림 제작 연대도 불확실하지만, 『점석재화보』가 참고할 만한 대중 인쇄물의 확장된 영역을 이들이 먼저 보여주었던 것은 분명하다. 이 당시 유행했던 목판화들은 1860년대 이래 상하이 조계에서 유행했던 문학 장르인 죽지사竹枝詞와 유사한 취향을 보여주었다. (운율에 구애받지 않는 느슨한 형식의) 타유시打油詩 형태로 생동감 있고 간결하게 쓰인 민간시인 죽지사는 상하이의 새롭고 충격적이며 힙한 모든 것을 맛깔나게 묘사했다. 『신보』에는 거의 매일 죽지사를 발표할 수 있는 특별란을 선보였는데, 그것만 봐도 죽지사가 미학적 선호라는 틀 안에서 어느 정도 환영받았음을 보여준다. 이러한 부분은 『점석재화보』를 규정짓는 특징이 되기도 했다.[99]

오우여의 1884년 이전 작품은 거의 알려진 것이 없다.[100] 왕유나 고개지 같은 거장들을 자신에게 심오한 예술적 영감靈感을 준 인물로 꼽는 것에서 스스로의 예술이 처한 문화적 지위에 대한 어떤 방어적 태도를 감지할 수 있다. 그렇다면 편지지와 부채를 만드는 공방의 일개 견습생이었던 과거에 관한 언급을 한마디도 남기지 않는 것이 당연했을 것이다.

건륭 황제[1736~1796 재위] 치하에서 절정에 달했던 전문 화가의 사회적 지위와 생활 환경은 1870년대가 되면 크게 쇠퇴하게 된다. 서태후의 초상에 자신의 서명을 남긴 여성 화가조차 바깥 시장에 그림을 팔아야 할 정도로 재정적으로 열악했다.[101] 고위관료들이 막부제도를 통해 제공하던 후원 또한 중지되었다. 따라서 혁신을 선호했던 상하이 미술 시장의 활황과 그것이 약속했던 자유는 화가들에게 상당한 매력을 주었다. 그리하여 많은 화가들이 상하이 조계로 이주했다.

오우여의 첫 작품은 먹과 채색 안료로 그린 세 폭짜리 두루마리로 1878년 작품이다.[102] "정원에서 노니는 백 명의 아이들百子遊園"이라는 화제畵題는 연화나 수묵화 등에서 흔히 볼 수 있는 주제이다. 이 그림에서 오우여는 숙련된 화가로서 생동적인 필치로 아이들이 뛰어노는 장면을 표현할 수 있는 능력을 보여주었다. 그림의 배경은 상하이 구시가지의 예원 같은 곳일 수 있다. 사실적인 세부를 묘사한 그림 속 유희는 어린아이와 교사들이 어떤 놀이를 할지 떠올릴 때 참고할 아이디어의 원천이 되었을 것이다. 언제 그렸는지 알 수 없지만 오우여의 서명이 담긴 목판화인「예원의 곡예 공연豫園把戲圖」은 오우여의 신문삽화가 가진 특징들을 보여주고 있다. 즉, 원근법을 사용한다거나, 초점을 화면 중앙에 둔다거나, 중심사건에 대한 높은 관심을 보여주기 위해 수많은 구경꾼 무리를 등장시키는 따위가 이미 사용되고 있었던 것이다.[103] 목판화에서 직선 묘사가 흔하지는 않지만, 예를 들어 쑤저우에서 제작된 태평천국군과 염군에 대한 목판화 등에서 이미 사용된 바 있다. 이들 삽화의 제작 연대가 밝혀지진 않았지만 오우여가 활동한 1880년대 이전인 것은 분명하다.[104] 다양한 곡예 장면이 동시에 등장하고 있다는 점에서, (현실의 특정 장면을 재현한 것이 아니라) 곡예단의 스펙터클을 보여주기 위해 주문을 받아 제작한 광고로 읽어야 한다. 그 결과 화면의 중심이 사라졌다는 측면에서 오우여 작품 중 수작이 아님은 분명하다. 이는 『점석재화보』에 참여하기 전에 가졌던 오우여의 스타일이나 생활 환경이 반영되었을 것으로 추측된다. 1880년 봄, 상하이 도대道臺는 프러시아 왕자인 하인리히Heinrich의 방문을 축하하기 위해 예원에 마련한 성대한 서구식 만찬에 상하이영사단을 초대하였다. 서구식 만찬에 서양인을 초대한 것은 처음이었다. 이 행사를 기념하기 위해 오우여에게 그림을 의뢰하였다.[105] 그림의 제사에서 오우여는 평범한 화공畫工, 즉 이런 일에 고용되는 화가/삽화가로만 언급되고 있는데, 이런 의뢰를 받을 정도로 그가 이미 일정한 영향력을 가지고 있었음이 분명했다.

『점석재화보』는 신문삽화의 제작을 위해 다양한 전통에 의지했다. 오우여는 다른 많은 해파海派 : 상하이 스타일 화가들에 비해 더 상업 화가에 가까웠다. 임백년任伯年이 대량복제를 위해 새해맞이 신선 그림을 그려달라는 메이저의 의뢰를 받아들이기도 했으나, 보통은 그림의 수준을 높임으로써 구매자를 물색하곤 했다.

왕유나 고개지에 대한 언급에도 불구하고, 오우여는 현재 일어나고 있는, 사실적이고, 선정적인 신흥도시의 유행과 대중적인 상업인쇄물에 일찌감치 호감을 보이고 있었다.

메이저가 오우여를 선택한 것은 행운이었다. 오우여는 그의 기대에 완벽히 부응했으며, 새로운 삽화신문의 스타일을 확립하는 데 지대한 역할을 했다. 이 스타일은 처음에 자신들의 선호에 맞지 않아 선택되지 않았을지 몰라도 결국에는 참여한 다른 화가들에 의해 채택되었다. 메이저는 앞서 인용한 발언에서 자신의 미적 선호를 분명히 밝혔다. 이공린의 백묘화만이 서양풍 회화에 근접한 것이었다. 오우여가 『점석재화보』에서 윤곽 그리기를 사용한 것은 우연이 아니다.

(알려진 것과는 달리) 오우여가 『점석재화보』의 "관리자"였다는 증거는 없지만, 삽화 내부의 증거를 검토하건대 메이저가 가장 선호한 화가였음이 분명했다. 한참 뒤인 1890년 11월에 쓴 오우여의 기록을 보면, 『점석재화보』의 관리자가 아니라 일개 화가에 불과했다고 푸념을 늘어놓기까지 했다.

화보는 서양을 본떠 만든 것으로, 특이한 것을 끌어오고 새로운 것을 보여줌으로써 견문을 넓히고 훈계와 권고의 자료로 삼기에 충분하다. 나는 서양의 삽화신문을 보자마자 좋아했다. 그러나 매번 그것을 모방한 그림을 인쇄하여 세상에 내놓으려 해도 그 뜻이 제대로 이뤄지지 못했다. 때마침 점석재에서 처음으로 삽화신문을 창간하면서 나에게 그림을 그려줄 것을 요청하였다. 감상자들은 대부분 내가 그린 여러 그림이 나쁘지 않다고 평가했지만, 아쉽게도 내가 그린 그림은 매호 당 열에 두셋밖에 되지 않았다. 얼마 후 나는 태평천국 반란군을 진압한 공신들의 승전도平定粵匪功臣戰績圖 등을 그리라는 증국전曾國荃 : 증국번의 동생의 부름에 응하여 그림을 완성하여 황실에 어람용으로 진상하여 다행히도 좋은 평가를 받았다. 상하이로 돌아온 뒤 사방의 여러 군자들이 앞다퉈 그림을 위촉하니 잠시도 짬을 낼 수 없을 정도로 바빠졌다. 그리하여 친우들의 요청을 만족시키기 위해 별도로 『비영각화보飛影閣畫報』를 창간하려 한다.[106] 사실은 끊임없이 새로운 것을 취하였고, 그림과 설명은 마땅히 합당한 것을 구하였다.[107]

메이저는 『점석재화보』의 목적을 설명하는 발간사를 자신의 명의로 작성한 바 있다.[108] 이미지의 복제에 대한 메이저의 관심은 충분히 증명되어 있으므로 그가 『점석재화보』와 점석재서국의 업무를 개인적으로 총괄했다고 가정해도 무방하다. 오우여는 『점석재화보』에 참여할 때까지 결코 지명도 있는 화가가 아니었다. 메이저가 발간사에서 오우여의 이름을 언급하지도 않았고, 『점석재화보』 광고에도 오우여는 등장하지 않았다. 점석재서국에서 당대의 유명한 해파 화가들의 작품을 복제했음에도 오우여의 그림을 단독으로 복제하여 출간한 적도 없다. 『점석재화보』의 첫 18폭의 그림에는 오우여의 이름이 등장하는 것이 아니라 그의 인장만 날인되어 있다.[12] 이런 점을 미뤄봤을 때, 오히려 『점석재화보』가 오우여의 명성을 만들어 주었다고 추정해야 한다. 오우여가 같이 일할 동료 화가를 선별했다거나 삽화 주제를 선정하는 데 특별한 역할을 했다는 추측을 입증할 어떠한 근거도 없다.

1884년 11월, 신보관에서 상하이의 새로운 도시 풍경을 묘사한 『신강승경도申江勝景圖』를 출간했을 때 메이저는 오우여에게 모든 그림을 맡겼다. 서문에서는 새롭게 획득한 오우여의 명성을 이용하기 위해 그의 이름을 직접 거론하고 대가급 화가에게 부여되는 '화사畵師'로 떠받들었다.[109] 그렇긴 해도 당시 꽤 많은 상하이 화가들에게 이미 사용하고 있던 "저명한"이라는 말은 그 앞에 끝내 덧붙여지지 않았다. 한편 메이저의 일반적인 경영 관행에 따라 화가들이 선택한 주제나 기사에 대해서는 거의 간섭하지 않았다. 물론 잠시 후 보게 되겠지만, 예외도 있다.

오우여는 상하이의 서점에서 판매되고 있던 서양의 삽화신문을 보고서 좋

---

12) 제1호~제2호까지 16폭의 그림에는 화가의 서명은 없고 기사 뒤에 인장만 찍혀 있다. 제3호부터 기사 뒤의 인장(전서체로 도장 모양을 그린)은 기사에 대한 간략한 평가 등으로 그 역할이 달라지며, 그림 한쪽 모퉁이에 화가의 서명이 등장하기 시작한다. 인장 판독 결과, 1호 전체는 오우여의 작품으로 판단해도 무방하다. 2호의 경우 「희조인서(熙朝人瑞)」(인장은 혜경(惠卿), 화가명 확인불가), 「추록대전(秋錄大典)」(인장은 섬향(蟾香), 즉 김계(金桂)의 작품), 「새마지성(賽馬誌盛)」(인장은 지화(志和), 화가명 확인불가)의 경우 인장도 다른 사람의 것이며, 그림의 스타일도 전반적으로 오우여의 것과는 다르다. 3호의 첫 그림인 「용의살인(庸醫殺人)」의 인장은 '장인(張印, 즉 장지영(張志瀛)으로 추정)'이다. 초기에는 오우여의 그림 비중이 높긴 하지만, 첫 18폭의 그림이 오우여의 것이라는 설명은 재고해야 한다.

아했다. 그는 아마도 『환영화보』 또한 잘 알고 있었을 것이다. 그는 시장 주도적인 주제 선정 및 상품 유통 과정에 경험이 있으며, 삽화신문을 직접 만들 생각까지 한 바 있다. 그는 분명 『점석재화보』에서 일할 준비가 완벽하게 되어 있었다.

『점석재화보』의 화가들은 그림의 장수에 따라 보수를 받았다. 창간호가 발행되기 직전에 메이저는 "뛰어난 그림으로 유명한 화가善畫名手"의 투고를 고대한다는 광고를 『신보』에 게재하였다.[110] 이 첫 광고에서는 금전적 보상에 대해 아직 아무런 제안도 하지 않았다. 그는 아마 『신보』나 다른 잡지에서 해왔던 방식대로 진행할 생각이었던 것 같다. 즉 기고자에게 자신의 글이나 시를 출판하기 위해 돈을 요구하지 않는 대신에 그들에게 원고료 또한 전혀 지불하지 않는 방식이었다. 메이저는 그저 작품을 발표할 기회를 얻는 것에 관심을 보일 아마추어 화가들을 초청하고 있었다. 상업 화가였던 오우여는 이 부류에 속하는 사람이 아니었다. 『점석재화보』가 창간되기 일주일 전에 광고를 시작한 것으로 보아, 메이저는 이미 오유여로부터 처음 몇 호 분량의 그림을 확보하고 비용을 지불했음이 틀림없다. 그 이후의 발행호를 보면 알 수 있듯이 아마추어 삽화가의 초청은 성공하지 못했다.

창간호는 순식간에 매진되었으며 제2호도 마찬가지였다. 창간호를 놓쳤던 독자들이 자신의 수집품 중 빠진 호수를 채우기 위해 강력히 요구한 끝에 정식으로 재인쇄가 이뤄졌을 정도였다. 새로운 사업의 상당한 성공이 기대되는 상황인 데다 창간호 삽화의 실제 품질을 보고 메이저는 오우여를 위시한 직업 화가들에게 진지하게 구애하는 방향으로 전략을 수정한 것으로 보인다. 제3호가 출간되기 전에 메이저는 그림당 양은 2냥의 보수를 제공하였다.[111] 이는 중국 신문에 실린 모든 종류의 청탁원고 중 공개적으로 보수를 광고한 최초의 기록이다. 그때부터 모든 그림에 화가의 이름이 표시되었으며 전문적인 투고자의 수도 빠르게 늘었다.『점석재화보』의 화가들 중 누구도 고정된 급료를 받으며 고용되지는 않았다. 그들은 그린 작품당 보수를 지불받았고, 계속해서 독자들을 위해 그리고 또 그렸다. 자기 그림이『점석재화보』에 더 많이 실리지 않은 것에 대한 오우여의 불만 또한 수입과 관련된 것이다. 그러나 오우여와 신보관 사이에 심각한 의견대립이 형성되어 결국 그가『비영각화보』를 창간하게 되었다는 해석은 설득력이 없다.『비영각화보』는 신보관의 유통망을 통해서도 배포되었기 때문이다.[112]

『점석재화보』는 독자들이 뉴스를 그린 그림이라는 개념에 익숙하다는 점에 의존할 수 있었다. 그러나 낱장의 신문지와는 달리『점석재화보』는 중요한 사건으로 달궈진 시점에 국한되지 않는 정식 삽화 정기간행물이었다. 따라서 이전의 대중 판화에서 천상의 신선이나 전쟁, 연극, 소설에 등장하는 위대한 인물들에 초점을 맞췄다면,『점석재화보』의 가장 중요한 돌파구는 평범한 남녀를 그릴 가치가 있는 존재로 만드는 것이었다.

『점석재화보』와 그 삽화가들

『점석재화보』연구는 1897년에 처음으로 재인쇄된 중간본重刊本을 바탕으로 하고 있다. 이 판본은 지금 시대에도 거듭하여 출간되고 있다. 또한, 주제별 선집이 중국어, 독일어, 영어, 일본어 등으로 출판되기도 했다.[113] 이렇게 다시 찍어낼 때 표지, 광고, 중간 부록 및 별지로 끼워 넣은 큰 그림 등이 제외되었다. 따라서 출판 상품으로서의『점석재화보』를 전면적으로 이해하려면 처음 출간된 당시의 초판으로 돌아가야 한다. 표지나 가장 중요한 별지 석판화가 대부분 누락되어 있기는 하지만 여러 도서관에서 초판본의 일부를 찾아

볼 수 있다.[114]

『점석재화보』는 책이라는 형식으로 매월 세 차례 순간(旬刊)으로 발행했으며, 매 호는 양쪽 8장에 문자 기사가 부가된 삽화(8~9폭)가 들어있다. 매 호의 가격은 5푼(分)이었다[100푼이 1냥이었다]. 발행지는 상하이였으며, 1884년 5월 8일부터 1898년 8월 16일까지[13] 총528호가 발간되었다. 메이저는 『환영화보』를 위시한 선행 간행물의 외래성을 부각한 것과 동일한 방식으로 『점석재화보』의 중국적인 외양을 강화함으로써 중국인들에게 잘 수용될 수 있도록 했다. 화보에 사용된 종이는 대나무 펄프로 만든 부드럽고 품질 좋은 중성 한지로, 전통적인 방식에 따라 한 면에 인쇄하여 반으로 접어서 장정하였다. "정기간행물"이라는 개념은 아직 중국에서 굉장히 새로운 것이었다. 사실 당시 대부분의 서구 정기간행물을 비롯해 심지어 신문조차도 자신을 책의 일부로 간주했으며, 개별 발행된 매 호가 최종적으로 한 권의 책으로 장정되었다. 『점석재화보』의 독자들은 매호를 수집하여 간편한 책으로 장정하라는 권고를 받았다.[115] 처음부터 『점석재화보』는 잘 다듬어진 복잡한 일련번호 체계를 갖추고 있었다. 최종적인 '소장품'에 사용될 여섯 분류에는 10개의 천간(天干 : 甲乙丙丁戊己庚辛壬癸)과 12지지(地支 : 子丑寅卯辰巳午未申酉戌亥), 그리고 그 뒤를 이어 팔음(八音 : 金石絲竹匏土革木), 육예(六藝 : 禮樂射御書數), 사교(四敎 : 文行忠信) 및 사덕(四德 : 元亨利貞)으로 끝나는 새로운 일련번호가 사용되었다. 이러한 분류로 묶인 각 선집은 96~97쪽의 삽화가 양면 페이지로 구성되어 있으며, 마지막 호 뒤에 전체 목록을 덧붙였다. 제목과 날짜가 적힌 표지는 녹색 혹은 적갈색의 품질 낮은 얇은 종이로 만들어져, 장정할 때 제거하기 편하게 했다. 그러나 표지를 없애는 순간 삽화를 특정한 순간과 사건에 연결시켜 줄 출간 날짜도 사라져 버렸다. 그러면서 삽화는 시간적 요소에 영향을 받지 않는 재미와 매력만으로 살아남아야 했다. 그것은 출판 당시에는 시의적절한 뉴스 삽화로, 그리고 일단 뉴스의 배경이 사라진 후에는 재미있게 감상하고 열람할 수 있는 자료로 보존된다. 『점석재화보』의 긴 수명1884~1898과 빈번한 재출간은 실시간적 재미와 시간을 초월한 재미 모두에서 성공적이었다는 사실을 입증한다.

『점석재화보』는 당시 상하이에서 서양식 달력이 널리 써지고 있었음에도 중국식 음력을 따랐다. 주중에 일하고 일요일은 쉬면서 노는 날이라는 요일 개념은 도시 거주민의 삶에 굉장히 중요한 영향을 끼쳤다. 여가용 독서물인 『점석재화보』는 바로 이 새롭게 형성된 여가시간을 채워주겠노라 장담했다. 몇 번의 방침 변경 뒤『신보』는 양력과 음력을 모두 표기하게 되었지만『점석재화보』에서 양력을 보란 듯이 거부한 것은 아직은 새로운 시간 구조가 보편적이지 않은 상하이 너머의 광활한 중국 시장을 고려한 전략이었다. 『점석재화보』의 표제는 신보관의 편집자이자 19세기 중반부터 서예로 높은 평가를 받아 온 심육계沈毓桂, 1808~1898[14])가 전서篆書로 쓴 것이다.[116]

메이저는『점석재화보』창간호에 방침을 밝힌 서문을 직접 썼다. 이 글은 중국의 대중적 커뮤니케이션에서 시각적 요소의 위상 변화를 알리는 굉장히 중요한 문헌이므로 아래와 같이 전문을 번역하여 제시하고자 한다.

화보畫報가 서양에서 크게 성행하고 있다. 서양의 화보는 여러 신문사의 뉴스나 사건 가운데 특이한 것을 취하기도 하고, 새로운 기계가 나오거나 어떤 사물을 처

---

13) 최종 발행일은 "광서 24년 6월 하순"이며, 이는 서기로 1898년 8월 8일에서 8월 16일 사이이다. 『점석재화보』는 기본적으로 음력 □6일에 발간되었으므로 종간호인 528호의 발행일은 1898년 8월 13일로 추론하는 것이 합당하다. 관련 논의는 다음을 참고하라. 이성현, 「『점석재화보』 연구」(서울대 박사논문, 2019), 1쪽.

14) 표제를 쓴 문순관주인(問淳館主人)은 심육계(沈毓桂, 1807~1907)가 아니라 심금원(沈錦垣, 1845~1900)이다.

음으로 보게 되면 모두 그림으로 그린 후 설명을 덧붙여 독자들에게 믿을 만한 근거를 제시한다. 그러나 중국에서는 아직 화보에 대해 들어본 적이 없다.

동치同治 초1862에 상하이에 처음으로 중국어 신문이 등장했다.[117] 이후 『신보』가 그 뒤를 이었다. 두루 탐문하고 폭넓게 기사를 수집하여 신기한 것을 감상할 수 있게 하고 의심스러운 것은 분석하니周諮博采, 賞奇析疑, 그 체례가 점차 갖추어져 사건의 실상을 기재함에 있어 반드시 정밀하고 상세하였다. 10여 년이 지나자 국내에서 지명도가 높아져 매일 만 부를 판매하여 이것만으로도 짬을 낼 수 없을 지경이었다. 그러나 그림만은 유독 부족했다. 광둥과 홍콩의 여러 신문사에 물어봐도 역시 마찬가지였다. 이를 통해 중국인들이 선호하는 것을 알 수 있다. 그들은 글에 근거하여 세상을 보는 것을 좋아하며, 그것을 찾게 해 주는 시각적 형식에 굳이 구애받지 않았다.

일찍이 나는 그 원인을 추론해 보았다. 일반적으로 서양의 그림은 중국과 다르다. 서양식 화법에 숙련된 화가는 핍진逼肖한 묘사에 힘쓴다. 또한 그 중 열에 아홉은 화학 액체로 찍어서 동판화를 만드는데, 머리카락처럼 가는 선을 여러 층으로 쌓아도 그 사이의 빈 공간이 부족하지 않았다. 돋보기로 확대하면 원근과 심도의 조밀함을 확인할 수 있다. 채색의 절묘함은 비록 구름 그림자와 물결의 찰랑임, 촛불이나 달빛, 맑은 날과 흐린 날, 낮과 밤의 다름까지도 또렷하게 드러내지 않는 것이 없었다. 따라서 그냥 보면 모호하여 그 세부까지 분간하기 힘들 수도 있지만, 확대경 같은 도구로 살펴보면 마치 몸이 그 안에 들어가 있는 것과 같아서 인물들이 살아 꿈틀대는 것처럼 생동감이 있다.

중국 화가는 기성의 규칙에 얽매여 정해진 격식을 따른다. 먼저 기본 배치를 한 후에 상황에 따라 채워나가니, 구조의 밀도와 기운의 두터움은 화가의 학력 수준과 포부의 크기를 보아야 어떤 급인지 판단할 수 있다.

요컨대 서양화는 비슷하게肖 그리는 능력을 높이 사고 중국화는 잘工 그리는 능력을 귀하게 여긴다. 비슷하게 그리면 사실적寫이지만, 잘 그린다고 해서 반드시 사실적인 것은 아니다. 이미 완전히 사실적인 게 아니라면, 사건을 기록함에 그것의 시각적인 형태를 부여하는 게 무슨 소용이 있겠는가?

그러나 도구의 제작법이나 각종 기물의 번잡함을 다루는 『고금도서집성』,[118] 『삼재도회三才圖會』[119] 같은 책에서는 삽화를 사용하여 증명해 왔는데, 이런 예는 고금을 통틀어 헤아릴 수 없을 만큼 전해진다. 그렇게 하는 뜻이 어디 있는지를 살펴보면, 아마 보고 듣는 것이 혼동되고 여러 명칭이 뒤섞일 때 단지 문자로만 전달해서는 그 상세한 곡절을 다 전달할 수 없어서이다. 즉, 부득이하게 그림을 사용한 것은 문자만으로 뉴스를 예증하는 것이 불가능했기 때문이다. 비록 그렇지만, 시대가 변화함에 따라 풍습이 점차 개방되어 갔다. 이에 서양의 문자에 대해 그 체례를 꽤 이해하는 중국의 인사들이 생겨났고, 친숙함이 오래되면서 선호도 또한 옮겨갔다.

최근 프랑스와 베트남의 분쟁에 중국 조정이 파병을 결정하면서 적개심이 전국을 휩쓸었다. 호사꾼들이 전첩도戰捷圖를 그리니 저잣거리에서 사서 보고 내키는 대로 대화의 소재로 삼았다. 이에 분위기의 변화를 알게 되었다. 단지 신문뿐 아니라 화보 또한 이것에서 미루어 짐작할 수 있게 되었다.

그림에 뛰어난 이精於繪事者에게 신기하고 즐길 만한新奇可喜 사건을 골라 그림으로 그릴 것을 의뢰한 뒤 매달 세 차례, 매번 8쪽을 출간한다. 뉴스 읽기를 즐기는 독자는 보도된 사건을 그림을 통해 확인할 수 있을 것이다. 또한 차를 마시거나 술자리를 가진 후 펼쳐서 감상하면 웃는 낯으로 즐기기 충분할 것이다.

우리 신문사의 계산에 따르자면, 이 그림이 출판되면 날개 돋친 듯이 팔려나갈 것이 분명하지만, 내가 어찌 그것을 바라겠는가.

광서 10년 늦봄1884.5, 존문각주인尊聞閣主人이 쓰다.

인장1 : 존문각주인

이미 중국에서 신문이 수용된 상태였다. 그리고 최근 전쟁에 관한 낱장의 삽화신문지는 시각적 영역에서도 상황이 변하고 있음을 보여준다. 서양 삽화신문은 그 이야기의 원천을 일반 신문에서 끌어왔다. 중국 화가들은 전통적으로 사실주의적 묘사를 추구하지는 않았지만, 복잡한 공정이나 사물에 대한 정보를 전달하기 위해 삽화를 사용하는 전통이 있다. 세계적으로 중요하고 흥미로운 사건이 일어나고 있는 세상에서 그러한 삽화의 중요성은 더욱 높아졌다. 『신보』가 지반을 다져놓았으므로 새로이 출범한 『점석재화보』는 빠르게 수용될 수 있었다. 이는 또한 선교사의 포교용 화보와 달리 보조금 없이도 출간이 가능해졌음을 의미한다.

위에 인용한 글은 메이저의 중국화 개량 계획의 좋은 예다. 복잡하게 얽힌 믿을 만한 정보와 재미있는 단신을 전달하는 데 삽화는 분명히 이점이 있으며, 상업적 생존가능성을 포함하여 중국에서 수용될 수 있음이 이제 확실해졌다. 삽화신문이라는 개념이나 회화 양식의 서구적 기원을 강조하긴 했지만, 메이저는 수사적으로도 실질적으로도 『점석재화보』를 중국적 맥락에 끼워넣었다. 기사에서 베이징의 황실이 언급될 때면 중국의 전통 문헌들의 관습대로 행을 바꾸어 새로운 줄에서 시작할 정도였다.

『점석재화보』 제작에 투입된 세심함은 이 매체에 얼마나 높은 문화적 가치를 부여했는지 알려준다. 상하이역사박물관은 『점석재화보』의 원본 그림 중 4,054점을 소장하고 있다. 그 크기는 28.4×47cm로 좌우 페이지에 각각 절반씩 인쇄되어 한 장의 그림을 이루게 되므로, 양면에 걸친 그림의 전체 폭은 56.8cm이다. 이 원본 그림을 사진석인술로 42% 축소하여 실제 출판되는 이미지는 폭이 24cm, 높이는 20cm가 된다.[121] (사람이 직접 필사하기 힘들 정도로 작은 본문 기사의 글자는 이 축소를 통해 설명된다.) 실제 출판된 석판인쇄물에서는 보이지 않는, 풀로 덧붙인 수많은 수정의 흔적들은 이 텍스트가 얼마나 주의 깊은 교정 교감을 거쳤는지를 보여준다.『점석재화보』는 편집의 세심함으로 칭송을 받아온 신보관 서적의 뒤를 잇고 있었다.

창간호부터『점석재화보』는 길거리에 뿌려지던 낱장 신문지의 편향적인 선전을 피하면서 그보다 훨씬 높은 품질의 삽화를 제공했다. 창간호의 첫 삽화인 「프랑스군의 박닌 성 공격力攻北寧」<그림 3.2>에서 프랑스 병사들은 충분히 조직적이고 잘 무장되어 있는 것처럼 보인다. 그러나 박닌성 위의 펄럭이는 깃발 사이로 수비하는 사람은 보이지 않는다. 본문 기사에서 그 수수께끼를 다음과 같이 설명하고 있다.

> 박닌성 전투에서 중국과 프랑스는 승패를 반복했다. 이 성의 수복 여부는 확신할 수 없지만, 일부 전적을 기록할 수 있고 전투 진지 또한 그려낼 수 있다. 이번에 프랑스군은 세 방향에서 진격하였다. 깊은 산이나 골짜기에 매복이 있을까 두려웠으므로 길게 전선을 형성하여 사방에서 포위해 들어왔다. 일단 포위망이 봉쇄되자 그들은 일제히 힘차게 공격을 감행했다. 순식간에 연기가 하늘을 뒤덮으며 우레 같은 대포 소리가 헤아리기 힘들 정도로 컸다. 지축이 뒤흔들리고 하천이 어지러이 흘러넘쳤다. 그러나 중국 측 군대는 이미 하루 전에 철수하여 전략적인 위치를 확보하고 있었다. 여우가 의심에 능하다고 해도 토끼는 더욱 교활하다. 이는 두 명의 뛰어난 바둑 선수 간의 싸움과 같아서 모두가 더 잘하려고 애쓴다.
>
> 인장 : 유猶, 즉 오우여

이 삽화와 기사는 확정되지 않은 승리를 선전하기보다는 알려진 사실에 대한 진실성을 유지하는 것과 프랑스군의 맹공격이 흑기군에 의해 회피되는 홍미로운 장면을 제공하는 것 사이에서 미묘한 균형을 이루고 있다. '공성계空城計'를 흉내낸 이 전술은 기사로 명시되는 것이 아니라 시각적으로 제시된다. 비록 애국적인 열정은 없지만, 이번에는 토끼가 더 교활하다는 것을 보여줌으로써 이 삽화는 중국 독자들에게 어느 정도 위안을 주고 있다. 기사는 유영복의 흑기군이 3월 15일 프랑스군을 공격하여 "흑기군 1명이 프랑스군 10명과 동등하다는 것을 증명"했다는 보도를 확정된 소식으로 수용하기를 거부했다.[122]

신문에서 삽화신문으로 전환되면서 정보는 다양한 논평과 지혜가 부가된 이야기로 번역되었다. 서양의 삽화신문에서는 그다지 보편적이지 않지만 이 점이『점석재화보』의 기사보도가 가진 표준적인 특징이다. 뉴스는 강한 의견이 표현되고 뉴스와 논평이 분리되지 않는 '이야기'로 포장되었다. 삽화는 그 자체로 이해될 수 없다. 그것은 기사 텍스트에 의해서만 풀리는 수수께끼를 제공한다. 기사는 신문에서 인용한 것이 아니라 삽화가들에 의해 초안이 작성된 것으로 보인다.[123] 서체가 동일하다는 점을 볼 때 기사는 별도의 전문 서예가가 필사했음을 알 수 있다.

창간호에서 이미『점석재화보』가 점유하려 한 정신적 영역의 지도가 잘 그려져 있다. 전쟁 삽화(경입중지輕入重地), 미국 잠수정(수저행선水底行船), 군사용 기구氣球(신양기구新樣氣球), 수뢰 폭발을 지켜보는 강소성의 군무 관계자(연방수뢰演放水雷) 등 군사적인 주제가 창간호를 지배하고 있다. 그런데 바로 이어서 서민이 등장한다. 상하이에서는 화재를 구경하러 모여든 구경꾼의 무게로 다리가 붕괴되었고(관화리재觀火罹災), 쑤저우에서는 판사가 조사하기 위해 시신을 파냈다(풍류귀감風流龜鑑). 그리고 병든 아버지에게 먹이려고 자신의 간을 한 조각 잘라내는 아들의 이야기(규간료부刲肝療父)로 창간호를 마무리한다. 강력한 군사력과 기술에 대한 강조는 지속되지 않았다. 바로 다음 호에서 이미 군대나

기술에 관한 뉴스는 완전히 사라졌다.

『점석재화보』의 선정기준은 시사성, 선정적인 캐릭터, 오락적 가치였다. 이틀 안에서 중국과 외국 왕실의 뉴스는 이웃 거리의 살인과 동등한 비중을 차지했고, 코끼리 그림은 영국 및 프랑스 대사 증기택曾紀澤, 쑤저우 출신의 기형아, 상하이의 폭풍우에서 드러난 용에 대한 그림과 마찬가지로 지극적이다. 『점석재화보』는 외국의 삽화신문을 복제한『환영화보』의 전통을 계승하여 거의 매호에 서양 신문의 삽화를 본뜬 그림이 한두 폭 포함되어 있었다. 그중 일부만이 실제로 원본을 추적할 수 있지만, 서양 삽화신문을 출처로 하는 그림의 규모는 전반부 20집의 정기간행 삽화 중 대략 7%(1,920폭 중 145폭)에 이른다. 심지어 오우여는 주 런던 및 파리 중국대사인 증기택의 초상<그림 3.5>을『일러스트레이티드 런던뉴스』의 삽화<그림 3.6>를 본따 그리기도 했다. 증기택이 청불전쟁에서 군사력의 강화를 주장한 점에 자극받아 오우여는 "그의 추종자들에게 바치기 위해爱謹敬模像以壓世之傾心景仰者" 초상화를 제작하였다.[124] 이 삽화는 중국의 정치인이 높은 대중적 이미지 인지도를 가지고 스타덤에 오른 첫 번째 발자국으로 기록된다. 다른 경우에 점석재의 삽화가들은 외국 삽화 중에서 일부 이미지만 가져와 꽤 다른 주제의 이미지를 채우는 도구로 사용하기도 했다.<그림 3.7과 3.8>[125]

서양의 삽화신문들 쪽에서도 곧 중국의 새로운 동료를 발견했으며, 때로는 중국 관련 사건의 삽화로『점석재화보』의 그림을 복제해서 싣곤 했다.<그림 3.9> 이리하여『점석재화보』는 전 세계 삽화신문 공동체의 일원이 되었다. 이들은 서로의 존재를 알고, 서로를 복제했으며, 기사와 이미지에서 유사한 안건을 따랐다.[126]

『점석재화보』는『신보』의 유통망을 통해 주문할 수도 있고, 광고에 나열된 다양한 도시의 여러 서점 중 한 곳에서 구매할 수도 있었다.『점석재화보』의

〈그림 3.5〉「증기택의 초상(曾襲侯像)」, 『점석재화보』, 1884년 5월 28일.

THE MARQUIS TSENG

〈그림 3.6〉「증기택의 초상」,
『일러스트레이티드 런던뉴스』, 1884년 1월 5일.

〈그림 3.7〉「터치와 톤의 완벽함」, 존 브린스메드 앤 선즈(John Brinsmead & Sons) 피아노 광고. 『그래픽』, 1888년 11월 17일.

보도가 지리적으로 강남 지역의 정보와 독자들에게 우선적인 것들로 채워져 있긴 하지만, 다른 지역의 정보를 수집하려고 많은 노력을 기울였다.[127]

『신보』는 『점석재화보』 창간호에 대한 '견소견재見所見齋'의 사설 논평인 「화보 열람 후기閱畫報書後」를 게재하였다.[128] 서재 이름을 통해 이미지를 계획적으로 강조한 이 저자는 중국 서적에서 삽화가 부족함을 애석해 하는 것으로 글을 시작한다. 그래도 예외는 있었다. 인과응보를 삽화로 예시한 도덕서善書와 소설의 매 회에 앞서 나오는 삽화가 그것이다. 삽화가 그려진 낱장 신문지는 행상인들이 판매했다. "길거리와 시장의 소음 속에서 징을 치고 크게 고함을 지르며 어깨에는 작은 깃발을 꽂은 채 손에 몇 장의 신문지를 들고서 팔러 다녔다.街市喧鬧, 鳴鐺高叫, 肩負小旗, 手數紙以求售" 이들은 춘추 시대에 목판을 두드리며 대중들에게 사건을 알리던 사람들과 유사했다. 그들은 종종 선정적인 뉴스를 날조했으며 그 과정에서 대중을 우롱하기도 했다. 신문이 없는 상태에서 이 삽화신문지들은 보도에 앞서 현장을 방문하는 일이 거의 없었고, 독자들은 그것의 진실성을 확인할 방법이 없었다. 그

〈그림 3.8〉「피아노 치는 서양의 개(西犬彈琴)」, 『점석재화보』, 1894년 4월 1일. 앞 그림의 여성의 자리에 개가 대신 앉아 있다.

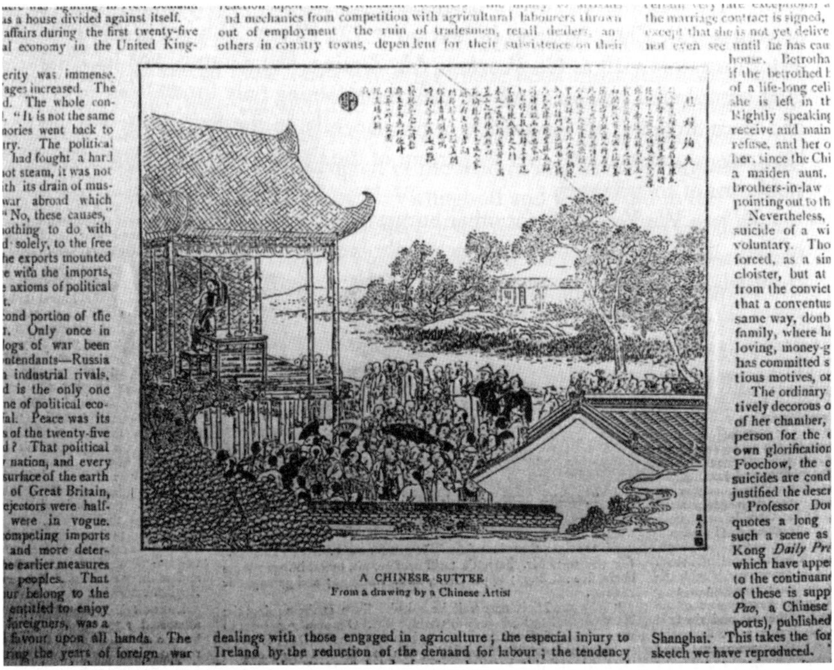

〈그림 3.9〉 「중국식 순사(Suttee)」, 『그래픽』, 1890년 11월 23일. 『점석재화보』의 「열부순부(烈婦殉夫)」 (1890년 8월 20일)를 전재하였다.

러나 이 글의 저자가 암시했듯, 『신보』와 『점석재화보』의 연계로 인해 새로운 시대가 시작되었다. 『점석재화보』가 『신보』와 같은 성공을 거두지는 못할 것이라는 우려는 해소되었다. 제2호가 나오기 전에 이미 매진된 창간호를 다시 찍어야 했기 때문이다. 신문이 상하이에 등장하면서 신속하게 뉴스를 접할 수 있게 되었으며, 『점석재화보』 삽화로 인해 악행에 대한 공적인 경고因果勸戒가 즉각적으로 전파되었다. 『점석재화보』는 또한 서구의 신기술을 따라잡는다는 임무에 유용한 삽화도 제공했다. 가장 중요한 점은 이제 삽화가들이 모두 중국인이라는 사실이다. "지난날의 『환영화보』는 서양화풍으로 그려져 생소했지만, 현재 『점석재화보』에 있는 삽화들은 중국의 고전 화가의 유풍에서 벗어나지 않았다. 익히 보던 것을 보는 것과 본 적이 없는 것을 보는 것은 참으로 차이가 있는 것이다.抑前之仿印者為西國畫法, 而今之畫則不越乎中國古名家之遺, 見所習見與見所未見, 固有不同焉者歟"

메이저의 서문과 비교했을 때 이 글의 저자는 삽화신문의 "계몽적" 잠재력에 초점을 맞췄다. 신문과 삽화신문 간의 연계 필요성을 강조한 점은 타당하다. 그리고 그는 날조된 이야기도 있는 삽화의 신뢰성을 주장하는 것의 위험성을 잘 알고 있었다.

제3호부터 삽화가들은 보수를 지급받았으며 그림에 자신의 이름을 서명하기 시작했다. 제2호까지 오우여가 전담한 후 김섬향金蟾香 혹은 김계金桂, 혹은 金桂生가 가담했으며,[15] 이 둘은 삽화가의 수를 부풀리려는 듯 여러 서명을 사용하였다. 기사 후미에 있던 삽화가의 인장은 서명 옆으로 이동하였으며, 원래 위치에는 기사에 대한 간결한 논평이나 거기서 이끌어낼 수 있는 교훈을 새긴 인장으로 대체되었다. 이 전서체의 인장은 대부분 해독하기 어려우며, 상당히 학식 있는 사람들을 위해 고안된 내부자 농담 성격의 장치로 보인다.

삽화 정기간행물을 출판하려면 고정된 삽화가 그룹이 필요했지, 가끔씩 즉흥적으로 그림을 그리는 아마추어 화가에 의존할 수는 없었다. 메이저의 홍보와 게재가 승인된 삽화당 보수지급 제안은 곧 고정된 일군의 상하이 삽화가들을 끌어들였다. 그들이 프리랜서로 벌어들이는 수익을 고려하자면 『점석재화보』는 일종의 혜택 같은 것이었다. 여기서는 그들이 독립적으로 삽화를 그릴 수 있도록 하는 안정적이고 규칙적인 수입원을 제공했다. 제5호에는 장지영張志瀛, 마자명馬子明, 오자미吳子美가 합류했으며, 제6호에는 고월주顧月洲와 가성경賈醒卿이, 그리고 1집甲集에서는 마지막으로 전자림田子琳이 제8호부터 참여하기 시작했다. 이상 8명의 삽화가가 첫 10호의 삽화와 이후 발행분의 상당수의 작품을 그렸다. 그들은 화보의 일반적인 기본 스타일을 따랐지만, 주제와 스타

---

15) 창간호는 오우여가 전담한 것이 확실해 보인다. 김계가 작화에 가담한 것은 제2호 「추록대전(秋錄大典)」부터이며, 이때까지는 기사의 후미에 화가의 이름을 인장으로 남겼다. 그림 하단의 별도의 공간에 화가의 서명 및 인장을 남기기 시작한 것은 제3호부터이다.

일에 대한 화가 고유의 식별가능한 정체성을 유지하고 있었다. 또 다른 주요 삽화가 중 한 사람인 주모교周慕橋, 1868~1922는 첫 해의 마지막에 합류했다.[129]

삽화의 양은 동등하게 배분되지 않았으며 시간에 따라 달라졌다. 오우여는 첫 680폭의 삽화 중 거의 40%에 해당하는 264폭를 그렸다. 나중에 30%도 못 그린다고 불평한 것을 보면 그는 유일한 삽화가이기를 원했을 것이다. 1886년 5월에 경집庚集 여섯 번째 발행분제78호 이후 그는 『점석재화보』를 잠시 떠났다.[130] 그의 뒤를 이어 김계25%=167폭, 전자림15%=98폭, 주모교8%=52폭, 장지영5%=33폭 순이다.[16] 고월주, 마자명, 오자미, 가성경 등은 소수의 그림만 기고했는데, 때로는 한두 호에만 참여했다가 잠시 혹은 영원히 중단하기도 했다. 즉 1집1~12호에서는 5명의 삽화가가 90% 이상의 삽화를 그렸다. 『점석재화보』는 고정된 삽화가 그룹을 확보하고 있었던 것이다.

오우여가 1886년 5월에서 1888년 7월 말 사이에 다른 일로 『점석재화보』를 떠나자[131] 다른 삽화가들의 몫이 그만큼 늘어났다.[17] 전자림은 경집庚集의 나머지 분량 중 약 4분의 158폭 중 12폭을 그렸으며,[18] 오우여 이탈 전에 단 2폭만 그린 부절符節; 艮心은 그가 떠난 후 경집庚集에 11폭을 그렸다.[19] 제1집의 마

---

16) 『점석재화보』 연구팀의 데이터베이스(http://sinodb.info/)를 분석한 결과 통계수치가 조금 다르다. 제1호에서 제78호까지 707폭의 삽화 중 오우여 289폭(41%)이며, 김계(24%=169폭), 전자림(14%=102폭), 주모교(7%=50폭), 장지영(5%=33폭) 순이다. 와그녀가 사용한 수치는 한국 및 홍콩에서 전체 데이터베이스를 만들기 전의 통계이므로 일부 편차가 있을 수 있다.

17) 『점석재화보』에 오우여의 삽화가 사라진 것은 제79호(1886년 6월 17일)에서 제156호(1888년 7월 14일) 사이다. 본문에 제시한 날짜는 한쪽은 음력, 다른 한쪽은 양력으로 표기하여 혼동을 주고 있다. 오우여는 "1886년 6월 중순에서 1888년 7월 중순까지" 다른 일로 떠나 있었다.

18) 원문은 오우여가 떠나기 전에 출간된 기집(己集)으로 되어 있지만 서술상의 착오로 판단하여 경집(庚集)으로 고쳤다. 경집(庚集)의 남은 분량 54폭 중 15폭을 전자림이 그렸다. 다만, 전자림은 1885년 63폭, 1886년 78폭(오우여 이탈 후 48폭), 1887년 47폭으로 오우여의 이탈로 인한 변동폭이 크지 않다. 이 외에 설명이 불필요한 사소한 오류는 별도의 표시 없이 원문을 수정하여 번역한다.

지막 세 선집辛, 壬, 癸에서 부절은 각각 26폭, 33폭, 40폭으로 늘어났으며324폭 중 102폭,[20] 결국 원래 오우여가 차지하고 있던 40%의 분량에 이르렀다.[21] 그 뒤를 이어 김계78폭, 전자림58폭, 마자명36폭, 장지영20폭：壬, 癸에 실린 분량 순이다. 또다시 5명의 삽화가가 전체 삽화의 90% 이상을 차지했으며, 그중에서도 주도적인 한 사람이 태반을 그렸다. 이를 통해 『점식새화보』는 연속성을 유지하면서도 수시로 새로운 인원을 보충함으로써 변화에 빠르게 적응할 수 있었다. 오우여의 역할은 첫 2년 동안 중요했지만, 실제로 『점석재화보』에 기고한 시기는 길지 않다. 2년간 떠나 있다가 1888년 7월에 돌아와서 1890년 가을에 자신의 화보를 설립하기 전까지 단 2년만 더 머물렀다. 그는 총14년에 걸친 『점석재화보』의 역사 중 4년만 함께했다. 『점석재화보』는 그가 있어서 성공했지만, 그가 없어도 성공적이었다.

삽화가들은 자신만의 식별가능한 선호와 강점을 가지고 있었다. 오우여는 전투나 폭동 장면 및 중요한 인물의 초상을 좋아했다. 부절은 하급관리의 악행을 주로 표현했으며, 김계는 일본이나 조선을 소재로 한 삽화를 많이 그렸다. 장지영은 사묘나 법정 장면을 자주 그렸으며, 나중에 합류한 하원준何元俊 : 明甫은 무당, 승려, 비구니의 사기행각에 대한 묘사가 많다. 이러한 개별적인 선호도는 주제 선택에도 영향을 미쳤다. 내니 킴이 제공한 항목별 도표에 따르면, 1886년 5월에 오우여가 베이징으로 떠난 후 그가 선호한 주제는 줄어들고 그가 기피했던 초자연적인 이야기들이 가파르게 증가했음을 알 수 있다. 오우여가 복귀한 후 초자연적인 이야기의 비율은 거의 절반으로 떨어졌

---

19) 부절은 오우여 이탈 후인 제80호(1886년 6월 27일)부터 『점석재화보』에 삽화를 제공하기 시작했으므로, 이탈 전에 2폭을 그렸다는 서술은 오류다.

20) 부절은 전체 327폭 중 辛(32폭), 壬(34폭), 癸(44폭)으로 110폭을 그렸다.

21) 합류 시점은 늦었지만 부절은 전체 기간을 통틀어 가장 많은 삽화(1167폭)를 게재했다.

으며, 최종적으로 그가 『점석재화보』를 떠나자 다시 가파르게 상승했다.[132] 그들은 관심 있는 주제를 선택할 많은 자유를 가졌다. 어떤 편집자도 그들에게 그려야 하는 소재를 할당하지 않았지만, 아마도 편집자는 제출된 여러 그림들 중에서 고를 수 있었을 것이다.

그림 스타일 면에서 오우여는 서구식 투시법을 일상적으로 사용했다. 그는 모필을 사용한 회화에서 흔히 볼 수 있는 다양한 두께가 아닌 가는 선으로 생동감 있게 그렸다. 큼직큼직한 윤곽선으로 대담한 구도를 잡았지만 각종 사회적 유형의 인물과 그들의 개성의 표현에도 상당한 관심을 기울였다. 여러 삽화가들 중 김계는 형상의 윤곽만 표현하는 대신 점과 선으로 음영 표현을 고수했다. 장지영과 전자립은 연화의 특정 양식과 밀접한 관계를 지닌 윤곽 위주의 유사한 화풍을 발전시켰으며, 부절은 기법적으로 모든 면에서 적절했지만 그의 그림 대부분이 개성도 없고 동적인 효과도 부족했다. 오우여는 어떤 화가가 그린 그림인지 독자들이 인지하고 있었다고 주장했다.

『점석재화보』의 삽화가들은 여러 분야에서 다양한 수준으로 활약했다. 그들은 새해 연화를 제작했고, 『점석재화보』 삽화보다 훨씬 높은 품질의 서적 삽화를 만들었다. 주문을 받거나 그들 자신의 선택에 따라 그림을 그리기도 했고, 광고가 유행하기 시작하자 몇몇은 광고 회화 쪽으로 달려갔다. 그들은 비팅호프와 캐서린 예가 연구한 새로운 언론인이 글쓰기 분야에서 차지했던 것과 유사한 다양한 공간을 예술 분야에서 차지했다. 언론인과 삽화가는 도시 지식인의 새로운 계층의 초창기 대표자들이었다.

『점석재화보』는 그들을 전문적인 삽화가로 만드는 데 어떠한 역할을 했을까? 첫 2년이 해답을 제공해줄 것이다. 고정 기고자들이 만약 장당 2원의 고료를 받았다면 메이저는 연간 680원을 『점석재화보』 삽화가들에게 쓴 셈이다. 오우여의 경우 한달에 10장의 삽화를 그린다고 했을 때 1년에 약 264원의 수입을 올리는 것이다. 이 수입을 당시 『신보』의 하급 상근기자의 보수인 180원과 비교하면, 『점석재화보』가 오우여에게 탄탄한 재정적 기반을 제공했음을 알 수 있다. 정기적인 화보 제작 외에 『점석재화보』 증간용으로 그린 매달 평균 3장의 삽화와 신보관의 의뢰로 그린 서적 삽화까지 더하면 더욱 충분한 수입이 추가되었다. (이 둘은 화보보다 훨씬 많은 공이 들었으며, 보수 또한 더 높았다.) 일례로 1884년 가을 오우여는 신흥도시 상하이의 명소를 멋지게 담아낸 『신강승경도』 62폭 전체를 그렸다. 오우여는 프리랜서로 남아 있으면서도 메이저의 신문사에서 상근으로 계속하여 일했다.

『점석재화보』 삽화는 삽화가들의 직업을 전문화하는 데도 기여했다. 연간 167원 가량의 수입이 보장됨으로써 김계는 생계가 보장되었다. 전자림, 주모교, 장지영 등은 게재된 삽화에 상응하는 수입이긴 했지만 벌이가 충분하지는 않았다. 그들은 매 호당 고정적이긴 했지만 적은 수만 발표하다가 상황이나 필요에 따라 그들의 몫을 늘이곤 했다. 이들로서는 오우여나 김계에 비해 그림을 주문받고 판매하는 것이 수입에서 더 중요했다.

9폭의 정기 발행분 삽화전체 페이지 7폭과 반쪽 삽화 2폭에 들어가는 비용은 대략 16원 정도이다. 화보 가격이 5푼이므로 삽화 비용만 놓고 보면 매호 발행분을 320부만 팔면 수익을 낼 수 있다. 『점석재화보』의 총수입은 매호 3,000에서 4,000부 발행에 따른 150에서 200원을 시작으로 1890년의 7,000부 발행으로 350원에까지 이르렀다.[133] 점석재서국에서 일한 55명 이상의 필경사와 인쇄공들은 『점석재화보』뿐 아니라 다른 업무도 하고 있었으므로, 유통은 말할 것도 없고 노동 및 원료 비용에 상당한 규모의 기계 투자비용까지 고려해야 한다. 『점석재화보』 총수입의 10%를 그림에 사용하는 것은 꽤 만만찮은 지출이었다.

『점석재화보』는 폭넓은 독자군을 염두에 두고 있었다. 메이저는 『신보』 창간 사설에서 이미 신문기사가 "직설적이되 천박하지 않은 방식으로 작성되었으며, 위로는 학자와 사대부에서부터 아래로 농공상 계층에 이르기까지 모두가 이해할 수 있는 간결하면서도 분명한 이야기"라고 역설한 바 있다.[134]『점석재화보』사설에서는 삽화로 신문기사를 보완한다는 점을 지적했다. 삽화로 인해『점석재화보』는 흔히 '대중적인' 잡지로 불린다. 하지만 삽화에 딸린 기사는 고전적이고 역사적인 암시로 가득 찬 함축적인 고전 문어로 작성되었으며, 심지어『신보』에서도 시도된 바 있던(곧 기각된) 인명이나 지명에 권점圈点을 찍어 표시하거나 구두점을 찍어 더 쉽게 읽을 수 있게 하는 기법조차 사용되지 않았다.『신보』의 독자층은 대부분 교육받은 계층으로 이뤄져 있으며, 새로운 사물에 관심 있는 젊은 남성들이 특히 관심을 가졌을 것이다.[135] 우리는『신보』와『점석재화보』가 대체로 같은 독자층을 겨냥하고 있었다고 가정해야 한다.

『신보』와 마찬가지로『점석재화보』는 상하이를 "우리 지역本埠"이라고 지칭하면서도 특정 지역의 신문으로 비춰지지 않도록 애썼다. 그럼에도 불구하고 게재된 삽화는 신문에서 가장 상세하게 보도되는 지역, 즉 상하이 및 상하이에서 난징 사이의 장강 유역, 광둥과 홍콩, 베이징 등에 더 중점을 두고 있음을 보여준다.[136] 많은 분량을 차지하는 상하이 관련 삽화는 상하이 독자들뿐 아니라 현대적 도시 세계에 대한 인상을 얻고자 하는 모든 사람들에게 관심사였다. 이 당시 루쉰은 목격자로 신뢰할 수 있을 정도로 충분히 가까이에 살고 있었다.

이 화보의 세력은 당시 대단하여 각 성에서 널리 유통되었는데, '시무時務' — 그 당시 이 명칭은 지금의 이른바 '신학新學'과 같은 것이었습니다 — 를 알려는 사람들의 눈과 귀가 되었습니다.[137]

추후 서적으로의 장정을 염두에 둔 고품질의 인쇄와 종이로『점석재화보』매 호의 발행분이 편성되어 있다는 점과 함께 구독료 또한 비교적 잘 교육받고 부유한 독자층을 지향하고 있었음을 보여준다. 메이저는 이미『환영화보』의 가격을 절반으로 인하한 바 있다. 그러나『점석재화보』의 가격인 5푼은『신보』에 비해 여전히 6배 이상 비쌌다. 두 신문을 함께 구독하는 것만으로도『신보』하급기자는 수입의 2~4%를 쓰는 셈이다.『점석재화보』는 가게 점원이나 직공, 서양인의 하인 등 상하이의 '소시민'이 아니라 신문을 읽을 수 있고 구매할 능력이 되는 사람들에게 맞춰져 있었다.

부록과 별지를 제외한『점석재화보』의 삽화 총수는 약 4,500폭이다.[22]『점석재화보』에 대한 논의는 화보 전편의 통독을 거치지 않은 매우 불완전한 검토와 오우여의『비영각화보』를 슬쩍 훑어본 정도에서 이루어져 왔다. 뉴스 가치가 있는 아이템에 대한 개념은 시간이 지나도 거의 변하지 않았다. 초기에는 많은『신보』기사가 전기傳奇:기이한 소재를 다룬 문언단편소설처럼 읽혔다. 기사는 놀랄 만한 기괴한 이야기로 채워져 있으며, 그 속에 사람을 안심시키는 도덕적 격언을 주입시켰다.『신보』가 그 스타일을 전문화시켰던 반면 화보는 기본적으로 이러한 보도 방식을 고수했다.

같은 뿌리임에도 불구하고『점석재화보』와 서양의 삽화신문 사이의 차이는 매우 현저하다.『점석재화보』에는 뭍으로 올라온 거대한 물고기, 집 천장을 부수고 지나가는 말, 자신의 의족으로 남편을 때리는 아일랜드 여성, 보안 수칙이 엉터리인 조선의 과거시험장, 놀라운 양의 기형아 출생으로 일그러진 인류의 번식 등이 매주 일상적인 사건으로 일어나는 세상이 제시된다. 유

---

22) 전체 목록은 4,666편이다. 그 중 동일 주제를 묶은 시리즈의 표제와 후기 등 문자와 제목만으로 한 면 전체를 채우는 4편을 제외한다면, 글과 그림으로 구성된『점석재화보』본편은 총 4,662편이다. 이성현,「『점석재화보』연구」(서울대 박사논문, 2019), 1쪽 참고.

럽이나 미국 신문에서는 이러한 것들은 거의 찾아볼 수 없었다. 그러나『점석재화보』는 또한 진압당한 지역 폭동, 상하이로 피난 온 연인, 대중을 우롱하는 비구니 같은 사회사건 뉴스를 부지불식간에 꽤 많이 보도하기도 했다. 때로 뉴스 보도는 사회적 활동이 되기도 했다. 1887년 허난성의 수해 피해자들을 위해『점석재화보』는 삽화와 피해 지역의 지도를 제작했으며, 기부를 호소하고 황태후를 포함한 기부자의 명단을 공개하였다. 여기서도 상하이라는 근거지의 중요성을 엿볼 수 있다. "상하이의 기부금은 4개絲業, 文報, 與昌, 高昌의 지역 사무소公所에서 모집하고, 다른 도시는 전보국 및 여러 구호기관에서 대리할 것이다."[138] 그렇긴 하지만 특히『일러스트레이티드 런던뉴스』에서 볼 수 있는 상세한 사회보도를『점석재화보』는 거의 제공하지 않는다.

　『점석재화보』는 권위를 굉장히 존중하는 보수적인 입장을 가지고 있었다. 베이징 황실은 반란을 진압하거나 구호금을 보내는 등 최고의 모습으로만 등장했다. 양무 운동의 선도적 인물들은 긍정적인 모습으로 노출되었다. 관리들에 대한 비난은 하급 지방관 이하만 겨냥했으며, 그들의 악행은 고립된 현상으로 다뤄졌다. 승려, 비구니, 무당에게 농락당한 사람들을 빈번히 묘사함으로써『점석재화보』는『신보』와 마찬가지로 종교에 대한 편견을 드러냈다.[139]

　기사 시작의 짧은 서론이나 기사 후미의 인장에 새겨진 잠언에 표현된 가치관은 상당히 전통적이다. 서양의 삽화신문과도 유사하게『점석재화보』는 독자들 사이에 널리 퍼져 있는 가치관에 호응하고, 이야기와 이미지로 그것을 강화시켰다. 안정된 세계라는 허상은 확신을 가지고 판단할 수 있는 모든 증거에 반하여 유지되고 있다. 동시에『점석재화보』의 내용, 미학적 스타일, 통신수단의 위계 및 도시적 감수성 등은 그들이 전달하는 것처럼 보이는 바로 그 안정성의 와해에 실질적으로 기여하고 있었다.

『점석재화보』의 부록

초기부터 『점석재화보』에는 광고 외에 두 종류의 무료 부록이 있었다. 삽화본 서적을 연재하는 중간과 따로 분리되는 석판화 별지가 그것이다. 이 부록들은 『점석재화보』를 삽화, 문학, 미술이 결합된 저널로 변모시켰다. 이는 서양 삽화신문에서 가져온 특징이다. 『그래픽』이나 『일러스트레이티드 런던뉴스』 같은 삽화신문들은 흑백과 컬러 부록 및 연재 소설에 삽화를 넣어 출간했다. 아직 연구가 진행되지 않은 이러한 부록들은 서적 및 미술 역사가들에게 중요하다. 나는 이에 대해 개관하고자 한다.[140]

삽화본 연재서적

『점석재화보』의 정규 판면이 낱장 신문지, 전쟁화, 초상화의 사실적 전통을 따르고 변형시켰다면, 서적 부록은 서적 삽화를 계승했다.[141]

시작은 1884년 왕도王韜 : 1828~1897의 필기와 일화 모음집인 『송은만록淞隱漫錄』인데, 여기에는 오우여와 전자림의 정밀한 삽화가 곁들여져 있었다.[142] 이 책은 "새로운 『요재지이』"라는 이름으로 당당히 발표되었다.(23)[143] 매 호에는 나중에 묶어서 장정하기 편하게 별도의 일련번호가 매겨져 있었다.

---

23) "새로운 요재지이", 혹은 "요재지이 후속편"이라는 뜻의 『후요재지이(後聊齋志異)』는 다른 출판사에서 먼저 간행하여 문제가 되었다. 16권 전체의 연재를 마친 후 책으로 낼 계획을 갖고 있던 점석재서국에 앞서 미한려(眛閑廬)가 『후요재지이도설초집(後聊齋志異圖說初集)』이란 제목으로 12권을 먼저 출간하고, 『신보』에 광고(1887년 6월 26일/8월 15일)까지 게재했다.(미주 143번의 인용출처는 바로 이 해적판의 광고이다.) 『신보』 쪽에서 뒤늦게 이 사실을 알아챈 뒤 다급하게 동년 9월 『송은만록도설(淞隱漫錄圖說)』이란 제목으로 출판한다. 따라서 남은 4권은 제126호(1887년 9월)부터 『송은속록(淞隱續錄)』으로 연재를 이어간 뒤 출간해야 했다. 관련사항은 다음을 참고하라. 이성현, 「『점석재화보』 연구」(서울대 박사논문, 2019), 86쪽.

『송은만록』은 현재의 세상을 묘사한 글이므로 그 삽화 또한 현대적인 장면이 담겨야 했다. 이런 쪽은 점석재 삽화가들의 전문분야였다. 이처럼 높은 수준의 삽화판 신작 부록은 『점석재화보』의 문화적 지위를 상승시켜 주었고, 독자들이 연재 소설 전체를 모으기 위해 화보를 구독하도록 유도했으며, 삽화가들에게 보다 수준 높은 기교의 작품을 창작할 무대를 제공했다.

왕도는 신보관과 밀접한 관계를 가지고 있었다. 그는 신보관에서 자기 저작을 출간했고, 심복沈復의 『부생육기浮生六記』 같은 출판물을 찾는 일을 도왔다.[144] 『점석재화보』에 최초 발표한 『송은만록』은 그를 당대의 가장 인정받는 필기筆記 작가 중 한 사람으로 만들어주었다. 뒤를 이어 두 권의 책이 추가로 출간되었다. 1888년과 1889년의 『송은속록』[145] 및 『만유수록漫遊隨錄』[146]이 그것인데, 삽화는 전자림이 시작한 뒤 장지영으로 대체되어 대부분의 삽화를 그리게 된다.[147] 또한 『점석재화보』는 1888년 중반부터 이어李漁, 1611~1680의 가장 유명한 희극 중 하나인 『풍쟁오風箏誤』에 김계의 삽화를 곁들여 연재하기도 했다.[148]

오우여가 베이징에서 돌아온 후 몇 개월간은 모든 부록을 그의 새로운 작품으로 채웠다. 그러나 1890년 5월부터 『규원총록閨媛叢錄』이 연재되었는데, 그 삽화는 초반에 오우여가 맡았다가 1890년 10월부터 김계가 그렸다.[149] 이 책은 여성 작품 모음집인데, 신보관은 여성에 의한 저작의 판매에 매우 적극적이었다. 1891년 2월 발행분 직전에 화가인 서가례徐家禮로 추정되는 저자 애원주인藹園主人의 자전적 서문이 담긴 새로운 작품인 『애원미승藹園謎勝』이 연재되기 시작했다.[150] 나는 이 저작을 별도로 확인하지는 못했다. 『좌전』에서 『요재지이』에 이르는 다양한 작품의 짧은 인용으로 구성된 책이다.

이어서 1891년 5월부터 25폭으로 구성된 중국어 지명이 표기된 중국 각 성의 현대적 지도인 〈황조직성지여전도皇朝直省地輿全圖〉의 연재가 시작되었다.[151] 이 지도는 중국에서 현대 지도 제작의 시초인 1863년 지도를 바탕으로 하고 있다.[152] 연재는 메이저의 후기로 끝을 맺었다.[153] 1879년 점석재가 출간한 책을 일부 재인쇄한 것이지만 중요한 변화도 포함하고 있었다. 자위관^{嘉裕}^關 너머 전디^{鎭迪 : 현재 우루무치}와 이리^{伊犁}를 표기한 마지막 지도가 대표적이다. 왜냐하면 1871년 러시아의 이리 점령 이후 리비디아 조약¹⁸⁷⁹와 페테르부르크 조약^{1881 : 이리조약}의 결과 러시아와의 국경이 변경되었기 때문이다. 신장은 사실상 페테르부르크 조약이 중국의 권리를 보장한 후인 1884년에 비로소 중국이 직접 관리하는 지역이 될 수 있었다.[154] 신보관과 점석재는 청불전쟁, 이리사건, 1887년 허난성 홍수 등 당시 시사와 관계된 지역을 포함한 여러 지도를 출간하곤 했다. 1884년 신보관에서는 청 정부의 직할성의 동판화 지도인 〈직성동판횡피여도^{直省銅版橫披輿圖}〉를 출판했다.[155] 내가 확인한 바에 따르면, 『점석재화보』에 연재된 지도는 중러 국경의 영토변화를 포함하여 근대 진입기 중국의 국경을 최초로 그려내었다. 이 지도들은 중국에 대한 정보를 중국인들이 이용할 수 있게 만들겠다는 신보관의 정책에 부합한다.

지도 연재가 종료되기 전 더욱 재미있는 작품인 『승룡가화^{乘龍佳話}』를 연재하기 시작했다. 이 작품은 1890년에 집필되어 1891년 상하이에서 첫 상연된 전기^{傳奇} 극으로 『점석재화보』에 처음으로 출판되었다.[156] 『신보』 최초의 중국인 기자 중 하나이자 친구 전흔백^{錢昕伯}의 투병 이후 실질적인 편집인이었던 작자 하계생^{1841~1894}은 열렬한 경극 팬이기도 했다. 삽화는 김계가 맡았다.[157]

『점석재화보』에 연재된 마지막 책은 당대 전기^{傳奇} 고사를 『점석재총초^{點石齋}^{叢抄}』라는 제목으로 새롭게 모은 방대한 선집이다. 익명 화가의 삽화가 포함된 300편의 고사를 1892년에서 1895년까지 3년에 걸쳐 연재했다.[158] 신보관은 현대적 도시 감수성에 잘 어울린다고 여겨지는 많은 장르의 재평가에 중요한 역할을 해왔다. 여기에는 당대 전기^{傳奇 : 문언단편소설}, 명대 전기^{傳奇 : 희곡}, 필기, 소설 등이 포함된다.

나는 대영도서관에서 제453호 이후의 초판본『점석재화보』를 직접 확인하지 못했다. 따라서 마지막 70여 호에서는 더 많은 제목의 서적이 연재되었을 수도 있다.

정기적으로 소설 작품을 연재했다는 면에서『점석재화보』는 사실상 삽화 신문인 동시에 문학잡지이기도 했다. 연재된 작품은 초판인 것도 있었지만 고급 출판을 통해 기존의 장르 자체를 격상시키고 대중화시켰다. 오락, 정보, 선정적인 뉴스를 계속하여 제공했음에도 불구하고, 이처럼 정교한 삽화 작품에 때로 지도와 같은 다른 아이템을 결합시킴으로써『점석재화보』의 문화적 지위는 상승하였다.

기자, 신극 작가, 경극 스타(와 기녀), 삽화가의 긴밀한 연계는 상하이의 중심인 근대적 공공영역에서 새로이 떠오르는 스타인 이들이 전통적인 엘리트들에 의해 외면당할 수는 있어도, 지리적 출신이나 과거급제 여부에 상관없이 자신들만의 사회적 세계를 형성하기 시작했다는 신호이다.

석판화 미술 복제품

『점석재화보』에 문화적 색채를 부여하려는 노력은 석판화 미술 복제품의 삽입으로 더 선명하게 드러났다. 메이저는 많은 '해파' 화가들과 긴밀한 관계를 맺고 있었다. 그들 중 일부는 서적 삽화를 그리기도 했지만『점석재화보』 삽화가들과는 다른 그룹에 속해 있었다.

접이식 별지로 삽입된 새로운 부록은 1885년 3월 중순 임훈任薰, 1835~1893의 2폭의 특대 사이즈 그림으로 시작되었다. 그 중 하나는 1885년 1월에 그린 석가모니 탄신에 대한 것이다.<그림 3.10> 다른 하나는 구마라타 조사를 묘사한 그림이다. 두 작품 모두 상하이의 화가 장충張翀이 제지題字를 했다. 그 다음 호에

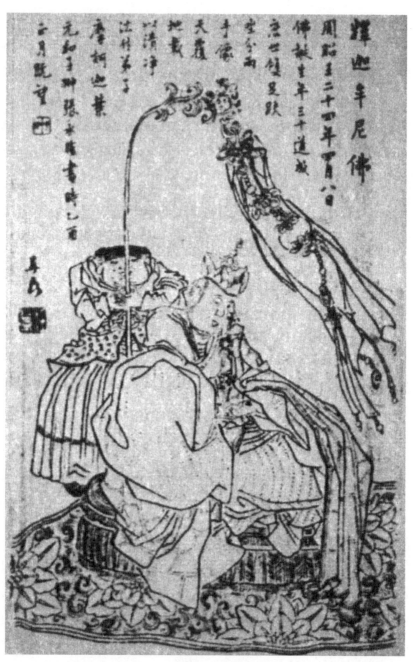

〈그림 3.10〉임훈, 「석가모니불」. 석판화, 『점석재화보』 제32호(1885년 3월 12일) 별지.

는 마찬가지로 장충이 제자한 임백년任伯年, 1840~1896과 사복沙馥, 1831~1906의 그림이 접이식 별지로 삽입되었다. 이 세 화가의 작품을 점석재서국에서 개별적으로 복제한 적이 있으므로 정식 계약관계를 맺었던 것이 분명하다. 점석재는 그림을 복제할 수 있는 권리만을 구입했거나, 혹은 그림을 구매하여 그것을 복제할 수 있는 권리를 보유하고 있었을 것이다.

1886년 새해에 첫 번째 시리즈의 별지 제공이 끝날 때까지 독자들은 임훈의 그림 29폭, 임백년의 그림 14폭, 관념자管念茲 : 管劬安, ?~1909[159]의 그림 8폭, 사복의 그림 6폭 및 이 장엄한 그룹에 포함될 수 있었던 유일한 "삽화가"인 오우여2폭와 전자림1폭의 그림을 받아볼 수 있었다. 상당수의 그림이 최상급이었다. 그중 일부는 임훈의 불교 성자ㅣ한도 시리즈 같이 서로 연결되어 있었다. 전자림은 엄마와 아이가 폭죽을 터뜨리는 거대한 연화66.5×36.3cm를 그렸다. "온 세상이 한 가족이다天地一家"라는 표제의 이 연화는 수공채색화이다.[160] 별지제공 계획이 수정되었는지 1887년 신년의 삽화가 장지영의 그림을 제외하면 그 사이 어떠한 별지도 제공되지 않았다.[161] 해파 화가들은 아마추어 문인화가가 아니라 그림을 시장에 팔고 그 보수로 살아가는 직업 화가였다. 그들은 명말 양주화파의 전통을 이어 메이저의 미학적 의제에 부합되는 보다 "사실적인" 양식을 선호했다.[162]

오우여의 태평천국 그림

1888년 7월, 『점석재화보』는 새로운 파문을 일으켰다. 오우여가 베이징에서 돌아온 것이다. 『점석재화보』와 신보관에서 보여준 작업물의 직접적인 결과가 황실의 초청으로 이어졌다. 처음부터 그는 『점석재화보』의 전쟁 및 공식적인 장면에 특화되어 있었다. 1885년 7월 청불전쟁의 강화조약이 체결되기 전까지 『점석재화보』에 실린 오우여의 삽화 138폭 중 42폭이 전투장면을 그렸거나²⁴폭, 고위 관료와 그들의 의례를 묘사한¹⁸폭 그림이다. 다른 삽화가의 손에서는 이런 유형의 삽화가 단지 4폭만 그려졌다. 오우여는 전쟁화가로서의 고품질과 근대적 감각을 보여주었으며, 배속된 기사는 신보관이 제창한 사실성이라는 의제에 보편적으로 부합되는 청조에 대한 충심을 표출하는 것들이었다. 증기택 초상, 이홍장의 조약 체결 장면, 상하이에 도착하는 중국 전접이식 별지 등 청조의 대표적인 관료의 초상화는 그가 이러한 장르도 잘 다룰 수 있음을 증명했다.¹⁶³ 신보관은 당시 중국전의 편지와 일기를 막 출간한 상황이었으며, 그에 앞서 그의 생애에 대한 연대기와 연보를 출판한 바 있다.¹⁶⁴ 이러한 자료는 증국번曾國藩 일가의 가장 가까운 가족에게서 나온 것이 분명하다. 따라서 증국전과 증기택이 신보관과 좋은 관계를 맺고 있었다고 가정하는 것이 이치에 맞다.

프랑스와의 강화조약 체결 직후, 서태후는 청불전쟁 기념화 제작 프로젝트를 기획했다. 그런데 아마 태평천국, 염군, 회족의 난을 평정한 지휘관들보다 자신의 공적을 더 높인다는 비판을 피하기 위해서인지 최종적으로 이들 사건까지 포함하는 것으로 프로젝트가 확장되었다. 초안 그림이 제출된 후, 기인旗人 출신의 화가 경관慶寬, 1894~1927이 이끄는 베이징 신기영神機營 소속의 전쟁화가들이 그 중 일부를 선별하여 대형 비단 화폭에 옮겨 그리는 방식이었다.¹⁶⁵ 이 비단 화폭은 황궁 경내에 있는 자광각紫光閣에 전시되었을 것이다. 1886년 3월 22일, 이홍장은 이 목적을 완수하기에 적임인 화가를 찾아오라는 어명을 받았다. 그는 난징에 있는 양강총독 증국전에게 이 일을 넘겼다. 증국전은 당시 가장 유명하고 자신에게 친숙한 전쟁화가인 오우여에게 이 일을 맡겼다.¹⁶⁶ 한 세기 전만 해도 청 황실은 장 드니 아티레Jean Denis Attiret, 1702~1768²⁴)에게 막대한 비용을 들여 프랑스에 전쟁화를 주문해야 했다. 이제 더 적은 비용으로 더 잘 수행할 수 있는 중국인 전쟁화가가 발견된 것이다. 오우여는 또 다른 『점석재화보』삽화가인 주모교에게 이 작업에 함께 합류할 것을 요청했다.[167] 황실의 기념화 제작 주문의 결과 오우여는 정상의 수준으로 올라섰으며, 근교의 걸출한 화가들과 경쟁할 필요 없이 그를 위한 고급 시장을 창출시켜 주었다.

오우여는 1886년 5월, 이 임무를 수행하기 위해 점석재를 떠났다. 그는 2년의 시간을 들여 그림의 배경으로 선별된 전장을 방문하고 태평천국 전승에 관한 청의 공식적인 기록을 읽었다. 그 결과가 16폭의 그림 연작이다. 이에 대해서는 장훙싱張弘星이 베이징 역사박물관에서 확인한 바 있다. 그림은 어람용으로 황실에 제출되었으며, 오우여에 따르면 서태후가 호감을 표했던 것으로 보인다.

나는 증국전의 명령에 따라 태평천국군을 평정한 공신들의 영웅적인 위업을 그렸다. 어람을 위해 진상되었을 때 다행히도 호의적인 평가를 받았다. 그 결과 나는 과분한 명성을 얻었다. 임무가 끝난 후 나는 상하이로 돌아왔다. 그림을 찾는 사람들이 몰려들어 거의 짬을 낼 수 없을 지경이었다. 이 때문에 나는『비영각화보』를 설립했다.[168]

그 후에 어떻게 진행되었는지는 분명하지 않다. 장훙싱이 검증한 바에 따르면, 경관慶寬에 의해 실행된 실제 그림은 오우여의 초안과 유사하지 않다. 내 생각에 그림이 거부당했다면 오우여가 몇 번이나 황실의 높은 평가를 공개적으로 표명하지는 못했을 것이다. 그는 여러 차례에 걸쳐 서태후를 찬양했으며, 절대로 반체제 인사가 아니었다.

---

24) 장 드니 아티레는 가톨릭 수도사이자 청 건륭의 궁정화가로 중국명은 왕치성(王致誠)이다. 건륭제의 주문으로 그려진 「평정서역전도(平定西域戰圖)」는 프랑스로 보내 동판화로 제작한 후 다시 건륭에게 진상되었다.

장홍싱이 사용하지 않은 청대의 한 기록에 의하면, 서태후가 1892년 서원西
苑에 갔을 때 공신들의 화상이 이미 훼손된 것을 발견하고는 오우여를 불러들
여 다시 그리도록 했다. 서태후는 또한 옛 그림들을 사진으로 남기도록 명령
했다. 그 사진은 후손들이 태평천국 전승에 대한 공적도를 다시 복제할 수 있
도록 공신들에게 선물로 하사될 예정이었다. 그러나 일본과의 전쟁으로 인해
황실은 이 일에 신경을 쓸 수 없었다. 1900년에 8국 연합군이 베이징에 진입
했을 때, 한 서양인 장교가 자광각에 들어가 수백 장의 사진과 함께 그림이 그
대로 남아 있는 것을 발견했다. 그후 이 그림들은 유럽 전역으로 흩어졌다. 혹
자는 상트페테르부르크에서 샀다고도 한다. 그림을 팔았던 서양인의 말에 따
르면, 이 그림들은 서양의 동상과 같은 목적을 가지고 있는데, 다만 오래 보존
되지 않는다는 문제가 있었다.[169]

이 기록은 어느 정도 신빙성이 있다. 왜냐하면 그 사진들이 베이징대학 도
서관에 보존되어 있고, 또한 실제로 이들 그림 중 상당수가 여러 지역에 흩어
져 있기 때문이다. 조정에서는 태평천국 전쟁 공신의 그림에 대해 "만주족은
적고 한족은 많다"는 어쩔 수 없는 사실로 인해 신경질적인 반응을 보이기도
했다.[170] 사실상 오우여는 단 한 명의 만주족도 그리지 않았지만, 그의 작업은
긍정적인 반응을 얻었음이 분명하다.

오우여가 상하이로 돌아오자 태평천국 진압 지휘관의 초상, 전투 장면을
포함한 그의 그림 일체를 25×27cm의 대형 포맷의 석판화로 복제하여『점석
재화보』에 접이식 별지로 제공하였다. 독자들이 그것을 꺼낸 후 표구를 하여
벽에 걸 수 있도록 한 것이다. 이 그림들은 1888년 7월 하순에서 10월 중순에
걸쳐 출판되었다.[171] 오우여가 베이징에 남긴 초본은 잘해봐야 비단에 옮겨
져 그 누구도 함부로 접근할 수 없는 구중궁궐인 자광각에 걸릴 운명이었다.
베이징의 의뢰를 수락했다고 해서 오우여가 궁정화가가 되지는 않았다. 그는

자신의 그림을 복제할 권리를『점석재화보』에 팔았다. 그 결과 수천 장으로 복제되어『점석재화보』구독자의 집을 장식하게 되었으며, 이제는 황실 내부의 공식적이지만 비밀스러운 감상에서 벗어나 황실의 통제를 넘어선 대중적 행위가 되었다. 그림의 대상이 된 공신들은 이제 대중적인 모범으로 활용되었으며, 그들이 이긴 전투 장면은 대중들의 기억 속에 영광스러운 사건으로 간직되었다. 그리고 그것은 그림의 세부를 설명하는 문자를 통해 완성되었다.『점석재화보』의 구독자는 서태후가 직접 감상한 그림을 소유하고 관람하게 된 것이다.[172] 이홍장과 증국전은 반대하지 않았다. 이제 언론은 국가정책을 토론하는 목소리가 되었고, 대중은 국정에 관한 정보를 강력히 요구했다.『점석재화보』는 중국의 고위 관리들에게 대중적인 인물, 혹은 심지어 대중의 영웅이 될 기회를 제공했다. 그들의 초상은 신문을 읽어서 그들의 삶과 업적에 대해 알고 그들의 노고에 감사하는 사람들의 집의 벽을 장식하게 되었다.

전장 방문과 전투 기록에 대한 상세한 검토를 통해 오우여는 할 수 있는 한 사실성을 유지하려 애썼다. 이런 면에서 오우여의 그림은 역사를 다룬 신문삽화였지만, 황실에서 의뢰했다는 것만으로도 신문삽화의 지위는 크게 상승하였다.[173] 황실이 여전히 대중의 취향에 미쳤던 영향을 감안할 때, 이들 그림을 감상하는 일은 신흥 대도시 상하이의 매력에 제국의 영광을 더하는 것이었다. 이전에『점석재화보』삽화가들은 기껏해야 새해의 접이식 연화 작업이나 요청받았던 반면, 별지로 제공된 오우여의 태평천국 기념화 시리즈는 서구의 영향을 강하게 받은 전쟁화 장르를 걸출한 해파 화가들과 동등한 위치로 올렸다. 메이저는 인쇄된 이미지의 용도와 매력을 보여주기 위해 이들을 활용했다.

일반적으로,『점석재화보』삽화가가 어느 정도까지 자유롭게 그리는 게 허용되었는지는 그들의 삽화를 같은 주제의 다른 신문과 대조하고, 화보의 기사를 『신보』 보도와 대조해 보아야 알 수 있다. 나는 메이저와 삽화가 사이의 직접적인 충돌을 보여주는 항목을 단 하나 발견했는데, 그것은 오우여의 것이었다. 쟁점이 된 것은 애국적인 선전을 처리하는 문제였다. 『점석재화보』에서 프랑스와의 전쟁에 대한 묘사는 눈에 띄게 중국 편을 들었다. 프랑스군의 강한 군사력을 숨기지는 않았지만 『신보』에 보도가 되었더라도 『점석재화보』는 중국의 패배를 절대로 묘사하지 않았다. 대만에서의 전투와 같이 중국이 승리한 일부 소식만을 그렸다. 게다가 프랑스군이 통킹에서 군사 기밀을 소지한 프랑스 기자를 처형한 것을 고발하기도 했다.[174] 그런데 이와 동시에 『점석재화보』는 1884년 5월 11일에 적대행위를 종식시키기 위해 맺은 이홍장과 푸르니에의 협약[25]에 긍정적인 태도를 보였다. 1884년 8월 푸저우에서 중국 해군 대부분을 잃은 후인 9월 초에 메이저는 프랑스와의 화해를 옹호하는 사설을 게재했다. 중국은 이 전쟁을 수행할 장비가 빈약하며, 패전 후 프랑스에 지불해야 할 배상금 액수는 앞으로의 근대화의 장애물이 될 것이라는 내용이다.[175] 결국 『점석재화보』는 1885년 6월 9일의 강화조약식 장면을 삽화로 그렸으며, 협정 전문을 기사로 제공했다. 「강화조약에 서명하다和議畫押」라는 제목의 이 삽화는 오우여가 그렸다.<그림 3.11> 기사에 따르면, 1885년 3월 말에 탈환한 랑선에서의 중국의 승리[26] 이후 "프랑스의 기세는 약화되었다. 그리하여 그들은 평화를 구걸하는 제안을 제기하였다法勢頓衰, 於是有乞和之議". 청 황실이 자비롭게도 이 제안을 수락한 결과 이홍장은 프랑스 대사와 10개 항의 조약을 체결했다. 공식 조약식에서 이 조약은 외교사절단이 참석한 가운데 체결

25) 톈진 협약(Tientsin Accord : 간명협약 혹은 리-푸르니에 협약(Li-Fournier Convention)이라고도 한다)은 1884년 5월 11일 통킹을 둘러싼 충돌을 끝내기 위해 프랑스와 청 사이에 합의된 협약이다. 청나라에서는 이홍장이, 프랑스에서는 프랑수아 에르네 푸르니에(François-Ernest Fournier)가 협상에 참여했다.

〈그림 3.11〉 오우여, 「강화조약에 서명하다(和議畫押)」, 석판화,
『점석재화보』 제43호(1885년 6월 28일).

〈그림 3.12〉 오우여, 「프랑스인이 평화를 구걸하다(法人求和)」, 타오화우 석판 연화. 王伯敏, 『中國版畫史』(上
海, 1961), p. 105; 王樹村 編, 『中國民間年畫史圖錄』, 그림330에서 복제.

되었다. 흥미롭게도 우리는 바로 이 시기에 쑤저우의 타오화우桃花塢에서 오우여가 그린 「프랑스인이 평화를 구걸하다法人求和」라는 제목의 석판화를 찾아볼 수 있다.<그림 3.12>[176] 이 석판화는 중화인민공화국에서 애국심의 본보기로 민간 인쇄업자들에 의해 빈번하게 재인쇄되곤 했다. 왕보민王伯敏의 『중국판화사中國版畫史』는 흥미로운 분석을 제공한 바 있다. 타오화우 연화의 다양한 주제를 열거한 후 그는 다음과 같이 네 번째 주제를 언급했다.[26]

4. 시사신문. 이 부류는 가장 현실적인 묘사를 하며 어느 정도 정치적인 의미를 함유하고 있다. 타오화우에서 판매한 「프랑스인이 평화를 구걸하다」가 그 예다. 1885년 프랑스 침략군이 안남베트남에서 우리 유영복 휘하의 흑기군에게 패한 후, 투항파 이홍장은 도리어 매국적인 '조약'을 프랑스와 체결했다. 그러나 인민들은 이 조약의 서명에 불복하여 "프랑스인이 평화를 구걸한다"고 일컬었다. 이 그림은 그러한 내용을 묘사했다. 그것은 자기 조국에 대한 뜨거운 사랑을 보여주었고, 애국주의적 사상으로 가득 차 있었다.

이 짧은 인용문은 중화인민공화국의 학술이 얼마나 처참했는지를 잘 보여준다. 작자는 그림 속 장면이 순수한 허구라는 사실을 너무나 잘 알고 있었다. 프랑스의 지휘관 쿠르베, 영국공사 바巴[27](사실은 프랑스공사 쥘 파트노트르Jules Patenôtre여야 하지만, 여기서는 모든 서양 세력들이 평화를 구걸하고 있음을 보여주려고 국적을 바꾸었다)와 독일인 세무참사 데트링Detring이 이홍장과 다른 청나라 관료

---

26) 이른바 랑선 퇴각(retraite de Lang-Son)은 1885년 3월 말 통킹에서 프랑스군의 오판에 따른 퇴각을 가리킨다. 이로 인해 프랑스 본국의 쥘 페리 정부가 붕괴되었고, 청불 전쟁은 정전으로 이어졌다.
27) 해리 파크스(Sir Harry Smith Parkes, 巴夏禮, 1828~1885)를 가리키는 것으로 보인다.

성명 불상에게 공손하게 평화를 간청하고 있다. 두 사람의 배경에는 거대한 용이 바다에 드리워진 먹구름을 날려버리고 있다.[177] 중국의 군사적 국면은 사실 굉장히 위태로운 상황이었다.[178] 따라서 타오화우의 이 석판 삽화는 사건을 진실하게 묘사한다는 삽화의 주장과 위배되는 순전히 선전을 위한 환상에 불과했다. 그러나 사회주의 리얼리즘의 "사실"이라는 개념하에서 그것은 겉모습과 대비되는 상황의 "진실한 본질"을 제시하고, 그것들이 어떠했는가 대신에 어떻게 되었어야 하는지를 보여주는 것이었다. 이러한 진보적인 특성은 이 삽화가 중화인민공화국의 출판의 역사에서 영구적인 위치를 차지하게 해주었다.

이 그림으로 오우여는 신보관의 방침에서 벗어났다. 삽화는 판면의 비율 36x52cm은 다르지만 『점석재화보』 스타일로 그려졌다. 이 시기에 타오화우는 이미 석판인쇄를 사용하기 시작했으니 이 석판화는 그 기술을 사용한 것으로 보인다. 한 사람의 손에서 같은 사건에 대한 두 버전의 삽화가 동시에 존재한다는 것은 오우여가 원래 『점석재화보』를 위해 「프랑스인이 평화를 구걸하다」를 그렸음을 암시한다. 아마도 이 그림은 『점석재화보』 삽화의 사실주의적 방침에 맞지 않다는 이유로 메이저의 의해 거부되었던 것 같다. 오우여는 따라서 『점석재화보』에 실을 삽화를 또 하나 그린 것이다. 이 삽화의 기사에 프랑스인들이 "평화를 구걸"한다는 문구가 등장하지만, 중국 관료와 프랑스 사이의 조약식 그림에서는 의식이 진행되는 동안 의례상 평등한 관계로 그려졌다. 그리고 나서 첫 번째 버전의 그림은 쑤저우의 타오화우 상점을 통해 발표한 것이다. 내 분석이 맞다면, 이러한 갈등은 중국의 민족적 관심사가 제기되었을 때 『점석재화보』가 중국인 독자들뿐 아니라 삽화가를 대할 때 얼마나 미묘한 선을 타야 했는지를 보여준다.

같은 사건을 상당히 다른 두 버전으로 기꺼이 그린 것에서 오우여의 겸손

한 전문가적 자기 평가를 알 수 있다. 그는 고용되어 일을 하는 삽화가다. 그래서 그런 의견 차이 때문에 중국에서 유일한 삽화신문에서 차지한 우월한 입지를 무너뜨릴 위험을 감수하지 않았을 것이다. 상하이로 돌아온 후 오우여의 태평천국 전쟁화를 대단하게 대우한 점과 『점석재화보』의 정규 판면에 이전과 마찬가지로 주요한 위치로 복귀시킨 것을 보면 어떤 심각한 균열은 없었음을 알 수 있다.

1890년 11월 초부터 오우여는 자신의 삽화 잡지인 『비영각화보』를 발간했다. 인쇄는 상하이의 다른 석판인쇄소인 홍보재鴻寶齋에서 했지만, 『점석재화보』의 경쟁지였음에도 불구하고 신보관의 유통망을 통해 배포되었다. 메이저는 1889년에 신보관을 떠나 영국으로 귀국하면서 그의 지분도 모두 팔았다. 오우여가 자신의 화보를 창간한 것은 메이저가 떠났기 때문일 수도 있다.

메이저의 수집품과 와유臥遊 시리즈

오우여의 태평천국 시리즈가 끝나기 전인 1889년 2월 중순, 새로운 연재를 시작했다. 이 연재에서는 "자리에 누워서 눈으로 여행"臥遊할 수 있는 그림들을 복제했다. 메이저의 문화적인 관심과 입장에 관해 다음 서문을 통해 특별히 확인할 수 있다.

산창독서도山窓讀書圖

이것은 '와유도' 중 첫 번째 그림이다. 와유도는 어떻게 만들어졌을까? 내 친구 점석재주인메이저은 책과 그림에 흠뻑 빠져 있으며 감별鑒別에도 뛰어났다. 일찍이 석인법으로 각종 화보畫譜를 인쇄 유통해 오고 있는데, 어느 것 하나 정묘하지 않은 것이 없었다. 그 결과 중국 내 수집가들이 기꺼이 자신이 가진 명인의 진적을 행랑에서 꺼내거나 우편으로 부쳐 사혁謝赫이 『화품畫品』에서 제안한 그림의 여섯 가지

법도六法와 남북 이종二宗에 대해 토론하곤 했다. 긴 족자나 큰 두루마리, 종이 쪼가리 비단 뭉치 할 것 없이 이루 말할 수 없이 아름다운 작품들이었다. 전후 10여 년간 마음껏 눈요기를 한 작품이 천 수백 종이 넘으며, 그 화가의 수는 원명 이래로 백 수십 명에 이른다. 이들을 감상한 후 도저히 손에서 떠나 보낼 수 없었던 메이저는 나에게 수시로 이 그림들을 임모하게 했다. 여러 해가 지나 작품이 쌓이자 마침내 커다란 책자가 되었다. 병들어 여행할 수 없게 되자 과거에 유람했던 명승지 그림을 방 안에 걸어놓고 누워서 유람을 즐긴 종병宗炳, 357~443의 전례에 따라『와유집승臥遊集勝』이라는 제목을 붙였다. 이에 석판화로 인쇄하여 모두가 같이 즐길 수 있도록 하였다.[179]

이 글의 저자는 미약美若으로 서명되어 있는데, 이는 앞에서 언급한『애원미승』의 저자인 서가례徐家禮의 자일 것이다.[180] 메이저의 석인 복제품 출판은 수장가들이 자신의 소장품을 감식과 상호 토론 목적으로 메이저에게 보내올 정도로 성공적이었던 것으로 이 글에서 묘사된다. 그리하여 메이저를 '친구'로 부르던 화가들이 시간이 날 때마다 이들 작품을 모사하여 짧은 시 형식의 주석을 덧붙여 석판화로 제작하여『점석재화보』의 부록으로 발표했다. 화가 수백 명의 그림 원작 수천 점을 직접 볼 수 있을 정도로 중국 수장가들과 신보관의 경영인이 밀접하게 교류했다는 점은 상하이 조계의 문화적 교류가 지금까지 학자들이 기꺼이 인정하여 문서화할 수 있었던 것보다 더 강력함을 나타낸다.

『점석재화보』는 미약이 임모한 약 150점의 그림을 목차와 함께 인쇄하여 수집가용 품목인 "와유도명인臥遊圖名人"을 만들었다.[181] 서가례는 자신이 임모한 매 작품의 원작자를 밝혔으며, 그 그림의 소장 관련 정보까지 제공하는 경우가 많았다. 따라서 이것은 19세기 마지막 수십 년의 시기 상하이에 보존된 옛 그림에 대한 유일무이한 기록일 수도 있다. 꽤 많은 경우 지금은 원작을 유실한 상태라 서가례의 임모본이 여전히 이용할 수 있는 전부일지도 모른다. 중국 미술사가들이 이 보물을 검토하게 되기를 기대한다.

이 장편 시리즈 이후 『점석재화보』는 계속하여 60여 점의 그림을 별지로 제공했는데, 그중 대부분은 서가례가 직접 그리거나 다른 것을 모사한 부채 그림이었고 일부 대형 사이즈의 별지도 있었다.[182] 이들은 대부분 전통적인 양식으로 그려졌다. 그 뒤로는 더 이상 눈에 띌 만한 부록을 발견할 수 없다. 별지 제공 정책은 계속되었으나, 이제 김계, 장지영, 하원준, 부절 등 고정 삽화가들이 이 분야를 이어받았으며, 김계는 서가례의 뒤를 이어 이름난 그림을 모사하였다.

결어

점석재서국은 전국적인 인쇄된 이미지 시장을 성공적으로 개척했으며, 이 시장을 좌우하는 미학적 선호도에 강력한 영향을 미쳤다. 그것은 분명 현실주의자 및 심지어 신문화가들의 문화적 지위 향상에 기여했으며, 서양과 일본의 도시 중심지와 유사한 취향을 개발한 신흥 도시 계급의 미학적 취향을 처음으로 명확하게 표현하였다. 그것의 문학 방면의 공헌은 신보관 내의 다른 출판 항목과 잘 맞았고, 전기傳奇, 지괴志怪, 필기筆記 및 소설 등이 받아들여지고 인정받는 장르로 우뚝 설 수 있도록 많은 역할을 했다. 『필기소설대전筆記小說大全』과 같은 1920년대의 대형 문학선집의 상당수가 신보관의 편집물을 기본줄기로 삼았다. 『점석재화보』는 중국 시장에서 삽화신문의 위상을 확고하게 세웠다. 그 결과 향후 몇 년에서 몇십 년에 걸쳐 수많은 삽화신문이 전국

각지에서 번성하게 될 터였다.

『점석재화보』는 서구의 삽화신문과 연계하여 중국을 전 세계적인 미학적 의제에 통합하고 이미지 수준에서의 전 지구적 교류체계에 포함시켰다. 중국인은 서양 신문의 삽화를 개작한 중국의 화보를 통해 서양인에 대한 지식을 넓혔으며, 서양인들 또한 서양에서 출판된 중국의 삽화신문을 통해 중국인이 자기 자신과 서양을 바라보는 관점에 대해 이해하게 되었다.『점석재화보』는 현재의 세계와 그 거주민을 관찰하는 하나의 방식을 확립했으며, "흥미奇"라는 보편적인 원칙하에 사물을 인식하는 방식 또한 수립했다. 이 화보가 전국 각지에서 뉴스거리를 가져온다는 점에서 이러한 인식은 전국적이었으며, 서양, 일본 및 중국 내 중서 교류까지 광범위하게 보도한다는 점에서 국제적인 것이었다.『점석재화보』는 사회적 소통과 갈등의 형식뿐 아니라 사회적 유형도 주조했다. 이러한 것들은 다음 세대의 사회적 인식과 역할 수행에 관여했다.『점석재화보』는 화보 자체뿐 아니라 오우여 선집吳友如畫寶의 빈번한 재인쇄를 통해 시장과 독자들의 마음 속에 현역으로 남아 있을 수 있었다.

『점석재화보』의 장기적인 영향이라는 난제에 대해서는 연구가 거의 수행되지 않았다. 도시 현실이 인식되는 방식, 사회 유형이 구축되는 방식, 그려진 장면과 연속되는 이야기 속으로 현실이 배열되는 방식, 그리고 그에 따라 다시 사람들이 자신의 행위와 활동 및 현실에 대한 서술에서 그중 일부를 모방하고 흉내내는 방식에 이 잡지가 끼쳤을지도 모를 충격은 면밀한 검토가 필요한 주제이다.

그 접근법을 제안하는 셈치고 나는 이 문제에 관한 다양한 관찰자의 논평을 간략히 요약하고자 한다. 물론 그들은 일화적인 관찰 이상의 근거를 갖춘 특정한 방식의 주장을 하지 못했다. 정이메이는『점석재화보』의 표현 방식 및 그것에서 기인한 인식 방식과 행위 방식이 이후의 사진을 재생산할 수 있는 삽화 정기간행물까지 이어졌다고 주장했다.[183] 루쉰은 이 화보가 후대의 초창기 중국 교과서 삽화와 영화제작자들이 소환하던 사회적 유형과 흥미로운 장면의 목록에 막대한 영향을 끼쳤다는 사실을 언급한 바 있다. 안경, 느끼한 미소, 우산, 그리고 가끔은 담배를 문 형상으로 『점석재화보』에 등장하는 댄디流氓[28]라는 사회적 유형이 너무나 고착화되어, 루쉰은 1931년 당시 영화에 나오는 영웅이나 '좋은' 사람조차 불량기 가득하게 그려졌다고 한탄하기도 했다. (감히 이 위대한 대가의 캐리커처를 그리기도 한) 루쉰의 논적인 예링펑葉靈鳳, 1904~1975의 그림에 등장하는 댄디들은 비어즐리Aubrey Beardsley의 퇴폐를 베끼려 했다기보다는 오우여의 도회지 인물의 형상을 계승했다고 봐야 한다. 1930년대 영화 속 젊은 아가씨들 또한 마찬가지였다. 이들은 『점석재화보』의 이상화된 기녀 유형을 그대로 이어받았다.[184]

『점석재화보』는 눈으로 볼 수 있기 때문에 "믿을 수 있음"을 강조한 사회 보도의 한 유형이었다. 이러한 보도는 중국에서 거대한 시장을 보유하고 있었다. 왜냐하면 모든 종류의 선교사와 외교관들이 중국인의 삶과 관습을 살피기 위해 서로 경쟁할 때 그들 대부분이 삽화를 활용했기 때문이다. 일부 중국인들 또한 이러한 사업에 동참했다. 파리 중국대사관의 군사 수행원이자 19세기 후반 유럽에서 가장 잘 알려진 중국인 작가인 천지퉁陳季同, Tcheng-ki-tong이 대표적인 예이다. 그는 프랑스의 "생리학" 열풍, 즉 사회적 유형과 관습에 관한 생리학적이거나 사회학적인 기술을 받아들여 여러 언어로 번역된 『중국인의 눈으로 본 중국인Les Chinois Vues Par Eux-Memes』이라는 책을 저술했다. 이 책을 1911년 독일 외교관 폰 브란트von Brandt가 『중국인이 공적·사적으로 자신을 보고 묘사하는 방식Der Chinese in der Öffentlichkeit und der Familie wie er sich selbst sieht und schildert』

---

28) 류망(流氓)은 건달, 부랑자, 룸펜이라는 사전적인 의미를 담고 있다.

이라는 제목으로 다시 쓰면서 『점석재화보』에서 논평과 삽화를 가져오기도 했다.[185] 따라서 『점석재화보』는 중국의 대중 커뮤니케이션의 중심에서 이미지의 출현을 연구하는 데 있어 가장 중요한 1차 자료임은 말할 것도 없고, 그 시대의 가장 현대지향적인 중국인들의 내면적인 정신생활을 이해하기 위한 귀중한 원천을 제공하고 있다.

새 포도주를 헌 병에?
19세기 말 상하이에서 화보 만들기 및 읽기

내니 킴 Nanny Kim

점석재석인서국點石齋石印書局에서 발간한『점석재화보點石齋畫報』1840~1895[1]는 엄밀히 말해 이러한 부류의 최초가 아니었음에도[2] 중국 화보의 아버지라고 칭해져 왔으며[3] 창간한 이가 영국인이었고 서구에 모델을 두고 있었음에도 틀림없는 중국 것이라고 여겨져 왔다.[4]

1870년대 이래로 '근대성'을 대표하고 방출하는 장소로서 상하이의 위상은 많은 부분 그곳의 근대적인 출판 부문에서 비롯되었다.『점석재화보』는 석판인쇄lithography 기술을 이용한 미술, 도상, 서적의 복제품과 더불어 새로운 인쇄출판물 가운데 하나였다.[5]『점석재화보』는 시장을 발견하기를, 나아가 시장을 만들어내기를 간절히 바랐다. 능동적이건 수동적이건『점석재화보』에 참여하고 있던 이들이 바로 상하이 문화를 형성해가고 있던 이들이기도 했기에, 필자는 이 매체가 시장을 찾고 만들어가는 과정을 탐구하기 위해 화보의 제작자들과 독자들이 가지고 있던 관심과 구상을 살펴보려고 한다.

그간『점석재화보』는 사회사의 자료로 사용되어 왔으며[6] '중국과 서구의 조우'라는 맥락에서 연구되었다.[7] 본장은『점석재화보』의 내용 가운데 이 두 영역 어느 쪽과도 맞아떨어지지 않는, 그간 다루어지지 않았던 것들에 집중할 것이다. 즉, 기적과 괴물들, 그리고 그 밖의 갖가지 기이한 것들에 관한 내용이다. 이런 내용은 근대성을 결여하고 있다고 간주되었고, 그런 이유로 왕얼민王爾敏 같은 사회사 연구자들은 '사소한trivia' 것으로 여겨 배척했다. 왕 교수는 이렇게 쓴 바 있다.

시사, 인물, 발명, 신기한 외국의 기물, 국가대사, 대중적 관습과 축제에 관한 보도 외에도 우리는 이 잡지에서 온갖 너저분한 것들을 보게 된다. 이를테면 신들과 유령과 괴물, 그리고 화재와 수재, 절도와 살인, 수치를 모르는 불승과 도사들, 그리고 흉악범들과 사기꾼들에 관한 이야기들이다. 이런 내용은 상당한 분량을 차지하고 있지만, 여기서는 더 이상 다루지 않을 것이다. 길거리에서 주워 담은 황당한 허풍과 소문들은 종종 앞도 뒤도 없으며 뉴스라는 것이 무엇인지에 대한 감도 보여주지 못하는, 역사의 자료로서는 하등의 가치도 없는 것들이다.[8]

이 잡지에 실린 그림-기사의 대략 9분의 1 분량의 표본을 가지고 봤을 때, 이와 같은 '사소한' 제재들은 기실 『점석재화보』의 대부분을 차지하고 있다. 어떤 호는 이런 종류의 내용만으로 채워져 있기도 하다. 당시 독자들이 이런 내용을 건너뛰었을 가능성은 거의 없다. 왜냐하면 그들은 이런 이야기를 기대했고, 이런 이야기를 읽기로 작정했을 터이기 때문이다. 이런 이야기들이야말로 독자들의 관심사에 관해 우리에게 많은 것들을 말해 줄 수 있을 것이다.

거궁전戈公振은 널리 영향을 준 저서 『중국 저널리즘의 역사中國報學史』1926에서 『점석재화보』에 실린 이야기들에 관해 언급하며 이것들이 초자연적 이야기들의 모음으로 유명한 포송령의 『요재지이聊齋志異』와 마찬가지로 사실성에 대해서는 전혀 믿을 수 없다고 깎아내려 단언한 바 있다.[9] 그런데 그의 평가와

는 무관하게, 전기傳奇 혹은 지괴志怪 장르가 초자연적인 것들에 대해 강구하는
바와 연계시킨 점은 높이 살 만하다.[10] 이 잡지를 뉴스 정보의 견지에서 다루
는 것보다 문학적 생산이라는 견지에서 다룰 수 있는 가능성을 열어주고 있
기 때문이다. 저널리즘의 글쓰기가 과거시험 문체를 따라가야 한다는 압박으
로부터 자유롭지 못하던 시절에『점적재화보』가 지괴 혹은 전기의 장난스럽
고 자유로운 문학적 스타일을 채용했다는 사실이 놀라울 뿐이다.[11] 이 장에서
는 이와 같은 스타일이 기적이나 괴물 외의 제재로까지 확장되어 있으며 시
각적 재현의 양식에까지 이어지고 있음을 보여줄 것이다.

상하이의 독자층을 겨냥하다

친절하게도『점석재화보』는 자신의
이상적 독자상을 우리에게 제공해 주
고 있다. 잘 차려입은 복장과 만듦새가
좋은 의자가 암시하는 썩 좋은 환경에
놓여 있으며 이 잡지를 향유할 만한 교
육을 받았고 시간적 여유가 있는 젊은
남성이다.<그림 4.1> 그런데 이 독자는 과
연 얼마만큼 전형적인가? 이 젊은 신사
의 모습은 혹시 주인의 장사를 신경 써
서 돌보는 대신 소설에 지나치게 몰두
하는 가게 점원과 같은 부류를 이상화
하고 과장한 것은 아닌가?<그림 4.2> 이

〈그림 4.1〉이상적 독자상. 부절(符節) 그림,
『점석재화보』, 1889년 3월 27일.

〈그림 4.2〉화보를 읽고 있는 것으로 보이는 독자상.『점석재화보』, 1885년 12월 21일 자 장지영의 그림 중 일부.

두 부류를 닮은 현실 속의 독자들은 상하이, 특히 조계에서 찾아볼 수 있었지만, 신보관申報館의 배급망을 통해 잡지를 받아볼 수 있었던 여타 도시들에서도 찾아볼 수 있었다.

당시 상하이의 큰 신문들이라고 해야 발행부수는 수천 부에 그쳤기 때문에 아직 대중시장이라고 부를 수 있는 수준은 아니었다.[12] 이런 상황에서 새로운 매체『점석재화보』는 완전히 참신한 주제를 선보였다. 개항장 상하이의 도시 생활이 바로 그것이다. 이 매체의 독자들은 주로 전통적 역할을 지속하고 기성의 취향을 공유하는 동시에 상하이 및 신지식에도 관심을 갖게 된 향촌의 교육받은 인구의 하위 그룹에서 나왔을 가능성이 많다. 이 점은『점석재화보』의 면 구성과 발간형태, 광고의 톤과 위치 그리고 배급경로 등이 암시하는 바다.

한 달에 세 번 발간되는 정기간행물 형식은 대중에게는 낯선 것이었다. 그렇지만 통상 9편의 그림-기사와 약간의 부록이 실린『점석재화보』는 한 면에만 인쇄해 접어서 얇은 표지를 씌워 제본한 좁다란 책 형태로, 독자들이 익히 알고 있는 모양새였다.[13] 매호는 일련번호 외에 '갑일甲一', '갑이甲二',……'갑십이甲十二'와 같이 열두 호가 한 묶음을 이루도록 따로 번호가 매겨졌고 묶음의 열두 번째 호에 목차가 실렸는데 이것을 맨 앞으로 가져다가 열두 호를 한데 제본해서 팔았다. 소설 등의 부록은 따로 제본했다. 하나하나의 그림-기사는 완결된 단위였다. 지면은 화가의 서명과 낙관을 포함하는 묵필로 그려진 그림 부분, 그리고 그림 상단 빈 곳의 제목과 본문과 함축적인 구절을 담은 낙관으로 이루어진 기사 부분으로 이루어져 있다. 『점석재화보』의 그림-기사는 책자 형태로 제공된 전통 회화의 모습을 하고 있었던 셈이다.

표지에는 "가격 양은 오분價洋五分"이라고 적혀 있는데, 이는 발행분 대부분의 판로였을 창장長江 강 하류, 즉 강남 지역의 통화였다. 이 잡지는 규칙적인 습관을 지닌 독자들에게는 수집 품목이기도 했다. 이들은 정해진 간격을 두고 다음 호를 기다리는 이들이었고, 종종 서점 나들이를 하는 이들이었으며, 무엇인가를 소장해 들여다보길 좋아하는 이들이었다. 이런 독자는 글을 읽을 줄 아는 데서 더 나아가 흑백 판화의 세세한 묘사와 낙관의 문자까지 즐길 수 있는 여가와 고상한 취미를 가지고 있었으며 서책을 보관할 수 있는 형편도 되었다. 이러한 점들은 노동하는 계급이 『점석재화보』의 독자층이 되기 어려운 이유였다. 당시의 문자해독률과 추산되는 이 잡지의 배포부수 역시 앞과 같은 독자 프로파일을 지지한다고 하겠다.[14]

『점석재화보』의 최신호는 정기적으로 『신보』의 첫 면에 광고되었다. 어떤 자료는 한 가정 내에서의 읽을거리의 분배에 관한 정보를 제공해 주는데, 언론인이자 소설가였던 포천소包天笑, 1875~1973는 1890년대에 십 대를 보낸 자신이 『점석재화보』의 열렬한 독자였다고 회고하고 있다. 그가 『점석재화보』를 볼 때 그의 삼촌은 『신보』를 읽었다.[15]

첫 호에 붙인 창간사에서 어니스트 메이저Ernest Major는 이 새로운 화보가 신문을 보충하는 서양식 매체라고 소개하고 있다. 그는 예를 들어 기계장치에 대한 묘사에서와 같이 언어적 설명이 충분히 미치지 못하는 영역에 대해 정보를 제공할 수 있다는 점에서 그림을 칭송한다. 그는 또한 새 매체가 갖고 있는 오락거리로서의 가치를 강조하는데, "차나 술 한잔 후에 들춰 보기 좋다"는 것이다.[16] 그는 서양의 사물을 포함해서 동시대적이며 신기한 사물에 대해 충분히 열린 마음과 긍정적 관심을 가지고 있기에 그러한 것들의 가벼운 요소들까지도 여가 시간에 받아들이고자 했던 독자층에 호소했다.

다소 막연한 이 정도 이상의 독자상을 제시할 수 있는 개별적 근거자료가 없기 때문에 필자는 이러한 추적의 과정을 뒤집어서 독자의 취향을 가늠할 수 있는 원천으로서 『점석재화보』를 읽을 것을 제안한다. 관련단체나 지지세력으로부터 발간비 지원을 받은 선교잡지나 정치잡지와는 달리, 『점석재화보』는 시장에서 생존해야만 했다. 의도된 독자와 실제 독자가 반드시 연관되지 않을 수도 있지만, 시장에서 팔려야 한다는 필요성은 양자가 분명 합류하도록 했을 것이며 내가 제안하는 접근법의 타당성을 뒷받침하기도 한다.

편집 기구

어니스트 메이저, 그림에 서명을 남긴 22명의 화가, 그리고 제호의 글씨를 썼던 『신보』의 편집자에 관한 여기저기 흩어져 있는 정보들을 제외하고 『점석재화보』의 제작 기구와 과정에 대해 알려진 바는 극히 적다.[17]

그렇지만, 14년에 걸친 상대적으로 일관된 스타일과 중단 없이 이어진 발간은 편집기구의 형태에 관해 암시하는 바가 있는데, 무엇보다도 뉴스와 이야기의 시각화에 대해 적극적인 관심을 가졌던 메이저가 직원의 고용, 발간 주기, 내용의 범위, 그리고 편집 방향 등 근본적인 사항들을 결정했을 것으로 보인다.[18]

『신보』와 『점석재화보』 사이의 협력관계는 아주 긴밀했던 것으로 보이며 이에 관해서는 거듭 언급되었다.[19] 그러나 누구에 의해 어떤 기준에 따라 화보를 위한 뉴스거리가 선택되었으며 누가 기사를 작성했는지에 관해서는 알려진 바가 없다. 『신보』와 『점석재화보』의 보도 사이에 보이는 두드러진 차이 때문에 화가들을 그림에 붙은 기사의 편집을 담당했던 유력한 후보로 보기도 한다.[20] 이러한 분업 체계는 서양의 표준에 맞추어 틀이 짜이고 중국인 고용인들로 채워진 조직을 생각하게끔 한다. 이와 같은 조직에서의 일과가 어땠을지 가늠해 보기 위해 나는 화가와 그들의 그림을 좀 더 자세히 들여다보고자 한다.

화가들

『점석재화보』의 화가들은 간헐적으로 기고한 한 명을 제외하고는 모두 공통된 스타일을 보인다.[21] 핵심 그룹에 속한 7명의 화가 가운데 5명은 쑤저우蘇州의 연화年畵 업계와 연관이 있는 것으로 나타나는데, 그로부터의 영향이 아마도 가장 컸을 것이다.[22] 화가 가운데 몇 명은 점석재 외에 다른 출판사를 위해서도 삽화 작업을 했다.<그림 4.3>[23] 이들 가운데 오우여吳友如만이 문인화의 '대아지당大雅之堂'에 받아들여졌다.[24] 간단히 말해, 『점석재화보』의 화가들은 상하이에서 제공한 새로운 가능성들을 활용해 새로운 방식으로 유흥을 제공했지만 그것에 대해 드러내놓고 뻐기지도 잘났다고 우기지도 않았다.

그림의 스타일과 구성요소

'타오화우 연화桃花塢年畵'는 인쇄되어 상품으로 거래되기 위해 전문적으로 그려진 그림들을 지칭하는, 다소간 오해의 소지가 있는 명칭이다. 쑤저우의

〈그림 4.3〉 오우여가 그린 이여진(李汝珍)의 소설 『회도경화연(繪圖鏡花緣)』의 삽도,
원 출판 연도 1888년. 北京 : 中國書店, 1985년 판본, 제1권, 삽도 p.1.

타오화우 거리는 고품질의 목판화를 제작하는 작업장이 늘어서 있던 곳이다. 연화의 제작과 인쇄는 고도의 분업을 통해 다양한 제재를 다루는 규모가 큰 전문화된 사업이었다. 오우여를 비롯한 몇몇 『점석재화보』의 화가들은 여기서 제작된 이미지들, 즉 전지全紙에 단면으로 인쇄된 소식지 그림이나 소설과 희곡의 삽화, 그리고 아마도 초상화 등의 이미지에 익숙했을 것이다.

타오화우의 그림들은 다양한 드로잉 기법을 통해 인쇄용 그림의 모델들을 제공했다. 여기에는 경관, 건축, 동물, 인간 형상의 도상적 요소들의 대단위 모음을 두고 이루어지는 작업, 동시대 도시 일상생활의 구체적 장면들에 대한 묘사들, '서양 드로잉 기법', 즉 셰이딩과 해칭 그리고 일종의 다점 투시법과 가끔씩은 일점 투시법의 활용, 쑤저우와 여타 명소들의 모습, 당시의 실제적 배경 앞에 그려진 소설과 희곡의 장면들, 이런 것들이 다 포함되어 있었다.[25]

이와 같은 기법들은 『점석재화보』에서 즉각적으로 가려낼 수 있는 것들이다. 예를 들어, 희곡의 장면은 실제 배경의 극적인 사건 보도 장면으로 전환된다. 쑤저우의 경관과 도시 생활의 모습들은 상하이의 새로운 볼거리와 활동들 그리고 인간상으로 더욱 풍성해진다. 또한, 서양인과 서양의 사물들은 모사되어 표준적인 레퍼토리의 일부가 되는데, 가스등 같은 경우 주변 환경이 어떻든 간에 『점석재화보』에서는 서양식으로 그려지고 있는 것이 한 예라고 하겠다. 그림이 주를 이루는 소식지는 많은 인쇄소에서 곁다리로 제작해 판매하는 것이었다. 이것들은 반합법적이거나 비합법적인 소규모 출판물들인 '소보小報' 혹은 '신문新聞'의 부류에 속했다.[26] 『점석재화보』가 전쟁을 보도한 화면을 보면 몇 가지로 정해진 장치들을 동원하고 있는데, 과장되게 호전적인 형상들을 리드미컬한 덩어리로 모아놓고 군용 천막과 대포 그리고 깃발과 같은 군용 물품을 배치하는 것이다.[27] 여기서의 보도기사는 논쟁적이고 직설적이라는 면에서 다른 사건들에 대한 『점석재화보』의 보도기사와 차이를 보인다. 이 경우만큼은『신보』기사의 선례보다는 전쟁 소식을 전하는 단면 소식지의 보도 관행을 따르고 있는 것이다.

소설 주인공의 전신 초상인 수상화繡像畫는 분명『점석재화보』에 실린 초상화의 범본이 되었을 것이다. 하지만『점석재화보』의 초상들은 대개 동시대의 인물을 그리고 있으며 경우에 따라서는 사진을 기초로 그려지기도 했다.[28]

풍부한 세부묘사와 빼어난 완성도로 그려진 극적인 장면들이 대부분의 지면을 차지하고 있는데, 이들 그림은 '독해'를 요청하며 사용된 회화적 요소들에 대한 이해를 필요로 한다. 그러나『점석재화보』는 결코 장르화의 복제품은 아니었다. 대부분의 경우 그려진 장면은 텍스트의 도움을 받아야 이해할 수 있는 것들이었다. 반면 보도기사는 그림과 분리해도 완결적인 짧은 서사물이 되었다.

이 그림들은 '현실을 그대로 그린 것'이라기보다는 분명한 회화적 단위요소들을 가지고 조직된 구성물이었다. 정해진 규칙이라도 따르듯, 이 그림들은 글로 된 출처에서 제공하는 정보에 따라 그려졌다. 그러므로 그림이 문자 텍스트를 시각적으로 표현한 것이었지 글이 그림에 부속된 것이 결코 아니었다. 상하이나 베이징의 명소를 그린 화면이나 지도, 그리고 사진을 보고 그린 초상화 등 소수의 예외를 제외하고는『점석재화보』의 그림들은 특정 사건이나 현상의 시각적 형태를 재생한 것이 아니라 양식화된 재현을 제공하고 있는 것이다. 화가의 능력과 경험에 따라 그림들은 양식에 충실하면서도 대단한 디테일을 가질 수 있었다.<그림 4.4와 4.5>

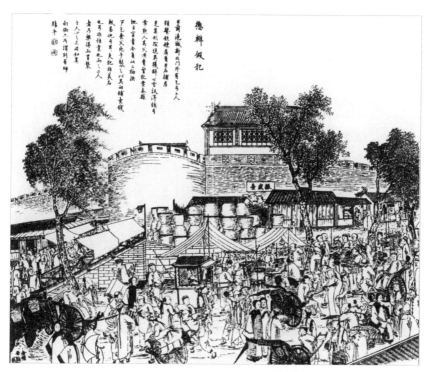

〈그림 4.4〉『점석재화보』에 그려진 상하이현성의 신북문(新北門).
김계(金桂) 그림. 『점석재화보』, 1884년 6월 17일.

〈그림 4.5〉사진에 찍힌 같은 문. 上海市歷史博物館 上海人民美術出版社 編,
『上海百年掠影－1840s~1940s』, 上海：上海人民美術出版社, 1992, p.14.

보도기사

보도기사의 편집자들에 관해서는 알려진 바가 없다. 이 기사들은 출처의 내용을 그대로 베껴 쓴 것이 아니었고 짧은 이야기들로 고쳐 쓴 것들이었다.[29] 문체는 구어체 백화가 섞인 쉬운 문언이었다. 쑤저우나 상하이 방언은 보이지 않는다. 다채로운 문학적 구절들과 경전의 문구가 자주 인용되었으며 때로는 거의 구어에 가까운 속담이 등장하기도 했다. 문학적 세련도와 스타일은 기사에 따라 그리고 제재에 따라 차이를 보인다. 왕얼민은 『점석재화보』가 유년기에 기본적인 고전 교육을 받은 이라면 아주 쉽게 이해할 만한 것이었다고 간주한다.[30]

기사문은 대체로 일반적인 도입과 본 서사 그리고 평어 혹은 종종 도덕적 교훈을 곁들인 맺음말의 느슨한 삼단 구조로 이루어져 있다. 이런 틀은 '중간층'의 서사물에서 이야기의 '완결성'을 위해 요청되었던 것으로 민국 시기까지도 대중적인 단편소설의 작가들이 여전히 지키던 상례였다. 도입부는 종종 인용이나 선례를 통해 주제를 제시했다. 서술되는 사건은 배경상황에 대한 상투적인 제시, 즉 사건의 시간과 장소 그리고 관련 인물의 제시로 시작된다. 사건은 어느 정도 자세히 서술되는데 종종 관련 숫자가 언급된다. 맺는말에는 평가를 끌어들이는 "설화자의 견해로는" 같은 상투어가 지표로 등장한다. 맺는말 부분은 도덕적 교훈을 도출하거나 해당 사건을 "충격적이다" 또는 "기묘하다" 등으로 평가함으로써 해당 소식을 선택해 알리는 것을 스스로 정당화 한다(경우에 따라서는 "그래서 이를 기록해둔다"며 이 같은 입장을 드러내 놓기도 한다). 사용된 언어의 성격과 글의 구성을 이렇게 정리했을 때, 이는 『점석재화보』의 기사보도를 전반적으로 『요재지이』와 닮은 것으로 보았던 거궁전의 입장을 확인하는 것이 된다. 다루어진 제재들을 보게 되면, 이 잡지의 기사보도는 또 한편으로는 전기문이나 필기筆記 문체와도 연관된다. 전통적으로 이런 글들에서는 문화적으로나 또 다른 측면에서 흥미로운 사건들, 그리고 명소와 같은 제재들이 다루어졌기 때문이다. 인물 또는 배경과 관련해 각종 소설의 문체가 인용되기도 한다. 예를 들어 사회비판조의 기사문에서는 『유림외사儒林外史』를, 사회범죄를 다룬 기사문에서는 공안소설公安小說을, 도적떼를 다룬 기사문에서는 『수호전』을, 그리고 특별한 무공을 지닌 이들의 기사에서는 협객소설의 어투를 가져다 쓰고 있다. 젊은 문인과 이웃집 규수의 염문을 다룬 기사에서는 재자가인才子佳人 소설의 상투어들이 사용된다. 그리고 전쟁 소식에서는 군담소설과 『삼국연의』의 흔적을 발견할 수 있다.

이런 문체와의 연관성이 유지됨에 따라 『점석재화보』의 그림-기사들은 종종 뉴스 보도와 역사사실의 보고 사이를 오가는 듯 보이며, 삽도를 곁들인 문학의 성격을 상당 부분 취하는 것으로 간주된다.

문인지향의 독자들

그림과 보도기사로부터 우리는 이 잡지의 독자의 관심과 취향에 관해 다음과 같은 점들을 추출해 낼 수 있다. 즉, 이들은 새로운, '해외'의 사물에 이끌렸지만 그렇다고 전통적인 방식들과 결별할 필요성을 느끼지도 않았다. 오히려 이 새로운 매체는 기성의 취향에 부합하도록 조정을 거친 것이었다. 전통적인 양식의 글과 그림 자체가 문학과 미술에 대한 어느 정도의 소양을 요구했다. 이런 양식은 새로운 매체에 적합하도록 수정되었고 새로운 요소들과 결합되었다. 근대적 삶의 특정 양상이 익숙한 배경 위에 그려짐으로써 그림의 정황은 쉽게 눈에 들어온 반면, 저변에 깔린 근본적인 인식 패턴은 전혀 바꿔

지 않았거나 바뀌었다 해도 거의 알아채지 못할 정도였다.[31]

시류에 민감한 젊은 신사나 재미있는 읽을거리에 빠져 일을 소홀히 하는 점원 모두 이 잡지가 의도한 독자들이었다고 추론할 수 있을 것이다. 우리가 이 둘로 위아래 양단의 눈금을 삼은 사회의 사다리를 상상해 본다면, 아마도 가장 의도된 독자란 그 사이 어디쯤 위치할 터이다. 고지식한 문인이라면 이 잡지를 너무 통속적이라고 여겼을 것이고, 이 잡지가 역시 의도하고 있던 "일꾼들과 부녀자와 아이들"[32] 같으면 문학적이고 고급 예술적인 취향이 적잖이 어우러진 이런 출판물에 다가갈 방법도 흥미도 없었을 것이기 때문이다. 물론 이렇다고 해서 다른 배경을 가진 출신으로 다른 흥미를 가진 이들이 『점석재화보』를 절대 읽지 않았을 것이라고 보는 것은 아니다. 사회의 사다리를 타고 아래로 전해짐에 따라 적지 않은 부녀와 아이들, 그리고 아마도 일꾼들까지도 이 잡지를 읽었을 것으로 보는 편이 맞겠다.

온갖 것들에 관한 그림-기사

이제 이 잡지의 내용을 들여다보도록 하겠다. 기왕의 연구자들이 특별한 관심사나 이 잡지의 성격에 대한 특정한 규정에 맞추어 그림-기사들을 선별했다면, 우리는 분석을 위해 표본의 모든 그림-기사를 다룰 것이다. 표본은 총44집으로 묶인 전체 발행분 가운데 10권을 비슷한 간격을 두고 뽑았다.[33] 그리고 각 권에 수록된 12호 가운데 홀수 호만을 다시 뽑았다. 이렇게 해서 표본은 총528권 가운데 60권, 4,666편의 그림-기사 가운데 534편으로 이루어져 있다.

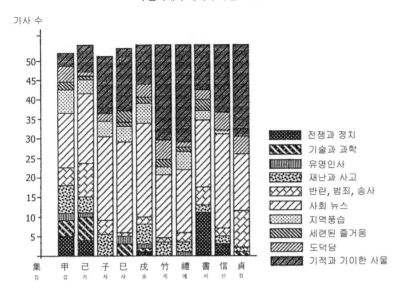

〈『점석재화보』의 주제 분포도〉

기사 수

| 전쟁과 정치 |
| 기술과 과학 |
| 유명인사 |
| 재난과 사고 |
| 반란, 범죄, 송사 |
| 사회 뉴스 |
| 지역풍습 |
| 세련된 즐거움 |
| 도덕담 |
| 기적과 기이한 사물 |

주제의 범위와 등장 빈도는 아래 막대그래프에서 확인할 수 있다. 『점석재화보』 자체는 아무런 범주들도 제공하지 않는다. 아래 작업을 위해서 위웨팅俞月亭과 왕얼민이 기사보도를 분류한 몇몇 범주들을 참조했다.[34] 막대그래프에 보이는 10가지 주제는 실제 기사들을 요약해 가면서 점진적으로 귀납한 것들로, 이 과정에서 그림을 보도되는 사건의 핵심을 가리키는 표지로 삼았다. 어떤 그림-기사는 두 그룹에 동시에 속하도록 했다.

뉴스가치라는 현대적 관념에 입각해 정리된 열 개 그룹의 수적 분포가 막대그래프로 보인다. 앞의 다섯 그룹은 원칙적으로 오늘날 일간신문의 주요 면에 보도기사로 실릴 만한 내용들이다. 분석한 첫 두 권에서 이 주제들은 전체 분량의 반 정도를 차지하는데 그 뒤로는 오분의 일 정도로 급격히 비중이 줄어들어 내내 적은 비중에 머문다. 주제의 분포에 눈에 띄는 전환이 일어난 것은 기집己集, 1886년 4월까지의 분량과 자집子集, 1887년 8월부터의 분량 사이에서다. 이 기

〈그림 4.6〉 크룹(Krupp) 거포. 오우여 그림. 『점석재화보』, 1886년 1월 20일.

간 중에 첫 두 그룹이 대폭 줄어드는 대신 기적과 기이한 사물에 관한 소식이 크게 늘어났다. 이는 오우여가 태평천국과의 전투를 다룬 기록 판화 제작을 의뢰받아 베이징에 가 있게 된 시기와 맞아떨어진다.[35] 또한, 환상적이고 기괴한 요소들이 그 자체로 상세하게 보도되었을 뿐만 아니라 보다 진지한 보도라고 할 수 있는 부문에도 침투해 들어가는 경향이 있었는데, 이는 막대그래프가 보여주지 못하는 바다.[36]

아래는 열 개 그룹 각각의 개요다.

1. 전쟁과 중요한 정치적 사안에 대한 보도는 1884년에 청나라와 프랑스 사이에 분쟁이 있을 때나 1894~1895년의 청일전쟁 기간과 같이 외세와 전쟁 중일 때 급격히 늘어났다. 이 두 전쟁에 관한 보도 방식에는 차이가 보이는데, 갑집甲集과 기집己集에서의 보도가 전황과 분쟁의 정치적 양상을 설명하려 했다면 서집書集의 보도는 철저히 기담과 일화 중심이다.

2. 과학과 기술에 관한 보도들은 거의 다 서양의 발명에 관한 것이다. 단 한 편에서만 중국 육군에서 새로 도입해 시험 중인 무기들을 소개하고 있다. 표본의 첫 두 집에서 이 분야에 관한 보도가 차지한 비중을 봤을 때 당초『점석재화보』에서 다루고자 한 중요한 부문이었을 것으로 간주할 수 있겠다. 하지만 뒤로 가면 이 분야의 보도는 매우 드물어지며 한편으로는 기이하거나 오락적인

것을 추구하는 경향을 강하게 띠게 된다.<그림 4.6>[37]

3. 초상화는 조사 대상 중 세 번째 집 이후로 매우 드물어졌으며 정보제공 기능
도 약화되었다. 그렇지만 잡지의 본 내용으로 실린 초상들 외에도 접어서 끼
워 넣은 간지나 부록 면에 적지 않은 초상이 실렸는데, 합집에는 수록되지 않
았다.

4~5. 재해와 사고와 재판에 부쳐진 범죄사건에 관한 소식은 상대적으로 줄어드
는 경향을 보인다.

나머지 다섯 개 그룹에 속하는 그림-기사들은 오늘날의 신문에 실리기라
도 한다면 잡록miscellanea란에나 실릴 부류의 내용이다.

6. 20세기 초에 통상 '사회 뉴스'라고 부르던 흥미를 끄는 세상사들은 우리가 신
문에서 읽고 싶어 하는 흥미롭지만 대수롭지 않은 온갖 것들이 포함된다. 이를
테면 우리에서 빠져나간 악어 이야기라든지, 모험소설을 읽고 고무되어 삼층
의 발코니에서 뛰어내렸지만 기적적으로 전혀 다치지 않은 채 착륙한 소년의
이야기 따위이다. 중국에서건 서양에서건 할 것 없이 당시 신문은 이런 일들을
광범위하게 실었는데, 『점석재화보』에서 이 부류의 소식은 내내 큰 비중을 차
지했다. 여기서 우리들이 많이 보게 되는 것은 사회적 역할을 충실히 이행하는
이들 혹은 기대되는 것과 반대의 행동을 하는 이들의 이야기다. 이런 기사에
자주 등장하는 주역으로는 비구와 비구니를 들 수 있겠는데, 이들은 가장 비열
한 존재로 묘사된다[17회]. 대체로 미덕을 갖춘 존재로 그려지는 기녀들과 도덕
적으로 의심스러운 고객들과 하인들의 이야기도 적지 않다[17회]. 약삭빠른 절도
범들[13회]과 『수호전』의 주인공을 닮은[38] 두려움 없는 도적들[10회]의 이야기도 많
다. 상하이에 등장한 새로운 유형의 인간들도 등장한다. 이를테면 난폭한 말썽

〈그림 4.7〉 상하이의 인간 유형들.
유행을 따르는 멋쟁이와 인력거꾼이 보인다.
오우여 그림, 『점석재화보』, 1884년 8월 5일.

꾼3회, 예의범절을 소홀히 하는 멋쟁이 신사2회, 그리고 무자비한 매판1회 등이다. 이런 새로운 부류의 인간형은 중화민국 시기에 이 잡지를 회고했을 때 루쉰의 기억 속에서 가장 생생하게 떠올랐던 모양이다.[39] 그런데 이 그룹에 속하는 기사에 등장하는 주인공의 다수는 당시 소설을 통해 잘 알려진 부류의 인간형으로, 관습적인 방법으로 다루어지고 있음을 보게 된다.〈그림 4.7〉

7~8. 이 두 그룹의 경우, 기사들이 대체로 묘사적이며 필기의 전통과 관련이 있는 것으로 보인다. 관습과 축제에 대한 보도는 발간 말년으로 갈수록 크게 줄어든다. 이들 가운데 다수는 민간의 불교신앙이나 기우제 등을 비판하거나 조롱하고 있다.[40] 반면에 영국 조계 획정 50주년 기념행사와 같은 상하이의 축제나[41] 우아하고 세련된 관습들은[42] 긍정적으로 그려진다. 고급 취미나 명승, 화훼, 그림 등에 대한 기록들은 앞의 그룹에 속하는 이야기들과도 유사하지만, 여기에 속하는 이야기들은 특별한 비평이나 교훈을 요청하지 않는다는 점에서 차이가 있다고 하겠다.

9. 도덕적 교훈담들은 미덕 혹은 악덕의 본보기가 되는 최근 사건을 제시한다. 대부분은 유교 윤리에 대한 해설이라고 할 수 있다. 효가 가장 두드러지는 주제지만 종교적 미덕이나 사회적 미덕을 선양하고 있는 사례도 있다. 사회적 미덕을 강조한 보도는 사회 뉴스에 속하는 보도들과 관련이 있다. 빈자에 대한 구제라든지 유실물을 찾아 돌려준 이야기 등이 여기에 속한다.

10. 기괴한 사물에 대한 보도는 초기에는 많지 않았는데 얼마 있지 않아 가장 큰

〈그림 4.8.1〉귀신 그림. 하원준(何元俊) 그림, 『점석재화보』, 1898년 5월 16일.
〈그림 4.8.2〉다리가 여섯 개 달린 돼지. 장지영 그림, 1892년 9월 16일.
〈그림 4.8.3〉괴물 모습을 한 신생아. 오우여 그림, 1886년 3월 11일.

그룹을 이루게 된다. 표본의 대략 29%를 차지할 정도인데, 아래와 같은 하위 그룹으로 나누어 살펴볼 수 있다.

- 천상의 존재나 힘의 현현과 같은 순전한 기적[14회]. 용이나 여타 물과 관련 있는 신격 및 다른 존재들; 종교적 기적[7회]. 비극적, 긍정적, 혹은 중립적 결과.

- 귀신 이야기[22회]와 다른 세계로의 방문 혹은 다른 세계로부터의 방문[2회].

- 여우귀신과 같은 괴물이나 요물[5회], 기적적이거나 무시무시하거나 단순히 기괴한 동물들[34회]. 경우에 따라서 이 동물들은 보응의 도구이기도 하다; 인간적 감정을 내보이는 동물들[6회].

- 특이한 인간, 이를테면 기형인 인간[11회]. 난쟁이, 거인, 장애인, 비상한 능력을 지닌 인간[20회]. 도교 혹은 불교의 능력자들, 무예의 고수들, 비정상적으로 힘이 센 여인 등.

- 기괴한 인간의 탄생[4회]과 기괴한 동물의 탄생[4회]. 그리고 끝으로 갑작스런 부의 획득[8회]. 이 가운데 한 이야기는 하늘의 보응에 관한 것이다과 기타 놀랍고 기이한 이들[9회]에 관한 것들이다.〈그림 4.8〉

도덕적 교훈담과 기괴한 사물에 대한 이야기 사이에 분명한 친연성이 있다는 점은 그다지 놀라울 것도 없는 것이, 도덕담에서는 주제가 두드러지도록

종종 기적이나 초자연적 요소들을 도입해 사용하며, 기이한 일에 관한 보도에서는 스스로의 위상을 강조하기 위해 도덕적 논평을 곁들이기 때문이다. 경우에 따라서는 양자 사이의 구분이 모호할 때도 있다. 한 그림-기사에서는 선량한 지주가 물고기로 보상을 받는데, 배 속에서 신비로운 구슬이 나왔다고 전하고 있다. 다른 경우, 정조를 지키던 과부가 재혼을 강요받게 되자 갑자기 수염이 났다고 전하기도 한다.<그림 4.9>[43]

다루어진 다양한 주제들은 가능한 대로 넓은 독자층에 다가가기 위해 온갖 것들을 포괄하고자 했던 노력을 보여준다. 이 잡지가 특정 집단에 대해서만 호소했다고 보기보다는, 화보라는 새로운 매체를 위해 광범위한 독자층을 확보하고자 애쓴 선구자로 간주해야 할 터다.

〈그림 4.9〉 수염이 난 절조 있는 과부의 모습. 하원준 그림, 1898년 6월 4일.

다양한 그림-기사들은 공들인 그림과 도덕적 함의를 통해 일관성과 정당성을 확보하고 있다. 외바퀴 수레 사고는 부주의한 외바퀴 수레꾼들과 하릴없이 돌아다니는 여성들에 대한 경고가 되며,[44] 기묘한 현상에 대한 목격은 응보의 전조가 되는 등 매사 존재 이유가 부여된다. 이러한 교훈이 정말로 진지하게 받아들여지도록 의도된 것인지 아니면 경우에 따라 보도의 동기였다기보다는 핑계였는지는 가늠하기가 거의 불가능하다.

그림-기사들은 고정관념과 상투적 사건이나 형상을 반복하는데, 특히 사회 뉴스에서 두드러진다. 이 잡지는 문인층의 사회적 판단 기준과 선입관을 유지하려고 노력했지만 완벽하게 일관적이지는 못하다. 예를 들어 불교 비구와 비구니는 대부분 탐욕스럽고 도덕적으로 방종한 것으로 그려지며 사찰의 불상들은 대중에 영합하려고 거기 있을 뿐 영험한 힘은 사실상 없다고 간주된다. 그렇지만 여기에도 예외는 있다. 선한 비구나 비구니는 드물지만 종교적 기적이나 현시顯示는 드물지 않다. 지방 마을의 석상이 과거시험의 최고 단계에 응한 임관 후보에게 도움을 주기도 한다.[45]

1886년의 여름부터 1887년 사이에 일어난 주제 배분상의 변동은 교육과 진보에 대한 강조로부터 오락과 도덕에 대한 강조로의 전이를 보여준다. '질'이 저하되었다. 지괴적 주제들은 진지한 보도의 자리를 잠식했으며 그림도 덜 섬세해졌다. 시의적이고 정확한 정보에 대한 어니스트 메이저의 기준은 초기에조차 얼마만큼이나 지켜졌는지 단언하기 힘들지만, 아무튼 오래가지 못했다. 하지만 잡지의 오락적 가치는 유지되었다. 서양 화보의 단골 주제들의 일부는 중국에서는 다루기가 아예 불가능하거나 중국인 독차층에게 제시되었을 때 질적으로 변하기도 했다는 점을 덧붙여 두어야 할 것 같다. 모종의 기술적 성취에 대한 똑같은 보도라도 서양과 중국의 독자들에게는 질적으로 다른 의미를 가질 수 있다. 기술에 대해 가장 무지한 서양인에게라도 그것은 진보의 또 하나 자랑스러운 상징이 될 터였다. 하지만 동시대 중국인에게 그것은 외국의 물질적 선진성의 상징으로 동경의 대상일지는 모르나, 동시에 매우 위협적인 것이었다. 반면, 기이하고 기적적인 사건들은 어떤 중요한 결과도 초래하지 않는 가벼운 공포의 가상 세계를 불러내면서 전문적 그림 솜씨를 과시할 수 있도록 해준다. 그런 이유로 괴물과 기적은 『점석재화보』의 세계 안에서 응집력을 가질 수 있었던 것이다.

도처로부터의 소식

뉴스 보도와 지괴 이야기가 성립하려면 사건의 위치와 시간, 관련된 사람들, 그리고 정보의 원천에 관해 어느 만큼의 정보가 요구된다. 『점석재화보』의 그림-기사들은 이와 관련해 느슨한 편이었다. 사건의 장소는 대체로 주어졌고 시간과 인물에 관한 정보도 비교적 자주 언급되었지만 정보원은 거의 명시되지 않았다. 어떤 사건이나 현상이 일어난 장소가 누락된 경우는 표본 전체의 9% 정도에 지나지 않는다534건 가운데 35건. 보도되는 장소의 분포는 상대적으로 안정적이다. 상하이를 중심으로 동심원을 설정해 두고 본다면, 상하이 및 인접 지역이 전체의 16.4%65회+24회를 차지하며, 상하이를 제외한 강남 지역이 29%154회를 차지한다. 해안과 난징南京 상류 쪽으로의 장강 및 대운하의 주요 수송/교통 루트에 접한 중심지들이 17%, 베이징이 6.5%, 다른 내륙 중심지들이 1%를 차지하며, 여타 내륙 지역이 10%를 차지하고 있다. 외국은 2%를 차지한다. 상하이와 수도 베이징을 제외한 도시 가운데에서도 상당한 비중을 차지한 곳들이 있다. 여기에는 강남 지역의 오랜 중심지들인 쑤저우蘇州, 7%, 항저우杭州, 4%, 난징5%, 닝보寧波, 5%, 양저우揚州, 2%가 들어가며, 대표적인 연해 도시들인 광저우廣州, 5%와 톈진天津, 1.5% 또한 포함되어 있다. 상하이는 분명 가장 많이 보도되는 도시이며 그 뒤로 쑤저우와 수도로서의 위상을 지키고 있던 베이징이 따르고 있다. 흥미로운 점은 잡지의 시선이 상하이에 오롯이 향해 있지는 않다는 사실이다. 중국 내 여러 지역과 해외의 여러 지역이 관심 대상에 들어 있다. 장소들의 분포는 대개 교역 관계를 반영하는데, 교역망 너머의 곳들은 매우 드물게 등장한다.

보도되는 지역의 이와 같은 분포는 무엇보다도 뉴스가 교역과 인적교류의 루트를 따라 이동한다는 사실을 통해 설명될 수 있을 것이다. 그렇지만 이와 같은 첫 번째 이유에 대한 보충으로서 조금 다른 설명도 가능하다. 즉, 주제의 다양함과 마찬가지로 지리적 포괄성 역시 가능한 한 가장 일반적인 독차층에 부응하려는 의식적인 노력을 보여준다고도 할 수 있다. 이는 상하이 밖에 살고 있는 독자들까지 염두에 두었기 때문일 뿐 아니라 상하이의 독자들 자체가 『점석재화보』에 등장하는 여러 지역들로부터 최근에 상하이로 이주한 사람들이기 때문이기도 하다. 보도된 사건들의 지리적 분포는 사실상 상하이 인구의 출신구성을 거칠게 반영하고 있다. 우리는 상하이 안팎의 독자들 모두 자기 출신지역에 관한 그림-기사를 찾아볼 수 있었다고 단정할 수 있다. 그리고 이들은 이 잡지를 통해 중국을 세계 전체와 연결시켜 주었으며 전통적인 삶의 방식에 비춰 새로웠던 상하이의 연결망에 진입할 수 있었다.

기적적이거나 경이로운 일들이 꼭 머나먼 장소와 연관된 것은 아니었으며 어디에서나 일어날 수 있었다. 어떤 경이들은 사실상 세계 도처에서 일어나는 것이었다. 예를 들어, 물과 관련된 눈에 띄는 괴물이나 기현상의 경우 다음과 같다. 장쑤성 북부 옌청鹽城 부근에서 맛 좋은 거대한 물고기가 해안으로 쓸려 올라옴子[五] 36; 구이린桂林의 강에서 사는 발 달린 물고기戌[十一] 81b; 양저우 부근 양쯔강揚子江의 거대한 조개竹[三] 17b; 실은 거대한 물고기인 섬竹[十一] 82;[46] 전장鎮江 부근 양쯔강에서 노인이 용으로 변함禮[五] 38; 극해의 얼음 덮인 해안의 반인半人 조개禮[十一] 83; 아이를 죽인 동남아의 악어禮[十一] 85; 예전에 푸젠성福建省 연안에서 기이한 물고기를 놓아준 적이 있는 어부의 목숨을 거대한 물고기가 구함訂[九] 71; 이창宜昌 부근 장강에서 물길을 잡기 위해 폭약을 사용하려는 서양인 기술자에게 괴물이 나타나 경고함貞[一] 5; 상하이 바오산현寶山縣 부근의 진주를 머금은 거대한 조개와 용貞[五] 39; 저장성浙江省 하이옌현海鹽縣 부근에서 해안으로 떠밀려 올라온 기괴한 생명체貞[五] 41a; 그리고 하이저우海州 부근의 용으로 변한 황소貞[九] 72 등이다.

표본 가운데 비정상적으로 크거나 작은 사람들의 예는 다음과 같다. 조선의 난쟁이리[五] 41a; 아프리카에서 서양인이 발견한 난쟁이 같은 피그미족戌[九] 67; 영국의 거인 소녀戌[一] 7; 그리고 산둥山東의 늙은 거인 농부竹[三] 22 등이다. 괴인 또는 반인伴人의 사례로는 엄청나게 긴 머리칼을 가진 멕시코 여인竹[九] 65b과 베를린 동물원에 전시된 털북숭이 반인信[九] 66을 들 수 있다.

여우귀신과 같은 기이한 존재는 동아시아에만 나타나기도 한다. 중국인 여행객이 일본 호녀狐女로부터 겨우 도망친 이야기子[七] 56a나 조선의 선비가 여우에게 홀려 정기를 빼앗겨 죽을 뻔한 이야기리[七] 52 등이다.[47]

중국인들은 중국 본토와 외국에서 충직한 동반 짐승들이 주인을 구하거나 주인에 대해 인간적인 감정을 표시하는 사건을 경험하기도 한다. 양저우 부근甲[三] 21, 22, 베이징子[三] 17b, 수마트라竹[九] 70, 광저우貞[九] 65b에서 개나 원숭이가 그와 같은 이야기에 등장하고 있다. 또한 뉴욕에서는 충견 두 마리가 취한 주인을 경찰로부터 보호했다는 이야기信[九] 69가 전해지기도 했다.

이와 같은 사건들보다 더 놀라운 것으로는 도덕적 죄악을 범한 자들을 벌하는 천상의 힘을 묘사한 것이라고 하겠다. 번개에 관한 보도 10건 가운데 7건은 불효, 살인이나 살인기도에 대한 직접적 응징으로 그려진다저장성 추저우處州를 배경으로 한 甲[十一] 85, 쑤저우 부근의 사건을 그린 巳[三] 21, 푸젠성의 우두五都 지방의 사건을 그린 戌[五] 39, 닝보 부근의 츠시慈谿에서 일어난 일을 다룬 竹[五] 38, 난징 인근을 배경으로 한 書[五] 40, 상하이 부근의 사건을 다룬 貞[三] 21, 그리고 장시江西성 신젠新建을 배경으로 한 貞[五] 38. 한 건은 어느 부도덕한 부인이 넉넉한 헌금을 약속해 뇌신雷神을 매수한 이야기竹[七] 53이다. 나머지 두 건의 그림-기사만이 도덕적 사건과 관련이 없었다. 한 건은 태어나 얼마 되지 않아 죽어 버려진 영아가 번개에 의해 살려진 일을 전하고 있으며書[九] 73b 다른 하나는 자신의 하인이 산둥을 향한 해상 여정 중에 번개에 맞아 죽기 전까지는 "뇌신을 믿지 않은" 서양인 선교사의 일甲[5] 34b을 전하고 있다.

부정확한 보도들

신뢰도와 관련해 사건발생의 시간에 관한 정보는 장소에 관해 아는 것만큼 중요하지 않았다. 표본의 39%에서만이 "최근에"와 같은 표현으로 모호하게 23% 또는 날짜를 통해[16%] 시간을 제시하고 있다. 기이한 사건들에 대한 보도의 경우 시간을 제시하는 비율이 더 낮았다. 27%만이 어떤 식으로든지 시간을 제시하고 있는데, 19%는 모호하게 그리고 8%만이 정확한 시간을 적고 있었다. 통상 사건은 "최근에" 일어난 것으로 암시되고 있다. 예외도 있는데, 어떤 보도는 명나라 때의 사건을 들고 있다! 기이한 사건들에 대한 풍문의 보도는 덜 엄격한 기준이 적용되고 있는 것으로 보인다. 분석 대상으로 삼은 보도들 가운데 58%가 한 명 혹은 몇 명의 중심인물에 의해 경험되거나 목도된 것으로 전해진다. 이 중심인물들은 모든 경우 독자들에게 제시되는데, 성명 전체 혹은 성, 직업, 학위, 또는 그들이 거주하는 곳이나 출신지 등의 정보를 통해 분별되도록 제시된다. 가장 서사적인 기적적 사건과 기이한 사건들의 경우 87%라는 높은 비율로 기사 내용이 인물 주인공을 둘러싸고 전개됨을 볼 수 있다.

보도의 원천이 제시된 경우는 매우 드물다. 그림-기사의 9%만이 보도원을 제시하고 있는데, 신문[19건], 상하이를 들른 사람[21건]이거나 화가나 기자의 개인적인 경험인 경우[3건]도 있다.[48] 기적에 관한 보도 중 11%에 보도원이 제시되어 있는데, 그 중 다섯은 신문보도에 근거한 것이고 나머지 13건은 여행자의 전언이나 다른 원천에 근거한 것이다.

결어

이 모든 기묘한 일들이 『점석재화보』에서 어떤 위상을 차지하고 있었는가? 예샤오칭은 이들을 끼워 넣기 이야깃거리로 보았다.[49] 어느 정도로는 사실이다. 이들 기사는 종종 두 면이 아닌 한 면만을 차지하게 되는, 그래서 다소 덜 중요한 보도거리들이 실리곤 했던 맨 앞면과 맨 뒷면에 실렸기 때문이다.[50] 그렇지만 단지 끼워 넣기 재료로만 보기에는 너무나도 많은 양을 차지하는 것도 사실이다. 몇 가지 설명 방식이 있을 수 있다. 이 주제는 그림으로 그리기에 특히 적합했다. 적어도 예를 들어 사회사건보다는 그랬다고 할 수 있다. 『점석재화보』의 화가들은 연화年畵나 전통적인 삽화로부터 괴물과 신격들, 귀신과 기괴한 인간들, 그리고 동물 형상의 모본을 가지고 있었다. 이 주제들은 흥미와 공포의 경계선상에서 능숙한 그림 솜씨를 자랑할 수 있는 여지를 제공했다. 전통적인 가벼운 읽을거리로서 지괴적 주제는 잡지를 보다 다채롭게 만들어주었다. 그것들은 오락물로서의 가치를 높여주었으며 동시에 인간 또는 자연이 초래한 재난들이 불러일으키는 공포를 다독여 주었다. 『점석재화보』는 이 범주에 속하는 보도에 어떤 독자의 구미에라도 맞을 법한 공포와 엽기 그리고 오락을 뒤섞어 놓고 있었다. 그렇지만 이러한 '타블로이드'적 내용은 장르 회화와 문학적 글쓰기의 도움을 받아 다듬어졌고 승격되었다. 결과적으로 이 부류에 속한 글과 그림의 경우, 사실적 신뢰성은 부차적인 것으로 밀려나는 동시에 흥미로운 예술로 향유될 수 있었다.

그림-기사의 시각적 측면을 살펴보면, 높은 데서 내려다보는 부감俯瞰의 개방적 투시법open perspective의 적용은 독자를 한 자리에 묶어두거나 특정의 고정된 관점을 강요하려고 하지 않는다. 마찬가지로 텍스트 역시 안전하고 전지적인 관점을 독자들과 함께 나눈다. 그림들은 보는 이가 어디로 자신의 관심을 돌릴지 선택할 수 있도록 허락하며 보도들은 상세한 묘사와 우습거나 기괴하거나 소름끼치는 이야기들을 통해 즐길 수 있도록 배려되어 있다. 독자들로서는 제시된 모든 것을 믿을 필요가 없으며, 안전하고 우월하다고 느낄 수 있는 것이다. 물론 독자들은 기적적인 현상들을 역사적 사건으로 받아들일 자유도 있었다.[51]

기괴한 일들이 어디에서건 발생할 수 있다는 점을, 그리고 모든 인간은 동일한 자연의 힘 또는 초월적 천상의 힘에 절대적으로 종속되어 있다는 점을 보여줌으로써 기이한 일들에 관한 그림-기사들은 급격히 변화하고 있던 상하이와 그 도시에 사는 거주민들의 삶에 안정성의 요소를 부여했으며 그럼으로써 또한 이 새로운 간행물과 상하이 사회로 새롭게 진입한 이들에게 지속성을 보장할 수 있었다. 이 잡지에 실린 거의 세 편 중 한 편의 그림-기사는 독자들에게 이 세상은 언제나 그렇듯 이상하고 가늠할 수 없는 곳이라는 점을 이야기했다. 게다가 이 잡지는 서양인 기술자조차 강에 사는 괴물 앞에서는 하던 일을 포기할 수밖에 없다는 사실에 만족감을 느끼는 심리에도 부응할 수 있었다.[52]

『점석재화보』는 사물을 지배하는 기존 질서를 확인하려는 듯 보인다. 연장자들에 대한 순종은 지고의 가치로 남아 있었으며 이러한 윤리적 가치를 범하는 자들은 여전히 벼락을 맞거나 다른 식으로 심한 처벌을 받을 터이다. 상하이 부근이라고 하더라도 말이다.[53] 그렇지만 남성 숫자가 압도적으로 많은 이주자 집단에서 이는 그저 익숙한 경고일 뿐이거나 문화적 유대감의 표현이었을 수도 있다.

동시에 이 잡지는 또한 적당한 거리를 둔 상태에서 새롭거나 특이한 일을 시도해보는 가능성을 제공하기도 했다. 『점석재화보』가 발행되고 있던 기간 동안 '와유臥遊'라는 말이 '안락의자에 앉아 여행하기armchair traveling'란 의미로 쓰이기 시작했는데,[54] 이는 다시 말해 중국을 격파하고 들어오는 외세에 매우 완만히 익숙해지는 방식을 의미했다. 그와 같은 안락의자-여행객들을 위해 『점석재화보』는 상하이의 유행하는 추세와 복장 따위에 대한 정보를 제공했으며, 다른 지역과 나라들의 관습들을 보여주었고, 전 세계에서 일어나는 모험과 흥미로운 사물들을 전해주었다. 이 잡지는 기성 이미지와 스테레오타입을 재활용했으며 그 과정에서 상하이의 근대성을 위해 새로운 것들을 창출해 내기도 했다.

상하이의 잠재적인 『점석재화보』 독자들은 특별한 부류의 사람들이었다. 대부분 젊은 남성 이주자들로 벌이를 위해 종종 고향에 가족을 두고 온 채였다. 그들은 기방에서 망신할 수도 있었고, 어디선가 한몫 잡을 수도 있었으며, 가산을 탕진할 수도 있었고, 누군가에 의해 고용된 입장이 될 수도 있었다. 그들은 집안 어른들로부터 멀찍이 떨어져 있으면서 자유롭게 어울릴 수 있었고, 자신들의 습속을 여러 다른 지역 출신들의 습속 및 '해외'의 습속들과 견주어 볼 수 있었다. 그들은 새로이 사회적 집단, 계층, 그리고 생활방식을 구성해야 했다. 사회적 어울림과 유흥은 '대가족'의 거처와 종교적 장소들로부터 찻집, 음식점, 기방, 공원으로, 그리고 회관會館과 같은 준종교적 장소들로 이동했다. 그리고 나아가 서책과 정기간행물의 형태로 개인적 영역으로도 옮겨가기 시작했다.

이와 같은 조류에 부응하여 『점석재화보』는 작은 거처에서 개인적으로 혹은 몇몇의 친구들과 함께 소비할 수 있는 오락거리를 제공했다. 나아가 친척과 지인들로 이루어진 안정적인 교유망을 넘어 접촉이 이루어지고 유지되어야 했던 서로 낯선 이들로 이루어진 도시에서, 이 잡지는 대화거리를 위한 일화들과 서로 돌려볼 만한 그림을 제공했다. 『점석재화보』는 상하이로 이주해온 이들의 특별한 수요를 충족시켜주면서 동시에 상하이를 지향하지만 그곳에 살지는 않고 있는 이들에게 그 새로운 세계에 조금이나마 참여할 수 있는 기회와 가능성을 부여했다.

『점석재화보』의 보도들에 사실적 기반이 전혀 없었던 것은 결코 아니었지만 제공하는 정보의 정확성에 대해서는 대체로 크게 강조하지 않았다. 장소와 시간 그리고 인물을 구체적으로 제시하는 것은 사전체史傳體 서술의 전통에 따라 이야기 도입부를 구성한다. 그렇지만 정보의 원천은 매우 드물게 언급된다. 그림들은 시각적 구성요소들의 조합이며 이야기는 가치평가와 자의적인 연계로 치장되어 있다. 표본에는 꿈에 관한 그림-기사가 일곱 편이 있으며 명나라의 사건도 한 편 들어있다.[55] 그렇기는 해도 이 잡지를 만든 이들이 사실성의 문제를 의식하지 않은 것은 아니다. 한 예에서 우리는 화자가 묘사되고 있는 뉴스거리의 사실성에 대해 의혹의 목소리를 내고 있는 것을 발견할 수 있다.[56] 그럼에도 촌부가 정부군을 격퇴하는 이야기가 결국은 실려 있다는 사실은 '요재지이풍'에 따른 보도의 결정적 요소야말로 그 사실성과는 별개로 좋은 이야기로 취급되고 있음을 보여준다.

주제들의 혼합 그리고 사실성과 허구성 문제에 대한 무관심은 혼란스러운 세계에 대한 이해를 갈구하고 있음을 보여주는지도 모른다. 어쩌면 『점석재화보』 독자층의 취향은 상하이 신문화의 정경을 설명하는 데 종종 사용되는 말들에 의해 가장 잘 표현된다고 할 수 있다. 바로 '새로움新', '기괴함奇', '이채로움異', '괴상함怪', '놀랄만함可驚', '즐거울만함可喜'을 충족시키는 것이야말로 뉴스거리였던 것이다. 이러한 취향은 이국취미exoticism와 유사한 어떤 태도, 다시 말해 기이한 것 혹은 타자를 대면하는 안전하고도 유희적인 방식을 함축한다.

이 잡지는 '오래된 병에 담긴 새 술'이라기보다는 오래됨을 가장하는 병에 담긴 새로움을 가장하는 술을 독자들에게 제공하고 있었다고 하는 게 나을 것 같다. 이와 같은 가장, 그리고 그러한 가장이 추동하는 서로 멀리 떨어진 요소들의 불경한 조합이야말로 이 잡지를 상하이 태생으로 만드는 요인인지 모른다.『점석재화보』는 서로 부합하지 않는 것들을 가볍게 조합했으며 본질적으로 새로운 것, 즉 오락을 위해 정기간행물을 읽는 행위를 부드럽게 대중화시켰다.

제5장

상하이의 여가, 인쇄 오락물, 그리고 소보^{小報}

캐서린 예_{Catherine Vance Yeh}

여가의 발명

중국 수위의 무역과 상업 중심지로 상하이의 부상은 오락문화의 수도로의 부상을 동반하였으며 그에 영향을 받기도 했다. 1860·70년대에 이르면 오락 문화는 이 도시가 노후를 즐기려는 부유한 은퇴자들과 활동적인 사업가들을 끌어들이는 요소 중 하나가 되었으며, 도시의 중요한 세입원이었다. 그 과정은 볼거리들을 가지고 국가의 '젖줄'이 되었다는 점에서 파리의 경우와 닮아 있다.[1] 상하이 조계는 서양인 토지소유자들로 구성된 시의회에 의해 운영되었다. 시의회의 우선적인 임무는 사업에 종사하는 이들을 위한 최선의 환경으로 도시의 안정과 질서를 확보하는 것이었다. 시의회에서는 '점잖은' 도시적 태도를 요구했지만 중국 관리들이 그랬듯 윤리적 규범을 강제하지는 않았다. 상하이 조계가 신속히 자체 권한을 지닌 독립체가 되어감에 따라 청 정부의 규제나 중국 전역에 퍼져있던 사회적·도덕적 속박에 구애받지 않고 상하이의 오락업은 본격적인 산업으로 성장할 수 있었다. 신문, 특히 오락신문들의 흥성은 이러한 발전과정과 복잡하게 얽혀있다.

상하이의 오락문화는 장강 하류 지역이나 광저우廣州 등 중국의 여러 지역으로부터 뿐만 아니라 요코하마, 에도, 런던, 그리고 파리 같은 외국의 중심지로부터도 필요한 구성 요소들을 흡수해 통합하여 독특한 형식을 만들어냈다.[2] 이러한 오락문화의 형성과 발전 과정에서 '서양조계의 재능 있는 젊은이洋場才子'라고 불리기도 했던 도시의 신식 지식인, 또는 '문인文人'들이 결정적인 역할을 했다. 도시가 제공하는 스릴과 새로운 일자리 기회에 이끌려 조계를 찾는 전통 교육을 받은 독서인들이 늘어 갔다. 이 새로운 계층과 상하이 오락문화 산업과의 관계를 보게 되면, 문화의 후원자에서 중개자로 처지가 바뀌어 있었다는 점을 알 수 있다. 도시의 사회적·문화적 삶에서의 역할을 모색하는 과정에서 이들은 문화적 중간매개자가 되어갔다. 매판이나 상인과 같이 금융자본을 가지고 있지 못했으며, 기녀들과 같이 오락기술도 갖추지 못한 그들이 기댈 곳은 스스로의 문화적 자산과 문학적 재능이었고 많은 이들이 그것들을 가지고 성장하는 문화산업에 기여했다.

오락문화가 산업으로 발전하는 데 꼭 필요한 도시기반은 시의회에 의해 만들어졌다. 상하이를 국제적 도시 성장의 최전방에 위치시키고 또한 매력적인 삶의 질을 제공할 수 있기를 열망한 시의회는 도시에 각종 편의시설을 마련해 나갔다. 위생적인 마실 물, 교통에 대한 제어가 이루어지는 포장된 깨끗한 도로, 가스 가로등 그리고 후에는 전기 가로등각각 1865년과 1882년 같은 것들이다. 이러한 제반 시설들은 공공 공간을 만들어냈고 오락과 독서가 가능한 시간을 늦은 밤까지 연장시켰다.

새로운 도회풍 삶을 살아가는 소시민의 일상생활 속에 레저의 관념을 도입함으로써 오락을 위한 출판물은 결국 대량 판매의 대중시장을 창출했으며 이는 대중문화의 습성들이 상당한 수준으로 구체화되는 것을 도왔다. 이전까지의 여가라는 개념은 유한 계층에게나 해당하는 것이었으며 관련 활동에 특별한 시간 구획이 할당되어 있지도 않았다. 그런데 이제는 노동 시간에 대립하는 것으로 부각되었으며 특별한 내용으로 채워졌다.[3] 음식점과 극장, 그리고 찻집과 기원妓院들은 열성적이며 성공적으로 이러한 시간/공간을 탐색해 나갔다. 도시는 많은 '쾌락의 장소'들을 제공했다. 사람들은 멋들어진 서양식 레스토랑 일품향一品香에서 식사를 즐기거나, 사륜마차로 엄청나게 부유한 양행洋行들과 거대한 빌딩이 즐비한 난징로南京路나 와이탄外灘 같은 경제 상업 구역을 나들이 할 수도 있었다. 고급스럽게 장식된 오층루五層樓 차관에서 차를 마시거나, 장원張園의 당구장에서 게임을 즐기고, 우원愚園에서 특별히 여성배우들로만 공연되는 묘아희猫兒戲를 감상하며, 반년마다 열리는 경마대회를 보러 경마장을 찾기도 하고, 미국이나 이탈리아에서 찾아온 서커스 공연을 보며 저녁시간을 보내는 등의 활동을 할 수 있었다.

1870년대 이래 급속히 확장된 도시의 인쇄업은 인쇄 오락문화의 시장성을 발견하게 된다. 1872년에 신보관申報館이 설립되고 25년 후 상무인서관商務印書館이 창립되기까지 한가롭게 읽을 만한 글로 채워진 인쇄물의 출판은 업계 활동의 상당한 부분을 차지하게 된다. 이와 같은 인쇄 오락물에 속하는 서적, 삽도본, 잡지들의 초점은 점차 자연스럽게 유명세를 타고 있던 상하이 오락문화 기구들과 거기에 종사하는 이들, 특히 기녀와 가극 배우에 맞춰졌다. 조계의 많은 지식인들은 이들의 단골손님이자 감식가가 되었고 생계를 위해 이 영역에 관한 자신들의 지식을 대중에게 공개했다. 이렇게 그들은 스스로를 중국 유일의 근대적 대도시의 삶에서 필요불가결한 일부로 만들어갔다.

인쇄 오락물은 '세계'라는 관념 그리고 서양문명이라는 관념이 일반 대중의 일상 속에 소개되는 가장 개방적이면서도 무해한 방식 중 하나였다. 물론 세계와 서양 일반, 그리고 그와 관련해 중국의 위상 문제는 당시 선각자들 사이에서 중요한 토론 주제였다. 하지만 그와 같은 주제들이 사람들의 일상생활 속으로 파고든 것은 중국의 근대화에 대한 거창한 선포를 통해서보다는 종종 외래어, 도상, 광고, 성냥, 단추, 그리고 금속활자나 석판을 이용한 새로운 인쇄술과 같이 무해하거나 사소한 것들을 통해서였다. 상하이 인쇄 오락물에 보이는 글과 그림의 장르들은 형식과 내용, 그리고 기술상으로 문화적 잡종이었다. 충분한 주의가 돌려지지 않았다고 할지라도, 이들은 서양에서 비롯된 관념, 물건, 태도들이 도시 생활의 일상성 안으로 진입하는 데 중요한 역할을 했다.

'놀이' 관념의 판촉

시작부터 상하이의 오락문화는 고도로 상업화 되었다. 그리고 무역과 금융업의 대도시를 향한 발전과 마찬가지로, '거대한 놀이터游戲場'로서 상하이의 부상은 인쇄물, 특히 신문을 동반했으며 그것에 의해 촉진되었다. 초기에는 특성화라 할 만한 것이 없었다. 『신보申報』와 같은 대형 일간지는 정치 및 사업 관련 뉴스와 나란히 오락문화 관련 소식과 논평 그리고 문학작품을 실었다. 1890년대 중반이 되어서야 오락문화 분야에 특화된 신문이 출현할 조건이 무르익었다. 이는 통칭 '소보小報'라고 불리는 중화민국 시기 중국 신문산업의 한 갈래가 시작됨을 알리는 신호였다. 그간 신문 연구의 초점은 정치성이 강한 신문들에 맞추어져 있었고 그에 훨씬 못 미치는 관심의 대상이었지만 두 번째 부류는 상업 전문지였다. 그 중요성에도 불구하고 오락 전문지에 대한 연구는 완전히 배제되어 있었다. 초창기 학자들 가운데 오락 전문 신문들을 망각으로부터 구제한 이로는 아잉阿英을 꼽을 수 있다. 그리고 1949년 이후로는 단 한 사람 주쥔위祝均宙가 소보에 대한 개관을 시도한 유일한 학자다.[4]

외국의 사례들은 소보 분야의 선구자 이백원李伯元, 1897~1906에게 오락성 그 자체만으로 높은 시장성을 갖춘 문학적 시도가 될 수 있음을 보여주었다.[5] 특화된 정기간행물을 지지할 수 있을 만큼 상하이의 오락 시장은 도시에서 당당히 한 자리를 차지했으며 전국적으로 명성이 자자했다. 이러한 배경에서 본 장의 주 논의 대상인 오락 전문 대중지가 출현한 것이다.

이러한 신문들은 매우 의식적으로 스스로를 노동과 휴식 사이의 시간 구획 속에 끼워 넣었다. 초기 소보 가운데 하나로, 매우 적절하게도 '레저'라는 의미를 제호에 둔 『소한보消閑報』가 1897년 11월에 창간되었다. 여기에 실린 「소한보라고 이름을 붙인 연유釋消閑報命名之意」는 이 새로운 개념을 아주 명쾌하게 설명하고 있다.

휴식은 노동의 반대이다. 임금의 다스리는 일로 현자가 애쓰며 문서 관리하느라 바쁜데, 기력을 보양해 다스릴 수 없다면 이는 정신을 아껴야 한다는 도리에 어긋나는 바, 그렇기 때문에 옛 사람들에게 '열흘 만에 쉰다'는 얘기가 있었던 것이다. 오늘날 서양인들의 경우 휴식 기간은 칠 일에 하루 반복해 도래하며, 새벽과 저녁의 쉬는 시간 또한 정해져 있다. 휴식한다는 것은 바로 여유롭게 지내는 것인바, 여유를 누린다고 하면 당연 거기에는 방법이 있는 것이다. 작품 한 편에 눈을 두어 웃는 입이 벌어진다면 비록 정력을 돋우는 방법은 되지 못하겠지만 무료함을 달래고 근심을 쫓는 데는 도움이 될 것이다.[6]

閑者, 勞之對也. 王事賢勞, 簿書鞅掌, 使無養息以節之, 似背于愛惜精神之理, 故古人有'十旬休暇'之說. 今之西人, 休息之期, 則以七日一來復, 而晨息昏歇息之時, 亦有定候. 旣歇息, 則閑矣, 旣閑, 則當有消閑之法矣. 一篇入目, 笑口旣開, 雖非調攝精力之方, 要亦可爲遣悶貴排愁之助也.

이들 신문은 노동과 구별되는 도시문화의 특정 시간/공간을 점유하는 활동으로서의 휴식 또는 '놀이'가 제시되고 정착하는 데 일조했으며, 그리고 문화적/상업적 산물들이 그 시간의 즐거움을 증가시킬 수 있도록 하는 특별한 방식까지 거듭 설명했다. 이들은 상하이를 놀이의 환상적 세계로 제시했다. 즉 상하이를 '중국 최대의 놀이터中國絶大游戲之場'로 규정했던 것이다.[7]

이 신문들은 매일같이 최고 순위 안에 드는 오락문화 종사자들, 유명 기녀들과 남성 배우들의 삶과 및 사업을 보도함으로써 독자를 도시적 관음증자로 전환시켜 나갔다. 이들 독자 대부분이 스타들의 화려한 삶에 직접 참여할 수는 없었지만 도시의 오락문화와 그 명사들을 등장시킨 엿보기 성격의 글들을 들여다봄으로써 오락과 재미를 얻었다. 청대 말엽 소보의 평균 가격이었던 7각角의 비용만으로 독자들은 연예계 명사들의 화려하고 매력적인 삶을 들여다보는 이 새로운 형식의 오락에 참여할 수 있었던 것이다. 어떠한 행동이나 추가 비용도 요구되지 않았다. 마치 기행문을 읽으며 '마음으로 여행心游'을 하거나 '편하게 기대어 누워서 여행臥游'을 즐길 수 있었듯이 독자들은 들키거나 자신의 명망을 위태롭게 하거나 큰돈을 들일 필요 없이 상하이의 오락계의 풍경을 '들여다볼' 수 있었다. 이러한 과정에서 신문은 형편이 되지 않는 이들도 오락문화에 동참할 수 있게 만들었으며 또한 예능인 또는 손님으로써 직접 참여할 형편이 되었던 이들을 명사와 대중 스타로 탈바꿈시켰다.

하루 시간대에 따라 그리고 매주 요일에 따라 차별화된 읽을거리를 제공한다는 지향은 20년 여 후 1914년에 『토요일禮拜六』이라는 잡지 창간호 발간사에 자기 잡지명을 설명한 부분에 매우 적절히 제시된 바 있다. "월요일, 화요일, 수요일, 목요일, 그리고 금요일은 사람들이 자신의 본업에 충실해야 하는 날들이다. 토요일과 일요일에야 사람들은 쉬기도 하고 소설을 읽을 수 있다"는 것이다. 그리고서는 도시 가구의 새로운 라이프 스타일을 거론하며 남성 독자들이 가장 저렴하고 가장 멋지게 여가를 즐길 수 있는 방법은 "아내와 함께 나란히" 이 잡지를 읽는 것이라고 제안하고 있다.[8]

중국 신문의 전통에서 급진적으로 벗어나면서 이들 오락신문은 잠재적 독자의 새로운 유형을 만들어냈다. 상하이 『신보申報』나 홍콩의 『순환일보循環日報』와 같은 초기 본격 일간지들은 민간의 풍속에 대한 보고, 백성들의 하소연, 최고 권력자에 대한 간언, 황제를 향한 국가대사에 관한 상소 같은 전통적 맥락에 스스로를 끼워 넣었다.[9] 오락신문은 이런 성격과는 하등 관련이 없었다. 오락신문들은 새로운 편집주체, 새로운 내용의 혼합, 즐거움의 추구가 정당한 자리를 차지하고 있는 보다 확장된 의미의 공공영역, 그리고 무엇보다도 도시적 독자라는 궁극적 수신인과 더불어 등장했다.

이백원의 『유희보』

이런 유형의 가장 중요한 초기 신문은 1897년에 창간된 것으로 매우 적절하게도 『유희보游戲報』라는 제호를 가지고 있었다. '유희'라는 말은 신문이 중점을 두던 바를, 그리고 이 신문이 독자들을 소환하던 유희적 방식을 보여준다. 창간인은 이백원李伯元으로, 오늘날에는 세기 전환기에 쓰인 사회정치를 비평한 소설들의 작가로 더 널리 알려져 있는 인물이다.[10]

이백원은 당시 29세로, 상위 단계의 과거시험에서 낙방한 처지였으며, 1896년 봄 상하이로 오기까지 전혀 이름이 알려져 있지 않은 인물이었다.[11] 그렇지만 몇 달 만에 그는 오락문화에 초점을 맞춘 중국어 신문의 새로운 영역에서 가장 유명한 신문인이 된다. 1896년 6월에 그는 『지남보指南報』를 창간했던 바 있다. 곧 정간되기는 했지만 『지남보』는 상하이 기녀들의 세계에 관

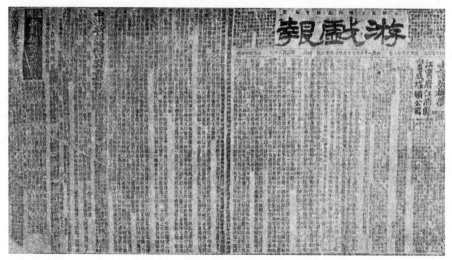

〈그림 5.1〉『유희보』, 1897년.

한 일일 안내서로 스스로를 규정하며 이후『유희보』의 핵심 요소, 즉 기녀들에 관한 소식과 문학을 이미 포함하고 있었다.[12]

이백원이 이런 장르를 처음 고안한 것은 아니다. 프랑스의 파리나 일본의 에도와 같은 오락문화의 중심지들도 흥성과 함께 오락신문을 동반했기 때문이다.[13] 이백원은 자신의 생각과 심지어『유희보』라는 제호가 서양에 뿌리를 두고 있다는 점을 공개적으로 그리고 자랑스럽게 밝혔다.[14] 이백원은 서양에서 이러한 잡지들은 대단히 인기가 있어 전국적으로 배급되며 하루 유통 부수가 700에서 2,000부 된다고 적고 있다.[15]

『유희보』는 이 분야 신문의 발간형태에 범본이 되었는데,『신보』를 표준으로 삼았던 일반적인 일간지보다 작은 판형이었다. 청대 말엽 소보의 표준 크기는 29×55cm이었고 정방형 모양으로 접혀 두 페이지를 이루었다. 그래서 소보는 '방형 신문方型報'으로 불리기도 했다. 그리고 가독성을 높이기 위해 4번 활자를 써서 인쇄했고 구분선을 두기도 했다.〈그림 5.1〉

『유희보』는 도시의 가장 인기 높은 부문이었던 기녀와 관련된 오락문화를 나날이 안내했다. 처음부터 이백원은 동시대의 추향, 즉 '본격' 일간지였던

『신보』의 궤적을 좇아 상하이 넘어 주요 인구 밀집 지역들로 자기 신문의 배포망을 확대하고자 큰 노력을 기울였다. 독자 투고 편지와 여타 자료는 상하이 기녀들의 명성과 평판이 널리 알려져 인구에 회자 되었으며 이 도시의 상당수 방문객들에게 깊은 인상을 남겼기에 그들의 행보와 기예를 연일 보도하는 신문이 과연 시장을 가지고 있었다는 점을 잘 보여준다. 전성기에 달했을 때는 한 호의 인쇄 부수가 만 부를 넘어섰다. 이 수치는 1900년 이후로는 기준 부수가 된 것으로 보인다. 『유희보』가 창간되고 석 달 뒤에는 이백원이 자신의 사무실을 도시에서 가장 번화한 상업과 유흥의 중심지였던 사마로四馬路, 즉 오늘날의 푸저우로福州路로 옮길 수 있을 정도로 신문은 잘 팔리게 된다.[16]

『유희보』는 대략 세 부분으로 나뉘어 있었다. 광고가 신문의 첫 면과 마지막 면에 게재되었다. 첫 면에는 또한 사설이 실렸고, 둘째 면과 셋째 면의 일부에는 도시의 오락문화와 관련된 나날의 소식이 실렸다. 시간이 지나면서 네 면, 여섯 면으로까지 지면이 늘었다. 짧은 사설, 기녀들에 관한 매일 보고, 우스갯소리, 일화, 공연 소식 그리고 가장 중요하게는 광고와 같은 일련의 고정 난欄이 갖춰 있었다. 광고들은 사람들이 사고 싶어 할 만한 온갖 사치품들, 사람들이 원할 만한 서비스들, 그리고 상하이에서 누릴 수 있는 더 많은 유흥거리들을 선전했다. 어조는 대개 가볍고 유쾌했으며 내부 소식통으로서의 위상을 뽐냈다. 그럼에도 이따금씩 비용, 좋지 않은 서비스 태도, 돈을 지불하지 못한 고객, 기생어미의 기녀 학대와 같은 소식을 전할 때에는 자못 심각하기도 했다.

신문의 어조가 사적이라고 할 정도로 친밀한 것은 아니었지만 신문의 가치를 공유하는 친숙한 독자들을 상정하고 있었다. 사설로 실린 글과 함께 논평난에 실린 독자 투고문은 자기주장을 강하게, 종종 아주 단정적인 어투로 표명하곤 했다. 기녀들의 삶과 사랑에 관한 가십성의 무비판적인 글들과 함께 종종 비평적 거리 내지는 반어적 거리를 두고 있는 강력한 논평의 목소리는 스스로 보다 독립적이며 나아가 도덕적인 위상을 확보하고자 했던 이 신문의 노력을 보여준다.

『유희보』여러 층위에서 도시의 삶을 반영하고 있다. 그것은 세기 전환기 상하이와 그곳에 체류하고 있는 사람들에 관한 풍성하고 다양한 기록을 제공해 준다. 특히 도시의 취향과 유행의 형성에 관한 기록들이 거론될 만하다. 이들 기록은 또한 대부분 전통적 문인으로서 성장했던 이 신문의 필자들이 도시의 외향과 관리방식에서 외래 제도와 산업 발전, 상업 권력과 근대성이 정신없이 뒤얽혀 있던 이 도시를 반영하는 동시에 비평적 권위를 통해 일반 대중과 자신을 분리시킴으로써 오락문화에 집중한 글들을 쓰면서도 자기 이미지를 형성하고 강화한 복잡한 방식을 잘 드러내 보여준다. 이백원은 상하이가 멋진 곳이며 중국의 낙원임을 보여주지만 동시에 기괴하고 추한 면이 있으며 거대한 환영일 뿐이라는 점도 보여준다.[17]

모호한 게임 – 작자와 독자, 기녀와 고객, 그리고 도시

작자

이백원은 매일의 기사 쓰기와 신문의 일상적 경영에 직접 깊이 관여했다. 그는 손수 소식의 상당부분을 수집했으며 대부분의 기사를 작성했고 새로운 사업계획과 새로운 영역으로의 진출 등을 제안했다. 그는 자신이 매일 정해진 한 시간 동안만 방문객을 만날 수 있다고 신문지상에 밝히기까지 했다.[18] 홀로 신문을 발간하는 기자/편집자로서의 바쁘고 흥분되는 도시의 삶처럼 보이기도 하지만, 그가 자기 신문과 스스로의 역할에 대해 바라본 방식에서 어떤 모호함과 불안감이 비치기도 한다.

그는 스스로를 자랑스럽게 그리고 다소 전통적인 방식으로 '꽃기녀 나라의 주관인花國主事人'이라 칭했다. 마치 자신이 기녀 세계의 상부에 있으면서 그에 대해 특별한 권한이 있기라도 한 것처럼 말이다. 이와 동시에 그는 신문상의 자신의 페르소나에 '유희주인游戲主人'이라는 필명을 붙임으로써 환멸 가득한 문인으로서 아이러니한 자기 포즈를 취하고 있기도 하다.

「『유희보』의 근본 목표를 논함論遊戲報之本意」이라는 제목의 사설과 사무실의 이전에 관한 공지는 이와 같은 모호성을 두드러지게 보여준다. 사무실 이전에 관한 공지가 보여주는 태도는 이사가 주는 흥분을 대수롭지 않게 여기고 있으면서 또한 다소 방어적인 듯하다. 그는 자기 신문을 가지고 그저 즐기고 성공을 누리려고 할 뿐이었으며 나라의 중차대한 문제들을 도외시하려고 작정한 것이었을까?

한번은 누군가가 유희주인이백원의 필명에게 이렇게 물었다. "그렇습니다. 『유희보』는 최근 상하이와 여타 지역에서 대단한 반향을 불러일으키고 있지요. 그래요, 조정이나 정치나 국가에 관해서는 아무 것도 쓰지 않고 오로지 기녀 희롱이나 흥미로운 일화로만 구성되어 있습니다. 그런데도 사람들이 그토록 환영하는 이유는 무엇일까요?"

주인은 이렇게 대답했다. "존경하는 선생님, 반만 이해하고 계시고 반은 이해하지 못하고 계십니다. 제 출판사는 사실 그저 오락문화만 다루려고 이 신문을 창간한 것이 아닙니다. 현실적으로 우리의 의도는 작은 것을 통해 큰 것을 보게끔 이끄는 것이고 넌지시 비평하기 위해 사건들을 이용하는 것이지요. 그리고 이렇게 하려는 목적은 다른 데 있는 것이 아닙니다. 무지하고 어리석은 이들의 눈을 띄우려는 것이지요."[19]

이백원은 자기 신문이 표방한 고상한 목표와 표면적으로 나타나는 가벼운 오락거리로서의 모습 사이의 간극을 너무나도 불편해 한 나머지 반박을 위해 상대방의 '오독'을 강조한다. 「『유희보』의 근본 목표를 논함」에서 그는 이미 자기의 신문의 '근본 목표'가 "유머러스한 필치의 가벼운 문체를 통해 (…중략…) 훈계하고 경고하며 그리하여 세상을 계몽하려는 것"[20]이라고 밝힌 바 있다. 그는 독자들에게 이 신문의 성공은 바로 그와 같은 보다 심원한 목표 덕이라는 점을 강조한다. 오직 깊이가 없는 독자만이 문면과 함의 사이의 섬세한 상호관계를 포착하지 못하고 일본과의 전쟁에서 패하고 개혁의 주장들이 걷잡을 수 없이 전개되는 (그리고 그 좌절이 곧 닥쳐오는) 시절에 어떻게 그런 가벼운 읽을거리가 먹혀들 수 있는가 하고 의아해 한다는 것이다.

이 신문은 이와 같은 깊이 없는 독서가 가능한 선택 가운데 하나일 수 있을 만큼 보다 넓은 독자 대중의 취향을 충분히 만족시키고 있었던 것으로 보인다. 이러한 취향은 초심 편집인이자 언론인인 그의 상업적 성공을 보장해 주었다. 보다 깊으며 절대적으로 애국적인 신문의 목표에 대한 선언은 국가에 대한 의무감 넘치는 염려를 가지고 있는 충실한 지식인으로서 그의 위상을 공고히 해주었으며 그의 독자들에게 보다 큰 지향을 공유하고 있다는 감각을 심어주었다. 상업적 지향과 더 고상한 임무의 이와 같은 모호한 병치는 이들 새로운 도시 지식인이 스스로의 역할에 대해, 나아가 상하이라는 도시에 대해 가지고 있던 곤혹감을 암시한다.

이백원 자신은 이와 같은 딜레마를 피하지 않았다. 『유희보』가 스스로에 대해 부여한 중요한 지위는 기녀 오락문화를 위한 상업신문으로서 이 업계에서 어떻게 처신해야 하는가의 표준을 주도한다고 스스로 부여한 기능에서 자연스럽게 나온 것이었다. 이러한 점은 작자와 독자들이 심각할 정도로 수준이 낮은 신문에 기고하고 있으며 그것을 읽고 있다는 점을 깨닫는 거북함을 해소해 주었다. 하지만 『유희보』의 주제넘은 태도의 보다 깊은 이유로 상하이 조계에 거주하면서 벌이를 해야 하면서 동시에 문인으로서 정해진 역할에 대한 요청 또한 받고 있는 처지로부터 오는 좌절과 불만이 자리하고 있었다. 상하이는 도덕적 권위와 관련된 역할을 되찾기 위해 필요한 여하한 사회적 환경이나 지위를 제공해 주지 않았다.

이 남성들이 미디어 전문가로서 상하이 조계 내에서 갖게 된 새로운 사회적 지위는 모순으로 가득한 행동을 촉발했다. 이와 같은 행동방식이 비슷한 상황에 처한 전통 문인에게서는 정형적인 것으로 나타나지 않았을지 모르나 이 시기 상하이 지식인 사이에서는 정형적인 모습이었다. 이와 같은 혼란은 이러한 신문이 어떤 기준에 판단의 근거로 두어야 할지 매일같이 마주하는 딜레마 속에서 겪어내야 하는 것이었다. 중국적인 동시에 전혀 중국적이지 않으며 서구적인 동시에 전혀 서구적이지 않은 이 공간 속에서 도대체 어떻게 처신해야 한다는 말인가?

1899년에 쓰인 「상하이 기녀들의 누습이 지나침을 논함^{論滬妓積習太甚}」이라는 제목의 논평이 한 예가 될 수 있겠다. 이 글은 과거의 찬란한 기녀 오락의 중심지들을 묘사하면서 논지를 끌어낸다. 그 중심지들에서 명기名妓들이 성장할 수 있었던 것은 그들이 동시대 문아한 이들雅人과 깊은 관계를 맺을 수 있는 깜냥이 있었기 때문이었다. 이와 같은 문아한 풍류의 전통은 명나라 말엽의 기녀들 일부에서도 여전히 찾아볼 수 있었다. 청나라에 들어서면 양저우揚州나 우시無錫와 같은 기루문화의 중심지들이 번성했지만 명기는 더 이상 나타나지 않았다. 이제 상하이의 조계들이 유수의 상업중심지가 되었으며 기녀 오락의 번성하는 중심지가 되었다. 그러나 비록 이곳의 오락산업이 상당히 발달했다고는 하나, 기녀들은 가창과 사교행위 외에는 그녀들을 추천할 만한 다른 기예를 갖고 있지 못했다. 더 한심한 것은 이런 남아있는 기예조차도 스러져 가고 있어, 고급 기녀들은 자만하고 화려하기만 할 뿐, 비전문적이었다.

상하이의 개항 이래 오늘에 이르기까지 상황은 더 나빠지기만 했다. 자신들이 유행의 첨단에 있다고 여겨 거만하게 된 저 기녀들은 심지어 비파 연주와 가창을 돌보지 않으며 즐거운 말동무가 되어주지 못하는 데다가, 제멋대로 오만방자한 태도는 믿지 못할 정도이다. 갈 데까지 가면, 살진 고기와 기름진 쌀도 음식으로 모자라다 여기고 우아한 수가 놓인 천도 침대보로 모자라다 여기며 부와 권세를 가진 집 자제들마저 눈길 한번 줄 가치도 없다고 여기면서, 창극 배우를 애인으로 삼고 다른 기녀의 고객을 가로채며 덮개 없는 마차를 타고 다니며 공개적으로 방탕함을 드러낸다. 다시 말해, 그들이 추구하지 않는 비열한 행위란 없다는 얘기다. (…중략…) 여기에 그치지 않는다. 정말 사소한 일로, 또는 한 번의 비우호적인 눈길 때문에, 그들은 욕설을 퍼붓고 심지어 서로 주먹다툼까지 벌인다. 우리 신문처럼 그들을 가장 따뜻한 관심을 가지고 대하는 이들조차도 그들은 상관하지 않는다. 그리고는 다른 이들의 분노에 전혀 개의치 않고 하는 말에 대해서도 아무런 감흥을 느끼지 못하는 지경에 이른다. 오호! 향국香國의 꽃송이들에게 일어난 일이라니![21]

기루문화의 쇠락에 대한 불평은 왕조마다 반복되던 문학적 수사였다. 상징화된 당나라 장안長安의 대 여류시인이나 명나라 말엽의 학인이자 예인으로서 기녀에 짝할 상대는 없었다. 위의 비평은 이와 같은 수사 전통에 속하는 것이었지만 또한 새로운 맥락 속에 놓여 있었다. 상하이 조계지의 법적·사회적 구조는 기녀들에게 내키는 대로 행동할 수 있는 자유를 주었다. 자신들의 사업이 번성하는 한 이들은 대중의 의견이나 『유희보』 등이 주장한 전문적 표준을 필요로 하거나 따를 이유가 없었던 것으로 보인다.

이 독특한 장소에서 기녀들은 문인들을 포함해 다른 어떤 계층의 사람들과

도 다름없는 권리를 누렸다. 문인층의 도덕적 권위는 이곳에서는 실제적 힘을 발휘하지 못했다. 이백원의 "오호!"는 그 자신과 그의 동료들의 영향력의 쇠퇴와 사회적 지위의 상실에 대한 집합적 탄식이었던 것이다. 이들의 영향력과 사회적 지위는 대중 일반을 대신해 발언한다는 선언을 통해서만이 회복될 수 있을 터였다.

한때는 문인들이 거창한 감정들로 기녀들에게 영감을 줄 수 있었지만, 이제 그들의 역할은 이 뻔뻔스러운 여인들의 '유희주인' 노릇을 하는 것으로 축소되었다. 이와 같이 어느 다른 실제 세계에 닻을 내리고 있는 객인 동시에 도시와 가장 친밀한 관계에 있는 호스트라는 이중적이고 파편화된 정체성으로부터 근대적 도회의 세련됨이라는 아이러니한 정신세계가 발전한다.[22]

동시에 이백원은 대중을 위해 공적으로 발언함으로써 자신의 입지를 문인으로서가 아닌 전문가로서 단단히 굳혀나간다. 이렇게 함으로써 그는 오락사업을 위한 표준을 정립하고자 노력했다. 한 논평에서 그는 기예의 질이 형편없다며 기루를 질책한다. 이 부분을 잃고서 그들의 사업 전체는 맨바닥으로 추락하리라는 것이다. 그는 기녀들 가운데 스타였던 육란분陸蘭芬을 진정한 프로의 예로 추켜세운다.[23] 다른 글들에서 그는 새로운 매력적인 활동이나 시도들을 제안하기도 했다.

독자와 고객

오락신문 사업에서 독자는 능동적인 참여자로서 자신의 견해를 표방할 권리를 가졌다. 이 견해들은 신문사 측에 받아들여졌고 인쇄되었는데 종종 편집자가 쓴 내용에 대해 동의하지 않는다는 내용이었다. 이 신문들은 정치적으로 순진무구하다 할 수 있는 영역이기는 하지만 공적 의견을 피력하는 대단히 근대적인 플랫폼을 제공해주었다. 이 사업의 드러내어놓고 장난스러웠던 성격은 당시 어디에서고 찾아볼 수 없던 정도의 혁신적 개방성을 가능케 했다.

일간신문에 보도된 기녀들 세계의 생동감 넘치며 잘 정의된 장면들에는 하나의 중요한 형상이 늘 현전하지만 주목의 대상이 되는 경우는 드문데, 바로 '고객'이다. 주로 익명인 채로 남는 형상은 신문이 상정하는 독자이기도 하다. 『유희보』가 내비치는 '고객' 형상은 두 측면을 가지고 있었다. 그들은 유흥을 찾는 기녀의 고객이었고, 또 타지에서 도시 상하이를 방문한 여행객이었다. 그래서 신문은 그들에게 어떻게 행동하고 어디를 가고 무엇을 기대할 수 있는지에 대한 정보를 제공했다. 그런데, 그들은 동시에 '여행객' 혹은 '단기 체류자'라는 보다 넓은 의미에서 이 도시의 '손님'이기도 했다. 신문은 그의 실존적 일과성一過性을 포착하려고 했으며 또한 그에게 막연하나마 소속감과 일관성을 부여하고자 했다. 『유희보』가 자신의 독자들을 거듭 '타지에서 온 객'으로 칭하며 이들 "기댈 데 없는 쓸쓸한 나그네飄零之客"[24]들을 위무하는 것을 스스로의 임무로 삼았던 데에서 이런 부류의 사내들이 상하이에서 자신들의 존재감을 두고 느끼던 어려움을 알 수 있다. 『유희보』에 실린 기녀들의 세계는 그들이 이 도시를 내다볼 수 있는 창이 되어 주었으며, 동시에 그들을 도시를 이끌어들이는 미끼가 되기도 했다. 신문과 그것이 취하고 있던 아이러니한 거리를 매개로 '객'은 도시의 심장부의 수감자이자 내부자가 되었으며, 동시에 자신의 일상적 삶을 살아가도록 허락하는 거리를 확보했다.

'객'이자 체류자인 신분은 사실상 '토착인'이 없던 이 새로운 거류지의 모두에게 공통된 조건이었다. 1877년에 중국어로 된 첫 상하이 소개 책자를 쓴 갈원후葛元煦는 이 도시에서 15년을 살았으면서도 여전히 자신을 도시의 '객'이라고 칭했다.[25] 그 역시 예외가 아니었던 것이다. 이 사내들 가운데 여럿은 자신을 끌어들인 이 도시와 그곳에서 자신들이 갖게 된 직업들에 대해 깊은 양가적 감정을 떨치지 못했다. 이들은 '객'의 잠정적 위치를 고집함으로써 이 도시와 자신들에게 부여되는 책임으로부터 정신적 거리를 유지하고자 했다.

이백원의 신문은 상하이에 체류하는 이들에게 도시의 삶에 공적으로는 물론 또한 사적인 방식으로 참여할 수 있는 독특한 기회를 제공했다. 이 신문은 기녀 오락과 관련된 모든 것에 대한 공론의 장이었다. 독자는 이 계속되는 이야기에 나날이 단위로 참여했다. 그는 어느 기녀의 고객인 동시에 신문을 통해 그녀(그리고 자신)의 행적을 따르는 여러 독자 가운데 한 명이었다. 한때는 배타적이었던, 심지어는 사적이었던 경험들을 신문은 공적이고 집합적이며 공유되는 사업으로 전환시켰다.

전통적인 기녀와 고객 사이의 관계의 변환은 도시가 체류자들에게 요구하는 바를 관철하던 방식에 의해 추동되었다. 상하이는 전통적인 중국의 수도나 성시城市가 아니었다. 그곳은 낯선 공적·문화적 규율을 가지고 외국인들이 다스리던 곳이었다. 정치적이고 사회적인 견지에서 보자면 이 도시는 시민과의 사이에, 그리고 시민들 사이에 새로운 관계를 구축했다. 오래된 사회적 관계망과 도덕표준이 여전히 도시의 도덕적·사회적 구조의 일부를 구성했지만 그것의 헤게모니가 상하이에 미치지는 못했다. 이 도시에서 생의 나머지를 보내게 될 이들은 물론 이곳에서 몇 주를 보내려고 방문한 '손님'에게 이백원의 신문에 묘사된 기녀들과 기루들은 그들이 느끼게 된 소원감을 해소해주는 역할을 했다. 물론 새로운 조건하에서이지만, 그것들은 푸근한 '옛 질서'를 모사해 주었다.

이와 같은 시나리오 속에서, 상하이의 기녀들과 기루들은 '손님'들에게 '전통적' 환경을 제공해 주었지만, 이 전통은 이제 새로운 규칙들에 의해 운용되었는데, 이 규칙들은 조계에서 상층 기녀들이 취득할 수 있었던 위상과 행동거지의 독립성을 고려하는 것이었다. 신참은 이런 규칙이 낯설 터였다. 『유희보』가 그에게 그것들을 소개하고 안내했다. 푸근한 과거를 무대에 올림으로써 상하이의 기루들은 철저하게 상하이적 현상이 되었으며, 이는 감지된 고객들의 필요와 요구에 대해 세련된 사업적 통찰력으로 반응하는 것이었다.

이러한 필요와 요구는 다만 교제와 오락의 영역에만 해당하는 것이 아니었다.『유희보』에서 우리는 기루들의 주요한 기능(그리고 주요 수입원) 중 하나가 연회를 위한 호화로운 장소를 손님들에게 제공하는 것이었음을 알 수 있다. 이런 점에서 기루들은 도시에서 살거나 지나치는 문인들과 관리들의 중요한 회합 장소였던 것이다.

상하이에 와서 눌러 앉은 대부분의 문인들이 과거시험을 통해 관리가 되어 공식적인 입장을 갖는 것을 포기한 처지였기에 기루와 오락신문이 그들에게 공적 무대가 되어 주었다. 기루에서 벌어진 일들은 다음날 보도기사나 시가 되어 신문에 실렸다. 아름답게 장식되고 환하게 불 밝혀진 큰 방에서 '손님'들은 연회를 베풀고 술자리에 초대되었으며 나라가 직면한 사회적·정치적 문제들을 토의했다.『유희보』가 발간되던 기간1897~1910 동안 청 말엽의 정치개혁, 혁명, 재건은 바로 이 장소들에서 논의되었던 것이다. 후기 오락신문에 연재되던 소설들은 이런 토의들을 잔뜩 담고 있다.

신문에 대한 독자대중의 참여나 상하이 기녀들에 대한 대중적 논의들은 경계들의 재설정을 의미했다. 시詩와 사詞를 통해 환기되던 사회적 관계 맺기의 매우 사적인 또는 반半-사적인 영역이 대중적 관심사로 바뀌었다. 이 영역에 대한 대중적 현시와 논란은 그 자체로 오락 사업이 되었는데, 참여와 위락의 특권을 누리고자 매일 7각角을 지불하는 독자들이 있었기 때문이다.

반-사적 공간인 상하이의 기루들을 공적인 것으로 제시함으로써『유희보』는 스스로에게 사설논평과 신문보도를 통해 여론을 제어하는 새로운 위상을 부여했다. 이 신문은 고도의 개성화된 접근을 통해, 그리고 유행의 최전선에 있는 이들 사이의 가십거리를 보도할 가치가 있는 정보로 승격시키는 것을 통해 다른 상업지들의 추상적이고 문제-중심적인 보도들을 보충했다. 이렇게 함으로써 이 신문은『신보申報』,『시보時報』,『신문보新聞報』와 같은 신문들이 실행하고 있던 본격 저널리즘 너머의 더 넓은 선택지를 상하이의 문인들에게 열어주었다. 상하이의 오락사업신문을 편집하고 거기에 글을 쓰는 것은 삶의 방식을 완전히 바꾸지 않은 채로 도시에서 생계를 꾸릴 수 있는 방도를 제공했다. 상하이의 기녀들에 관한 나날의 뉴스보도를 통해 상하이 '문인'의 새로운 공적 페르소나가 구성되었다. 전통적인 '꽃들의 보호자護花人' 각색을 유지하면서 그는 매우 전문화되고 혁신적인 오락사업의 표준을 수립하고 유지하는 데, 그리고 거기서 일어나는 남용과 오용을 비판하는 자리를 구축하는 데 기여했다. 이 신문은 기생어미들의 기녀 학대 문제 같은 것을 다루었고, 비용을 지불하지 않은 고객들을 상대로 한 기녀들의 송사를 공개했으며, 가난 속에 죽어간 기녀들을 위한 동료들의 모금 활동을 지지하는 글을 싣기도 했으며, 상층 기녀들의 부화한 태도를 비판하기도 했다.

이 신문이 독자들에게 매력적일 수 있었던 것은 그것이 다루는 뉴스의 측면에서, 그리고 그것이 독자들과 맺는 사회적 관계의 측면에서 사적 영역과 공적 영역 사이의 경계를 항해해 나갈 수 있는 역량 때문이었다. 독자들이 게재한 서신들을 보면 그들이 이 신문을 사주 이백원과 사적으로 연관 지웠다는 점을 보여주며 그들이 신문이 제공하는 공적 토론장에서 그와 사적으로 의견을 교환하고자 했음을 보여준다. 북방을 향한 여정 중에 상하이를 들른 한 여행객이 '유희주인' 앞으로 써 보내서『유희보』의 일면에 게재된 편지글이 좋은 예가 되겠다. 글쓴이는 먼저 이백원이 그처럼 호기롭고 공정한 정신으로 상하이 기녀들 사이의 경쟁 대회를 조직한 데 대해 찬사를 보낸다. 최종 결과가 나오기 전에 상하이를 떠나야 했던 객은 베이징에 도착한 뒤에 매일 이 신문을 사 읽으면서 대회 추이를 지켜보았다. 그는 수도의 관청들에서도 이 신문이 대단히 인기 있다는 점을 부기했는데, 신문이 돌려 읽히고 있다고 적었다. 서신의 주된 요점은 명망 높던 임대옥林黛玉, 『홍루몽』 여주인공의 이름을 기명으로 취한 것을 위한 변론이었다. 글쓴이는 이백원(그리고 대중)을 향해 이 기녀에 대한 자신의 사적 관심과 관계를 상세히 전하며 그녀에 대한 비방에 대해 반박한다.

> 교서校書, 상품 기녀 임대옥은 쑹장松江 출신입니다. 수년 전 내가 그녀를 톈진天津에서 만났을 때, 빛나는 눈빛과 연애의 기술은 그녀가 일찌감치 비할 데 없는 명성을 지닌 일품 기녀의 자리를 차지하도록 했습니다. 얼마 후 그녀는 상하이에 자리 잡았는데, 그 명성은 새로운 경지로 솟구쳐 올랐지요. 지난 십 년간, 고위관리와 귀족, 시인과 학자 할 것 없이, 상하이를 들른 이들은 그녀를 최고로 쳤습니다. 문예 영역에 정통하며 시 짓기와 노래에 빼어난 솜씨를 지닌 이 교서는 사교에 특히 빼어났으며 위로와 즐거움을 주는 데 능숙했습니다. 그녀를 비웃고 비난하고 헐뜯는 이들은 그녀의 행동을 지켜보고서 그렇게 하는 것이 아니라 소문을 듣고서 그리하는 것입니다. 기실 그녀의 행동들 가운데 숨겨야 할 것은 아무것도 없지요. 다만 흑과 백을 구분할 줄 모르고서 그녀에 대해 왈가왈부하는 자들이 끼치는 해악이 문제일 뿐입니다. 결과적으로 그들은 그녀의 미덕을 잘 알리기는커녕 그것을 가려버렸습니다. 이 점이 내가 탄식하는 바입니다.
>
> 당신의 의도는 늘 악덕을 징계하고 미덕을 격려하려는 목적으로 특정 사건들을 솔직담백하게 다루는 것이었습니다. 이렇게 함으로써 공공선에 대한 당신의 헌신을 증명해 보였지요. 그런데, 좋고 나쁜 것 사이의 판단을 공정히 하는 것 역시 당신 신문의 목적 맞습니까? 나는 이 기녀를 15년간 알아왔습니다. 이제 이토록 멀리 떨어져 있으니, 뻔뻔함을 무릅쓰고 저를 이해해 줄 수 있는 분으로 보아 이 사안을 넘겨드리며 저와 같은 중상에 대해 판단하고 흩어뜨려 주시길 부탁드려도 되겠는지요?[26]

이 서신은 '공'과 '사' 사이의 실 같은 경계를 보여준다. 기녀에 대한 후견인의 사적 책임감과 그녀의 명예를 공적으로 변호해 주고자 하는 희망이 신문을 통해 출구를 찾은 것이다. 자신의 판단의 근거로 그녀와의 사적 관계를 들면서, 그는 이백원더러 개입해서 근거 없는 소문들을 잠재워 달라고 개인적으로 부탁한다. 또한 '꽃들의 보호자'의 페르소나를 취한 이 신문의 필자이자 독자인 이 인물은 자신의 목소리를 내고 정의를 호소하는 장으로 신문의 공적 토론란을 활용한다. 이와 같은 방식으로 『유희보』는 상하이 기녀들과 고객 사이의 사안을 공공의 주제로 만들어내는 데 성공했다.

취미와 정치적 조롱과 자기-역설self-irony을 우월한 입장에서 행사함으로써 이 신문은 고객/독자들이 공적인 기녀 대회의 민주적 심판관으로 참여하도록 끌어들였다. 이런 대회는 긴 역사를 가지고 있으며 우승한 기녀를 '장원壯元'이라고 부르는 것이 관례였는데, 또 다른 경쟁의 세계에서는 이 말을 과거시험의 최고 단계에 합격한 이들을 가리키는 데 쓰였던 터다. 이런 명명에 대해서는 논란이 없지 않았는데, 청나라 더 이른 시기에 이와 같은 대회의 어느 후원자가 이 권위 있는 명명을 오용하려다가 죽임을 당하기도 했기 때문이다.[27]

이백원은 1897년부터 1898년 사이의 다난했던 시절, 1898년 6월에 변법變法이 선포되어 시행되고 또 석 달 후에 실패로 돌아가던 바로 그 즈음, 기녀 대회를 조직했던 터다. 베이징에서 진행되고 있던 사건들과 이와 같은 대회들 사이의 아이러니한 관계는 간과하기 어렵다. 이백원은 그와 같은 아이러니를 숨기지 않고 드러냄으로써 시대의 요구에 복무했다.

대회의 진행과정 밑바탕에 깔린 민주적 원리는 당시 중국에서는 제법 센세이션을 일으켰는데, 그만큼 생소한 것이었기 때문이다. 이백원은 이렇게 설명했다. "이번에 개최되는 대회는 서양의 민주적 투표 제도의 예를 따를 것이다. 결과는 특정 기녀를 지지하는 투표 서신의 상대적 수로 결정될 것이다."[28]

이 첫 대회의 평가기준은 외모外貌와 기예技藝 두 가지였다.[29] 몇 달 후, 두 번째 대회가 개최되었는데, 이번에는 오직 기예의 공연을 평가기준으로 삼았다. 대회의 짝은 문과시험과 별도로 치러지던 전통적인 무과시험이었다. 당연하게도 이 기녀 대회는 '합격한 무과후보생들 명단의 공표'를 의미하는 '무방武榜'으로 귀결할 터였다.[30]

'꽃'들을 평가할 때 모종의 도덕적 잣대를 적용해야 하는가와 관련해 약간의 질의가 있었다. 그러나 기녀가 고객을 바꾼다고 해서 누군들 그녀를 비난할 수 있겠는가? 특히나 제국의 최고위 관료들이 일본과의 전쟁 중에 그들의 뇌물에 그렇게 쉽게 넘어가는 일이 벌어지는 형국 속에서 말이다. 베이징에서는 다시 전제專制가 행해졌고 황제는 연금되었으며, 몇 년 전에 과거에 합격한 강유위康有爲는 명을 보전하기 위해 망명했다. 조정에 대한 문인층의 영향력은 분명 최저 상태에 놓이게 되었고 과거시험관들의 공정성에 대한 신뢰도 바닥에 떨어졌다. 그러나 이곳 상하이에서는 '유희주인'이 민주적이고 공개적이며 또한 충분한 정보 속에서 이루어지는, 과거시험의 명칭을 채택하기까지 한 이러한 선택에 참여하라고 취미와 판단력을 가진 사내들에게 호소하고 있었다. 상급 기녀들의 음악적·문학적 솜씨와 공연의 활기와 미모의 사이의 상대적 무게에 균형을 잡아 달라고, 민주적으로 집계하는 투표에 참가하라고 말이다.

기녀

이제 『유희보』의 주인공인 기녀들에 대해 이야기해볼 차례다. 신문과 기녀는 공생의 관계 속에 있었던 바, 기녀들은 자기홍보를 위해 신문을 필요로 했으며 활용했고, 신문은 이력을 도드라지게 하고 세일즈 포인트를 만들어내기 위해 그들을 스타로 탄생시켰다.

이백원은『유희보』를 창간하고서 곧바로 첫 번째 기녀 대회를 조직했다. 그 뒤로 정기적인 정식 행사로 자리 잡게 될 만큼 성공적이었다. 과거시험의 등수를 가리키는 명칭으로 여인들을 순위 매기는 일은 오래된 전통으로 자주 사용되었다.[31] 19세기 초의 소설『경화연鏡花緣』에서도 예를 찾아볼 수 있다.[32] 옛 술어를 사용하고 있었지만, 이백원은 대중적 대회를 도입하고, 신문을 토론의 장으로 활용하며, 우승자의 사진을 배포하고, 기녀들의 사적·공적 삶은 물론 그들 개인의 아주 세세한 부분에까지 전반적인 관심을 쏟아 부음으로써 그녀들 가운데 가장 두드러진 이들은 공적 인물이 되어갔고 나아가 중국 최초의 대중 스타들이 되어갔다.『유희보』의 기녀 대회에서 우리는 현대적 스타 문화의 탄생을 보게 되는데, 이는 결국 1920년대와 30년대의 영화스타를 둘러싼 열광적 분위기로 발전할 터였다.

'스타'는 마케팅이 가능한 이미지다. 상표명처럼, 스타는 개인 스스로를 대표할 뿐 아니라 속해 있는 산업 전체의 매혹을 상징해야만 한다. 이백원의 기녀 신문의 성공은 스타문화의 생성과 그의 광고주이기도 했던 오락산업 전반의 매력의 부각을 솜씨 좋게 조화시킨 데 바탕을 두고 있었다. 이 신문은 과연 그와 같은 스타들을 만들어냄으로써 오락 산업 전체를 지원했다.

이와 같은 대회의 결과로 일품의 기녀들은 순식간에 큰 영예를 얻었다. 이들의 사업은 번창했으며 그들의 일거수일투족은『유희보』에 보도되었다. 그리고 대회가 끝나고 얼마지 않아 여럿이 청혼을 받았다.[33]『유희보』초기에 부상한 가장 유명한 스타들로는 '상하이 사대 금강上海四大金剛'을 꼽을 수 있다. 불교 사찰의 문을 지키는 금강역사로부터 이름을 취한 것이다. 이 넷은 임대옥林黛玉, 육난분陸蘭芬, 김소보金小寶, 장서옥張書玉이었다.[34] 이백원은 다소간 아이러니한 연상을 하도록 하는 이 이름을 통해 네 기녀가 기억에 각인되도록 만들었다.[35] 그리고 그들에 관한 나날의 연이은 보도를 통해 네 여성이 충분히 이름값을 하리라는 대중의 의식과 기대를 만들어 냈다. 「임대옥이 좋은 날을 택해 가게를 열다」,[36] 「김소보의 이사 소식을 듣고 시를 지어 축하함」,[37] 「장서옥약력」,[38] 「김소보 전」,[39] 「육 교서가 두 미녀와 함께 원림園林을 찾다」,[40] 「4대 금강이 좋은 날을 택해 새 모자를 쓰다」,[41] 「임대옥의 의상이 빼어나다」[42] 등과 같은 제목이 붙은 기사를 통해 독자는 선정적이며 경우에 따라서는 도발적이기까지 한, 이 여성들의 삶으로 제시된 바를 좇아갔다. 도시 여기저기의 화려하고 환상적인 곳들에서 마주칠지 모르는 그녀들의 현실 속 페르소나를 슬쩍 엿보는 것이라고나 할까.

이 스타들은 군중으로부터 분리되었다. 이들은 독자의 마음속에 시선집중, 관심, 선망과 비난의 개별화된 형상이었다. 이들은 유행을 선도했다. 유복한 이들의 처첩들이 기녀 세계의 행보를 기꺼이 모방했다.[43] 이백원은 그들의 적극적인 협조를 받아 그들 안에 상하이의 새로운 문화 아이콘을 만들었다. 더 뒤의 영화배우들처럼, 기녀 스타들은 한때는 사적이며 배타적이었던 '남녀' ― 고객과 기녀 ― 관계를 시장에 열어놓았으며, 대중의 소비를 위한 지위와 관심의 공연으로 바꾸어 놓았다. 이 스타들을 오락업계의 하층에 위치했던 이들과 사회 전반이 모방함에 따라, 이들은 도시의 삶의 양식과 도시의 보다 넓은 범위의 오락문화에 큰 영향을 끼쳤다.

대회가 일부 기녀들의 명성을 높여주었던 만큼 신문 역시 판매부수가 4천에서 8천으로 늘었다. 이를 통해 이백원과 그의 『유희보』는 오락업계의 선도적 목소리로 굳건히 자리 잡게 되었다.[44] 대회는 선발과정에 관해 생기 넘치는 대중적 토론을 불러 일으켰다. 이백원은 민주적 투표의 근간에 있는 원리를 설명함으로써 결과를 옹호했다. 그 원리란 바로 한 사람의 취향이 또 다른 한 사람의 것에 비해 더 큰 영향력이 있을 수 없다는 점이었다. 대회가 끝난 뒤, 이 신문은 독자의 서신을 여러 편 실음으로써 취향과 견해의 차이를 공개하는 과정을 독려했다.

전통적인 문화토론의 장을 재생하고 재구성하는 것이 상하이 조계의 상업적 문화 관련해 이백원이 취한 전략이었다. 이곳에서 작동하는 기본 방식은 끊임없는 혁신을 통해 경쟁하는 것이었는데, 어느 부문보다 오락 부문에서 더 그랬다. 그 과정에서 이백원은 상하이의 근대적 환경 속에서 전통의 문화적 기술과 '문인'의 취향을 활용할 수 있었고 문인과 기녀 양자 모두를 위해 새로운 환경에 적응하는 동시에 과거로부터 전적으로 소외되지 않는 성공적인 인생 설계를 구성하는 데 도움을 줄 수 있었다.

기녀들은 신문이 그처럼 광범위하게 보도하는 데 신속히 주목했으며 그것을 점점 더 자신감을 가지고 잘 활용했다. 그들은 거처를 옮기는 것을 선전했으며 화려한 의상과 장식과 마차, 여가생활과 그다지 비밀일 것도 없는 가극 배우나 여타 미소년들과의 염문을 통해 스스로의 보도가치를 창출했다. 이들은 또한 잘 조율된 공공장소에서의 출현으로 헤드라인 보도를 제공하기도 했다. 대중은 상하이의 일급 기녀들을 이름으로만 아는 게 아니라 이제는 생김새로도 알아볼 수 있게 되었다. 그들은 장원張園 안에 있던 안카이디安塏第 찻집이나 양식을 제공했던 일품향一品香 요릿집에서 보였으며, 도시의 가장 멋진 상업가를 고객과 함께 마차를 타고서 지나는 모습이 보이기도 했다. 대회 기간 동안에 관심이 고조되었을 때는 이들이 스스로를 밀어 올리는 최고의 계기가 되었다. 그렇게 하는 과정에서 이들은 조명을 받게 되었다.[45] 신문이 그녀들의 무대였다.

공공의 자선사업은 스타급 기녀들이 자신들의 새로운 사회적 지위와 공적 페르소나를 만들어내고 다듬어가는 또 다른 방도 가운데 하나였다. 이 경우에도 역시 『유희보』가 논의와 모금과 사업에 대한 평가가 이루어지는 공적 플랫폼으로서 중요한 역할을 수행했다. 대중적으로 가장 널리 알려졌던 것은 가난 속에서 죽은 상하이의 기녀들을 위한 자선 공동묘지를 조성하는 사업이었다. '화총花塚', 즉 '꽃무덤' 프로젝트를 4대 금강 중 한명인 임대옥이 『유희보』에 실은 공개서한을 통해 지지했다. 그리고 나중에는 네 명 모두 함께 모금운동을 이끌었다.[46] 신문보도가 조성한 대중적 관심은 이들 일급 기녀들에게 인품과 지위를 부여했다. 또한 그들에게 기대되는 행동거지를 규정했으며 그에 대한 보도의 색깔도 설정했다. 이러한 규범들은 나중에 주로는 영화 스타들에 의해 명사로서 의미 있는 일을 지지하는 방식으로 추종되었으며 타블로이드 신문의 보도방식으로 이어졌다.

이미지와 사진

1898년 9월 30일에 『유희보』는 아주 새로운 것을 선보였다. 대회에서 수상한 기녀의 사진을 잡지 매 권의 첫 면에 풀로 붙여 판매한 것이다. 밑에는 이름, 나이, 주소, 기녀대회의 '등수'를 적어 넣었다. 사진에는 그 기녀의 팬이 쓴 전통적인 방식의 헌정 시를 곁들였다.<그림 5.2> 「오늘 본보에 명기의 사진을 싣는 것과 관련해」라는 제목의 공지를 통해 편집자는 이렇게 설명했다.

> 옛적에는 회화는 있었지만 사진은 없었다. 그런데, 그리는 기술이 다 같지는 않으니 하루를 꼬박 노력해도 얼마만큼 형태를 닮게 한 장을 그려내는 것부터 쉽지 않다. 그러니 정신을 닮게 그려내는 것은 어떻겠는가! 게다가 [유명한 화가 고개지顧愷之가 학자 배해裴楷의 인격을 드러내기 위해] "뺨에 몇 가닥 수염을 그린" 것과 같이 빼어난 솜씨를 부릴 수 있는 이가 몇이나 되었겠는가? 그렇지만 서양으로부터 사진술이 소개되면서부터 순식간이면 바라는 대로 사진 한 장을 취할 수 있으며 분위기 면에서 조금도 거슬림이 없고 완전히 살아있는 것 같다. 이것이 신성한 발명이란 것을 부정할 수 없을 것이다.[47]

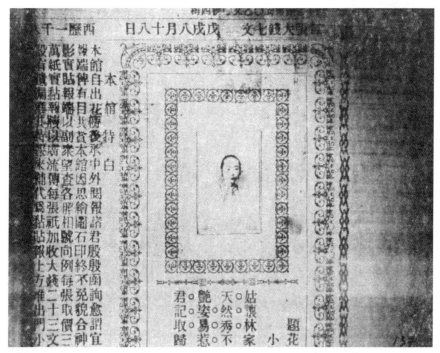

〈그림 5.2〉 상하이 기녀 화려연(花麗娟). 1898년 상하이의 요화사진관(耀華照像號)에 찍은 사진이다. 화려연은 『유희보』가 1898년 가을에 주최한 기녀 대회에서 2등 자리를 차지했다. 행사를 널리 알리기 위해 상위 세 명의 입상자의 사진을 신문에 풀로 붙여 제공했다(『유희보』, 1898년 10월 3일, 1면).

기녀의 사진을 신문에 싣는 것은 대중의 요청으로부터 비롯되었다. 대회가 끝난 뒤, 이 신문의 독자들은 글을 보내와 우승자들의 사진을 신문에 실어줄 것을 요청했다. 선택지는 중국식 초상 드로잉을 석판으로 인쇄하는 것과 서양식 사진이 있었다. 이백원은 신기함 때문에 사진을 선택했다. 그가 쓴 사설은 이 점에 관해 사진이 형태의 유사성에서 보이는 훨씬 높은 질과 제작에 소요되는 속도가 자신의 선택을 결정했다고 밝히고 있다. 물론 고객들은 해당 호를 구매하기 위해 더 지불해야 했다. 기녀 사진을 전문으로 하던 요화사진관이 이 사업을 위한 자연스런 동반자가 되었다.[48]

사진을 찍어 인화해서 고객에게 주는 것은 『유희보』의 화려한 행사에 앞서 여러 해 전부터 기녀들 사이에서 유행이었다. 한 장의 네거티브로부터 여러 장의 사진을 확대해 인화하는 기술이 진작부터 도입되어 기녀들의 사진은 사진관들에서 팔리는 상품이 되었다.[49] 그렇지만 신문에 사진을 삽입한 것은 기녀 이미지의 대량생산에서 커다란 첫 걸음이었다. 이는 기녀, 사진관, 신문사 사이의 긴밀한 협력을 전제로 하고 있었다.

상하이의 기녀들 자신이 고객들과 높다란 덮개 없는 마차를 타고 시내를 돌아다니거나 가장 화려한 의상을 걸치고 찻집에 나타나는 등의 행동을 통해 매우 대중적인 인물이 됨으로써 스스로 한 걸음 크게 내딛고 있던 터다. 그렇지만 기녀들의 이미지를 집체적이며 대중적인 사업으로 만들어낸 것은 이백원이었다. 사진은 신문의 명성을 높이고 배포부수를 늘려주려는 의도로 사용되었는데 기대를 훨씬 넘는 성공을 거두었다.

이 특별호들은 너무나도 큰 환영을 받았다. 『유희보』 사옥 밖이 사람들로 미어질 정도였다. 발행일 날 만 부를 인쇄하고서도 대중의 요구에 부응하기 위해 다음 이틀 동안 몇 천 부를 더 인쇄해야 했다.[50] 동시에 이는 기루 사업을 위한 좋은 광고가 되었다. 이 선정적인 부록이 일회적인 것이긴 했지만 — 이백원에 따르면 이는 대단히 비용이 많이 드는 화려한 쇼로서 순전히 재미를 위해 진행한 것이었다[51] —, 그 충격은 혁명적인 것이었다. 이 사건은 목판과 꽤나 혁신적이었던 석판인쇄가 기녀들의 이미지를 지배하던 시대의 종언을 가리켰다. 종전의 이들 인쇄 방식은 개별적인 특징을 살리는 데는 큰 공을 들이지 않았던 터다. 사진술의 도입은 이러한 이미지를 변환시켰다. 그리고, 기녀들과 연계된 전통적인 문화적 연상들 및 사회적 의례들과 그녀들 사이의 관계 또한 변환시켰다. 1870년대 후반부터 점석재석인서국點石齋石印書局에서 발행하던 많은 석판인쇄물에서 그들의 이미지는 현대 기술의 매력과 연관 지어졌는데,[52] 사진은 이러한 관념을 광채를 더해 증폭시켰다. 이제 이미지는 기녀를 더 이상 정형화된 기녀가 아닌 뚜렷한 개성을 지닌 개인으로 제시하게 되었다.

이러한 전환을 거치면서, 이제껏 연예 기술을 가장 강조했던 기녀 품평가의 평가기준에서는 원래 더 하위를 차지하던 미색 영역이 훨씬 중요해졌다. 그런데 바로 이 과정에서 이 아름다운 개인은, 바로 그 아름다운 개인이『유희보』에 의해 문화상품으로 변환되었던 것과 궤를 같이해서 사치산업의 '총아'가 되었다. 그녀의 이미지를 출판하면서 이백원은 그것의 잠재적 상업가치를 발현시켰다. 이제 눈에 잘 닿지 않으며 독보적인 기녀의 매력은 그녀의 시장가치의 핵심이 되었으며, 얼마지 않아 그것이 오락신문들의 판매를 촉진시킬 뿐 아니라 광고에서도 큰 효과를 발휘한다는 점이 발견되기에 이른다.

당시까지만 해도 기녀의 개별성은 문인들이 그녀에 관해 쓰는 내용에 크게 의존했다. 기녀들의 이미지가 실린 목판이나 석판으로 인쇄된 초기 기녀 안내서들은 늘 그녀의 고객들의 개인적 회상을 이미지에 곁들였다. 이러한 공들인 연출을 통해 그녀는 언제나 현실의 한계를 넘어섰으며 그녀의 인격에 대한 인상을 전달하기 위해 사용된 문학적 장치들은 일종의 초세속적 성격을 환기하곤 했다.

좋은 예로 1887년에 출판된 상하이 기녀들의 삽도 전기집인『경영소성鏡影簫聲』을 들 수 있다.[53] 동판화로 삽도를 넣어 도쿄에서 인쇄된 이 책은 대나무, 돌, 꽃, 나무 등의 전통적 상징문양으로 둘러싼 기녀들의 중국식 초상화를 제공하고 있다.<그림 5.3> 구성 면에서 이 초상화는 전통적 설정 속에서 관능성을 강조하고 있다. 상하이 조계에서 기녀의 특정한 삶의 방식은 이 초상화의 일부를 이루고 있지 않다. 이미지는 사실적이도록 의도된 것이 아니었다. 그것은 코드화되어 있었다. 집체적이며 비개성화된 이미지와 환경 속에서 기녀는 보는 이의 마음속에 꿈의 세계에서의 삶에 대한 환상을 불러일으킨다. 그 세계는 지난날의 유명한 학자, 관료, 시인들이 두텁게 쌓아놓은 시와 회고들에 의해 풍성하게 된 것이었다. 미색은 위대한 기녀로 인정받는 데 우선순위의

〈그림 5.3〉 기녀. 『경영소성초집(鏡影蕭聲初集)』,
동판화. 도쿄, 1887년(上海 : 東京銅刻版).

자질이 아니었다. 오히려 예능의 기술, 문학적 성취와 음악적 재능, 언행의 생기 등이 전통적으로 훨씬 인정받는 자질들이었다.[54]

이런 배경하에서 사진 이미지의 소개는 문화적으로 복잡하고 매우 대담한 행위였다. 한편으로는 분명히 경제적 이유와 사업적 책략에 따라 수행된 것이지만, 기녀 사진의 출판에는 또한 '민주적'이며 매우 현대적인 도시 요소가 포함되어 있었다. 이는 기녀에 대한 고객의 주장의 독점성을 제거했다. 『유희보』의 모든 독자는 몇 전만 지불하면 부유한 사업가가 가장 아끼는 기녀를 쳐다보는 즐거움을 누릴 수 있었다. 지난날에는 직접 접촉을 위한 비용을 댈 수 있는 소수를 제외하고는 접근이 불가능하던 개별 기녀의 생김새가 이제는 무제한으로 복제되었다. 확장일로의 신문사업과 점점 더 혁신되던 신문광고의 영향, 그리고 상하이 기녀 자신들의 새로운 사업전략이 충분히 호응하여 지난날 기녀의 집체적이며 문화적인 이미지는 시장성 있는 평판 높은 개인으로, 현대적 스타의 선구자로 대체되었다. 실제의 이미지가 문학적 이미지를 대체한 것이다. 그렇게 하여 이루어진 돌파는 대단한 것이었지만 치명적인 것은 아니었다. 문인들은 '꽃들의 보호자'로서 기녀들에 대한 찬탄의 시를 쓰던 데서 새로운 이미지, 사진, 새로운 매체, 신문으로 어렵지 않게 선회했다. 문인과 기녀 사이의 상호작용은 새로운 문화적 포장 속에서 살아남았다.

기녀의 이미지를 독점적 고급문화의 영역으로부터 대중매체 시장으로 옮겨놓음으로써,『유희보』는 이러한 이미지를 1890년대에 오면 이미 상당 정도 정착해 있던 보다 넓은 범위의 상하이 상업문화의 지도 위에 위치시키는 데 일조했다. 전통문화와의 유사함을 대중적으로 소비함에 개인화된 선택을 지향했으며, 사업적 고려와 상품의 판촉과 소비재의 화려함을 조합한 이 새로운 이미지는 새로운 도시 감수성이 발전하는 신호탄이 되었다. 스타 지위를 추구한 기녀들은 이백원의 신문이 그녀들에게 제공한 홍보 및 지지에 힘입어 새로운 패션과 유행을 선도하는 도시의 전위가 되었다. 그들의 사진은 다른 매체로도 확산되었다. 늦게는 1910년대까지『소설월보小說月報』나『소설대관小說大觀』같은 문학잡지들이 이런 이미지들을 색다른 매혹의 상징으로 거듭 실었다.[55]

이후의 대체적인 방향을 1918년에 열린 기녀 대회를 통해 살펴볼 수 있다. 오락신문『신세계보新世界報』는 자사 주최 상하이 기녀 대회를 진행하면서 더 이상 그것을 과거시험 급제자의 명단을 가리키는 방목榜目에 빗대어 사용하던 '화방花榜'이라고 부르지 않고 제대로 민주적 정신을 반영해 '꽃들의 선발'을 의미하는 '화선花選'이라고 칭했으며, 우승자는 더 이상 과거 급제자를 가리키던 '장원壯元'이라고 부르지 않고 참된 공화국의 정신을 발휘해 '꽃 나라의 대통령', '화국대총통花國大總統'으로 칭했다.[56] 국제菊第란 이름의 기녀인 화국대총통의 사진은 그녀를 찍은 사진과 피어나는 연꽃을 합성한 것이었다. 전통적인 상징으로, 그녀가 연꽃처럼 진흙에서 자라 피지만 본성은 순결하다는 의미이다. 사진의 구성은 이 '기술복제시대'에 현대적 도시 속으로 기녀의 새로운 이미지를 삽입해 넣으면서 동시에 전통을 향해 돌아서 있다. 대총통의 '민주적 승리'는 군벌이 횡행하던 당시 중국을 배경으로 뚜렷하게 현대적이며 또한 환상적인 분위기를 선사한다.

도시

오락신문과 기녀, 필자와 독자의 관계 사이에 분명한 존재감을 유지하는 제3의 요소가 있었으니, 바로 도시 자체다. 모든 활동의 배경으로 기능하며 그것은 기녀와 고객들을 주인공으로 하는 언뜻 보기에 매우 전통적인 장면들의 뒤에 버티고 있다. 이와 같은 대비와 상호작용 속에서 이 장면들은 극적 연출과 역할 연기의 도시적 분위기로 묘하게 충전되어 있으며 정비되어 있다.

동시에, 도시는 모든 거류민들에게 영향을 드리웠다.『유희보』와 동시대 같은 부류의 신문들은 보도 대상의 세상만큼이나 철저하게 도시적인 현상이었다. 필자, 독자, 고객, 기녀, 모두들 국가 담론의 무게나 어두움을 공유하지 않는다는 엄청난 매력을 동반한 도시 현대성의 실행에 연계되어 있었다. 이 과정에서 도시 자체는 동경의 대상인 현대적 편리함을 갖춘 꿈의 세계로부터 온갖 영화와 무심함, 금전숭배와 문화적 번영, 부패와 그것을 들추어낼 흑막소설黑幕小說이 공존하는 도시 현대성의 발효 탱크로 이행했다. 상하이 기녀와 마찬가지로 오락신문은 상하이의 특수한 현상이었다. 양자 모두 이 도시의 자기 연출로 간주된다.

확립된 장르 – 문학 간행물로서 소보小報

이백원이『유희보』를 가지고 거둔 성공은 추종자들을 불러왔다. 몇몇만 들자면 다음과 같다. 『소한보消閑報』1897년 11월, 『채풍보采風報』1898년 5월, 『취보趣報』1898년, 『춘강화월보春江花月報』1901년, 『급시행락及時行樂』1901년 등이다. 이런 야단의 와중에 이백원은『유희보』와 짝해 발행되도록『세계번화보世界繁華報』를 창간한다. 이 신문은 새로이 부상하는 스타들, 경극 배우들을 추가했다. 말할 것도 없이 이 두 번째 시도가 추종의 물결을 주춤하게 하진 못했다. 『화천일보花天日報』1902년, 『오락일보娛樂日報』1905년 등이 등장했다.[57] 이 제호들은 여가와 오락의 관념에 기대고 있으며 여가에 대한 새로운 도시 감수성을 암시한다.

그런데, 『세계번화보』에서 이백원의 가장 큰 혁신은 문학, 특히 소설을 소보의 핵심 구성요소로 위치지은 것이었다. 『유희보』와 같은 가벼운 읽을거리가 성공을 거둘 수 있었겠냐는 질문에 대응해 이백원이 취한 입장은 당시로서는 방어적인 것이었다고 하겠다. 하지만 그 같은 주장은 그의 신문들에 나중에 게재된 문학작품들에 의해 충분히 입증되었다. 정치적 풍자를 담은 글들은 기루를 멀리 떠날 필요도 없었다. 배경의 상당 부분이 실제 삶 속에서 그랬듯이 바로 그곳으로 설정되었기 때문이다.

거창하거나 소소한 다양한 장르의 문학이 유입되었다. 소소한 것으로는 짧은 이야기인 전기傳奇, 우언寓言, 서발序跋, 전기傳記 등이 포함되었다. 이백원은 나아가 『세계번화보』에서는 여러 다른 난들을 주도할 만큼 문학의 비중을 확장시켰다. 주요 난목은 풍자적인 운문을 실은 '풍림諷林', 논설論說, 최신전보最新電報, '시사희담時事喜談', 가극계의 주요 소식을 실은 '국부요록菊部要錄', 상하이 기녀들에 관한 나날의 일지인 '해상간화일기海上看花日記', 독자들의 서신을 실은 '내함조등來函照登', 최근 사건을 제재로 한 신편 가극을 소개한 '신편시사신희新編時事新戲', 문학에 관한 짧은 글들인 '담총談叢', 문학과 예술 관련 새 출판물을 소개한 '예문지藝文志', '야사野史', '유기游記', '풍속지風俗志', 기녀들의 삶을 기록한 '북리지北里志'가 있었다. 철 지난 난목은 신속히 새로운 것들로 교체되었다. 이를테면 가극 배우들에 관한 '고취록鼓吹錄', 다른 데서는 찾아볼 수 없는 상하이의 독보적인 것들에 관한 '상하이무쌍보上海無雙譜' 같은 난목들이다. 보다 엄격하게 문학에 국한된 난목으로는 이야기들을 수록한 '사호록射虎錄', 세간에서 떠도는 새로운 말들을 적은 '세설신어世說新語', 우스갯소리를 옮겨놓은

'골계혼滑稽魂', 그리고 상하이의 기녀와 가극 배우들의 화려한 생활에 관한 이야기들인 '번화잡지繁華雜志'가 있었다.

짧은 이야기 장르들에 비해 긴 편폭의 이야기들은 좀 더 조심스럽게 출발했다. 1897년에 이백원의 수중에 출판 전의 낭만적인 극본이 들어왔는데, 그는 이 작품을 연재했다.[58] 『유희보』의 초기 경쟁지로, 본명이 손가진孫家振이며 종종 해상수석생海上漱石生이란 필명을 썼던 손옥성孫玉聲이 편집해 내던 『채풍보采風報』1898년 5월가 새 소설을 별도의 난에 게재한 첫 소보였다. 바로 『해상번화몽海上繁華夢』으로, 동시대 도시 기녀의 사건들을 제재로 삼은 것이었다. 이백원은 1910년에 『세계번화보』를 창간하면서 곧바로 정치적·사회적 비판을 담은 첫 주요작품으로 1900년의 경자사변을 다룬 『경자국변탄사庚子國變彈詞』를 신문의 일부로 연재하기 시작했다. 그 뒤로 1903년부터 1905년 사이에는 청조 관리들에 대한 통렬한 비판을 담은 자신의 『관장현형기官場現形記』와 이어서 친구 오견인吳趼人이 쓴 비슷한 맥락의 『호도세계糊塗世界』를 연재했다.[59] 1906년부터 '단편소설短篇小說'과 '백화白話' 난목이 더해졌다.

끊임없이 새로운 난목과 문학의 범주들을 창안해냄으로써 이백원은 독자들과 전체 신문업을 위해 문학적 혁신이 그 자체로 하나의 예술이 되는 문학 '유희'의 놀라운 새로운 지평을 열어 보였다. 소보에서 '문학 유희'의 모자이크풍 전시는 하나의 전매특허처럼 되었다. 『유희보』와 『세계번화보』의 레이아웃은 늘 새로운 것으로 놀라움을 선사했다. 여기에는 서로 다른 난목의 설치, 신문의 분량, 광고의 배치 등등이 포함되었다. 새로운 창안으로 독자들을 놀라게 하고 독창성을 견지하는 것은 이백원의 개인적 관심사이자 그의 사업 전략이었다.[60]

두 종의 신문을 가지고 이백원은 오락신문에서 문학이 기능할 새로운 방식을 그려보였으며 대중적인 오락신문에서 소설의 위상을 굳건히 했다. 오락과 문학의 조합을 통해 이 두 신문은 또한 특정 유형의 아이러니한 도시적 태도가 명확히 드러나고 대중화되는 데 기여했다. 이와 같은 태도는 분명 상하이 문인들이 자신과 청 말엽의 사회에 대해 가지고 있던 회한과 증오를 먹고 자란 것이었지만, 어쨌거나 상하이 오락 문화의 특징이 되었으며 또한 비장한 자세를 취하고 거창한 말들을 하는 저 높은 데 분들에게는 끊임없이 눈엣가시가 되었던 것이다.

이후의 발전

소보는 신속히 만 부가량의 실제 배포부수를 갖는 대중적으로 인기 있는 읽을거리로 자리잡았다.[61] 이어지는 1920년대와 1930년대 내내 소보는 끊임없이 새로운 영감의 원천을 찾아내고 새로운 도시로 확산되었으며 독자의 관심을 붙들어둘 새로운 방도를 개발했다. 그렇지만 이백원의 선구적 시도들이 확립한 주요 장르적 특징들에 불가피하게 얽매여 있을 수밖에 없었다. 물론 1949년에 모든 소보가 정간되기 전까지의 얘기다. 한 장르로서 소보의 이처럼 대단한 활력과 안정성은 이백원의 선례가 가지고 있던 역량을 증언한다. 또한 중국 땅 전역에 걸쳐 이후 세대의 문화적 습관과 선호가 형성되는 데 끼친 상하이 조계로부터의 영향을 잘 보여준다.

오락신문의 발전 과정에서 유원지amusement park 신문들이 소보를 새로운 방향으로 이끌기도 했다. 『대세계大世界』는 오락사업의 중심지와 오락신문을 직접 연결시킨 초기 사례 가운데 하나다.[62] 이 신문은 대세계 사업의 일환으로 1917년에 창간되었다. 대세계의 소유주 황초구黃初九는 당시 상하이의 가장 저명한 필자이자 신문인 중 한 명이었던 손옥성의 오랜 친구였다. 황초구는 대세계 오락장을 위한 특별 일간지를 창간하는 데 손옥성의 도움을 끌어들였는데, 이는 소보와 특정 오락사업이 같은 회사에 의해 운영된 첫 사례가 된다.

이 신문은 39×55cm 판형으로 가운데가 접혀 앞뒤 합해 총 네 면으로 발행되었다.<그림 5.4> 표지 면과 마지막 면은 대세계에서 제공하는 공연 프로그램과 복권 당첨 결과에 할애되었다. 3면과 4면은 몇 개의 난목이 차지했는데, 극에 관한 난인 '우맹세계優孟世界', 소설을 게재한 '우언세계寓言世界' 기녀들에 관한 내용을 다룬 '매화세계玫花世界', 역사 일화를 실은 '홍설세계鴻雪世界', 독자들과의 통신을 게재한 '앵구세계嚶求世界', 서양 과학에 관한 '십주세계十洲世界', 문학 유희와 관련된 '유예세계游藝世界', 우스갯소리를 실은 '골계세계滑稽世界' 등이다. 각각의 난이 대세계의 또 한 부분을 제시하는 식이었다.

이 신문의 모든 점에서 이백원의『세계번화보』의 영향을 발견할 수 있다. '거대한 오락장'이라는 관념이 확대 발전한 것을 위시해 이백원이 선도한 오락사업과 소보 사이의 관계가 여기서 최고로 발휘되었다. 사용된 여러 난목은 이백원이 썼던 것을 환기시킨다. 그 명칭들은 이백원이 그랬던 것처럼 문학적 유희의 감각을 극대화시키기 위해 서로 다른 난들을 위해 특이하고 새로운 말을 만들어내는 경향을 보여준다. 가장 주목할 부분은 이 신문에서 소설이 차지하던 중심적 위치이다.『대세계』는 종종 연재 형식으로 한 호에 두세 작품을 싣기도 했다.

보다 넓은 범위의 상하이 비즈니스계는 오락과 소비상품의 판촉을 결합하기 시작하는 것을 보고 곧 소보의 문화적 중요성을 이해했다. 상하이의 첫 근대적 백화점인 선선공사先旋公司가 1917년에 창립되었을 때, 네 층짜리 건물의 맨 위 층에 오락장이 만들어졌고 그와 함께 또 한 종의 오락신문,『선선낙원일보先旋樂園日報』가 창간되었다. 암시적인 영어 명칭 'The Eden'을 동반해서였

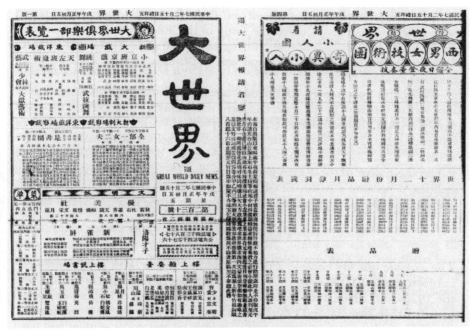

〈그림 5.4〉『대세계』, 1918년, 제1면과 제4면.

다. 이 신문은 저명 소설가이자 문필가인 주수견周瘦鵑이 편집을 맡았다.[63] 『대
세계』의 구성에 따라『선선낙원일보』는 상하이에 대한 이백원의 개념인 '세
계에서 가장 큰 놀이터'를 낙원/에덴이라는 말로 예증했다. 이제는 당초 문인
으로서 그처럼 저급한 일에 참여하는 것을 정당화했던 아이러니한 태도는 조
용히 사라진 터였다. '거대한 놀이터'에 대한 역설적 언급은 뒤돌아봄 없는 에
덴의 쾌락들을 선전하는 것으로 전환되고 축소되었다.

'Crystal'이란 영문 제호를 가졌던『정보晶報』는 1919년 상하이에서 창간되
었는데, 처음에는『신주일보神州日報』의 부간으로 3일에 한 번 제공되었다.[64] 그
러던 것이『신주일보』보다 더 큰 호응을 얻자 독립 소보로 떨어져 나왔다. 이
신문은 이국적인 명칭을 가진『푸얼모쓰福爾摩斯, Sherlock Holmes』,『뤼빈한羅賓漢,
Robin Hood』, 그리고『금강찬金剛鑽, Diamond Cutter』과 함께 1920년대 소보 업계를 지
배했다.

이백원이 낸 두 종의 신문과 마찬가지로, 『정보』는 상하이의 기녀와 가극 배우들에게 집중했다. 상하이의 삶을 문자와 시각매체를 통해 옮김으로써 이 신문은 오락부문에 상당 부분 기초하고 있는 상하이의 도시 정체성이란 이백원의 개념을 더 발전시켰다. 『정보』는 기녀와 배우의 사진, 연극계 소식과 단평, 소설과 사회논평을 실었다. 포천소包天笑, 주수견周瘦鵑, 이함추李函秋와 같은 잘 알려진 소설가들이 이 신문에 작품을 연재했다. 여기에는 또한 정송丁悚, 심백진沈伯塵, 황문농黃文農 같은 상업적으로 가장 성공한 만화가들의 작품이 실리기도 했다. 그렇지만 『정보』는 특정 분야나 사업체와 직접 연결되어 있지 않은 독립적인 신문으로서 이백원의 비판적이고 지성적인 접근에 훨씬 가까운 태세를 유지했다.

1910년대 말과 1920년대 초 소보의 사례들을 보게 되면 청대 말엽의 오락 신문들의 특징들이 놀라우리만치 많이 남아 있음이 명백하다. 형태면에서 이 소보들은 큰 판형의 일간지들 대비 자신들의 정체성을 분명히 하기 위해 작은 판형을 내내 유지했다. 내용면에서 소보는 상하이의 오락계와 긴밀한 연계를 유지했으며, 특히 기녀와 가극 배우들과 더욱 그러했다. 이 신문들은 오락계와 사회문제에 대한 비판적 접근을 취하는 소설의 중심적 지위를 지면상 유지하였고 더욱 발전시켰다.

달라진 바도 있었다. 중화민국 시기에 들어서서는 소보의 조직과 발행 상에 변화가 왔다. 이 신문들은 더 이상 일인극이 아니었다. 이백원마저도 나중에 가서는 조력자로 구양거원歐陽鉅源을 고용했다.[65] 이백원은 확실히 자신의 신문에 대해 특별한 개인적 헌신을 한 경우다.[66] 뒤에 나온 소보들은 주로 작가들이 운영하면서 친구 작가들에게 기고하도록 부탁했으며, 또는 『정보』의 경우처럼 자신은 작가가 아니지만 다방면의 사회적 연계를 가지고 있던 경영인에 의해 운영되었다.[67] 가장 두드러진 변화는 후기의 소보가 표방한 분위기와 가치관에 있었다. 이 신문들에 새로운 세대의 상하이 도시 지식인 작가들이 기고하기 시작하면서 이백원이 그처럼 예민하게 표현한 씁쓸함과 풍자는 별로 남아 있지 않았다. 이 시기의 소보는 동시기 소설과 마찬가지로 차분하고 유쾌한 것이었다. 지배적인 문학적 가치는 '문아文雅', 즉 세련된 운치였다.

소보는 이후 여러 방향으로 나아갔는데, 일부는 1920년대 말에는 정파들 간의 논쟁의 장이 되기까지 했다.[68] 어떤 소보들은 소설에만 집중했다. 그렇지만 주로는 상하이 도시 문화의 일부로 남았으면서 연극, 영화, 가극과 같은 연행 장르들과 그 스타들에 집중했다. 신문의 한 갈래로서, 소보는 고급과 저급의 구분을 거절한 도시문화의 가장 생기 넘치는 새순이었다. 이 장르의 생명력과 유연성은 이백원이 발생 중이던 상하이 도시문화의 틀 속에 그것의 기초를 잘 맞춰 끼워 넣었음을 말해준다.

테마파크 상하이

오락사업과 소보 사이의 연계는 상호이익이 되는 동맹으로 이어졌는데, 이 관계 속에서 소보는 오락시설들을 광고하는 데 필수불가결한 부분이 되었다. 동시에, 공적인 보도는 이런 시설들이 업계가 요구하는 전문적 기준을 충족하도록 압력을 가중했다. 소보는 또한 상하이의 오락사업에서 매우 중요한 개념 틀이 될 바를 지지하고 강화하는 데 일조했다. 바로 '테마파크'라는 개념으로, '즐거움'이 다양한 차원을 갖는 단일 경험으로 향유될 수 있는 장소였다. 이백원의 두 신문은 오락을 여러 가지 즐거움이 통합되는 '놀이의 장'으로 제시했던 것이다.

1890년대까지만 해도 테마파크라는 아이디어는 아직 새로운 것이었다. 1885년에 장원張園이 대중에게 공개되었을 때, 그곳에는 공연과 회합을 위한 공간들이 배치된 '안카이디安堦第', 즉 '아르카디아Arcadia'라고 명명된 서양식 건물이 들어서 있었다. 이 공원은 그 외에도 여러가지 오락거리를 제공했다. 당구장, 사진관, 테니스장, 찻집, 회의실, 여성가극단의 공연장, 설창說唱 공연장, 카메라 옵스큐라 시연장이 있었으며, 여러 종류 음식을 제공하는 식당들이 있었고 게스트하우스도 하나 있었다.[69] 오락의 다양한 분야에 걸쳐 끊임없이 다른 볼거리를 제공하는 테마파크라는 개념을 선전하면서 소보는 이 즐거움의 우주의 필수불가결한 부분이 되었고 또한 그렇게 간주되었다. '대세계'에서 볼 수 있었듯, 특별히 만들어진 신문이 동명의 시설에 전적으로 복무하기도 했다. 신문 속 가상의 오락 세상이 현실 세계에서의 동반자와 만난 셈이다.

결어

20세기 전환기의 오락신문은 중국의 공공영역의 발전과 다각화의 중요한 진전의 표지이다. 오락은 그 전에도 『신보申報』와 같은 신문의 한 자리를 차지하긴 했지만 분명히 구분된 난은 없었다. 오락정치 풍자를 포함을 전문분야로 삼은 신문들의 등장은 상하이의 오락 부문의 규모, 성숙도, 합법성 등과 관련 있지만, 한편으로는 이백원과 같은 문인들을 위한 새로운 역할과도 관련 있었다. 이들은 시장과 문화, 오락사업과 신문 사이의 중개인이 되었다. 그 과정에서 이들의 신문은 수직적인 하향식 혹은 상향식 의사소통 모델로부터 벗어났다. 이 신문들의 소통방식은 철저히 수평적이었으며 감식안을 가진 도시의 독자들과 '소시민小市民'에게 말을 거는 식이었다. 이런 태세로 이들은 상하이의 새로운 도시적 생활양식이 가진 활력과 호응하는 공공영역의 구조적 변화를 반영했으며 지지했다.

오락신문은 성장 중이던 상하이 기반의 인쇄물오락의 일부로서 화보, 문학

잡지, 소설과 어깨를 나란히 했다. 이 신문들은 노동/여가의 새로운 시간 구분 위에서 생존했고 그러한 구분을 강화했다. 방문객들에게는 여전히 이질적이었던 이와 같은 낯선 서양식 구분은 상하이의 공공의 장을 통해 신속히 퍼져나갔고 그로부터 다른 도시들의 현대화된 부문들로 점차 침투해 들어갔다.(그렇지만 파리나 런던과 같이 지방으로부터의 대규모 이민이 이루어진 도시들에서 시간인식이 통일되고 시간과 사회적 의례들의 연계가 통합되는 것은 19세기 말에 가서야 점진적으로 이루어졌음을 염두에 두어야 한다.) 오락신문들은 사회적으로 용인될 만한 오락의 표준들을 개발하는 데 아이디어를 제공했으며 기여했다.

오락사업이 홍보와 대중의 관심에 기댈 수밖에 없다는 점을 전제했을 때, 도시의 첫 세대 현대적 여성 사업가들이었던 상하이 기녀들은 스스로를 선전하기 위해 신문들이 제공한 특별하고 새로운 기회들을 기민하게 활용했으며, 신문들은 그 시장이 번성하길 고대해 마지않았다. 이렇게 해서 기녀와 문인 사이의 이리저리 얽힌 해묵은 관계는 비록 상이한 역학관계 속에서이긴 하지만 현대적 여성 엔터테이너와 저널리스트 사이의 상호작용 속에서 이어졌다.

문인들이 스스로의 새로운 입지에 점차 적응하게 되면서 기녀에 대한 글쓰기는 노스텔지어로부터 도시적 아이러니로 전환했다. 세기 말 즈음에 이르러 기녀를 포함한 상하이의 몽환 세계에 대한 이들의 아스라한 느낌의 언어는 시장에 정통한 저널리즘적 태도로 이행했는데, 이러한 태도는 신문이 기녀들에게 의존하고 있다는 점과 그들과 약간의 비평적 거리를 유지함으로써만이 독자들의 관심을 잡아둘 수 있다는 사실을 공히 인지하는 것이었다.

『유희보』의 선례에 따라 뒤이은 소보들은 모두 상하이 기녀를 주된 대상으로 삼았다. 이백원의 『세계번화보』를 시작으로 배우들이 그 다음으로 주목받는 대상이 되었다. 연예인을 공인公人으로 널리 알리는 것 자체가 혁명적이었다. 초기 소보들은 상업과 오락의 날렵한 의상을 걸치고서 공적 무대의 주인

공로서의 적격 표준에 관한 개념적 전환을 가져왔다. 대중의 소비를 위해 상하이 기녀와 가극 배우의 삶을 마케팅하면서, 그리고 그들을 식별가능한 개인들로 변신시키면서, 이 신문들은 매체 기반의 스타문화의 배합요소들을 분명히 제시했고 이를 통해 정치세력으로부터 무대를 탈취했다. 이 신문들이 시작한 스타 사진 배포는 1920년대와 1930년대 중국의 스타문화의 번성의 뿌리를 이루었다.

오락신문은 또한 도시 자체와 관련해서도 새로운 도회지 정체성의 새로운 감각을 분명히 보여주었다. 상하이를 놀이공원으로 제시함으로써 이 신문들은 그 독특한 환경에 관한 특정한 도시감수성을 형성하는 데 일조했다. 이 도시의 사교적 사치와 과시적 소비성향에 대해 조롱하면서도 또한 독자들에게 이 도시의 즐거움들을 홍보함에 조금도 거리낌 없는 자부심과 자신감을 표명함으로써 스스로의 비평적 입장을 전복하기도 했다. 이 도시에 대한 이후의 비판들에서도 1880년대와 1890년대에 형성된 상하이 정체감과 자신감은 감지된다.

오락신문은 1911년의 혁명 이후 다른 중국 도시들로 퍼져나갔다. 그렇지만 상하이가 1949년까지 내내 중국 인쇄업의 수도였던 것처럼 대다수 오락신문은 여전히 이곳에서 출시되었다.

　지금 우리는 근대적 언론 공간이 새롭게 확장되고 변화하는 상황을 목도하고 있다. 새로운 미디어의 출현은 커뮤니케이션의 변화를 통해 새로운 여론 형성 방법과 공간을 창출하면서 공론장의 구조적 변화를 추동하고 있다. 인터넷 미디어 공간이 만들어 낸 변화는 기존 여론형성의 중심이었던 신문과 방송 미디어의 역할과 지위를 약화시키고 각 개인들이 다양한 방식으로 공론장에 참여할 기회를 제공하고 있다. 이는 근대 이후 미디어의 역사와 공론장의 변화에서 획기적인 사건이다. 미디어의 변화에 따른 공론장의 급격한 변화에 대한 체험은 역사적으로 흔하지 않지만, 동아시아에서 현재의 미디어의 변화에 대한 경험과 견줄 수 있는 것은 바로 19세기 중반 서구적인 신문과 잡지의 도입이었다.

　중국에서 서구적인 신문과 잡지가 사회적으로 주목을 받고 의미 있는 역할을 하기 시작한 것은 19세기 중반 이후이다. 신문과 잡지는 근대 인쇄 미디어의 기본 모델로 서구로부터 도입되었으며, 근대적인 언론, 여론형성 기제, 공론장의 성격과 특징에 대한 인식도 이러한 미디어의 역할에 기반하고 있다. 따라서 동아시아에서 근대적인 공론장과 언론의 역사는 바로 서구 미디어의 수용으로부터 시작하며, 그 평가기준 역시 서구적인 관념에 기반을 두고 있다. 여론과 공론장에 대한 근대적인 서구의 관점은 한 사회의 중요한 공론이 시민들의 자율적 참여와 합리적인 토론에 의해 형성된다는 것에서 출발하고 있다. 따라서 한 사회의 공론장은 시민들의 자율성과 시민의식과 참여방식이 각기 다른 국가를 경계로 하며, 또 국가의 행위와 차별적인 시민의 영역으로 공간을 제한한다. 근대 시민사회를 기반으로 한 근대적 언론과 공론장은 전근대적인 여론형성이나 커뮤니케이션과 차별화할 뿐만 아니라 현재 각 국가의 공론장의 성숙도를 평가하는 기준이 되기도 한다. 이 기준에 따르면 근대 이후 중국의 공론장은 서구의 산물이며, 국가가 여론 형성의 직접적인 주체로 참여하고 있는 현대 중국의 공론장은 여러 면에서 문제적이다.

이 책은 이러한 기존의 일반화된 접근 방식과 견해에 대해 의문을 제기한다. 공론장을 근대적인 특수한 성격으로 제한하지 않고 사회적 의제와 통치 문제 대한 다양한 수준의 여론 형성을 포괄하는 의미로 확장한다. 중국을 비롯한 동아시아의 유교 전통에서는 국가의 통치에 있어서 여론이 지니는 의미를 중시하고 이를 통치에 반영하는 방법을 모색해왔는데, 구체적인 형식에 있어서는 서구의 근대적 미디어 역할과 차이가 있지만 그렇다고 이를 공론형성의 한 방식에서 배제하는 것도 문제라고 보고 있는 것이다. 이 책의 이러한 문제의식은 독창적인 것이 아니라 19세기에 서구적인 신문을 수용할 때 중국 측에서 그 미디어를 이해하고 설명한 방식에 이미 나타나 있다.

서구 신문이라는 독특한 형식의 미디어가 중국으로 도입될 때, 그것을 주도하는 서구의 경영자나 그 발간에 직접 참여하는 중국인 지식인, 또는 중국인 독자들은 각기 중국에서 신문이 어떤 의미와 역할을 가지는지, 혹은 가져야 하는지에 대한 문제에 직면했다. 이는 새로운 혁신적인 미디어가 등장할 때 일반적으로 겪는 과정으로, 대개는 기존의 미디어나 문화실천에서 형식 혹은 기능적으로 유사한 것과 비교하여 결정된다. 즉 기존 미디어나 문화적 실천을 재매개하면서 새롭고 낯선 것을 수용하게 되는 것이다. 중국에 서구의 신문과 직접 비교할 수 있는 미디어가 존재하지 않았지만, 형태에서는 중국의 『경보京報』, 공론 형성의 기능에서는 중국 고대의 여론 수집 전통, 그리고 문화적 취향에서는 중국적인 글쓰기와 문화풍속에 입각해 재해석하는 방식으로 수용되었다.

이러한 수용과정은 후에 형태와 관념에 있어서 좀 더 서구의 근대적인 것으로 변화해 갔지만, 공론을 형성하는 미디어에 대한 중국의 전통과 서구의 근대적 관념사이의 긴장은 지금까지도 여전히 존재하고 있다. 이 책은 바로 이러한 긴장 속에서 중국의 근대 미디어가 형성되는 과정을 다양한 측면에서 상세하게 추적하고 있다. 이 책이 보여주는 19세기 후반 중국 미디어의 경관은 초기의 미성숙한 모습이나 중국적인 특징으로 간단히 치부할 수도 있지만, 이는 단지 중국만의 예외적인 상황이 아니라 구체적인 방식의 차이는 있어도 한 문화와 제도가 전 세계적으로 '여행'하면서 발생하는 보편적인 현상이라고 볼 수 있다. 글로벌화는 그 자체가 하나의 커뮤니케이션의 과정이다. 이 과정에서 정보는 일방적인 것이 아니라 쌍방향적이며, 그 상호 접촉과 소통을 통해 다양한 변주가 공명하는 글로벌 기준이 형성된다. 특히 중국에서 근대적 미디어의 형성은 처음부터 그 주체와 자본, 운영, 내용 모든 면에서 글로벌화한 성격을 지니고 있었다. 조계지 상하이와 식민지 홍콩이라는 특수한 지역에서 급변하는 글로벌 세계에 대한 폭넓은 경험과 안목을 갖춘 인물들이 중심이 되어 도입한 신문이라는 근대 미디어는 중국과 세계가 서로 접속하는 창구일 뿐만 아니라 신문이라는 미디어가 글로벌화를 통해 새롭게 의미를 확장하고 보편적인 규준을 형성하는 과정을 보여준다.

이 책의 번역은 10여 년 전부터 시작되었다. 근사재에서 함께 근대 글로벌 문화 교류 역사를 공부하던 고㪅 심태식 선생이 번역을 기획하고 시작하였는데, 애석하게도 번역이 끝나기 전에 우리 곁을 떠나고 말았다. 심태식 선생은 고려대 중문과에서 학사와 석사를 마치고 영국 에든버러대학에서 중국문학으로 박사학위를 받았다. 선생의 관심은 매우 광범하여 중국의 현대문학과 미학에서 유럽의 중국학과 중국의 서학에 이르기까지 폭넓게 연구를 진행하였다. 선생이 작고하기 직전에 함께 연구를 수행했던 「19세기 전반 서구 - 동아시아 인식의 중층성 - 문화 '접촉지대'로서의 *The Chinese Repository*를 중심으로」(연구책임 : 심혜영 교수)는 선생의 연구관심을 보여주는 대표적인 프로젝트였다. 이 연구의 결과물인 『동서양의 경계에서 중국을 읽다』는 비록 연구 활동을 끝까지 함께하지 못했지만, 선생이 기획한 연구의 결실이었다. 또 선생은 생전에 여러 저서와 번역서를 준비하였는데, 그 중 『현대 중국의 아틀라스─세계에서 가장 급성장하는 경제 들여다보기』는 이미 출간되었고, 본서는 선생이 남긴 마지막 번역 결과물이다.

역자들은 선생이 이미 해 놓은 번역 초고를 바탕으로 마무리 작업을 진행하였지만, 어휘에서 내용까지 최종 번역에 대한 책임은 역자들에게 있다. 인명이나 자료 출처 등 원저에 존재하는 일부 오류는 원자료에 대한 확인을 통해 정정하여 번역하였다. 또 지명은 현재 중국식 발음으로 옮기고, 인명은 중국식 발음을 원칙으로 하나 20세기 초 이전에 활동한 인물의 경우는 한국식 한자음으로 표기하였다. 마지막으로 번역과정에서 여러 우여곡절이 있었음에도 이 책이 세상에 나올 수 있도록 끝까지 지지해 주신 박성모 사장님과 책의 편집을 맡아 주신 편집부께 감사드린다.

2023년 8월
고 심태식 선생을 그리며 역자 일동

미주

|서론|

1   Jüregen Habermas, *Strukturwandel der Öffentlichkeit : Untersuchungen zu einer Kategorie der Bürgerlichen Gesellschaft*, Frankfurt : Luchterhand, 1962; Thomas Urger, Frederick Lawrence Translated, *The Structural Transformation of the Public Sphere : An Inquiry into a Category of Bourgeois Society*, Cambridge, Mass. : MIT Press, 1989. 같은 시기 프랑스어 번역본도 출판되었다. Marc B. de Launay Translated, *L'éspace public : archéologie de la publicité comme dimension constitutive de la société bourgeoise*, Paris : Payot, 1988.(한국어본 번역은 위르겐 하버마스, 한승완 역,『공론장의 구조변동(부르주아 사회의 한 범주에 관한 연구)』, 나남, 2001 – 역자 주) F. Wakeman, "The Civil Society and Public Sphere Debate : Western Reflections on Chinese Political Culture"(*Modern China*, 19.2 (1993), pp.108~138)와 같은 호의 다른 논문들 참고. 와그너(R. Wagner)는 "The Role of the Foreign Community in the Chinese Public Sphere"(*China Quarterly* 142, June 1995)에서 '중국' 공론장의 초국가성(transnationality)을 주장하는 반면, 토마스 메츠거(Thomas Metzger)는 *The Western Concept of the Civil Society in the Context of Chinese History*(Hoover Essay #21, Stanford : Hoover Institution, 1998)에서 20세기 중국 엘리트들은 국가의 강력한 지도 없이도 질서와 도덕이 가능한, "아래로부터" 형성되는 시민사회의 관념을 받아들이지 않았다고 주장한다. 이론 중심의 토론인 "시민사회와 중국"은 홍콩의 중국대륙 학자가 편집을 맡고 있는 잡지를 통해 중국 독자들에게 소개되었다.『中國社會科學輯刊』香港, 3(1993), pp.5~62.

2   Mary Backus Rankin, *Elite Activism and Political Transformation in China. Zhejiang Province, 1865~1911*, Stanford : Stanford University Press, 1986.

3   William Rowe, *Hankow : Commerce and Society in a Chinese City*, Stanford : Stanford University Press, 1984; id., *Hankow : Conflict and Community in a Chinese City, 1796~1895*, Stanford : Stanford University Press, 1989.

4   F. Wakeman, "The Civil Society and Public Sphere Debate : Western Reflections on Chinese Political Culture", *Modern China*, 19.2, 1993, pp.108~138.

5   하이델베르크 그룹의 다른 연구들에 대해서는 다음 참조. Andrea Janku, *Nur leere Reden : Politischer Diskurs und die Shanghaier Press irn China des spaten 19. Jahrhunderts*, Wiesbaden : Harassowitz, 2003; Natascha Vittinghoff, *Die Anfange des Journalismus in China (1860~1911)*, Wiesbaden : Harassowitz, 2002; Barbara Mittler, *A Newspaper for China? Power, Indentity, and Change in Shanghai's News Media, 1872~1912*, Cambridge : Harvard University Press, 2004. 1900년 이후 전개상황에 대한 최근 연구는 다음을 참조. Terry Narramore, "Making the News in Shanghai. *Shenbao* and the Politics of Newspaper Journalism 1912~1937", unpubl. Ph.D. dissertation, Australian National University, 1989; Joan Judge, *Print and Politics : Shibao and the*

Formation of the Public Sphere in Late Qing China, Stanford : Stanford University Press, 1996.

6   하버마스의 다음 저서 1990년 독일어판에 대한 서문 참조. Jürgen Habermas, *Strukturwandel der Offentlichkeit*, Frankfurt : Suhrkamp, 1990, p.47. 1980년대 중앙 유럽의 발전은 중국에서의 발전과 근본적으로 다르다. David L. Wank, "Civil Society in Communist China? Private Business and Political Alliance", John A. Hall, ed., *Civil Society : Theory, History, Comparison*, Cambridge : Polity Press, 1995, pp.56~79.

7   David Strand, "Protest in Beijing : Civil Society and Public Sphere in China", *Problems of Communism*, May–June 1990, pp.1~19. 1990년대 이후 중국에서의 "민간" 기업과 NGO의 발전은 유사한 시도를 촉진시켰다. prompted similar forays. Gordon White, *In Search of Civil Society : Market Reform and Social Change in Contemporary China*, Oxford : Clarendon, 1996; Timothy Brook and B. Michael Frolic, eds., *Civil Society in China*, Armonk : M. E. Sharpe, 1997.

8   독일어 "Offentlichkeit"는 공론장(공공영역)뿐만 아니라 그 행위자들, 공중(公衆)의 의미를 포함하고 있다.

9   Roger Chartier, *Les Origines Culturelles de la Revolution Franfaise*, Paris : Seuil, 1990, 영문판은 1991. 이러한 공공성은 단지 중국만이 아니라 유럽에 있어서도 문제적인 것이었다. 라인하르트 코젤렉은 공중의 포럼으로서의 비밀조직인 장미십자회의 집회소의 중요성을 잘 보여주고 있다. 문학적인 모임과 사적인 서신도 19세기 중국에서 유사한 역할을 하였다. Reinhart Koselleck, *Kritik und Krise : ein Beitrag zur Pathogenese der biirgerlichen Welt*, Freiburg : K. Alber (1959).

10 또 다른 논의 중 유사한 주장에 대해서는 Philip Huang, "Public Sphere'/'Civil Society' in China? The Third Realm between State and Society", *Modern China* 19.2 (April 1993), pp.216~240 참조. 전근대시기 중국 공론장에 관해서는 R. Wagner, "The Early Chinese Newspapers and the Chinese Public Sphere", *European Journal of East Asian Studies 1*, 2001, pp.1~34 참조.

11 하버마스는 그의 서문에서 이러한 점들에 대해 암시하고 있다.

12 Robert Darnton, *The Literary Underground of the Old Regime*, Cambridge, Mass. : Harvard University Press, 1982.

13 상하이 이외에 중요한 지역은 홍콩, 천진, 그리고 이후 일본과 화교사회였다.

14 많은 3세계 국가들에서는 국제적으로 연계된 한 지역에 "근대적인" 영역을 집중시키는 "이중구조의 경제"가 발전해 왔다. 내가 중국에서의 "이중적인 공론장"에 관해 말하는 것도 바로 이러한 의미에서이다.

15 馮啞雄,「『申報』與史量才」,『文史資料選輯』第17輯, pp.161~162;「對申報與史量才一文補充和訂正」,『文史資料選輯』第23輯, p.244.

16 祝君宙,「上海小報的歷史沿革」,『新聞研究資料』第42輯, 1988(04), pp.163~179; 第43輯, pp.137~153; 第44輯, pp.211~220.

|제1장|

1 Roswell S. Britton, *The Chinese Periodical Press* (*1800~1912*), Shanghai, 1933, p.85 참조.

2 *Grand Dictionnaire Universel* (Pierre Larousse, ed.), Paris, 1865ff (*GD*).

3 *The Encyclopaedia Britannica : A Dictionary of Arts, Sciences, and General Literature*, 24 vols. London, 1875~1878 (*EB*).

4 독자들은 20세기 검열과 독재적인 언론통제는 말할 것도 없고, 프랑스에서 리슐리외(Richelieu)치하에서의 신문과 같은 정기간행물(*Gazette*)의 설립(1631), 영국에서 인지세의 부가 (1712~1855) 혹은 비스마르크의 언론법(1919년까지 시행)을 상기할 것이다.

5 "presse (*Droit polit.*)", *Encyclopédie, ou dictionnaire raisonné des sciences, des arts et des métiers, par une société de gens de lettres* (M. Diderot, ed.), Paris(first ed.1751~1780); reprint : Stuttgart, Bad Cannstatt : Friedrich Fromman Verlag, 1966, Tome Treizième, p.320.

6 나는 여기서 주로 언론의 이상적인 이미지에 관심이 있다. 중국에서의 검열의 문제, 그리고 국가와 언론 간의 관계에 대해서는 다음 글 참조. "Making the Chinese State Go Public", Barbara Mittler, *A Newspaper for China?*

7 *EB*, vol.17, "Newspapers", p.415.

8 Mitchell Stephens, *A History of News : From the Drum to the Satellite*, New York : Viking, 1988, p.165.

9 나의 번역이며, 시 가운데 운은 번역에 담을 수 없었다. *GD*, vol.9, "Journal", p.1044.

10 *GD*, vol.9, "Journal", p.1037.

11 Shelley F. Fishkin, *From Fact to Fiction : Journalism and Imaginative Writing in America*, Baltimore : Johns Hopkins University Press, 1985, p.18.

12 휴고(V. Hugo)와 리마이라크(P. Limayrac)는 다음에서 인용함. *GD*, vol.13, "Presse", p.93.

13 *GD*, vol.13, "Presse", p.99.

14 『아사히신문(朝日新聞)』은 바로 다음과 같은 인식하에 1879년 1월에 설립되었다. "메이지 시기 사무라이출신 기술 관료들은 엄격한 통제하의 신문을 근대화와 교육적인 과정의 일부로 간주하였다." Martin Walker, *Powers of the Press : Twelve of the World's Influential Newspapers*, New York : Pilgrim Press, 1983, p.192.

15 *EB*, vol.17, "Newspapers", p.412. Cf. Stephens, *History of News*, p.9.

16 *GD*, vol.13, "Presse", p.107.

17 Ibid., "Presse", p.108.

18 *GD*, vol.9, "Journal", p.1037.

19 *GD*, vol.13, "Publique", p.387, 공공여론은 "어떠한 독재든 그것을 전복하거나 복종시킬 것"이라고 말해진다.

20 Ibid., "Presse", p.110.

21 *GD*, vol.11, "Opinion", p.1385.

22 앨버트 쉐퍼는 또 집단적인 의식과 공공여론은 가장 강력한 연계로서의 언론을 통한 통치자

와 피통치자간의 의사소통과정에서 형성된다고 강조한다. Albert Schäffer (1831~1903), *Bau und Leben des sozialen Körpers*, 1875~1879(Hanno Hardt, *Social Theories of the Press* : *Early German & American Perspectives*, Beverly Hills : Sage Publications, 1979, p.60에서 인용) 또 Hanno Hardt, p.65 참고.

23 「本館自述」, 『申報』, 1872.9.9; 「論新報體裁」, 『申報』, 1875.10.8; 「論本館作報本意」, 『申報』, 1875.10.11. 특히 방어적인 지적들에 대해서는 5~6행 참조, 이 문제에 관해서는 다음 참고. Natascha Vittinghoff, *Die Anfänge des Journalismus in China* (1860~1911), Wiesbaden : Harassowitz, 2003.

24 이러한 주장은 다음 참고. 「與申報館論申報紙格式鄙見」, 『申報』, 1875.3.13; 「論本館作報本意」, 『申報』, 1875.10.11, 4~5행.

25 중국어 능력으로 유명했던 어니스트 메이저는 적어도 몇 편의 『신보』 사설을 신보관주인(申報館主人)의 명의로 쓰려고까지 했다.

26 「申江新報緣起」, 『申報』, 1872.5.6. 『신강신보(申江新報)』는 『신보』의 전체 명칭이다. 그 명칭의 선택과 기원에 대해서는 『申報』史編寫組, 「創辦初期的《申報》」, 『新聞研究資料』, 1979.1, pp.133~142 참고.

27 「邸報別於新報論」, 『申報』, 1872.7.13.

28 유사한 주장은 다음과 같은 신문의 기능에 관한 문장에서도 확인할 수 있다. 「論新報體裁」, 『申報』, 1875.10.8; 「論各國新報之設」, 『申報』, 1873.8.18.

29 「邸報別於新報論」, 『申報』, 1872.7.13.

30 이 광고는 1876년 5월 19일 자 『신보』에 나온다. 『민보(民報)』와 그 내포 독자에 대한 상세한 논의는 필자의 *A Newspaper for China?* 중 제4장 내포 독자로서의 여성에 관한 글 참조.

31 「論畵報可以啓蒙」, 『申報』, 1895.8.29, 17행.

32 「本館整頓報務擧例」, 『申報』, 1905.2.2, 1~2행.

33 신문의 이러한 교육적 기능에 대한 표제어를 통한 묘사에 대해서는 1904년 6월 12일 『시보(時報)』의 첫 번째 사설 참고. 그 사설에서는 "중국은 적당한 종류의 안내가 필요하다"고 주장하였다.

34 『신보』의 이러한 정보수집 방침은 1873년에 첫 번째 성과를 자축할 수 있었다. 즉 전하는 바에 의하면, 『신보』는 1873년 4월 2일자 기사에서 청 정부에게 일본의 대만에 대한 전쟁준비를 경고하였다. 최근의 발표된 『신보』에 대한 한 연구는 다음과 같이 결론을 내리고 있다. "이 것은 중국의 근대화를 보장하는데 있어서 신문의 설립이 필요함을 말해주는 좋은 증거를 제공하였다." 徐载平・徐瑞芳, 『清末四十年申报史料』, 北京 : 新华出版社, 1988, p.125.

35 *GD*, "Presse", p.93. 『신보』의 유사한 해석에 대해서는 徐载平・徐瑞芳, 『清末四十年申报史料』, 北京 : 新华出版社, 1988, pp.42・44 참고. 크리스티앙 앙리오(Christian Henriot)는 이러한 근대화의 가능성은 상업적이든 정치적인 성격의 것이든 모든 유형의 신문에서 보여주는 특징임을 보여준다. Christian Henriot, "Le nouveau journalisme politique chinois, 1895~1911, Shanghai-Hong Kong", *Cahiers d'Etudes Chinoises* 1980.1 : 5~71, 5. 64.

36 「本館整頓報務擧例」,『申報』, 1905.2.2.

37 더 이른 시기에 언급된 사설들에 대한 개관은 徐載平·徐瑞芳,『淸末四十年申報史料』, 北京 : 新华出版社, 1988, pp.10~12 참고.

38 「本館條例」,『申報』, 1872.4.30. 이 텍스트는 메이저의 별명으로 다시 서명되었다.

39 「申江新報緣起」,『申報』, 1872.5.6. 이 문장은 '신보관주인(申報館主人)'이란 이름으로 서명이 되어 있다.

40 「說報」,『申報』, 1909.9.19. 남경에서 개최된 중국 신문계의 첫 번째 회합에서의 모두 발언과 연설은 1909년 9월 7일『신보』에 재차 보도되었다.

41 신문에 대한 이러한 비판적 견해와 지지하는 의제는『신보』의 초기 사설들이나 심지어 더 이른 선교사 신문들에까지 추소할 수 있기 때문에, 나는 오직 개혁가와 혁명가들만이 신문을 정치적, 사회적 선전을 위한 도구로 발견했다는 팡한치(方漢奇) 등 중국의 신문사(新聞史)에서 종종 제기되는 주장들에 대해 반박하고 싶다. 方漢奇,『中國近代報刊史』(二), 太原 : 山西人民出版社, 1981.

42 「論本館作報本意」,『申報』, 1875.10.11.

43 「論新聞紙之益」,『申報』, 1886.8.11. 1873년 8월 18일 자『신보』의「각 국가 신보의 설립을 논함(各國新報之設)」에서도 신문의 비판기능에 대해 강하게 옹호하고 있다. 이 사설에서는 중국은 이미 신문을 가지고 있음에도 그들은 실제로 그들의 역할, 즉 비판적 역할을 하지 않는다고 한탄하였다. 이 사설에 대한 상세한 논의와 분석에 대해서는 필자의 A Newspaper for China?, pp.58~69 참조.

44 중국 역대 왕조의 역사에서 간언(諫言)을 강조했지만, 와그너(R. G. Wagner)의 연구가 말해주듯이 청조 후기에는 문인들의 청의(淸議) 활동에 대해 매우 우려했다. Lloyd E. Eastman, "Ch'ing-i and Chinese Policy Formation", JAS 1965.24/4 : 595~611.『신보』의 독자와 그 공공가치에 대한 평가는 다음 참조. Andrew Nathan, "The Late Ch'ing Press : Role, Audience and Impact"; 中央研究院 編,『國際漢學會議論文集』(歷史與考古組), 臺北 : 1981, pp.1281~1308.

45 GD, "Presse", p.108.

46 「申江新報緣起」,『申報』, 1872.5.6, 19~21행. 또「招刊告白引」(『申報』, 1872.5.7)에서도 유사한 주장을 하고 있다. 즉 신문 발행은 통치자가 피통치자의 상황을 파악하는 것을 보장해 준다는 것이다. 이 기사에 대해 정보를 준 나타샤 비팅호프(Natascha Vittinghoff)에게 감사드린다.

47 「論新聞紙之益」,『申報』, 1886.8.11.

48 『신보(新報)』와 그 전의『휘보(彙報)』,『익보(益報)』에 대해서는 본서의 나타샤 비팅호프의 글과 와그너의 다음 글 참조. Rudolf G. Wagner, "The Shenbao in Crisis : The International Environment and the Conflict between Guo Songtao and the Shenbao", Late Imperial China, 20.1(1999) : 107~138.

49 또 다른 중국인 소유의 신문인 홍콩에서 발행된『순환일보(循環日報)』의 기능에 대한 유사한 설명은 다음 참고, Vittinghoff "Chinese Newspapers' 'Response to the West'", unpublished paper, esp. p.95. 1868년 영 앨런(Young J. Allen)이 설립한『교회신보(敎會新報)』역시 매우

유사한 목적을 가지고 있었다(1868년 9월 5일 자 『교회신보』의 발간사(pp.3b-4)와 1870년 9월 3일 기사(p.5b) 참고).

50 영어 번역문은 "Prospectus of the Sin-Pao", *The North China Herald* 1.12.1876에 나온다. 『노스 차이나 헤럴드(*The North China Herald*)』 중 중국 언론에 관한 문장은 관련 자료를 꼼꼼하게 조사하여 제공해 준 안드리아 장쿠(Andrea Janku)로부터 많은 도움을 받았다.

51 장지동의 영향에 대해서는 Britton, *Periodical Press*, p.99 참고.

52 Kuo Ping Wen, *The Chinese System of Public Education*, New York : Teachers College, Columbia University, 1915, p.71.

53 「閱報」는 「勸學篇」(二), 『江西村舍叢刊』(10)(p.6)에서 재수록 되었다.

54 이 인용구는 「本館告白」(1872.4.30, 21행)에서도 암시되었다.

55 「閱報」, 17~18행.

56 「閱報」, 25~26행.

57 「閱報」, 31~32행.

58 양계초의 영향에 대해서는 다음 참조자료 중 후쓰징(Hu Sijing)의 회고 참고. 陳伯海·袁進 主編, 『上海近代文學史』, 上海 : 上海人民出版社, 1993, p.143. 또 비슷한 회고담은 다음 참조. 李良榮, 『中國報紙文體發展槪要』, 福州 : 福建人民出版社, 1985, p.33.

59 梁啓超, 「論報館有益於國事」, 『飮氷室合集』(一), 1898, pp.100~103·102. 개구리 비유는 『장자(莊子)』에서 처음 나온다.

60 梁啓超, 「論報館有益於國事」, 위의 책, p.102.

61 梁啓超, 「論報館有益於國事」, 위의 책, p.101.

62 서구 언론의 결점에 대한 그의 비난은 梁啓超, 「論報館有益於國事」, 위의 책, pp.101~102 참고, 이외에도 중국신문에 대한 그의 격론의 번역문에 대해서는 Nathan, "Late Ch'ing Press", p.1282 참고.

63 이러한 주장은 『신보』에서도 보여진다. 「選新聞紙成書說」, 『申報』, 1877.3.28. 또 1905년의 또 다른 문장에서도, 이와 유사하게 "과거 중국에는 신문이란 것이 없었다"고 주장하였다. 「本館整頓報務擧例」, 『申報』, 1905.2.7. 1886년 8월 11일 자 기사는 이러한 주장에 대해 의문을 제기한 첫 번째 문장이었다. "옛날에는 신문이라는 것이 없었기 때문에, 일단 그것을 언급하게 되면 그것은 서구에서 기원했다고 말해진다. 그러나 정말로 서구에서 만들어진 것인지는 사실상 알려진 바가 없다."

64 밀른(Milne)은 그의 잡지가 "종교 및 도덕적 지식과 함께 일반지식의 확산을 겸하기를" 희망하였다. Britton, *Periodical Press*, pp.18~19. 1866년부터 『상하이신보(上海新報)』의 편집자였던 존 프라이어(John Fryer)는 "그 신문으로 중국을 계몽시키는데 있어서 많은 기여하고자" 하였다. Jonathan Spence, *The China Helpers* : *Western Advisers in China 1620~1960*, London : Bodley Head, 1969, p.145.

65 이 방법에 대해서는 *A Newspaper for China?*, p.45n.8 참고.

66 1908년 3월 29일 자 『신보』의 메이저의 부고에 의하면, 그가 "중국어 회화와 글쓰기 방면에

매우 숙달되어 있었으며", 그 능력은 영국에서 어린 시절에 익힌 것이었다("Ernest Major"에 관한 와그너(Rudolf G. Wagner)의 미발표 원고). 중국에 대한 그의 폭넓은 관심은(徐載平·徐瑞芳,『淸末四十年申報史料』, p.338) 그의 출판 사업에 많은 도움이 되었다. 그는 엘리자베스 아이젠스타인(Elisabeth L. Eisenstein)이 묘사한, 서구의 폭넓은 관심을 지닌 출판업자의 모습에 매우 잘 부합한다. "번영하는 상업 출판업자는 의류업자가 직물이나 드레스 패션에 대해 잘 아는 것과 같이 책과 지식의 흐름을 잘 알아야만 했다. 그는 글자체, 도서 카탈로그와 문고 세일에 대한 전문가적인 노하우를 개발할 필요가 있다. 그는 새로운 지도 및 달력과 함께, 많은 언어에 능통하고 다양한 텍스트들을 다루며 오래된 것들과 낡은 비문들을 조사하는 것이 유용하다는 것을 종종 깨달았다." Elisabeth L. Eisenstein, *The Printing Revolution in Early Modern Europe*, Cambridge : Cambridge University Press, 1983, p.177.

67 이러한 태도는 상하이의 서구인들 사이에서는 다소 예외적이었다. 1920년에 상하이를 방문한 윌리엄 서머싯 몸(William Somerset Maugham)은 그가 만났던 중국을 향하는 모든 사람들에게 있어서 중국은 정말로 따분한 대상처럼 보였다고 말하였다. 그들은 사업상 필요한 만큼만 알았으며, 중국어를 배운 모든 사람들을 의심했다. 이것 및 이와 유사한 관점에 대해서는 다음 참고. Folker Reichert, "Ich bin in Shanghai! Unvergeßlicher Tag!' Impressionen und Aussagen", *Shanghai : Stadt über dem Meer*(Siegfried Englert and Folker Reichert, eds.), Heidelberg : Heidelberger Verlagsanstalt, 1985, pp.206~207; Albert Feuerwerker, *The Foreign Establishment in China in the Early Twentieth Century*, Ann Arbor : Center for Chinese Studies, 1976, 5.31; Don D. Patterson, "The Journalism of China", *The University of Missouri Bulletin*, 1922.23/34, p.3.

68 중국인 이름을 사용하고 중국인 저널리스트와 편집자를 고용하는 것은 중국의 입장을 취하는 방식들이었다. 밀른은 그의 초기 선교 신문을 위해 양아발(梁阿發, 1789~1855)과 함께 작업을 했다. 알렌은『교회신보』중 편집자에게 보내는 서신에서 중문을 폭넓게 사용하였다(Adrian A. Bennett, *Missionary Journalist in China : Young J. Allen and his Magazines*, Athens : University of Georgia Press, 1983, esp. ch. 4, pp.101ff.). 그리고『신보』와 같은 많은 상업적인 신문에서는 교육받은 중국인들이 매일 운영을 책임지고 사설의 결정에 관여하였다. 팡한치에 의하면, 이들 신문에서 이른바"객관적인"보도란 단지 외국에 이로움이 된다는 점을 감추는 것이었다. 方漢奇,『中國近代報刊史』(二), p.42. 초기 몇 년 동안에 이미 표면화된 이러한 비난에 대한『신보』의 자기 방어에 대해서는 다음 참고. Li Liangrong, "The Historical Fate of 'Objective Reporting' in China", *China's Media, Media's China*(Chin-Chuan Lee, ed.), Boulder : Westview, 1994, p.225.

69 方漢奇,『中國近代報刊史』(二), p.38. 비팅호프(Vittinghoff)는 중문신문과 영자신문에서 중국인과 영어사용자가 글쓰기 중 다른 어조에 적응하기 위해 시도한 사례를 보여 주고 있다. Vittinghoff, "Chinese Newspapers's 'Response to the West'", p.20.

70 필자의 *Newspaper for China?* 중 제1장(pp.47~53) 참고. 왜냐하면 신문의 형식과 배치의 구성 요인들은 중국에서의 수용을 높이기 위해 계획되었기 때문이다. 이러한 점에서『경보』는 중요한 모델이었다.

71　중국 영토에서의 선교활동을 금하는 1812년 명령은 1837년에 철회되었다. 신문의 출판업자들은 그들의 신문을 중국으로 보급하기 위해 여행자들에게 의존해야만 했다.

72　『論語』제2장 18절과 제7장 22절.

73　이 제사(題詞)는 『論語』제11장 24절에서 인용

74　이 신문은 1833년과 1837년 사이에 광둥에서 발간되었다. 이 신문이 선교활동의 금지에도 불구하고 중국에서 인쇄될 수 있었던 것은 귀츨라프의 중국인과의 보기 드문 독특한 관계 덕분이었다. Britton, *Periodical Press*, pp.22~24.

75　귀츨라프의 소설과 같은 선교서적에서도 또한 이러한 제사(題詞)를 사용하였다. Wagner, "Ernest Major" 참고.

76　『東西洋考每月統記傳』은 장섭(張燮)이 쓴 널리 알려진 저작 『동서양고(東西洋考)』(1618)로부터 그 명칭을 딴 것이다. 장섭은 그 저서에서 명(明)조와 조공관계를 맺고 있던 왕조들에 대해 지리적으로 묘사를 하고 있다. Britton, *Periodical Press*, p.23.

77　이 신문의 영향에 대해서는 다음 참고. 陳伯海・袁進 主編, 『上海近代文學史』, 上海 : 上海人民出版社, 1993, p.139.

78　종종 문맥을 무시하고 경전들로부터 인용하는 것[인경(引經)]은 선진시기부터 있었던 습관이다. Karl S.Y. Kao, "Rhetoric", *Indiana Companion to Traditional Chinese Literature*, Bloomington : Indiana University Press, 1986, pp.121~137, 134. 신문사설에서 고전 문구의 사용에 대해서는 李良榮, 『中國報紙文體發展槪要』(특히 p.22)와 필자의 *my A Newspaper for China?* 참고.

79　이러한 관례는 『회남자(淮南子)』 혹은 『장자』에서 이미 발견된다. Jean Lévy, "Quelques exemples de détournement subversif de la citation dans la littérature classique chinoise", *Le Travail de la Citation en Chine et au Japon*(Karine Chemla, Francois Martin, and Jacqueline Pigeot, eds.), Paris : Presses Universitaires de Vincennes, 1995, pp.41~65.

80　『노자』 인용구에 앞서 이 구절은 다음과 같이 시작되고 있다. "세계는 매우 넓고 문제는 매우 다양하다. 그러나 백성들은 (매우 다른) 지역에 퍼져있어 서로를 볼 수 없다. 누가 모든 곳을 보고 모든 것을 알 수 있겠는가?" 「本館告白」, 『申報』, 1872.4.30.

81　이와 매우 유사한 표현은 『역경(易經)』의 제60괘에 나온다.

82　신문에 대한 장지동의 승인은 당대 말기 학자 이한(李翰)이 두우(杜佑, 732~812)의 백과사전 『통전(通典)』의 특징을 설명하기 위해 『노자』의 문구를 인용한 것을 취한 것으로서 또 다음과 같이 덧붙이고 있다. "이 말은 거의 오늘날 중국과 서구의 신문들이 주장하는 것들이다." 「閱報」, 3~4행.

83　「說報」, 『申報』, 1909.9.19

84　『순환일보(循環日報)』에 대한 유사한 관찰은 Vittinghoff, "Chinese Newspapers's 'Response to the West'", esp. p.95 참고.

85　위기관련 이슈에 관한 논의는 Bennett, *Missionary Journalist*, pp.220ff 참고.

86　더 자세한 논의는 다음 참조. Joan Judge, "Public Opinion and the New Politics of Contestation in the Late Qing, 1904~1911", *Modern China*, 1994.20/1 : 64-91, 73.

87 Judge, "Public Opinion", p.64.
88 Judge, "Public Opinion", p.75.
89 예를 들어 다음 참조. 李良榮, 『中國報紙文體發展槪要』; 陳平原, 「八股與明淸古文」, 『學人』, 1995.7, pp.341~372·341; 필자의 *A Newspaper for China?* 중 제2장 참고.
90 『교회신보』 중 알렌의 글쓰기 스타일에 대한 논쟁에 관해서는 Bennett, *Missionary Journalist*, pp.106ff 참고.
91 리량룽(李良榮)은 동시대 주제를 위해 팔고문의 부적합함을 강조하고 결국 저널리스트들이 그것을 포기했을 거라고 보았다. 李良榮, 『中國報紙文體發展槪要』, p.20. 또 徐载平·徐瑞芳, 『清末四十年申報史料』, p.17 참고. 팔고문의 사용은 청말시기 "새로운 풍의 '신문 산문'이 경전보다 더 인기 있게 되었다"는 일반적인 논쟁에 비추어 볼 때 흥미롭다. William H. Nienhauser, "Prose", *Indiana Companion*, pp.93~120, 115; 陳伯海·袁進主編, 『上海近代文學史』, pp.138~164. 이후 곧 살펴보는 바와 같이 이 신문의 산문은 사실상 상당 정도 "고전적"이었다.
92 이에 관한 또 다른 논의는 필자의 *A Newspaper for China?*, pp.56~69 참고.
93 실제로 이 구조가 항상 뒤따르는 것은 아니다. 뿐만 아니라 팔고의 구성요소에 대한 전문용어도 통일되어 있지 않다. 여기서 내가 근거한 팔고문의 구성요소 및 그 용어에 대해서는 다음 참고. Tu Ching-I, "The Chinese Examination Essay", *Monumenta Serica* 31(1974~1975) pp.393~406; Angelo Zottoli, *Cursus Literaturae sinicae : neo-missionariis accommodatus*, 5 vols, Shanghai, 1879~1882. 더 상세한 것은 필자의 *A Newspaper for China?*, p.57 n.50 참고.
94 「論各國新報之設」, 『申報』, 1873.7.20.
95 Andrew Plaks, "Pa-ku wen", *Indiana Companion*, p.641.
96 원문의 선정에 대해서는 Zottoli, *Cursus* 참고. 상세한 주석을 포함한 유용한 번역은 다음 참조. Tu, "Examination Essay", Andrew Lo, "Four Examination Essays of the Ming Dynasty", *Renditions* 33/34 (1990) : 168~181; Wayne Alt, "The Eight-Legged Essay : Its Reputation, Structure, and Limitations", *Tamkang Review* 17.2 (1986) : 155~174.
97 이러한 유형의 대화는 이른 시기인 『논어』, 『장자』 혹은 『염철론(鹽鐵論)』과 같은 논쟁적 대화의 형식에서 나타난다. 선교사 신문들도 또한 이러한 방식을 이용하였다. 서구신문에서는 적어도 18세기에 이르러서야 발견할 수 있다. *The Encyclopaedia Britannica(EB)*, vol.18, "Periodicals", p.540.
98 요임금에 의해 조정에 발탁된 곤은 홍수를 다스리기 위해 댐을 건설하였다. 그러나 이것은 물길을 막아 결과적으로 대범람을 야기하였다.
99 이러한 비유의 역사적인 배경 및 동일한 경우의 또 다른 출현의 예에 대해서는 Rudolf G. Wagner, "The Structure of the Chinese Public Sphere" (unpublished, 1981) 참고.
100 생동적인 예는 TV 다큐멘터리 〈하상(河殤)〉(1987)에서 나오는 홍수의 경우이다.
101 정리한다는 의미에서의 "청원(淸源)"의 전고는 『漢書·刑法志』, 北京 : 中華書局, 1964, 23, p.1112 참고.

102 물론 논쟁은 매우 이상화되었다. 사실과 진실만을 표명한다기보다, 신문은 종종 명확히 특별한 사회적 집단의 이익을 지지하기도 한다.

103 "다수는 소수에 의해 통치되기(때문에), (…중략…) 자신의 감정과 열정을 그들의 통치자들에게 쉽게 맡기는 사람보다 철학적인 시각으로 인간사를 고려하는 사람들에게 더 놀라운 것이란 없어 보인다. 이러한 놀람을 만드는 수단이 무엇인지를 조사하면, 우리는 통치자들이 여론이외에 그들을 지지하는 것이 아무것도 없음을 알게 될 것이다." David Hume, *Essays : Moral, Political and Literary*, London : Oxford University Press, 1963, p.29.

104 王凱符,『八股文概說』, 北京 : 中國和平出版社, 1991, p.10.

105 James Legge, *The Chinese Classics*, vol.1 : *The Confucian Analects, The Great Learning, The Doctrine of the Mean, Mencius*, Oxford : Clarendon Press, 1892 ff, p.321. 라우(D. C. Lau)의『맹자』에서는 "다른 사람들의 단점을 말하기 전에 그 영향력을 생각하라"고 말하였다. D. C. Lau, *Mencius*, p.129. 이러한 금언은 아마도 저널리스트들의 직업이 중국인들 사이에서 받아들여지는데 그렇게 오랜 기간이 소요된 이유들 가운데 하나일 것이다. 나단(Nathan)에 의하면 매우 유사한 주장이 포천소(包天笑)의 회고에서도 발견된다. Nathan, "The Late Ch'ing Press", p.128.

106 주희(朱熹)는 특별한 맥락하에서 만들어졌음에 틀림없다고 주장했지만 구체적인 근거는 제시하지 않았다.『孟子章句集注』, 上海 : 上海書店, 1986, p.61.

107 이와 같이 암시적이고 감탄조의 질문에 해당하는 중국어 표현은 제문(祭文)일 것이다. Kao "Rhetoric", p.130.

108 Arthur F. Wright, "Introduction", *The Confucian Persuasion*, Stanford : Stanford University Press, 1960, pp.13~18.

109 요임금과 순임금, 굴원(屈原)과 해서(海瑞), 다음으로 왕망(王莽)과 무측천(武測天)과 같은 인물들.

110 임어당(林語堂)은『서경(書經)·주서(周書)』중에서 이러한 현상에 어울리는 다음과 같은 전고를 찾았다. 즉 "하늘은 우리 백성이 귀로 듣는 것을 듣는다(天聽自我民聽)". Lin Yutang, *History of the Press and Public Opinion in China*, Chicago : University of Chicago Press, 1936, p.2; Legge, *Chinese Classics*, vol.3, p.292.

111 Arthur F. Wright, "Introduction", p.4.

112 청 후기 이러한 의식에 대한 몇 가지 증거에 대해서는 필자의 *A Newspaper for China?* 중 제3장 참고.

113 한 예는 바로 명조를 건설한 주원장을 들 수 있다. 그는 공자의 도덕 철학으로 자신을 비판하는 사람들을 없애고 나서 똑같은 공자의 철학을 이용하였다. Benjamin Elman, "Where Is King Ch'eng's Civil Examination and Confucian Ideology During the Early Ming", *T'oung Pao* 79(1993) : 27.

114 관련 근거는 다음 참고. *A Newspaper for China?*, ch. 5; Lucien W. Pye, "How Chinas Nationalism was Shanghaied", *AJCA*, 1993.29 : 107~133; Ye Xiaoqing, "Shanghai before Nationalism",

East Asian History, 1992.3 : 33~52; Wagner, "Foreign Community II", 11.15.

115 Henriot, "Nouveau journalisme", p.5; Patterson, "Chinese Journalism." 또 이러한 초기의 중문 신문들에 대한 일반적인 소개에 대해서는 다음 참고. 黃卓明,『中國古代報紙探源』, 北京 : 人 民日報出版社, 1983; 林遠琪,『邸報之硏究』, 臺北 : 漢林出版社, 1976; Flessel, "Early Chinese Newspapers (10th to 13th centuries)", *Collected Papers of the XXIX Congress of Chinese Studies*, Tuebingen : Tübingen University Press, 1988, esp. p.62, (또 중국 언론과 서구 언론의 독특한 특징과 차이에 대한 비판적 관점에 대해서는) p.67, fn.6.

116 저보(邸報)는 또 서로 혼용되는 여러 명칭으로 불리기도 한다. 黃卓明,『中國古代報紙 探源』, 北京 : 人民日報出版社, 1983; 劉勇強, 「明淸邸報與文學之關系」,『學人』, 1992.3, pp.437~464.

117 『경보』의 상주문은 종종 논쟁적이고 중요한 문제를 논하고 있었기 때문에, The North China Herald, Celestial Empire와 the Shanghai Mercury 등과 같은 외국신문들은 그에 대한 번역집을 출판하기도 하였다. The North China Herald는 중문신문보다 먼저 발간되었기 때문에,『경보』 를 전재하는 모델도 외래적인 방식이라고 주장할 수 있다.

118 이 편지는 다음에 재수록 되어 있다. 戈公振,『中國報學史』(1926), 香港 : 太平書局, 1968, p.99. 번역문은 다음 참조, Britton, *Periodical Press*, pp.30~31.

119 *A Newspaper for China?*, pp.43~117; 아브람 몰(Abraham A. Moles)은 어떤 메시지가 "수용자 의 특성에 부합하는 (…중략…) 레퍼토리(repertoire)'로부터 나온다면" 이해되고 받아들여 질 수 있다고 강조한다. Abraham A. Moles, *Informationstheorie und ästhetische Wahrnehmung*, Cologne : Schauberg, 1971, p.22.

120 徐载平·徐瑞芳,『清末四十年申報史料』, p.14; Flessel, "Chinese newspapers."

121 Dietmar Rothermund, "Kognitive Interaktion und die Hermeneutik der Fremde", Einleitungs-referat zum ersten Symposium des DFG-Schwerpunktpro-grammes "Transformationen der eu-ropäischen Expansion vom 15. bis 20. Jahrhundert. Untersuchungen zur kognitiven Interaktion europäischer und außereuropäischer Gesellschaften", Heidelberg, 25.2.1993, 4.

122 「邸報別於新報論」,『申報』, 1872.7.13.

123 「論中國京報異於外國新報」,『申報』, 1873.7.18.

124 물론 내가 *A Newspaper for China?* 제3장에서 말한 바와 같이, 사람들은 상업적인 신문에서 『경보』를 전재하는 것은 전통적인 신문인쇄소(報房) 판보다 더 빠르고 질적으로도 더 우수해 서 전통적인 인쇄판의 독자들을 잠식했다고 주장할 수 있다. 그러나 이것은 사설 집필자의 초 점이 아니다. 그럼에도 그의 주장은 그 신문이 바로 독자들을 유인하기 위해 이른바 따분한 『경보』를 포함할 것이라는 사실과 모순된다.

125 이와 매우 유사한 주장에 대해서는 "Steamers and Newspapers in China", *NCH*, Jan.31, 1879, esp. p.92 참고.

126 브리톤은 이러한 해석에 동의하고 다음과 같이 결론을 짓는다. "새로운 중국신문은 구 신문에 크게 의존하여 병행하여 발전하다가, 점차 그것을 흡수하고 대체하였다. 그리고 그것은 (결

코) 구 신문의 연속적인 발전이 (아니었다)." Britton, *Periodical Press*, p.15.

127 「本館第一萬號記」, 『申報』, 1901.2.14.

128 황줘밍(黃卓明)이 잘 보여주는 바와 같이, 개인이 가지고 있는 신문을 포함하여 19세기 이전 중국신문의 모든 뉴스는, 공식적인 출처에 의거하였다. 이점에 대하여 나는 플레슬(Flessel)의 관점과 다르다. 플레슬은 "Early Chinese Newspapers"에서 중문신문과 서구적 신문을 단순하게 동일시하였다. 黃卓明, 『中國古代報紙探源』, 北京 : 人民日報出版社,

129 이스트맨(Eastman)은 청 후기 "청의(淸議)"의 의미를 다음과 같이 설명하였다. ① 중하층 관원의 의견 표현, ② 그 관원들이 그들의 직업상의 승진을 추구하거나 악감정을 토로하고, 또는 좁은 관심사를 넓히기 위한 (…중략…) 정치적 수단. Eastman, "Ch'ing-i", p.596.

130 져지(Judge)에 의하면, 양계초는 이점에 있어서 『시보(時報)』의 다른 편집자나 저널리트들과 의견이 달랐다. 후자는 중국 역사에서 언관(言官)이 효과적이었으며, 따라서 직유로서 사용되어야 한다고 믿지 않았다. Judge, "Public Opinion", p.67.

131 왕도(1828~1897)는 당시 악폐에 대한 그의 글에서 이 점을 언급하였다. Paul Cohen, "WangT'ao and Incipient Chinese Nationalism", *JAS*, 26(1967) : 565~566. 1898년 9월 17일자, 관료들 사이의 비밀과 정보 부족의 폐해에 관한 『신보』의 한 사설은 통치자와 피통치자 사이의 열린 의사소통이 필요함을 환기시키고 있다. Andrea Janku, *Der Leitartikel der Shenbao im Reformjahr* 1898 : *Perspektiven eines neuen Genres*, unpubl. M. A. Heidelberg, 1995; "Even in the Zhou dynasty officials consulted the masses", *Shibao*, Dec. 27, 1907(Judge, "Public Opinion", p.73).

132 「閱報」, 26행.

133 翦伯贊, 劉啟戈等編, 『戊戌變法』(二冊), 上海 : 神州國光社, 1953, p.432.

134 위의 책, p.432. 원칙적으로 이들 저자는 헨리오트의 주장, 즉 "중국 역사에서 전복적인 정치 사상을 전파할 적절한 소통 체계가" 부재했다는 결론에 동의한다. Henriot, "Nouveau journalisme", p.62.

135 梁啓超, 「論報館有益於國事」, p.100.

136 위의 글, p.100.

137 『순환일보(循環日報)』에 대한 연구는 Vittinghoff, "Chinese Newspa-pers's 'Response to the West."참고. 매우 흥미로운 것은 이와 동등한 유형이 서구 언어 신문에서도 사용되었다는 점이다. 예를 들어 『노스 차이나 헤럴드』는 두 중문 일간지를 구 중국의 감찰관의 기능을 수행하는 것이자 근대화의 엔진으로 묘사하였다. 즉 "상하이는 커다란 힘을 가진 '감찰관'을 보유하고 있는 것을 자랑스러워한다. 조계지는 중국(Middle Kingdom, 중앙왕국)을 그 주변으로 옮기는 두 지레의 받침대이다. 『신보(新報)』와 『신보』 두 중문 일간지가 바로 그것이다.""The 'Censorate' at Shanghai", *The North China Herald*, Sept. 11, 1880.

138 「論中國京報異於外國新報」, 『申報』, 1873.7.18.

139 번역문은 다음 참고. Legge, *Chinese Classics*, vol.3, p.337.

140 『예기(禮記)』 중 이 부분에 대해서는 Michael Loewe, ed, *Early Chinese Texts*, Berkeley : The

Society for the Study of Early China, 1993, pp.293~297 참고.

141 인용문의 번역은 일반적으로 Legge, *Chinese Classics*, vol.3 : *The Book of Documents*, p.216을 따름(마지막 문장은 예외).

142 「論各國新報之設」, 『申報』, 1873.8.18. 1909년 12월 21일 자 『시보(時報)』의 사설은 더 나아가 "신문사의 설립은 (비록 실현되지는 않았지만) 고대 현인들의 본래 의도였다"고 말하였다. 져지는 유사한 주장이 1908년 1월 19~20일 자에도 보여진다고 지적하였다. Judge, "Public Opinion", p.71.

143 「論新聞紙之益」, 『申報』, 1886.8.11.

144 신문 사설에서 빈번하게 보이는 이러한 결론에 대해서는 李良榮, 『中國報紙文體發展槪要』, pp.23~24 참고.

145 아일멜라 히지야-키르슈네라이트는 이것을 일본에서 문학의 근대화 과정으로 설명하였다. Irmela Hijiya-Kirschnereit, *Selbstentblößungsrituale*, Wiesbaden : Harassowitz, 1981, p.33.

146 당시에는 외국의 혁신이 중국의 혁신에 기반 해 있다는 주장이 종종 있었다. Kuo Heng-yü, *China und die "Barbaren"*, Pfullingen : Neske, 1967, pp.73~74. 태평천국과 기독교인들은 그 것을 기독교 신앙의 수용을 촉진하기 위해 이용하였다. Bennett, *Missionary Journalist*.

147 이러한 결론은 아이젠스타트의 다음과 같은 질문에 대한 대답이라고 할 수 있다. "구 전통과 새로운 전통 중 무엇이 새로운 사회적, 정치적 그리고 종교적인 참된 전통을 대표하는가? 기존의 전통은 어느 정도 새로운 중심적인 문화에 통합될 수 있을까? 전통적인 구조는 새로운 상징과 조직에 대해서도 유효한가?" Eisenstadt, *Tradition, Wandel und Modernität*, p.185.

148 이러한 서술은 "예를 들어 군주제 서구에서 간언하는 관원(言官)이라는 이상이나 인민의 삶(民生)을 보장하는 원칙을 중화제국에서 만큼 일찍 혹은 충실하게 발전시켰는가"라고 한 윌리엄 로의 지적과 유사하다. William Rowe, "The Problem of 'Civil Society' in Late Imperial China", *MC*, 1993. 19/2 : 139~157・154.

| 제2장 |

1 Jürgen Habermas, *Strukturwandel der Öffentlichkeit*, Frankfurt a.M. : Suhrkramp tb, 1990.

2 E. g, Howard M. Vollmer and Donald M. Mills, *Professionalization*, Englewood Cliffs : Prentice Hall, 1966.

3 Pierre Bourdieu, *Les règles de l'art : Genèse et structure du champ littéraire*, Paris : Seuil, 1992.

4 왕도에 관한 가장 좋은 연구로는 폴 코헨(Paul Cohen)의 *Between Tradition and Modernity : Wang T'ao and Reform in Late Ch'ing China*(Cambridge : Harvard University Press, 1987)이 있으며, 그 밖에 다음을 참조. Henry Mc Aleavy, *Wang Tao. The Life and Times of a Displaced Person*, London, The China Society, 1953; Lee Chi-fang, *Wang T'ao(1828~1897) : His Life, His Thought, Scholarship and Literary Achievement*, unpubl. Ph.D. dissertation, University of Wisconsin, 1973; 張海林. 『王韜評傳』, 南京大學出版社, 1993. 홍콩에서의 왕도의 활동에 대

해서는 다음 참고. 林啓彦, 黃文江 主編, 『王韜與近代世界』, 香港 : 香港敎育出版社, 2000.

5 　필자가 본 장의 1차 원고를 집필한 시점은 이미 꽤 오래 전이어서, 중문과 외국어로 발표된 최근의 중요한 연구 성과를 모두 소개하지 못했다. 이에 양해를 구하고자 한다.

6 　戈公振, 『中國報學史』, 上海商务印书馆, 1928.(『民國叢書』第二編(49), 上海 : 上海書店, 1990, p.79); 方漢奇 主編, 『中國新聞事業通史』, 北京 : 中國人民大學出版社, 1992, pp.322~324. 두 저서에서는 『신보』를 언어, 내용, 독자보다는 소유자에 더 중점을 두고 "외국" 신문의 범주로 분류하고 있다.

7 　徐培汀 · 裴正義, 『中國新聞傳播學說史』, 重慶 : 重慶出版社, 1994; 胡太春, 中國近代新聞思想史, 太原 : 山西敎育出版社, 1987.

8 　方漢奇 主編, 『中國新聞事業通史』, p.536.

9 　Lin Yutang, *A History of the Press and Public Opinion in China, Shanghai*, Hong Kong and Singapore : Kelly & Walsh, 1934, p.79.

10 　Roswell Britton, *The Chinese Periodical Press*, 1800~1912 [1933]. Reprint, Taipei : Chengwen, 1966, p.86.

11 　曾虛白 主編, 『中國新聞史』(壹), 台灣商務印書館, 1966, p.196; Lee Chi-fang, "Wang T'ao and His Literary Writings", *Tamkang Review*, vol.XI, no.3 (1981, Spring), pp.267~285; 方漢奇 主編, 『中國新聞事業通史』, pp.472~474; 卓南生, 「中國人自辦成功的最早華文日報－《循環日報》」, 『新聞學硏究』(臺北), 卷48, 1994.1, pp.259~279; 劉家林, 『中國新聞史』第一卷, 武漢 : 武漢大學出版社, 1995, pp.127~129. 이러한 시대구분은 중국 저널리즘에 대한 또 다른 광범위한 연구를 확립하였는데, 이에 따르면 중국의 신문의 역사는 선교사들에 의해 시작된 이후 연이어 왕도를 중심으로 한 시기와 양계초가 중심이 된 시기가 뒤를 이었다. 賴光臨, 『中國近代報人與報業』, 臺灣商務印書館, 1987.

12 　거궁전(戈公振)의 『中國報學史』(上海商務印書館, p.122 등)에는 이 4개의 신문에 대해 8행에 걸쳐 서술하고 있다. 이외에 다음 참고. 方漢奇, 『中國近代報刊史』, 太原 : 山西敎育出版社, 1991, pp.62~63; 方漢奇 主編, 『中國新聞事業通史』, p.486 등 : 「三個辦報的上海道」, 上海通社編, 『上海硏究資料續集』(1936), 上海書店, 1984, p.322 등; 曾虛白 主編, 『中國新聞史』(壹), 台灣商務印書館, p.196. 더 상세한 연구에 대해서는 마광런(馬光仁)의 『上海新聞史(1850~1949)』(復旦大學出版社, 1996, pp.74~81) 참고.

13 　李斯頤, 「淸末十年官報活動槪貌」, 『新聞硏究資料』55期(1991), pp.127~144. 마광런에 의하면 도대 풍준광(馮焌光)의 시도는 이보다 근 20여년 앞선다. 馬光仁, 『上海新聞史(1850~1949)』, 復旦大學出版社, 1996, p.81.

14 　E.g, Andrew J. Nathan, "The Late Ch'ing Press : Role, Audience and Impact", 『中央硏究院國際漢學會議論文集』第3期, 臺北 : 中央硏究院, 1981, pp.1281~1308, 특히 p.1288 참고. Leo Ou-fan Lee and Andrew Nathan, "The Beginnings of Mass Culture : Journalism and Fiction in the Late Ch'ing and Beyond", in David Johnson, Andrew J. Nathan, and Evelyn S. Rawski, eds, *Popular Culture in Late Imperial China*, Berkeley : University of California Press, 1985,

pp.360~395, 특히 p.363.

15 양계초가 1896년 신문·잡지의 기준에 대해 상술하기 위해 서구신문을 부정적인 대상으로 활용했지만, 1902년『청의보(淸議報)』제100호 기념을 위해 쓴 문장에서 첫 번째 중국신문의 역사를 개략적으로 설명할 때 그는 그러한 부정적 특징들을 모두 초기 중국 신문의 성격으로 부여하였다. 이에 대한 더 자세한 설명은 필자의 다음 논문 참고."Unity vs. Uniformity : Liang Qichao and the Invention of a 'New Journalism' for China", *Late Imperial China* 23.1 (June 2002), pp.91~143.

16 上海市松江縣地方史志編纂委員會編,『松江縣志』, 上海 : 上海人民出版社, 1991, p.1031 등; 雷瑾,「申報館之過去狀況」,『最近之五十年－『申報』五十周紀念』(1922)(上海 : 上海書店, 1987(재인쇄) 중 "世界新聞事業", p.27b 참고).

17 雷瑾,「申報館之過去狀況」, p.27a.

18 위의 글, p.28b.

19 이 차관에 대해서는 다음 참고. Liu Kwang-Ching and Richard J. Smith, "The Military Challenge : The North-West and the Coast", in Denis Twichett and John K. Fairbank, eds, *The Cambridge History of China : Late Ch'ing*, 1800~1911, Cambridge : Cambridge University Press, Pt. 2, 1980, pp.238ff.

20 姚公鶴,『上海報紙』, 上海 : 1928(楊光輝, 熊尚厚, 皮海·呂 編,『中國近代報刊發展槪況』, 北京 : 新華出版社, 1986(재인쇄). p.260 등; 戈公振,『中國報學史』, 上海商務印書館, p.100에서 재인용); 胡道靜,『上海新聞事業之史的發展上海新聞之中的發展』, 上海通志館, 1935(『民國叢書』第二編(49), 上海 : 上海書店, 1990, pp.4~5); Lin Yutang, *Press and Public Opinion*, p.90. 이외에 빈즈(彬之)의 회고록「申報掌故譚」(『申報館內通訊』第一卷第四期(1947), p.22) 참고. 예를 들어 徐载平·徐瑞芳의『淸末四十年申報史料』(北京 : 新華出版社, 1988, pp.14~15) 에서는 두 개의 인용문 모두를 기록하고 있다. 앤드류 네이든(Andrew Nathan)과 조안 져지 (Joan Judge)도 똑같이 주장하고 있는데, 네이든은("The Late Ch'ing Press", p.1288) 주로 포천 소(包天笑)의『釧影樓回憶錄』(臺北 : 龍文出版社, 1990, pp.I-III)에서 인용하고 있고 조안 져지(Print and Politics, pp.15 and 34~55)는 네이든을 언급하고 있다. 오직 마광런(馬光仁)(『上海新聞史(1850~1949)』, p.63)만이 그 새로운 저널리스트들의 지위와 이점에 대해 새롭고 다른 평가를 내리고 있다. 좌종당의 반응은 저널리스트에 관해서라기보다 그 자신에 대해서 더 많은 것을 말해 준다는 야오궁허(姚公鶴)의 지적은 줄곧 주목받지 못했다.

21 中國人民大學新聞系(編),『中國近代報刊史參考資料』(上), 北京 : 人民大學出版社, 1982. p.291에서 재인용. 저널리스트에 대한 유사한 태도는 19세기 독일에서도 발견된다. Rudolf Oebsger-Roeder, *Untersuchungen über den Bildungsstand der deutschen Journalisten* (Wesen und Wirkungen der Publizistik Bd. 7), Leipzig : Marquard, 1936; R. Jacobi, *Der Journalist*, Hannover : Jänecke, 1902.

22 胡道靜,「『申報』六十六年史」,『報壇逸話』, 上海 : 世界書局, 1940; 秦紹德,『上海近代報刊史論』, 上海 : 復旦大學出版社, 1993, p.23 등.

23 「報館開幕偉人美查事略」, 『申報』, 1908.3.29, p.1.

24 신보관(申報館)은 존문각(尊聞閣)이라 명명하였다. 빈즈(彬之)의 회고록 「申報掌故譚, 3~4」 (『申報館內通訊』第一卷第四期(1947), p.22)에 따르면 편집실에 오국담(吳鞠譚)의 필체로 쓰여진 현판이 있었다. 메이저는 자신의 서명을 위해 "존문각주인(尊聞閣主人)"을 사용하였는데, 종종 그의 이름을 음역한 중국명인 "미사(美査)"라는 직인을 사인 옆에 나란히 찍기도 하였다. 본서의 와그너(Wagner)의 글 참조. 宋軍, 『申報的興衰』, 上海社會科學院出版社, 1996, p.21. 그러나 존문각주인은 전흔백의 필명으로 보인다.

25 "Law Reports", *The North China Herald*, February 18, 1875.

26 史和・姚福申・葉翠娣 編, 『中國近代報刊名錄』, 福州 : 福建人民出版社, 1991, p.368; 陳玉堂 編, 『中國近現代人物名號大辭典』, 杭州 : 浙江古籍出版社, 1993, p.394. 소설과 산문 작가인 추도는 후에 『소보(蘇報)』에 합류하였다. 馬良春・李福田總 主編, 『中國文學大辭典』天津 : 天津人民出版社, 1991, p.3072. 추도에 대한 더 자세한 것은 다음 참고. Catherine Yeh, *Shanghai Love : Courtesans, Intellectuals, and Entertainment Culture, 1850~1910*. Seattle : University of Washington Press, 2006, pp.190~194.

27 史和・姚福申・葉翠娣 編, 『中國近代報刊名錄』, 1991, p.368; 陳玉堂 編, 『中國近現代人物名號大辭典』, 杭州 : 浙江古籍出版社, 1993, pp.293~294. 이사분(李士荼)은 『순환일보』에 "먼 여행(遠遊)"에 관한 시를 발표했다고 한다. 周佳榮, 「在香港與王韜會面──中日兩國名士的訪港紀錄」, 林啓彦, 黃文江 編, 『王韜與近代世界』, 香港 : 香港教育出版社, 2000, pp.375~394. 1901년에 이우선(李芋仙)은 풍자적인 잡지 『우언보(寓言報)』(上海, 1901)를 발간하기도 하였다. 湯志鈞 主編, 『近代上海大事記』, 上海 : 上海辭書出版社, 1989, p.558.

28 그러나 이와 다른 견해도 있다. 1874년 신보관(申報館)의 "중국인 저자들"에 대한 보증서에는 다음과 같은 네 명의 이름이 언급되고 있다. 즉 Wu Tzujang, Chin tzu-cheng, Shen Tso-chun, and Chiang Tzu-chiang; FO 228/540 no 3. Enclosure 2; "Note from the Shanghai Daotai Shen to Mr Consul Medhurst," Jan. 24. 1874, pp.135~136. 심육계의 또 다른 이름은 다음과 같다. 심수강(沈壽康), 심췌수(沈贅叟), 심췌옹(沈贅翁), 그리고 심각제(沈覺齊). 上海圖書館 編, 『汪康年師友書劄』(四), 上海 : 上海古籍出版社, 1986, p.4066. 쑹쥔(宋軍)의 『申報的興衰』 (上海社會科學院出版社, 1996, p.19)에서는 그를 심정년(沈定年)이라고 보고 있고, 서재평(徐載平) 등의 『淸末四十年申報史料』에서는 심육계를 전혀 언급하지 않고 있다. *The China Directory* 1874(Hong Kong : China Mail Office, Section "Shanghai", p.30)에서는 장지상(蔣芷湘), 오자양(吳子讓)은 제외하고 또 유학백(劉鶴伯, 즉 유부익(劉孚翊))과 Pan Yen-yun을 거론하였다. 유학백은 곽숭도(郭嵩燾), 유석홍(劉錫鴻) 사절단을 수행하여 런던을 방문하기도 하였다. J. D. Frodsham(trsl. & annor.), *The First Chinese Embassy to the West : The Journals of Kuo Sung-t'ao, Liu Hsi-bung and Chang Te-yi*, Oxford : Clarendon Press, 1974, passim.

29 徐載平・徐瑞芳, 『淸末四十年申報史料』, 北京 : 新華出版社, 1988, p.24; 宋軍, 『申報的興衰』, 上海社會科學院出版社, 1996, p.19.

30 宋軍, 『申報的興衰』, 上海社會科學院出版社, 1996, p.19; Adrian Bennett, *Missionary Journalist*

in China : *Young Allen and his Magazines* 1860~1883, Athens, Georgia : University of Georgia Press, 1983, pp.57~59.

31 熊月之,『西學東漸與晚淸社會』, 上海 : 上海人民出版社, 1995, p.334 등.

32 그의 부고에는 「화재(火災)」, 「홍루몽 시가 목록」, 「노인에 대하여」 그리고 「126 에세이」 등 출판되지 않은 작품들도 언급되었다. 「山陰何君桂笙小傳」, 『申報』, 1894.12.8, p.1.

33 徐载平·徐瑞芳, 『淸末四十年申報史料』, p.35. 날짜에 대해서는 언급이 없다.

34 徐载平·徐瑞芳, 『淸末四十年申報史料』, p.34. 역시 날짜에 대해서는 언급이 없다.

35 孫玉聲, 『報海前塵錄』, p.25. 이는 1934년 전반 상하이 『신보(晨報)』에서 이전 『신문보(新聞報)』의 편집자의 글을 모아 놓은 것으로 (方漢奇 主編, 『中國新聞事業通史』(北京 : 中國人民大學出版社, 1992)에서 자주 인용하고 있다), 내가 본 자료에는 출판 날짜와 장소에 대한 정보가 없다.

36 甘惜分主編, 『新聞學大辭典』, 鄭州 : 河南人民出版社, 1993, p.694; 徐载平 · 徐瑞芳, 『淸末四十年申報史料』, p.24; 宋軍, 『申報的興衰』, 上海社會科學院出版社, 1996, p.19.

37 王韜, 『弢園尺牘』(卷8)(출판사와 장소 불명), 1887, pp.1a-2b.

38 循環日報編, 『循環日報六十周年紀念特刊』, 香港 : 循環日報, 1932, p.14.

39 孫玉聲, 『報海前塵錄』, p.25.

40 간단한 전기에 대해서는 다음 참고. 「中國新聞界名人介紹」(3), 『中國新聞年鑒』北京 : 中國新聞出版社, 1985, p.421; 宋軍, 『申報的興衰』, 上海社會科學院出版社, 1996, p.20.

41 「誥封朝議大夫運同衛直隷州知州用湖北卽補縣吳君哀誄」, 『申報』, 1878.7.4, p.1.

42 Charles O. Hucker, *A Dictionary of Official Titles in Imperial China*, Stanford : Stanford University Press, 1985, pp.118·599·157·240.

43 宋軍, 『申報的興衰』, 上海社會科學院出版社, 1996, p.20. 아쉽게도 쑹쥔은 근거를 제시하지 않았다.

44 胡道靜, 「上海的日報」, 『上海市通志館期刊』 2卷1期(1934年6月), pp.243~244.

45 宋軍, 『申報的興衰』, 上海社會科學院出版社, 1996, p.19. 심정년(沈定年)에 대한 쑹쥔의 언급은 각주 33) 참고.

46 甘惜分 主編, 『新聞學大辭典』, 鄭州 : 河南人民出版社, p.694; 上海圖書館 編, 『汪康年師友書劄』(四), 上海 : 上海古籍出版社, 1986, p.4066; 熊月之, 『西學東漸與晚淸社會』, 上海 : 上海人民出版社, 1995, p.616 등.

47 심육계는 채이강이 편집 업무를 인수받은 후에도 오랫동안 중국인 편집인으로 이름을 올리고 있었다. 『만국공보(萬國公報)』에 게재된 영 앨런의 고별사에서도 선교잡지에 대한 심육계의 불만과 나이 문제로 은퇴를 하고자 하는 그의 뜻을 언급하였다. 林樂知, 「借伸謝悃」, 『萬國公報』 第30册, 1891.7, p.19.

48 甘惜分 主編, 『新聞學大辭典』, 鄭州 : 河南人民出版社, p.694; 「中國新聞界名人介紹」(1), 『中國新聞年鑒』, 北京 : 中國社會科學出版社, 1983, p.569; 王檜林·朱漢國 編, 『中國報刊辭典(1815~1949)』, 太原 : 書海出版社, 1992, p.438.

49 孫玉聲,『報海前塵錄』, p.27.

50 이 잡지에 대해서는 본서의 다음 글 참고. 와그너, 「전 지구적 이미지 생산에 동참하기－상하이의 삽화신문『점석재화보』」.

51 馬光仁,『上海新聞史(1850~1949)』, 上海：復旦大學出版社, 1996, p.86 등.

52 두 신문사간의 갈등에 대해서는 이후 서술하는 것을 참고.

53 方漢奇,『中國近代報刊史』, 太原：山西敎育出版社, 1991, p.29. 논거 자료는 밝히지 않았다.

54 上海縷馨仙史蔡爾康, 「萬國公報百卷慶成記(並引)」, 『萬國公報』 第一百冊(第九年第四卷), 1897.5, p.2. 이러한 진술을 문자로 그대로 믿어야 할지는 명확하지 않다. 중국인 저널리스트와 번역자들은 서구 지식과 관념을 소개함에 있어 서구인들과의 협력을 폄하했는데 이는 충분한 이유가 있었다. 이에 대해서는 나의 다음의 글 참조. "Protestanten, Press und Propaganda in China : Strategien der Aneignung und Selbstbehauptung von chinesischen Journalisten im 19. Jahrhundert", Dietmar Rothermund ed, *Aneignung und Selbstbehauptung : Antworten auf die europäische Expansion*, München : Oldenbourg, 1999, pp.137~160.

55 이 선집에는 1872~1873년『신보』기사 중 그가 가장 중요하다고 판단한 것들이 포함되어 있다.

56 蔡爾康,『記聞類編』, 上海：上海印書局, 1877(『近代中國史料叢刊』第3編(172~173), 臺北：文海出版社, 1966~74. 이와 유사한 편찬은 the North China Herald 및 그『경보』의 번역에서도 보여진다.

57 채이강의 이러한 혁신적인 실천에 대한 적극적인 평가는 다음 참고. 鄭逸梅,『書報話舊』, 上海：學林出版社, 1983, p.207; 馬光仁,『上海新聞史(1850~1949)』, 上海：復旦大學出版社, 1996, p.89. 그러나 이미 1872년에『영환쇄기(瀛寰瑣記)』와 그 후속 잡지로서 1875년부터 채이강이 편집을 맡았던『사명쇄기(四溟瑣記)』에서 영문소설을 번역하여 연재하였다(Rudolf F. Wagner, "China's First Literary Journals", unpubl. ms, pp.16ff). 따라서 채이강은 중국에서 최초로 중문소설을 연재한, 그것도 일간지를 통해서 실천한 사람이라고 할 수 있다. 『야수폭언』은 불완전한 판본의 형식으로 이미 건륭제시기부터 유통되고 있었다. 채이강은 신보관에서 근무할 때 그 작품의 완전한 판본을 구하기 위해 노력하였으며, 그 결과 완전한 판본으로 여겨지는 것이 1882년 신보관에서 석인본으로 출간되었다. 江蘇省社科院明清小說研究中心,『中國通俗小說總目提要』, 北京：中國文聯出版社, 1990, p.501.『호보』에서 연재는 1882년 6월 12부터 시작되었다. 이때 연재된『야수폭언』판본은 마광런이 말한 바와 같이 불완전한 것으로, 채이강이 몇 장을 덧붙인 것으로 보인다. 그 소설에 대한 광고에서는 이러한 보충 사실을 인정하고 있지만 보충한 작가의 이름에 대해서는 언급하지 않았다.『滬報』, 1882.6.10, 12일, p.1. 채이강이 신보관과 경쟁하려 했음은 매우 명확하다. 아마도 이전의 동료들의 도움을 받았겠지만, 그는 아무런 비용을 지불하지 않고『신보』의 기사 전보를 몰래 복사함으로써 신보관과 분쟁에 얽히게 되었다. 이러한 복제는『호보』가『신보』와 똑같은 해독 오류 상태의 전보를 게재함으로써 드러나게 되었다. 馬光仁,『上海新聞史(1850~1949)』, 上海：復旦大學出版社, 1996, p.88 등.

58 이 신문은 현존하지 않는 것으로 보인다.

59 王檜林·朱漢國編,『中國報刊辭典(1815~1949)』, 太原 : 書海出版社, 1992, p.438.

60 『泰西新史攬要』, 上海 : 廣學會, 1895.

61 熊月之,『西學東漸與晚淸社會』, pp.597~602.

62 林樂知譯訂 (淸) 蔡爾康纂輯,『中東戰紀本末』, 上海 : 圖書集成局, 1898(『近代中國史料叢刊續集』(701~704), 臺北 : 文海出版社, 1975). 초판 3,000부가 출간과 더불어 완판되고 나서 곧 두 번째 인쇄가 이루어졌으며, 이로 인해 상하이에 채이강의 명성이 널리 확산되었다. 馬光仁,『上海新聞史(1850~1949)』, p.165; 熊月之,『西學東漸與晚淸社會』, PP.625~632.

63 채이강의 전기에 대한 더 상세한 내용은 필자의 다음 글 참고. "Ein Leben am Rande des Ruhmes : Cai Erkang (1852~1920)", Neder, Rötz, and Schiling, eds, *Gedenkschrift für Helmut Martin*. Bochum : Projekt Verlag, 2001, pp.195~205.

64 또 다른 필명들 및 그 의미에 대한 자세한 분석은 필자의 다음 논문 참고 "Die Anfange des Journalismus in China(1860~1911)", *opera sinologica* 9, Wiesbaden : Harassowitz, 2002, pp.128~131.

65 鄭逸梅,『書報話舊』, 上海 : 學林出版社, p.207 등.

66 孫玉聲,『報海前塵錄』, p.25. 왕도 역시 주요 편집인으로 언급되고 있다(p.24).『신보』는 채이강을 전혀 언급하지 않는 반면,『호보』에서는 그를 편집자로 소개하였다(p.27).

67 위의 책, p.3.

68 런던의 공문서보관소에 남아 있는 The North China Herald 및 관련 서류들을 보면 메이저가 종종 상하이 조계지 회심(會審) 법정에 출석했음을 기록하고 있는데, 이는 그가 많은 다른 일들에 종사하고 있었음을 말해준다.

69 王慷鼎,「關於王韜與『循環日報』的幾項考察」,『新聞春秋』第1期, 1994, pp.13~16.

70 1883년 화재로 그 출판사가 불타버렸다. 林友蘭,『香港報業發展史』香港 : 世界書局, 1977, p.80. 또는 李家園『香港報業雜談』, 香港 : 三聯書店, 1989, pp.8~12 참고.

71 광둥어 발음 표기는 매우 다양하다. 황승에 대한 표기는 Wong Hsing, Wong Shing, Wong Ping-po, 또는 Wong Tat-kuen(黃達權)가 있으며, 양인보(梁仁甫)도 출판사의 "증역"이자 구매자로 언급되고 있다. 李家園『香港報業雜談』, 三聯書店, 1989, p.14.

72 또는 Chan Ayin, Chun Ayin, Chan Oi-tang, 혹은 Chen Axian으로 불리기도 함.

73 그 계약서의 요약문과 서명된 사본은 런던선교회 아카이브 중 다음 참고. South China and Ultra Ganges : Box 7, Letter from Eitel to Mullen, January 28 and February 7, 1873. 그 인쇄기는 9천 달러에 상당하는 주형(鑄型) 및 활자틀(6,000자)과 두 개의 완전한 중국 활자세트, 그리고 하나의 영어 활자세트를 포함하고 있었으며 매우 고가였음이 분명하다. 그 인쇄 장비는 각각 400달러에 상당하는 두 개의 평판인쇄기로 구성되어 있었다.『循環日報六十周年特刊』, 13, p.65.

74 熊月之,『西學東漸與晚淸社會』, 上海 : 上海人民出版社, 1995, p.202. 캐서린 예는 왕도의 주장을 그의 고립된 상황과 전통적인 유학자들의 비난에 대한 방어의 맥락에서 독해해야 함을 설득력 있게 보여주고 있다. Catherine Yeh, "The Life-style of Four Western in Late Qing

Shanghai", *HJAS* 17.2 (1997).

75 이 정기간행물의 역사와 영향에 대해서는 다음 참조. 熊月之, 『西學東漸與晚清社會』, 上海 : 上海人民出版社, 1995, 181~188; 方漢奇, 「王韜與六合叢談」, 『報史與報人』, 北京 : 新華出版 社, 1991, 282~285; Bennett, Missionary Journalist, pp.57~59; 張海林, 『王韜評傳』, 南京大學 出版社, 199, p.471.

76 Lo Hsiang-lin, The Role *of Hong Kong in the Cultural Interchange Between East and West*, vol. I–II, Tokyo : Center for East Asian Cultural Studies, Ser. no.6, 1963, pp.43~45.

77 于醒民, 『上海, 1862年』, 上海 : 上海人民出版社, 1991, p.415 등. 그의 친구 이선란(李善蘭), 장 지상(蔣芷湘)과 함께 왕도는 밤이면 성벽으로 둘러 쌓인 상하이의 좁은 길에서 큰 소리로 시 를 읊거나 노래를 하는 것으로, 그리고 과도하게 음주를 한 후 여관에서 컵과 가구들을 깨뜨 리거나 부수는 것으로 악명 높았다.

78 일반적으로 그는 중국 당국에 의해 추방되었던 것으로 추정된다. 그러나 공친왕이 베이징 에 있는 영국 공사 브루스(Bruce)에게 보낸 통신문에서는 왕도가 반성만 한다면 위험하지 않을 것이라고 말하였다. 그럴 경우, 중국 정부는 바로 태평천국의 스파이들에 대해서 한 것 처럼 그를 사면하고 고용했었을 것으로 보인다. 하지만 왕도는 홍콩에서 그의 무죄를 주장 하면서 후회도 하지 않았을 뿐만 아니라 이러한 중국정부의 입장의 신빙성을 시험해 보려 고도 하지 않았다. FO 228 /912, no 53, "Demanding Rendtion of Wang Han, Teacher of Mr. Muirhead", Prince Gong to Bruce, July 1, 1862, pp.149~151. 그 문서에 대한 더 자세한 논의는 필자의 "Why Did Wang Tao Go to Hong Kong? Some Preliminary Observations and Questions Raised by Some Unpublished Documents of the Public Record Office", *History and Culture*, no 2(1999), pp.60~68 참고.

79 Wang Tao, "My Sojourn in Hong Kong", trsl. by Yang Qinghua, *Renditions* : *Special Issue* : *Hong Kong*, nos. 29 & 30, 1998, pp.37~41.

80 王韜, 『弢園文錄外篇』(1883), 沈陽 : 遼寧人民出版社, 1994, p.315; Wang Tao, "My Sojourn", p.40. 레그도 그의 번역서 『시경(詩經)』의 서문에서 두 사람의 상호적인 우의에 대해 밝힌 바 있다. James Legge, *The Chinese Classics* : *The Shih Ching, or Book of Poetry*, vol.4, 2nd rev. ed, 臺 北 : 文史哲出版社, 1972.

81 Lo Hsiang-lin, *The Role of Hong Kong*, p.43; 方漢奇 主編, 『中國新聞事業通史』, 北京 : 中國人 民大學出版社, p.302.

82 「本館自述」, 『申報』, 1872.5.8, p.1. 그러나 2주일 후에 『신보』는 편집자는 진애정이라고 보도 했다. 「本館自敍」, 『申報』, 1872.5.20, p.1.

83 왕도는 『漫遊隨錄』에서 이것을 언급하고 있다. 蘇精, 「從英華書院到中華印務總局 : 近代中 文印刷出版新局面」, 林啓彥, 黃文江 主編, 『王韜與近代世界』, 香港 : 香港教育出版社, 2000, pp.299~312.

84 왕도가 정일창(丁日昌)에 보내는 서신 王韜, 『弢園尺牘』(卷8), pp.3~4; 풍순정(豊順丁)에게 보내는 서신은 王韜, 『弢園尺牘』(卷9), p.12; 당경성(唐景星)에서 보내는 서신은 王韜, 『弢園

尺牘』(卷9), p.15 등 참고.

85 그는 음주를 즐기고 기루(妓樓)를 들락거리는 등 그가 좋아하는 취미생활을 포기하지 않았다. 胡禮垣, 『胡翼南先生全集』(1908), 『近代中國史料叢刊二輯』(261~266), 臺北 : 文海出版社, 1975, p.1577.

86 유럽에서 돌아온 후, 그는 『普法戰紀』와 일련의 작품들 즉 『甕牖餘談』(1875), 『遁窟讕言』(1875), 『海陬冶遊錄』(1878), 『花國劇談』(1878), 『衡花館詩錄』(1880) 등을 출판하였다.

87 Elizabeth Sinn, *Power and Charity*, *The Early History of the Tung Wah Hospital*, *Hong Kong*, Hong Kong : Oxford University Press, 1989, pp.56ff.

88 黃榮輝, 「香港早期華文大報」, 金應熙 編, 『香港史話』, 廣州 : 廣東人民出版社, 1988, pp.161~165; 李家園, 『香港報業雜談』, 香港 : 三聯書店, 1989, p.3 등.

89 오정방(伍廷芳)을 이 신문의 설립자로 여기는 주장들이 적지 않지만 당시 그는 단지 16세에 불과했다. Linda Pomerantz-Chang, *Wu Tingfang* (1842~1922), *Reform and Modernization in Modern Chinese History*, Hong Kong : Hong Kong University Press, 1992, p.29.

90 런던선교회 아카이브(LMS Archive), South China and Ultra Ganges : Box 7, Letter from Eitel to Mullen, May 12, 1872. 黃荣辉, 「香港早期華文大報」, pp.161~165; 李家園, 『香港報業雜談』, 香港 : 三聯書店, 1989, p.3; 林友蘭, 『香港報業發展史』, 香港 : 世界書局, 1977, p.69.

91 Carl T. Smith, *Chinese Christians : Élites, Middlemen and the Church in Hong Kong*. Hong Kong, Oxford, New York : Oxford University Press, 1985, pp.134~135 · 147.

92 Chan Wai Kwan, *The Making of Hong Kong Society. Three Studies in Class Formation in Early Hong Kong*, Oxford : Clarendon Press, 1991, p.75, fn. 3. G. H. Choa, *The Life and Time of Sir Kai Ho Kai. A Prominent Figure in Nineteenth Century Hong Kong*, Hong Kong : Chinese University Press, 1981, p.19.

93 Carl T. Smith, Chinese Christians, p.133.

94 1874년 2월 5일, 제목이 없는 또 다른 팜플렛(영국국립도서관 마이크로필름)에서는 왕도이외에 또 진애정을 지배인으로 설명하였다. 이에 대해서는 「中華印務總局的告白」, 『循環日報』, 1874.2.5. p.4 참고. 또 『순환일보』는 1874년 3월 이후부터 홍간보(洪幹甫)(이후 설명 참고)를 새로운 지배인으로 보도하였다. 「中華印務總局的告白」, 『循環日報』, 1874.3.19. p.4.

95 Ibid..

96 張海林, 『王韜評傳』, 南京大學出版社, 1993, p.474.

97 Carl T. Smith, "The English-educated Chinese Elite in Nineteenth-Century Hong Kong," *History of Hong Kong* 1842~1984, David Faure ed, Hong Kong & London : Tamarind Books, 1975, pp.29~56, 특히 p.36 참조.

98 Carl T. Smith, Chinese Christians, p.132.

99 華字日報編輯部編, 『華字日報七十一周年紀念刊』, 香港 : 華字日報, 1934, p.1. 하계(何啟)는 13세의 어린 나이였기 때문에 그의 부친 하복당(何福堂)의 지원을 받았음에 틀림없다.

100 황승은 또 정확한 관계는 불분명하지만 하계의 친척으로 알려져 있다. 홍콩 엘리트의 밀접한

연계 관계에서 가족관계가 지니는 중요성을 설득력 있게 보여주는 것에 대해서는 다음 참조.
Chan Wai Kan, The Making of Hong Kong Society, p.115.

101 또 Ho Tsun-shin 혹은 Ho Fuk-tong 이라 부르기도 함.

102 Carl T. Smith, *Chinese Christians*, p.122.

103 Linda Pomerantz-Chang, *Wu Tingfang*, pp.22ff.

104 Chan Wai Kwan, *The Making of Hong Kong Society*, p.75. G. H. Choa, Sir Kai Ho Kai, pp.9 and 39. 하계의 사회적 활동에 대해서는 또 羅香林, 『香港與中西文化之交流』, 香港 : 中國學社, 1961, 제5장 참조.

105 『循環日報六十周年特刊』, p.14.

106 Tsai Jung-Fang, "The Predicament of the Comprador Ideologists : He Qi(Ho Kai, 1859~1914) and Hu Liyuan(1847~1916)", *Modern China*, vol.7, no 2(April 1981), pp.191~225, 특히 pp.197~198 참조.

107 『循環日報』, 1874.2.11 팜플렛(제목 없음).

108 홍콩의 중요한 협회의 역사에 대해서는 다음 참조. Elisabeth Sinn, *Power and Charity*; Chan Wai Kwan, *The Making of Hong Kong Society*. 이 두 연구는 많은 자료들을 자주 Carl Smith, *Chinese Chrisitians*에 의거하고 있다.

109 Fung Ming-shan, Fung-Pohai, 혹은 Fung Chew라고 부름.

110 Carl T. Smith, *Chinese Christians*, pp.126ff; Chan, The Making of Hong Kong Society, p.109.

111 Leung Hok-chau, Leon On, 혹은 Leung Wan-hon이라 부름.

112 Carl T. Smith, *Chinese Christians*, pp.125ff.; Chan, *The Making of Hong Kong Society*, p.108.

113 方漢奇 主編, 『中國新聞事業通史』, 北京 : 中國人民大學出版社, 1992, p.477.

114 『循環日報六十周年特刊』, p.14; 何啟・胡禮垣, 『新政真銓』(1900), 沈陽 : 遼寧人民出版社, 1994, p.1.

115 Elisabeth Sinn, *Power and Charity*, pp.56ff.; p.131.

116 Chan Wak Kwan, *The Making of Hong Kong Society*, p.79.

117 Elizabeth Sinn, Power and Charity, p.4. 그 동화의원은 중국인에게도 개방되어 10달러 이상을 기부하면 참여할 수 있었다. 그리하여 1873년에는 이미 830명의 회원이 있었고 선출된 12명으로 구성된 이사회가 이끄는 대표조직을 갖추고 있었다. Chan, *The Making of Hong Kong Society*, p.83.

118 오정방은 1880~1882년 사이에 입법위원회의 위원이었고, 황승은 1884~1889년 사이, 하계는 1890~1914년 사이에 입법위원회 위원으로 활동하였다. Chan Wai Kwan, *The Making of Hong Kong Society*, pp.110ff.

119 예를 들어, 존(Sir John)이 1878년 동화의원을 방문했을 때, 그는 그들 가운데서도 오정방, 황승, 진애정, 풍명산의 환영을 받았는데, 그들 모두는 중국 관원들의 복장을 하고 있다. Chan, The Making of Hong Kong Society, p.123. 한커우(漢口)에 관한 윌리엄 로의 연구에 따르면 이러한 모방은 단순히 도시 상인들의 겉치레에 불과한 것이 아니라 전통적인 학문과 문화에

대한 진지한 관심으로부터 자극을 받은 것이기도 했다. William T. Rowe, *Hankow : Conflict and Community in a Chinese City*, 1796~1895, Stanford : Stanford University Press, 1989, p.58.

120 Carl T. Smith, *Chinese Christians*, p.131.

121 오직 선교잡지인 『중서견문록[中西聞見錄]』에서만 광둥인이 설립한 이 신문이 『신보』에서의 논쟁에 불만이었다는 사실을 지적하였다. 「上海近事－新設報局」, 『中西聞見錄』 第24期, 1873.7, p.22b. 기본적으로 『신보』를 지지한 『순환일보』는 그 논쟁적인 배경에 대한 언급 없이 상하이의 새로운 신문을 환영하였다. 「上海匯報創興」, 『循環日報』, 1874.6.11, p.3.

122 양월루 사건에 대한 상세한 내용, 『신보』 편집방침에 대한 그 영향 그리고 신문들 사이의 논쟁에 대해서는 필자의 다음 글 참조, "Readers, Publishers and Officials in Contest for a Public Sphere and the Shanghai Newspaper Market in Late Qing", *T'oung Pao*, 2001, no.4~5. pp.393~455.

123 「上海添設新聞館」, 『申報』, 1874.3.3, p.2; 「論新聞日報館事」, 『申報』, 1874, 3, 12, p.1; 方漢奇 主編, 『中國新聞事業通史』, 北京 : 中國人民大學出版社, 1992, p.486; 湯志鈞 主編, 『近代上海大事記』, 上海辭書出版社, 1989, p.312.

124 「書墨痴生來信後」, 『申報』, 1874.11.21, p.1.

125 상하이에는 또 난하이와 순더 지방의 동향조직인 난하이의관(南海義館)과 순더의관(順德義館)이 있었다. 張仲禮主編, 『近代上海城市研究』, 上海 : 上海人民出版社, 1991, p.518; 宋鑽友, 「一個傳統組織在城市近代化中作用－上海廣肇公所初探」, ibid, 415~431, p.417. 상하이 길드조직에 대한 탁월한 연구는 Bryna Goodman, *Native Place, City and Nation : Regional Networks and Identities in Shanghai*, 1853~1937, Berkeley, Los Angeles and London : University of California Press, 1995 참고. 그 회관의 정관과 주요 기부자는 彰澤益 主編, 『中國工商行會史料集』(下冊), 北京 : 中華書局, 1995, pp.877~879 참고.

126 熊月之, 『西學東漸與晚淸社會』, 上海 : 上海人民出版社, 1995, p.356.

127 당경성의 형 당정식(唐廷植, 1828~1897)은 그의 명성이 훼손되었기 때문에 캘리포니아로이주해야만 했다. 또 이로 인해 신문의 한 사설에서 다음과 같이 지적하기도 하였다. 즉 "홍콩 정부와 관계를 맺고 있는 당경성의 가족들은 (…중략…) 스스로를 곤경에 빠뜨리는 불행한 성향을 가지고 있었다." *China Mail*, September 4, 1856(Carl T. Smith, *Chinese Christians*, p.44 에서 인용). 용굉의 동학인 당정식은 처음으로 Jardine & Matheson에서 그의 동생의 지위를 떠맡았고, 윤선초상국에서도 그의 동생의 역할을 대신하였다. 한편 당경성은 1883년에 유럽에 있었으며, 상하이에 있는 광둥 길드의 대표가 되었다. 당경성의 가족에 대해서는 Carl T. Smith, *Chinese Christians*, pp.34~51 참고.

128 「論新聞日報館事」, 『申報』, 1874.3.12, p.1.

129 이에 관한 논의는 *Celestial Empire*, January 28, 1875에서 보도됨.

130 Yung Wing, *My Life in China and America* [1909], New York : Henry Holt and Company, Reprint : New York : Arno Press, 1978, 「上海添設新聞館」, 『申報』, 1874.3.3, p.2.

131 마광런은 편집위원회에서의 갈등이 용굉의 조기 출발을 촉발했음이 분명하다고 보고 있다.

정관응이 기초한 새로운 정관은 모든 책임을 광기조(鄺其照)에게 일임하였다. 그 정관은 제1
호에 게재되었는데 필자는 직접 확인할 수 없었다. 그러나『신보』에서는 또 인쇄된 정관들은
원본이 아니라고 언급하였는데, 이는 편집이사회에서 논쟁이 있었음을 암시해 준다.「書墨痴
生來信後」,『申報』, 1874.11.21, p.1.

132 馬光仁,『上海新聞史(1850~1949)』, 復旦大學出版社, 1996, p.75.

133 Johannes Kehnen, *Cheng Kuan-ying : Unternehmer und Reformer der späten Ch'ing-Zeit*. Wies-
baden : Harrassowitz, 1975, pp.18~34.

134 정관응에 대한 설명은 다음 참고. 徐培汀·裴正義,『中國新聞傳播學說史』. 重慶 : 重慶出版社,
1994; 胡太春, 中國近代新聞思想史, 太原 : 山西教育出版社, 1987. 그러나 정관응의 이러한
사상은 다소 늦은『성세위언(盛世危言)』에서 구체화되었다. 이 저작의 형성과정 중 초기 판
본인『구시게요(救時揭要)』와『이언(易言)』에서는 신문에 대한 어떤 특별한 장도 포함되어
있지 않다.

135 『新聞學大辭典』, p.693.

136 吳灝陵,「廣東之新聞事業」(抽印本), 廣東 : 中國文化協進會, 1940, p.4.

137 方漢奇 主編,『中國新聞事業通史』, 北京 : 中國人民大學出版社, 1992, p.486; 馬光仁,『上海
新聞史(1850~1949)』, 復旦大學出版社, 1996, p.75. 그러나 1875년 회사명부록(The Desk
Hong List)에는 확인할 수 없는 더 많은 다른 이름들이 실려 있다. 즉『회보(匯報)(외보(外
報))』: 남경로(南京路) 18, H. Scott Gill, 편집자(editor); Kwong Tsun Fuk, 지배인(manager);
Wong Ah Sui, 기자(writer); Kwan Choi Sui(Guan Caishu?), 상동; Wong Shu Hon. 상동; Yien
Chuan Yu, 상동; Kah Tschee Leng, 상동 [=Jia Jiliang?]; Chung Tai Shang, 상동. 이에 대한 정보
를 제공해 준 와그너(Rudolf G. Wagner)에게 감사드린다.

138 FO 228/541 no.95. "Change of management of 'Huipao' newspaper", British Consulate to
Wade, September 1, 1874.

139 *The Celestial Empire*, June 5, 1875.

140 「報館更名」,『申報』, 1874.9.9, p.2.

141 *China Directory* 1874, Hong Kong : China Mail Office, 1874.

142 "Eurasian School Report", *The North China Herald*, May 29, 1872.

143 그의 임기는 공식적으로 1875년 5월 25일에 끝났다.『近代上海大事記』, p.906; 馬光仁,『上海
新聞史(1850~1949)』, 復旦大學出版社, 1996, p.77.

144 *The Celestial Empire*, June 5, 1875, and August 28, 1875.

145 예를 들어 다음을 참조. *The Celestial Empire*, August 7, 1875.

146 「本館告白」,『益報』, 1875.12.4, p.5.

147 FO 228/556, no.100. Medhurst to Taotai Feng, October 9, 1875, p.205.

148 *The Celestial Empire*, March 30, 1876.

149 "Particulars",『新報』, 1876.11.23, p.1.

150 이것은『노스 차이나 헤럴드』에 의해서 제안되었다. *The North China Herald*, June 9, 1877.

151　馬光仁,『上海新聞史(1850~1949)』, p.81.

152　슈웨즈에 따르면, 병기고의 감독자인 도대(道臺)들은 개인적으로 학생들을 인터뷰하거나 영어시험을 주관하기도 하였다. 熊月之,『西學東漸與晚淸社會』, 上海:上海人民出版社, 1995, pp.337~341.

153　Leung Yuean-Sang, *The Shanghai Taotai : Linkage Man in a Changing Society*. 1843~90, Singapore : Singapore University Press, 1991, p.99.

154　*The Celestial Empire*, June 2, 1877; Leung Yuean-Sang, *The Shanghai Taotai : Linkage Man in a Changing Society*. 1843~90, pp.80~82.

155　Leung Yuean-Sang, *Shanghai Taotai*, p.159.

156　馬光仁,『上海新聞史(1850~1949)』, p.73.『上海硏究資料續集』, p.322.

157　*The Celestial Empire*, Mar. 30, 1876.

158　馬光仁,『上海新聞史(1850~1949)』, p.80.

159　FO 228/632, "Intelligence Report, January 1st to May 1st 1879", pp.52~63.

160　Arthur W. Hummel, *Eminent Chinese of the Ch'ing Period*. (1644~1912), Washington : US Government Printing Office, 1943, pp.955~957.

161　馬光仁,『上海新聞史(1850~1949)』, p.80.

162　「近代中國新聞事業史事編年, 1815~1919」, (二), p.224.

163　*The Celestial Empire*, December 14, 1876.

164　FO 228/632, "Intelligence Report, January 1st to May 1st 1879", pp.52~63.

165　*The Celestial Empire*, February 8, 1877.

166　上海通社,『上海硏究資料續集』, p.322; 方漢奇 主編,『中國新聞事業通史』, p.491; 秦紹德,『上海近代報刊史論』, p.29. 마광런은 이 신문은『신보』의 발행금지에 관한 정부 관료들의 지속된 논쟁 때문에 폐간되었다고 보고 있다.『신보』와 싸우는 대신, 신문들에 대해 염증이 난 도대(道臺)는『신보(新報)』를 정간시켰다. 馬光仁,『上海新聞史(1850~1949)』, p.81.

167　王韜,『弢園文錄外編』, pp.323~325.

168　王韜,『弢園尺牘』. 그의 서신집 속편은 王韜,『弢園尺牘續鈔』(1889), 출판사 불명, 참고.

169　그의 「日本通中國考」와 「探地記」는 (淸)同康廬主人編輯,『中外地輿圖說集成』一百三十卷(第二十二冊), 上海:上海積山書局石印本, 淸光緒二十年(1894)에 수록되었고, 「琉球朝貢考」는 淸王錫祺輯,『小方壺齋輿地叢鈔』(卷10), 上海:著易堂鉛印本, 1891에 수록되었다. 그리고 필사본「西学輯存三篇」은 舒鳳闓輯,『最樂草堂叢鈔』五百九十一卷, 仁和舒鳳闓鈔本(출판 연도와 지역 불명)에 수록되어 있다.

170　이에 대해서 왕도가 와일리의 6종 저서를 번역한『西學輯存六種』(上海, 1880), 또는『重訂法國誌略』(1890) 참고.

171　淸錢徵(錢昕伯), 淸蔡爾康同輯, 「屑玉薈譚十七篇」,『最樂草堂叢鈔』(11~17卷)

172　馬光仁,『上海新聞史(1850~1949)』, p.86. 이 화보집에 대해서는 본서의 와그너(Rudolf G. Wagner)의 글 참조.

173 예를 들면 다음과 같은 것이 있다. (英)頡德 著, (英)李提摩太, 蔡爾康 譯, 『大同學』, 上海:廣學會, 1896; (美國)林樂知撰 (清)蔡爾康 編, 『新學彙編』, 上海:廣學會, 1898; (美國)林樂知撰 (清)蔡爾康 編, 『保華全書』, 上海:廣學會, 1899.

174 袁祖志, 『談瀛錄』, 上海:同文書局, 1885. 「隨園瑣記」는 『最樂草堂叢鈔』 562~563卷에 수록되었고, 「出洋須知」, 「西俗雜志」, 「涉洋管見」 그리고 「瀛海采問紀實」는 모두 『小方壺齋輿地叢鈔』(卷17), 1891에 수록되었다. 이에 관해 또 Catherine Yeh, *Shanghai Love*, pp.197~198 참고.

175 鄺其照, 「五大洲輿地戶口物産表」, 『中外地輿圖說集成』(卷四); 「臺灣番社考」, 『小方壺齋輿地叢鈔』(卷八).

176 馮焌光 編, 「輿地略」, 『小方壺齋輿地叢鈔』(卷一); 馮焌光 編, 「汝水說」, 『中外地輿圖說集成』(第十五册).

177 왕도는 그의 『韜園文錄外編』에서 용굉의 계획을 지지하고 정관응의 『성세위언』(1893)을 위한 서문을 썼다. 張海林, 『王韜評傳』, 南京大學出版社, 1993. p.476. 왕도는 또 풍계분(馮桂芬)을 칭송하면서 그의 초기 개혁사상을 담은 저서 『교빈려항의(校邠廬抗議)』(1897)의 서문을 쓰기도 하였다. 한편 광학회(廣學會)에서 출판된 『中東戰紀本末』에는 심육계, 채이강, 왕도 세 사람 각각의 서문이 실렸다. 또 당경성은 원조지의 『담영록(談瀛錄)』의 서문을 쓰기도 하였다.

178 황승과 왕도는 총포에 관한 책을 편찬하여 1864년 이홍장에게 증정하였다. 王韜, 『韜園文錄外編』, p.326. 그리고 왕도의 『보법전기(普法戰紀)』(香港:中華印務總局, 1873)는 진애정의 지지를 받았다. 이 책은 당시 널리 읽히고 왕도의 명성을 높이는 데 큰 역할을 하였으며, 1889년에는 일본어로도 번역되었다. 하계와 호례원은 공동으로 『신정진전(新政眞詮)』(1900)을 출판하여 장지동의 『권학편(勸學篇)』(1898)을 비판하였다. 두 저서에는 모두 신문사의 설립의 필요성에 관한 글이 포함되어 있다.

179 당경성에게 보낸 편지 참조. 『弢園尺牘』(卷9), p.15 등; 『弢園尺牘』(卷11), p.3.

180 熊月之, 『西學東漸與晚淸社會』, 上海:上海人民出版社, 1995, p.558 등.

181 신학(新學)의 새로운 기구를 통한 저널리스트와 개혁가의 이와 같은 접촉에 관해서는 필자의 다음 글 참고. "Social Actors in the Field of New Learning in Nineteenth Century China", Michael Lackner and Natascha Vittinghoff, eds, *Mapping Meanings : The Field of New Learning in Late Qing China*, Leiden : Brill, 2004, pp.75~118.

182 The Celestial Empire, December 9, 1875.

183 The Celestial Empire, December 14, 1876.

184 「此紙祈貼在寶號壁間爲禱」, 팜플렛, 1874.3 (영국국립도서관에 『循環日報』 마이크로필름으로 보존).

185 W. H. Donald, 1908, "The Press", Alexander Wright, *Twentieth Century Impressions of Hong Kong, Shanghai and Other Treaty Ports of China*, London : Lloyd's Greater Britain Publ. Co, 1908, pp.343~367. 『화자일보』는 1845년 솔트레드(A. Shortrede)가 설립한 차이나 메일(The China Mail)의 중문판이었다. 또 『중외신보(中外新報)』는 1857년 머로우(Murrow)가 설립한

the Hong Kong Daily Press에 속해 있었다.

186 제목이 없는 팜플렛, 『循環日報』, 1874.2.11. 여기에는 『순환일보』의 첫 번째 주간 리더스다이 제스트(Reader's Digest)가 첨부되어 있다.

187 중국인 계약자들은 반드시 저널리스트인 것은 아니었다. 『중외신보』의 한 계약자는 오정방(伍廷芳)의 조카 오식생(伍植生)이고 그의 계승자는 식자공이었던 조양촌(趙兩村)(조우촌(趙雨村)?-역자)이었으며, 그의 뒤를 이은 사람은 번역가 풍환여(馮煥如)였다. 『循環日報 六十周年特刊』, 香港:循环日报, 1932, p.64.

188 그들 가운데 하나인 『근사편록(近事編錄)』은 포르투갈의 출판사 Noronha & Co와 계약관계에 있었던 육기순(陸驥純)이 편집을 맡았다. Noronha가 1879년 임대료를 인상하자 육기순은 계약을 취소하고 직접 『유신일보(維新日報)』를 설립하였다. 두 번째는 『화자일보』이다. 그 지배인 담혁교(譚奕翹)는 임대료가 인상되자, China Mail과의 계약을 해지하고 『첩보(捷報)』를 발간하였다. 『循環日報六十周年特刊』, 香港:循环日报, 1932, p.64; 黃南翔, 『香江歲月』, 香港:奔馬出版社, 1985, p.283.

189 "New Publications", China Mail, April 2, 1872, p.3.

190 Ibid.

191 China Mail, April 9, 1872, p.3.

192 "New Publicaitons", China Mail, April 2, 1872, p.3; "Prospectus", China Mail, February 2 1874.

193 "The Chinese Mail", China Mail, January 26, 1874, p.4.

194 "The Hong Kong China Mail", China Mail, March 12, 1874, p.3.

195 "A native 'Press", The North China Herald, February 19, 1874.

196 왕도가 방조헌(方照軒)에게 보낸 서신 참고. 王韜, 『弢園尺牘續鈔』(4), 1889, pp.15~17(출판사 및 출판지역 불명). 이에 관한 더 이른 시기의 언급에 대해서는 당경성에게 보낸 편지 참고. 王韜, 『弢園尺牘』(9), p.15 등. 신문 사설은 제목 없이 거궁전이 인용하고 있다. 戈公振, 『中國報學史』, 上海商務印書館, p.104.

197 "Sheng qi zhi jia", 『循環日報』, 1874.2.5, p.3.

198 예를 들어 홍콩의 봉쇄에 대한 기사. "Xiren lun xunzhuan zhi quan", 『循環日報』, 1874.2.5, p.3.

199 「來札附登: 香港華民政務司師憲頌詞」, 『循環日報』, 1874.2.27, p.3. 외국 뉴스의 중요성은 『순환일보』의 주간 리더스다이제스트(Reader's Digest)의 대다수 기사가 외국을 다루고 있다는 사실이 잘 말해 준다. 리더스다이제스트의 제1호이자 유일하게 현존하고 있는 자료는 영국국립도서관의 마이크로필름(첫번째 필름)에 포함되어 있다.

200 현대 중국 학자들은 종종 신문 명칭인 "순환(循環)"이 왕도가 참가하려고 했던 태평천국의 반란이 실패한 이후 또 다른 혁명의 시작을 암시한다는 거궁전의 다소 무리한 주장을 따르고 있다. 戈公振, 『中國報學史』, 上海商務印書館, p.121. 그러나 다른 사람들은 그 제목이 끊임없는 순환적인 발전이라는 왕도의 일반적인 역사관의 표현이라고 보고 있다. 王慷鼎, 「王韜《循環論》與《循環日報》命名釋義」(미출간), 95世界華文報刊與中華文化傳播國際學術研討會, 武漢-重慶, 1995.10.

201 「本館自敍」,『申報』, 1872.9.9, p.1.

202 「論西字新報屢駁申報事」,『申報』, 1872.12.13, p.1 등.

203 예를 들어, 「英國勃興大略」,『申報』, 1872.5.13, p.3 등. 또 「太傅曾文正列傳」,『申報』, 1872.5.9, p.3과 「商賈論」,『申報』, 1872.5.11, p.1 참고. 힐리어(Mr. Hillier)는 다음과 같이 지적하였다. "영국의 신민인 메이저(Mr. Major)가 줄곧 중국인의 편견에 영합함으로써 그의 개인적인 이익을 고려하는 데에 자신의 애국심을 굴종시킨다는 것은 유감스러운 일이다." FO 228/632, "Intelligence Report, January 1st to May 1st 1879", p.59. 중국 언론 미디어에서 외국 당국에 대한 예의 있는 태도는 중국에서 외국인의 평등한 지위에 대한 공식적인 승인과 연관이 있다. 국제상의 용어의 적절한 번역에 관한 필자의 연구는 다음 참고. "'British Barbarians' and 'Chinese Pigtails'? Translingual Practice in a Transnational Environment in 19th Century Hongkong and Shanghai", Bryna Goodman, ed, *China Review*(Special Issue), "Transnational Dimensions of the Chinese Press", vol.4 no.1 (spring), 2004, pp.27~54.

204 「論本館作報本意」,『申報』, 1875.10.10.

205 戈公振,『中國報學史』, 上海商務印書館, p.79; 方漢奇 主編,『中國新聞事業通史』, p.323; 劉家林,『中國新聞史』第一卷, 武漢 : 武漢大學出版社, 1995, p.125; 宋軍,『申報的興衰』, 上海社會科學院出版社, 1996, p.10; Leo Ou-fan Lee & Andrew Nathan, "The Beginnings of Mass Culture", p.363.

206 메이저가『申報』를 발간하기 전, 그는 영국의 전권대신 토마스 웨이드(Thomas Wade)에게 조약 하에서 중문 신문의 지위에 대해 그가 어떻게 생각하는지를 물었다. 그 때 웨이드는 자신은 그것이 "정정당당한 상업적 사업"으로 생각한다고 말하였다. FO 671/88. Major to Davenport, April 4, 1879.

207 Paul A. Cohen, *China and Christianity : The Missionary Movement and the Growth of Chinese Antiforeignism 1860~1870*, Cambridge, MA : Harvard University Press, 1963. 또 각주 58) 참고.

208 Medhurst to Wade. June 24, 1874. FO 228 /540, no.59, "A second Chinese newspaper established", pp.294ff.

209 *North China Daily News*, September 1, 1874.

210 "Law report", *The North China Herald*, February 18, 1875. 내가 다른 문장에서 주장한 바와 같이, 조계지에서 법적 보호를 구하려는 이러한 행동은 1866년 중국의 출판법에 관한 첫 번째 토론에서 처음 시작되었다. *Die Anfänge des Journalismus*, pp.324~338.

211 「本館告白」,『新報』, 1876.11.23, p.1.

212 『上海研究資料續集』, p.322.

213 *The Celestial Empire*, March 29, 1877.

214 FO 233 / 35. "Mr. Mayer and Shen, Tung, Chunghow, Chenglin and Hia, with the tsungpan Chow", 1. 9. 1875. pp.219~224.

215 The Celestial Empire, December 14, 1876.

216 "The 'Sinpao' and its foreign readers", *The North China Herald*, May 19, 1877.

217 각 신문사의 재정적 상태에 대한 상세한 분석은 필자의 다음 글 참고. Die Anfänge des Journalismus, pp.166~78. 광고 가격은 모든 신문에 공시되어 있다.

218 『순환일보』의 일주일 광고비는 글자 100자 당 1달러이며, 그 이상의 추가되는 글자는 각 자당 1/2센트였다.

219 「招刊告白引」, 『申報』, 1872.5.7, p.1 등. 『신보』상에 국가 부강의 지표로서의 의학 광고에 대한 분석은 다음 참고. Patrick Hess, *Anzeigen für westliche Heilmittel in der Shanghaier Tageszeitung Sen-bao*, 1872~1922(미출간). MA thesis, Institute of Chinese Studies, Heidelberg University, 1995.

220 발행부수에 대해서는 다음 참고. 제목 없음, 『申報』, 1872.6.11, p.1 : 4500; 「論本館銷數」, 『申報』, 1877.2.10, p.1 : 10,000; 「本報字數加增」, 『申報』, 1877.6.20, p.1 : 8000~9000.

221 『화자일보』는 발간 초기부터 1일 발행량이 3000~4000부라고 주장하였지만, 2년 후에는 1000부 이하에 그쳤다. "New Publications", *China Mail*, April 2, 1872; "Notice", *China Mail*, February 24, 1874. 린유란에 의하면 『순환일보』의 발간 부수는 일반적으로 500~600부 정도였다고 한다. 林友蘭, 『香港報業發展史』 香港 : 世界書局, 1977, p.13. 『순환일보』 60주년 기념호에 따르면, 심지어 더 규모가 큰 홍콩신문들도 결코 500~600부를 넘지 못했다고 한다. 『循環日報六十周年特刊』, p.65. 그러나 홍콩정부의 『청서(靑書)』는 『순환일보』의 발행부수에 대한 더 상세하고 다른 수치를 보여준다. 그에 따르면 『순환일보』의 발행부수는 1876~1878 : 710부, 1879 : 1,087부, 1885 : 1,100부, 1890 : 1,100부였다. 1890년 『화자일보』는 단지 500부에 그쳤던 것에 비해, 새로 설립된 『유신일보(維新日報)』는 1885년에 이미 발행 부수가 1,960부에 달했다. 그리고 『순환일보』는 1902년에 1,200부에 달했는데, 『화자일보』는 발행 부수가 2,000부로서 그것을 능가하였다. 이에 대해서는 다음 참고. Great Britain Colonial Office, *The Hong Kong Blue Book for the Year* 1875 (resp.—1876, 1877, 1878, 1879, 1885, 1890, 1902), Hong Kong : Noronha & Co.

222 첫 호 발간부터 시작되는 『순환일보』의 수많은 광고를 보라. 런던선교회에 대해서는 다음 참조. F. Turner to J. Mullen, October 28, 1867, LMS Archive, CWM Incoming Letters : South China and Ultra Ganges : Box 6.

223 *The Celestial Empire*, April 12, 1877.

224 「本局告白」, 『循環日報』, 1894.8.6, p.2.

225 제목 없음, 『新報』, 1876.12.1, p.1.

226 그 가격에 대해서는 方漢奇 主編, 『中國新聞事業通史』, p.486 참고.

227 1886년 홍콩 『월보(粵報)』의 경우는 다음과 같다. 주필(主筆) 50원(元), 편집자 30원, 번역자 20원, 부주필(副主筆) 10원. 『循環日報六十周年特刊』, p.65. 상하이의 『신보(新報)』는 매달 20달러와 30달러를 지불하였다. FO 228/632. "Intelligence Report, January 1st to May 1st 1879", p.63. 뇌근(雷瑾)은 초기 저널리스트들이 매달 10원(元)에서 40원 정도 다양한 보수를 받았다고 했는데, 빈즈(彬之) 역시 같은 주장을 하고 있다. 그에 의하면 하계생은 매달 30달러를 받았다. 雷瑾, 「申報館之過去狀況」, 『最近之五十年-『申報』五十周紀念』, 上海, 1922;

彬之,「申報掌故譚」,『申報館內通訊』第一卷第四期, 1947, p.21.『순환일보』는 편집자 2명과 부편집자 2명 그리고 번역자 1명으로 운영되었다.

228 E. Eitel to J. Mullen, July 3, 1873, LMS Archive, South China and Ultra Ganges : Box 7.

229 "Chinese Printing", *The Inland Printer*, vol.29, no.3 (June 1902), p.447.

230 『循環日報六十周年特刊』, p.65.

231 「本局告白」,『循環日報』, 1874.2.25, p.2와「倡設日報小引」,『循環日報』, 1874.2.5, p.4.

232 「此紙祈貼在實號壁間爲禱」, 팜플렛, 1874.3.

233 「本局謹啓」,『循環日報』, 1874.2.14, p.2;「本局告白」,『循環日報』, 1874.6.11.; 1874.6.18, p.2.

234 「本局告白」,『循環日報』, 1874.2.2, p.32.

235 예를 들어 다음 참고.『循環日報』, 1874.3.7; 1874.3.26.

236 출판사『신보관(申報館)』의 다양한 판매 전략에 대해서는 다음 참조. Rudolf G. Wagner, "Commercializing Chinese Culture : Ernest Major in Shanghai"(paper given at the AAS Annual Meeting in Honolulu, Hawaii, April 11~14, 1996).

237 이에 관한 좋은 선집이 최근에 재출판되었다. 顧炳權 編,『上海洋場竹枝詞』, 上海 : 上海書店出版社, 1996.

238 彬之,「申報掌故譚(十)」,『申報館內通訊』第一卷第七期, 1947, pp.36~37.

239 「本館告白」,『申報』, 1872.4.30, p.1;「此紙祈貼在實號壁間爲禱」, 팜플렛, 1874.3. 이는 오늘날 보면 놀랍게 보일 수도 있지만, 문학 출판은 당시 작가 혹은 후원자들이 여전히 일정한 부담을 지고 있었으며, 저자, 저작권과 원고료 개념도 그 이후에야 점차 발전되었다.

240 彬之,「申報掌故譚(五)」,『申報館內通訊』第一卷第五期, 1947, p.18 등.

241 戈公振,『中國報學史』, 上海商務印書館, p.100 등; 方漢奇 主編,『中國新聞事業通史』, p.390 등; Madeleine Dong, "Communities and Communication : A Study of the case of Yang Naiwu, 1873~1877", *Late Imperial China*, vol.16, no.1 (June 1995), pp.93~94. 그 편집자들은 "주요 뉴스"의 부족으로 이러한 스토리를 편집해야만 했다고 말해지기도 한다. 이에 대한 상세한 서술은 *The Celestial Empire*, October 2, 1875 참고. 이외에 또 다음을 참조. *The Evening Gazette*, June 16, 1874; *The Celestial Empire*, January 14, 1875 and August 26, 1876.

242 「駁香港西報論申報事」,『申報』, 1874.12.25, p.2.

243 「屠者能詩」,『循環日報』, 1874.2.5, p.2.

244 「貪官被騙」,『循環日報』, 1874.2.5, p.2.

245 "Mengzhong ti lian",『循環日報』, 1874.2.5, p.2.

246 「燈謎」,『益報』, 1875.7.17, p.5.

247 *The Celestial Empire*, August 14, 1875.

248 메이저는 1873년 베이징의 감찰기관의 규정을 인용하였다. 그 규정에서 가장 강조한 것은 출판업자는 완전한 텍스트를 출판해야 한다는 사실이었다. W. F. Mayer, "The Peking Gazette", *Translation of the Peking Gazette for 1874*, Shanghai : The North China Herald, 1875, p.viii.

249 「主客問答」,『申報』, 1875.1.28, p.1.『신보』중간 지면에『경보』의 전재에 대해서는 다음 참고.

Barbara Mittler, *A Newspaper for China? Power, Identity and Change in Shanghai's News Media 1872~1912*, Cambridge : Harvard University Asia Center, 2004, pp.173~244.

250 「淫報逆報」, 『益報』, 1875.11.11, p.1.

251 「論申報改上諭大悖謬」, 『益報』, 1875.11.11, p.1.

252 馬光仁, 『上海新聞史(1850~1949)』, p.86. 필자는 『신보(新報)』에서 이러한 기사를 발견하지 못했다.

253 「本館告白」, 『申報』, 1882.1.16; 1882.1.17, p.1.

254 Major to Alabaster, June 26, 1872, FO 671/29, no.78; Major to Alabaster, July 23, 1872, FO 671/29, no.92; Major to Alabaster, July 24, 1872, FO 671/29, no.93.

255 「倡設日報小引」, 『循環日報』, 1874.2.5, p.4.

256 사설의 수사적 장치들에 대한 연구는 다음 참고. Andrea Janku, *Nur leere Reden : Politischer Diskurs and die Shanghaier Presse im China des späten 19. Jahrhunderts* (Just Empty Talk. Political Discourse and the Shanghai Press in Late Nineteenth-century China). Wiesbaden : Harassowitz, 2003.

257 「本局日報通啟」, 『循環日報』, 1874.2.5, p.3. 『신보』에서는 이러한 전통은 중국적인 것이며, 신문은 외국에서 수입한 것이 아니라고 분명히 주장하였다. 「論新聞紙之益」, 『申報』, 1886.8.11, p.1.

258 이러한 전통에 대한 가장 대표적인 설명을 보여주는 것은 임어당이다. 그는 중국의 역사를 "중국에서 공공여론과 당국 간의 투쟁"으로 설명하였다. Lin Yutang, *A History of the Press and Public Opinion in China*, p.2. 또 다음 참고. D. W. Y. Kwok, "Protecting Tradition and Traditions of Protest", *Protest in the Chinese Tradition*, University of Hawai'i at Manoa, Center of Chinese Studies : (Occasional Papers, no.2.), 1989, pp.1~8.

259 「主客問答」, 『申報』, 1875.1.28, p.1.

260 「論新聞紙之益」, 『申報』, 1886.8.11, p.1.

261 「本館日報略論」, 『循環日報』, 1874.2.4. 지금은 유실된 『순환일보』 첫 호의 이 기사는 동일 출판사에서 발행된 『순환일보』의 첫 번째 주간 판에 재수록 되었다. 그것은 지금도 남아있으며 관련 마이크로필름 중 첫 번째에 첨부되어 있다.

262 「本館日報略論」, 『循環日報』, 1874.2.4.

263 「日報有裨於時政論」, 『循環日報』, 1874.2.6, p.3.

264 「論中國京報異於外國新報」, 『申報』, 1873.7.18, p.1.

265 John R. Watt, *The District Magistrate in Late Imperial China*, New York and London : Columbia University Press, 1977, pp.377f.

266 「論新聞日報館事」, 『申報』, 1874.3.12, p.1.

267 후자의 사건은 Madeleine Dong, "Communities and Communication" 참고.

268 「審案傳聞」, 『申報』, 1875.7.16, p.1.

269 「選新聞紙成書說」, 『申報』, 1877.3.28, p.1.

270 「楊氏案略」, 『申報』, 1875.4.12, p.2. 『경보』는 오직 황제의 승인 혹은 그에 상응하는 결정이 난

이후에 칙령과 상주문을 출판하였다.

271 Sandkühler, Hans Jörg, "Öffentlichkeit, Öffentliche Meinung", *Europäische Enzyklopädie zu Philosophie und Wissenschaften*, Hamburg, 1990, 4 vols, pp.594~600.

272 Andreas Würgler, "Fama und Rumor. Gerücht, Aufruhr und Presse im Ancien Régime", *Werkstatt Geschichte*, no.15, 1996, pp.20~32.

273 「書邸抄王禦史奏浙省大吏承審要案疏後」, 『申報』, 1877.4.7, p.1.

274 「本局告白」, 『匯報』, 1874.7.18. 이 기사는 정관응이 쓴 것임이 분명하다.

275 「上海日報之事」, 『申報』, 1874.5.12, p.1.

276 「上海添設匯報」, 『申報』, 1874.6.17, p.2.

277 『회보(匯報)』는 『신보』의 저널리스트 전흔백을 비난하였다. 이에 대해서는 위를 참고.

278 「書毀謗案略後」, 『申報』, 1875.2.17, p.1.

279 「書同治十三年申報總錄後」, 『申報』, 1875.2.3, p.1.

280 「論新報體裁」, 『申報』, 1875.8.8, pp.1~2.

281 「論申報改上諭大悖謬」, 『益報』, 1875.11.20, p.1 등. 『익보(益報)』의 태도는 단지 그 제목만으로도 명확히 드러난다. 「申報錯誤」, 『益報』, 1875.8.20, p.2; 「申報立論之非」, 『益報』, 1875.9.9, p.2; 「淫報逆報」, 『益報』, 1875.11.11, p.1.

282 "Particulars", 『新報』, 1876.11.23, p.1.

283 馬光仁, 『上海新聞史(1850~1949)』, p.80.

284 「新報緣起書」, 『新報』, 1876.11.24, pp.2~3.

285 「本館全系香山人論」, 『申報』, 1874.1.21, p.1.

286 James Legge, *The Chinese Classics*, vol.III, Taipei : Southern Material Centers, 1985, p.331.

287 「新報緣起書」, 『新報』, 1876.11.24, pp.2~3.

288 Mary C. Wright, *The Last Stand of Chinese Conservatism : The T'ung-chih Restoration, 1862~1874*, Stanford : Stanford University Press, 1957, pp.68~95.

289 Mary Backus Rankin, *Elite Activism and Political Transformation in China : Zhejiang Province, 1865~1911*, Stanford : Stanford University Press, 1986.

290 William T. Rowe, *Hankow : Conflict and Community*, pp.50~56.

291 「擬上海租界仿照香港延請華紳會議地方應辦事宜議」, 『申報』, 1973.8.27, p.1.

292 William T. Rowe, *Hankow : Conflict and Community*; Bryna Goodman, *Native Place, City and Nation*.

293 *The North China Daily News*, January 23, 1874.

294 Benedict Anderson, *Die Erfindung der Nation : Zur Karriere eines folgenreichen Konzepts*, Frankfurt a.M. : Campus, 1989, p.41.

295 차이룽팡(蔡榮芳, Tsai Jung-fang)에 따르면, 1890년대 후반까지 중국 자본 4000만냥이 외국계 회사에 투자되었고, 중국 상인들은 거의 모든 큰 외국 회사들의 주식을 보유하고 있었다. Tsai Jung-fang, "The Predicament of the Comprador Ideologists : He Qi (Ho Kai, 1859 - 1914)

and Hu Liuyuan (1847 – 1916)," *Modern China* 7.2 (April 1981), p.212.

| 제3장 |

1 Michael Twyman, *Breaking the Mould : The First Hundred Years of Lithography*, London : British Museum, 2001.

2 여기서 제작된 석판화 선집은 다음을 참고하라. A. Bonfante-Warren, *Currier & Ives : Portrait of a Nation*, New York : Metro Books, 1998.

3 Mireille-Bénédicte Bouvet, *Le grand livre des images d'Epinal*, Paris : Editions Solar, 1996.

4 이들 신문은 구독자에게 이 공동체에 대해 알리기도 했다. 『(라이프치히) 일루스트리르테 차이퉁』(no.2386, March 23, 1889년 3월 23일, 「Die Presse der Welt」)은 세계의 삽화신문 표지로 한 지면 전체를 채우기도 했다. 『그래픽』지는 1890년 12월 6일 자(p.647)에 서구 삽화신문의 상세한 목록과 발행 부수를 제공한 바 있다.

5 보들레르, 『현대의 삶을 그리는 화가』; C. Baudelaire, *The Painter of Modern Life*, Jonathan Mayna, trans, and ed., London : Phaidon Press, 1964. 예를 들어 도미에는 석판화로 신랄한 풍자화를 다수 제작했으며, 툴루즈-로트렉(Henri de Toulouse-Lautrec, 1864~1901)은 광고 포스터에서 채색 석판화의 잠재력을 발견했다.

6 발터 벤야민, 「기술복제시대의 예술작품」; W. Benjamin, "Das Kunstwerk im Zeitalter seiner technischen Reproduzierbarkeit", in id., *Das Kunstwerk im Zeitalter seiner technischen Reproduzierbarkeit*, Frankfurt : Suhrkamp,1963, pp.7ff.

7 이러한 풍조의 배경에 대해서는 다음을 참고하라. R. Wagner, "Oçerk, Physiologies, and the Limping Devil", in id., *Inside a Service Trade, Studies in Contemporary Chinese Prose*, Cambridge : Harvard University Press 1992, pp.359~375.

8 '생리학적'인 [글로 당시 유럽 전체에서 큰 성공을 거둔] 중국 작가인 천지퉁(陳季同)에 대해서는 다음을 참고하라. Catherine Vance Yeh, "The Life-Style of Four *Wenren* in Late Qing Shanghai", *Harvard Journal of Asiatic Studies* 57(1997) 2 : 419~470.

9 쉬런한(徐忍寒), 『申報七十七年史料』, 『六不齋文存』(上海, 1962), p.8. 원래 내부문건으로 등사판 인쇄되었으나, 현재 중국국가도서관에서 공개하여 열람이 가능하다. [당시 루산회의(廬山會議) 직후 우경 기회주의 반대 운동이 한창이었으므로 이러한 논조의 글은 시의적절하지 않았다. 그로부터 2년 후인 1962년에야 상하이시문화국에서 등사판으로 소량 인쇄하여 '내부 열람'하는 것이 허락되었다.]

10 徐載平·徐瑞芳, 『淸末四十年申報史料』(北京 : 新華, 1988), p.13. [쉬짜이핑은 『신보』의 초창기 40년의 거의 모든 원문을 재검토한 후 동일한 결론을 도출했다. 이른바 제국주의자, 식민주의자 혹은 친영이나 친서방이라는 편견을 증명할 논거는 이 시기에 근본적으로 존재하지 않았다.]

11 데이비드 핸콕(David Hancock)은 18세기 스코틀랜드와 영국의 중산층 상인을 대상으로 이

영향을 추적한 바 있다. *Citizens of the World : London Merchants and the Integration of the British Atlantic Community*, 1735~1785, Cambridge : Cambridge University Press, 1997, p.386.

12 나는 어니스트 메이저에 관한 논문을 준비중에 있다. 메이저가 중국에서 펼친 정치활동에 대해서는 나의 다음 논문을 참고하라. "The Shenbao in Crisis : Guo Songtao vs. Ernest Major", *Late Imperial China* 1999. ; "The Role of the Foreign Community in the Chinese Public Sphere", *China Quarterly* 142 : 423~443 (June 1995).

13 1869년의 상하이 상인 리스트(Shanghai Desk Hong List)에 그는 언급되지 않았다. 그런데 앤 골드(Ann Gold)는 1870년 7월 7일 자『노스 차이나 헤럴드*The North China Herald*』에서 메이저가 자신의 이름을 서명하고 상하이 주소를 남긴 편지를 발견한 바 있다. 다음을 보라. A. Gold, "Ernest Major and His Family", 미출간 논문.

14 점석재석인서국이 설립된 시기는 중국 학술계에서 의견이 분분하다. 쑨위탕(孫毓棠)의 『중국근대공업사자료(中國近代工業史資料)』(北京 : 科學出版社, 1957年, p.113~118)에서는 명확한 시기를 언급하지 않았다. 궁찬싱(龔産興)의 「신문화가 오우여-오우여 연구의 몇 가지 문제를 논하다(新聞畫家吳友如 : 兼談吳友如研究中的幾個問題)」(『美術史論』 10 (1990), p.68)에서는 1876년으로 제시했다. 중국사회과학원 경제연구소(中國社科院經濟研究所)에서 편찬한 『상하이민족기계공업(上海民族機器工業)』(北京(1966) 1979, p.187)에서는 심지어 점석재석인서국이 1876년에 삽화신문인 『점석재화보』를 발간했다고 주장하기까지 했다. 크리스토퍼 리드(Christopher A. Reed)의 논문 「기적과 화륜-1876~1898년간 석판인쇄와 상하이의 출판 시스템의 기원(Steam Whistles and Fire-Wheels : Lithographic Printing and the origins of Shanghai's Printing Factory System, 1876~1898)」은 저자 표시 없이 장중리(張仲禮) 주편의 『도시진보, 기업발전 및 중국의 현대화(城市進步'企業發展和中國現代化)』(上海社會科學院出版社, 1994, p.99) 제2장 3절에 실렸는데, 아무런 증거도 제시하지 않은 채 그 시기를 1877년으로 앞당겼다. [관련 내용은 크리스토퍼 리드의 박사논문 3장과 단행본 2장(「야누스의 얼굴을 한 개척자-1876~1905년간 상하이 석인 출판의 황금시대」)에서도 수정 없이 논의를 반복하고 있다. "*Gutenberg in Shanghai : Mechanized Printing, Modern Publishing, and their Effects on the City, 1876~1937.*" University of California, Berkeley, 1996, p.171; *Gutenberg in Shanghai : Chinese Print Capitalism, 1876~1937*, University of Hawai'i Press, 2004, p.80.-역주]

판야오창(潘耀昌)의 「쑤저우에서 상하이로, '점석재'에서 '비영각'으로(從蘇州到上海, 從"點石齋"到"飛影閣"-晚清畫家心態管窺)」(『新美術』 2 (1994), p.68)에서는 근거를 밝히지는 않았지만 1878년이라는 시기를 정확하게 제시한다.

유일하게 믿을 수 있는 증거인 『신보』 광고는 누구도 언급하지 않았다. 점석재석인서국은 1879년 5월 25일 자『신보』에 첫 광고를 게재한다.

"우리 점석재에서는 작년에(1878년) 서양에서 신식 석판인쇄기 1기를 구입하였다. 각종 서화를 원본과 조금도 다를 바 없이 복제할 수 있으며, 크기를 축소할 수도 있다. 사진 석판인쇄는 기적이다. [휴대하기 간편하며, 행이 가지런하여] 책을 읽을 때 눈을 긴장시키지 않아도 된다. 신보관의 신창서화실에서 판매한다." [광고제목은 「점석재인수서적도화비첩영련가목(點石齋印售書籍圖畫碑帖楹聯價目)」이며, 인용문은 핵심적인 내용만 간추려 재배열한 영어 번역에 근거했다.-역주]

이 날짜 이후로 점석재의 출간물 광고가 정기적으로 게재되고 있다. 따라서 1879년을 시작 시점으로 확정할 수 있다. [저자가 확인한 바, 혹은 정전둬(鄭振鐸)가 수집한 자료에 따르면] 1879년보다 앞선 시기에 출판된 점석재의 책은 없다.

[역자의 조사에 따르면 1879년 5월 25일자 광고가 처음은 아니다. 『신보』 1878년 12월 30일자에도 신년을 앞두고 석판으로 인쇄한 대련 광고를 「楹聯出售」라는 제목으로 게재했다. 여기서도 '점석재'라는 명칭과 석인술의 장점을 강조하고 있다. 1879년 1월에서 5월 사이에도 몇 차례 대련판매 광고가 게재되는데, 정식출판물을 발간하기에 앞서 낱장의 대련을 판매한 것으로 보인다.-역주]

15 『申江勝景圖』, 上海: 申報館, 1884. 상권의 끝에서 두 번째 삽화가 점석재석인서국(「點石齋」)이다. 신보관(「申報館」)은 하권의 첫 번째, 메이저의 호화주택(「美査住宅」)은 하권 끝에서 네 번째, 신보관의 계열사인 도서집성국(「圖書集成局」)은 하권 끝에서 두 번째 그림이다.

16 『申江勝景圖』 1권, 끝에서 두 번째 삽화에 부가된 글.

17 나의 미출간 논문 「중국문화의 상업화-어니스트 메이저의 신보관」과 이 책에 수록된 미틀러(B. Mittler)의 글을 참고하라.

18 고고학적 기록을 살펴보면, 텍스트와 이미지의 결합은 주 백서(帛書; 기원전 5세기), 진 죽간(竹簡), 서한 초기의 마왕퇴(馬王堆) 백서 등에서도 발견된다. 『한서(漢書)』에 수록된 유향(劉向)의 황실도서관 목록[칠략]에는 공자 제자들의 초상이 그려진 책인 『공자도인도법(孔子徒人圖法)』 및 삽도가 그려진 두 병법서, 즉 9권의 삽도가 부가된 [손무의] 오(吳) 『손자병법』 82편과 4권의 삽도가 부가된 [손빈의] 제(齊) 『손자병법』 89편이 열거되고 있다. 『漢書』(北京: 中華書局, 1962), 第30章, p.1717. 천핑위안의 「도상을 중심으로-『점석재화보』에 관하여」는 전통적인 문자와 그림의 관계를 통해 『점석재화보』의 위상을 다루고 있다. 陳平原, 「以圖像爲中心―關於《點石齋畫報》」, 『二十一世紀』 第59期(2000年6月), pp.90~98. 정초에 대한 메이저의 함축적 인용은 116쪽을 보라.

19 정초(鄭樵, 1104~1162), 「도보략(圖譜略)」, 『통지이십략(通志二十略)』(北京: 中華書局, 1995), p.1825. 마이클 래크너(Michael Lackner)는 사유를 경제적으로 표현하기 위해 송대에 도표를 사용한 정황을 기술한 바 있다. "Die Verplanung des Denkens am Beispiel der tu" in Helwig Schmidt-Glintzer, ed., *Lebenswelt und Weltanschauung im friibneuzeitlichen China*, Stuttgart: Franz Steiner, 1990, pp.133~156; "Argumentation par diagrammes. Une architecture a base de mots. Le Ximing (Inscription Occidentale) depuis Zhang Zai jusqu'au *Yanjitu*", *Extrême Orient-Extrême Occident* 14 (September 1992): 131~168.

20 『성유상해』는 1681년 이전 양연년(梁延年)에 의해 편찬되었다. 본고에서는 1902년 재판본을 이용했다.

21 한 스코틀랜드인의 삽화가 포함된 『천로역정 관화(天路歷程官話)』(W. Burns 번역, 샤먼,

1865), 와일리(Alexander Wylie)가 편찬한 잡지인 『육합총담(六合叢談)』(1857~1858)과 1872년부터 베이징에서 출간된 『중서문견록(中西聞見錄)』의 기술 관련 삽화들이 그러하다. 예수회에서 발행한 『소해월보(Child's Paper)』에 대해서는 다음을 참고하라. 葛伯熙, 「小孩月報考證」, 『新聞研究資料』 31 (1985), pp.168~175.

22 "Photo-lithographic Printing in Shanghai", *The North China Herald*, May 25, 1889, p.633.

23 R. Wagner, "Ernest Major's Shenbaoguan and the Formation of Late Qing Print Culture", in R. Wagner, *Ernest Major, The Life and Times of a Cultural Broker*, 저자가 집필 중인 원고임.

24 "Photo-lithographic printing in Shanghai", *The North China Herald*, May 25, 1889, p.633. ["… 부유한 서적 수집가는 매우 많으며, (석인으로 찍은) 염가의 도서는 그들의 서재를 신속히 채워주었다. 이전에는 여기저기로 책을 찾아다녀야 했지만 이제 손쉽게 구입할 수 있게 되었다. 이러한 교역에 의해 먼 지역까지 대량으로 공급하게 되었고, 석인 도서를 판매하기 위한 거점이 세워지게 되었다. 베이징의 류리창, 쓰촨의 거대한 상업중심지인 충칭이 그 예이다. 또한 광저우 같은 다른 도시에도 지점이 세워졌다. 그러나 생산 기지는 상하이였다."-역주]

25 『신보』 광고, 1876년 5월 26일, 1면. 『신보』 광고의 표제에서 언급된 것은 『환영화도(寰瀛畫圖)』인데, 광고 내용에서는 『환영화보(寰瀛畫報)』로 이야기하고 메이저의 서명은 '환영화보 주인(寰瀛畫報主人)'이었다. 『신보』, 1877.5.12, 6면. 이 광고는 『상하이신문사(1850~1949)』의 저자 중 한 명인 천가오원(陳鎬汶)이 처음으로 주목했다(p.69). 이 화집은 아직 발견되지 않고 있는데, 천가오원 또한 직접 보지 못했다고 나에게 친절하게 알려준 바 있다.

26 이 그림에는 다음과 같은 설명이 달려 있다. "그림이 너무 컸으므로 우리는 신문(paper)에 이 그림을 포함시키지 못했다. 그러나 이 그림은 표구를 하여 벽에 걸어 놓기에 적당할 것이다." 여기에 사용된 '신문'(報)이라는 용어로 보건대, 메이저는 이 기획을 신문이나 잡지로 생각하고 있었음을 알 수 있다. 馬光仁 편, 『上海新聞史(1850~1949)』(상하이 : 복단대학출판사, 1996), p.69. 영사통역관 카를(Carles)은 이를 두고 삽화신문 발행물이라고 언급했다. 카를이 작성한 5월 1일부터 7월 31일까지의 1876년 상하이 관련 4분기 정보 보고서 FO 228/572, 메드허스트가 웨이드에게 보낸 급전 문서 130번에 첨부, 1876.8.18, p.287b.

27 『도화일보(圖畫日報)』 제1호(1901), 1면에서는 여전히 이 이상한 성벽이 무엇인지를 독자들에게 설명할 필요성을 느끼고 있었다.[『도화일보』는 1909~1910년 사이 발행되었으며, 해당 지면에는 만리장성 관련 기사를 발견할 수 없다.-역주] 약탈 유목민을 막아주는 중국의 농경민의 보호막으로 장성을 처음으로 묘사한 사람은 손문이다. A. Waldron, *The Great Wall of China*, Cambridge : Cambridge University Press, 1990, pp.194~215. 손문 관련 언급은 p.215에 있다. 장상원(張相文, 1867~1933)이나 량치차오 같은 중국의 초창기 현대 역사학자들은 명대 장성과 진시황이 세운 거대한 건축물은 거의 아무런 공통점이 없다는 사실을 이미 지적한 바 있다. 손문의 장성 관련 진술은 당시 대부분의 서구식 장성 묘사와 마찬가지로 이 둘을 뒤섞어 놓았다.

28 [알림 : 본관에서 판매하는 양화의 판로가 번성하여 매일 장정하여 만들어낸 책이 상하이 사

람들 사 읽기에 겨우 충분할 뿐 외지에는 아직 발송할 수 없었다. 지금 이미 서둘러 장정하도록 재촉하고 있으며, 공정이 끝나는 대로 각 부두로 발송하여 판매할 수 있게 하겠다. 그때 다시 공지하여 여러 독자들의 구매에 편의를 제공하겠다. 역주] 『신보』 광고, 1876년 6월 7일 자 1면; 1876년 6월 22일 자 1면. [6월 22일부터 상하이를 제외한 외지로의 판매가 시작되었다. -역주]

29 청 정부가 이 철도를 폐쇄하고 철도 레일을 구입하기로 결정하자, 151명의 상하이 상인들이 철도를 그대로 유지할 것을 요청하는 청원서에 서명했다. 1877년 7월 9일에서 연말까지 상하이 발신의 보고서, FO 228/593. 1877년 1월 15일부터 1877년 6월 30일까지 도널드 스펜스(Donald Spence)에 의한 정보 보고서, 1877년 7월 12일 데븐포트(Davenport) 영사를 통해 베이징의 영국대사관으로 보고되었다. 청원서는 82번 문서(1877.9.26, pp.141ff)에 동봉되어 있다.

30 『회보』는 1874년 6월에서 8월까지 발행되었다.[9월부터 『휘보(彙報)』로 명칭 변경. 역주] 1874년 7월 20일 자 사설인 「우쑹철도에 관하여」가 좋은 예이다. 이 사설은 메드허스트의 68번 문서의 부록 1에 번역이 수록되어 있다.(상하이, 1874년 7월 28일, FO 228/540, p.324.) 상하이 도대의 항의는 FO 228/571 (Beginning 1876 ff.), 1876년 2월 26일 메드허스트 25번 문서의 부록 12번에 있다; 상하이 도대가 메드허스트 영사에게 보낸 문서, 1876년 2월 20일.

31 1876년 9월 9일 자 『신보』 광고. 높이는 4.3인치, 넓이는 3인치이다.

32 이 지도는 수천 부가 판매되었지만, 중국이나 서구 어디에서도 단 한 부도 찾을 수 없었다. 동판이 닳아서 못쓰게 되자 1884년에 점석재는 석판화 복제품을 발행했는데, 베이징의 중국국가도서관 지도실에 수작업 채색 사본이 보관되어 있다. 이 석판본 지도는 동판화의 디테일한 정확성에 필적할 수 없는 것으로 보인다. 이 사본의 존재를 알려준 베이징대 지리학과의 리샤오총 교수에게 심심한 감사의 인사를 전한다. 『신보』는 1884년 청불전쟁의 개시와 같이 주로 특정 분쟁 지역의 지도를 이후에도 계속하여 첨부했는데, 낱장으로 분리할 수 있도록 한 면에 담았다.

33 메이저는 몇 년 후 최초의 전문적인 상하이 지도를 출판하게 된다. 이 지도에는 서양의 양행뿐 아니라 중국의 상관까지 세심하게 나열되어 있고, 서양의 상하이 지도에서는 간략하게만 묘사된 중국인 주거단지(리룽)에 대한 상세한 평면도를 제공했다. 〈상하이시전지도(上海市全地圖)〉, 申報館, 1882. 이 지도의 구조와 중요성에 대해서는 다음을 참고하라. Catherine V. Yeh, "Representing the City : Shanghai and its Maps" in David Faure, ed., *Town and Country in China : Identity and Perception*, Oxford : Palgrave, in association with St. Antony's College, pp.166~202.

34 1876년 9월 20일 자, 『신보』 광고. 한 달 후 추가 서비스가 제공되었다. 3원을 추가 지불하면 중국식 표구가 된 지도를 살 수 있었고, 4원을 추가 지불하면 서양식으로 단단하게 대지를 붙인 지도를 살 수 있었다. 3.5원을 추가로 지불하면 지도 보호용 상자에 보관할 수 있었다. 닝보, 한커우, 쑤저우, 푸저우, 홍콩 등에는 지도를 살 수 있는 지점의 목록이 표시되었다. 이들 대부분은 『신보』의 고정 판매점을 보완하는 외국 상점들이었다. 1876년 10월 28일 자 『신보』

광고.

35 이 화보의 제목에 혼동이 있어, 상당히 자주『영환화보(瀛寰畫報)』로 인용되곤 했다. 이런 제목을 가진 저널은 없었지만,『신보』의 초창기 광고에도 거꾸로 된 이 제목이 게재되곤 했다.

36 阿英,「中國畫報發展的經過」,『晚淸文藝報刊書略』에 포함된『晚淸小報錄』의 부록으로 포함되었다.(上海 : 古典文學出版社, 1957, p.90)

37 1877년 7월 9일에서 연말까지 상하이 발신의 보고서, FO 228/593. 1877년 1월 15일부터 1877년 6월 30일까지 도널드 스펜스(Donald Spence)에 의한 정보 보고서, 1877년 7월 12일 데븐포트(Davenport) 영사를 통해 베이징의 영국대사관으로 보고된 문서, p.24.

38 마광런(馬光仁)이 편찬한『상하이신문사(上海新聞史)』, p.1101에서는『환영화보』가 석인으로 찍은 것이라고 잘못 기술하고 있다. 같은 책 p.69에서도 동판으로 인쇄된 것에 석판으로 문자를 더했다는 식의 기술 또한 마찬가지로 착오다. 동판으로 인쇄된 것은『환영도화』이다.

39 장훙싱(張弘星),「사라진 출판제작자 — 1870~1880년대 상하이에서 발행된 메이저의 삽화 잡지」("Disappearing Print-Makers : Ernest Major's Illustrated Magazine in Shanghai in 1870s - 1880s"), 미출간 원고, London, 1996, p.5. 출간되지 않은 이 원고를 사용할 수 있게 해 준 장훙싱 박사에게 감사의 인사를 전한다. 그에 따르면, 제2권의 7번째 삽화는 중국 최초로 런던에 부임한 대사 곽숭도(郭嵩燾)와 부관 유석홍(劉錫鴻)이다. 이는 1877년 2월 24일 자『일러스트레이티드 런던뉴스』의 삽화와 동일하다. 마지막 호(1879년)의 마지막 삽화는 프랑스 유화를 복제했는데, 이는 1877년 10월 6일 자『그래픽』의 그림에 근거한 것이다. 장훙싱의 박사논문에는 더 분명한 사례가 인용된다. 1878년 3월 9일에 출간된 제4호에「터키 군대가 러시아 군대의 수중에서 탈취한 요새」(土耳其軍隊從俄國軍隊手中奪取的一座要塞)라는 중국어 제목으로 실린 삽화는 원래 1877년 9월 29일 자『그래픽』에 러시아와 오스만 제국 사이의 전쟁을 다룬「시프카 방면에서 생 니콜라스 고지로의 진공」(Attack on the Heights of St. Nicolas from the Shipka Side)가 원작이다. Zhang Hongxing, "Wu Youru's 'The Victory over the Taiping,' Painting and Censorship in 1886 China", unpublished PhD dissertation, University of London, 1999, pl. 90 and 91.[검토결과 관련내용은 pp.140~141에서 전개된다. 역주]; and id.,「流散在海內外的兩組晚淸宮廷戰圖考略」,『故宮博物院院刊』, 2 (2001) 2 : 1~13. 거보시(葛伯熙)는『환영화보』가 모두 런던에서 편집된 것으로 잘못 생각하였다. 葛伯熙,「寶瀛畫報考」,『新聞硏究資料』41(1988), p.185. 장훙싱이 검토한 이 판본은 지금 현재 상하이도서관에서 분실 상태에 있다.

40 FO 228/571 (1876년 초), 통역관 알렌의 1876년 3월 1분기 정보보고서. 메드허스트가 웨이드에게 보낸 1876년 2월 16일, 20번 문건에 포함. 메드허스트 영사는 첨부서(p.81b)에 다음과 같이 썼다. "『신보』와 관련하여 알렌 군의 정보에 보충할 점이 있다. 내가 경영자 측에서 입수한 믿을 만한 정보에 따르면 이 신문의 현재 하루 유통량은 5600부이다. (알렌이 제시한 수치는) 새해 이래로 아직 평균적인 상태로 회복되지 않았기 때문이다. 그러나 여름이 끝나기 전에 7000부에 달할 것으로 기대되고 있다."

41 『일러스트레이티드 런던뉴스』의 매 호에는 상하이에서의 구독료가 인쇄되어 있었다. 이 삽

화신문은 중국인들에게 환영받는 선물이었다. "내지를 여행하는 누구라도『런던화보』가 사람들 사이에 얼마나 유행하는지 알아챌 수 있다. 그것은 언제나 중국인을 만족시키는 선물이기도 했다. 만약 중국인들이 이러한 삽화와 그에 부가된 중국어 해석을 가지게 된다면, 그는 영원히 마르지 않는 즐거움과 정보의 근원을 구비하게 되는 셈이다." "Chinese Newspaper", *The North China Herald*, 1875. 8. 28, p.202. [영문 원서에는 369페이지로 잘못 기입되어 있다.—역주]

42 葛伯熙,「『寰瀛畫報』考」, p.187 재인용. 원문을 직접 확인하지 못하여 여기 인용된 중국어 텍스트에 오류가 있을 수도 있다.

43 이공린(1049~1106)은 비단에 윤곽을 백묘한 그림으로 유명하다. 기메 국립 아시아 미술관(Musée Guimet)은「공물을 가져온 외국인」이란 제목의 익명의 연작 회화를 그의 작품으로 기재했다. http : //www.culture.gouv.fr/documentation/joconde/EXPOS/theme_guimetart.htm

44 『申報館書目』(상하이 : 신보관, 1877), pp.2a~b.

45 미주 19번에서 언급한 정초의「도보략」의 축자인용을 통해 볼 때 메이저는 삽화의 유용성에 대한 초창기 중국의 논의에 대해 익숙했던 것으로 보인다.

46 거보시(葛伯熙)의 관련논문인「『환영화보』고」, pp.187~188에서 인용했다. 나는 원문을 직접 확인하지 못했는데, 그 글에 인용된 중국어 텍스트에는 오류가 포함된 것으로 보인다. 나는 원문을 '오돌(奧突)'이 아니라 '오요(奧突)'로, '순명질실(循名質實)'이 아니라 '순명책실(循名責實)'로 판단했다. [역자는 원문을 포함한 여러 관련자료를 검토한 후 전자는 '奧突', 후자는 '循名責實'로 판단했으며, 그에 근거하여 번역하였다.—역자 주] 1877년 5월 12일자『신보』6면에『환영화보』제1권을 같은 해 7월에 발행한다는 광고가 게재되었다. 이 광고에서는 『환영화보』의 모든 업무를 신보관에서 처리한다고 공언했는데, 기술적으로 이 화보가 신보관의 생산품이 아니라는 점은 명백하다.

47 C. Yeh, *Shanghai Love : Courtesans, Intellectuals, and Entertainment Culture*, 1850~1910, Seattle : University of Washington Press, 2006, p.184.

48 「각국의 신문 설립에 대해(論各國新報之設)」,『신보』, 1873.7.18. "애초에 각국에서 신문을 설립할 때, 그들 또한 고대 [중국 성인들의] 이러한 통찰력을 깊이 이해하고 있었다."

49 한 장짜리 달력인 이 "신보월분패"(申報月份牌)는 상하이도서관이 보유하고 있다.

50 "Chinese Newspapers", *Celestial Empire*, June 9, 1877, pp.565~56. 제3호에서 그림이 줄어든 것이 아니라 더 늘었다. 즉, 8폭에서 12폭으로 증가하였다.

51 "An Illustrated Paper for China", *Celestial Empire*, September 21, 1878, p.284.

52 1879년 6월 18일~19일자『신보』광고에 예고된『환영화보』제4호의 발행 소식은 다음과 같다. "영국에서 들여온 화보로, 중국어 설명이 덧붙은 서양화이다. 이번 호에는 12폭의 그림이 실렸다. 영국 주재 중국대사(中國欽使在英時事), 산서성의 기근 참화(山西荒象), 인도인 병사와 각국의 병제(印度土兵與各國兵制) 등의 그림이 포함되어 있다. 이들 그림은 정교하고 세련되게 그려진 것으로 세상에 손꼽히는 뛰어난 작품들이다. 가장 인상적인 그림은 러시아와 터키 사이의 협상으로, 러시아인들은 늠름하게 앉아있고 터키인들은 눈물을 흘리는 모습

을 보이고 있다." [원문은 "圖精工細"과 "巧妙"를 한자 병기한 후 풀어서 설명하고 있다. 그러나 원문을 검토한 결과 다음과 같이 끊어 읽는 것이 자연스럽다. "等圖, 精工細巧, 妙極人寰, 至俄土兩國議立和約一圖". – 역주]

53 『신보관서목』의 후속편인 『속서목(續書目)』(1879)에서는 더이상 『환영화보』에 대한 항목을 포함하지 않는다. 이는 관심이 사라졌음을 보여주는 것이다.

54 석판인쇄 서적은 적어도 1850년대부터 광저우에서 인쇄되어 왔다. 광둥어 회화서적인 *Cantonese Dialogues : A Book of Chinese Phrases*이 한 예이다. 런던대학 소아즈(SOAS)의 소장본에는 다음과 같은 필사 설명이 쓰여 있다. "1841년에 중국인 학자가 쓴 광둥어 회화서적으로 1850년에 석인술로 인쇄되었다."

55 이 날짜는 1879년 5월 25일 자 『신보』에 게재된 점석재 광고에서 따온 것이다. 광고[點石齋印售書籍圖畫碑帖楹聯價目]의 주요 내용은 다음과 같다. "우리 출판사는 지난해(1878년)에 서양에서 새로운 석판인쇄 기계를 들여왔다. 이 기계는 각종 서화를 원본과 조금도 다르지 않게 복제할 수 있으며, 크기를 축소할 수도 있다. 사진석인술(照印)은 기적과 같아서, 이제 여러분은 책을 읽을 때 눈에 무리를 가할 필요가 없게 될 것이다."

56 이 중요한 발전을 연구하는 데 있어 문제점 중의 하나는 미술 및 도서관 컬렉션에서 이런 복제품을 제대로 수집하지 않는다는 점이다. 사용 가능한 사료는 광고이다.

57 또 다른 화가인 궐람(關嵐, 1758~1844)도 동일한 호를 사용하였다. 그러나 앞서 인용한 『환영화보』에 관한 논의에서 이공린 그림의 정확성을 특별히 언급한 바 있듯이 내가 여기서 사용하는 용면산인(龍眠山人)은 이공린을 가리킨다.

58 『점석재화보』 제7호(갑7, 광서10년 6월)의 발행 목록.

59 『신보』, 1879.2.21.

60 『신보』, 1884.1.1.

61 『신보』, 1879.6.20.

62 『신보』, 1879.9.9.

63 『점석재화보』 제7호(갑7, 광서10년 6월)의 발행 목록.

64 『신보』, 1879.5.24. [관련 내용은 5월 22일자 공지에 게재되었다. 5월 24일에는 증여 공지가 나갔다. – 역주]

65 온갖 기녀에 대한 일을 기록한 이 책의 훌륭한 판본이 파리의 국립도서관(Bibliothèque nationale)에 소장되어 있다. 서문에 표기된 시간은 1849년이다.

66 1889년의 한 리뷰에 따르면, 상하이의 단일 석판인쇄소에서만도 "100~200명"의 직공이 있었다. 인쇄기는 그 당시에 이미 증기엔진으로 구동되고 있었다. "Photolithographic Printing in Shanghai", *The North China Herald*, May 25, 1889, p.633.

67 이러한 주장은 크리스토퍼 리드가 1999년 상하이에서 개최한 "도시진보, 기업발전 및 중국의 현대화" 컨퍼런스용으로 작성한 논문 「기적과 화류－1876~1898년간 석판인쇄와 상하이의 출판 시스템의 기원」에서 지적한 바 있다. [미주 14번 참고]

68 L. Eastman, *Throne and Mandarins : China's Search for a Policy during the Sino-French Contro-*

versy 1880~1885, Cambridge : Harvard University Press, 1967, pp.101~102.

69 "The War in Tonquin", *The North China Herald*, February 20, 1884, pp.200~201.

70 王樹村 편,『中國民間年畫史圖錄』(上海 : 上海人民美術出版社, 1991), vol.1, Ⅲ, p.327, 각주.

71 王伯敏,『中國版畫史』(上海 : 上海人民美術出版社, 1961), p.106; 姚迁,『桃花坞年画』(北京 : 文物出版社, 1985), ill. 113.

72 아마도 1884년 2월 4일 전투를 다룬 것으로 보인다.

73 팽옥린(彭玉麟, 1816~1890)이 상하이 도대에게 보낸 편지가『호보(滬報)』에 발췌 보도되었다가, 다시 1884년 2월 13일 자『노스차이나 데일리 뉴스(*North China Daily News*)』가 발췌하여 보도한 것이 한 예이다. 그 내용은 1884년 1월 10일 박닌성의 한 전투를 언급하고 있다.

74 *The North China Herald*, March 19, 1884. 이 기사에서는 전투가 3월 14일에 있었던 것으로 잘못 기술했다. 여기서는 그 인쇄물에 쓰여진 날짜를 증거에서 제외한다.

75 Roswell Britton, *The Chinese Periodical Press* 1800~1912, Shanghai : Kelly and Walsh, 1933, pp.5~7.

76 申江新報局,「法國攻打北寧劉帥大獲全勝圖」(woodblock print, Public Record Office MPK 441/122). 1884년 3월 26일 자『노스차이나 헤럴드』에 번역된 류영복에게 편향된 것이 분명한 "중국 출처의" 박닌성 함락에 관한 보도를 보라. 또한 류영복이 프랑스군에 보낸 공개적인 도전장「왜 박닌을 포기했는가」를 보라. 이 글은 원래『신보』에 실린 후 1884년 3월 26일 자『노스차이나 헤럴드』에 번역되었다. 류영복은 이전 전투에서 프랑스군이 연거푸 체면을 깎인 것이 안타까워 성을 떠났다고 주장하고 있다.

77 그 당시 임박한 공격에 대한 보도가 꽤 빈번하게 이뤄지고 있었다. 1884년 2월 16일 자『노스차이나 데일리 뉴스』를 보라. 비밀리에 증원되던 프랑스 파병부대에 대한 보도 또한 마찬가지로 많았다. 그러나 이 삽화신문지에 언급된 방식으로 정보가 결합된 보도는 아직 발견하지 못했다.

78 Public Record Office MPK 441/122.

79 「劉提督克復水戰得勝全圖」, 天津市藝術博物館 編,『楊柳青年畫』(北京 : 文物出版社, 1984), pl. 14.

80 Zhang Hongxing, "Wu Youru's 'Victory over the Taiping,'" chapter 2.

81 일례로 19세기 쑤저우(蘇州) 판화는 왕수춘(王樹村)이 편집한『중국민간연화사도록(中國民間年畫史圖錄)』(上海 : 上海人民美術出版社, 1991), 제1권, pp.303~305·317·319·325~329를 보라. 이들 판화에서도 통상적으로 작은 이름표로 핵심 인물을 표시하고 있다.

82 기념비적인 전쟁화의 역사에 대해서는 장홍싱의 박사논문에 잘 정리되어 있다. Zhang Hongxing, "Wu Youru's 'The Victory over the Taiping,'" ch. 2, "The Commemoration of War : An Official Tradition".

83 1884년 2월 6일 자『신보』광고.

84 1884년 2월 10일 자『신보』광고,「베트남 지도 증정(奉送越南地圖)」. "베트남 지도. 프랑스-베트남 전쟁[청불전쟁]이 진행 중이라 모두가 그곳의 지형을 알고 싶어 한다. 우리는 석인술

을 이용하여 [수입] 백지에 극히 상세한 지도를 제작했다. 이 지도는 열람하기 편할 뿐 아니라 매우 상세한 정도를 취득할 수 있게 해 준다."

85　1884년 8월 24일 자 『신보』. 상하이의 신문들에서 펼쳐진 이 전쟁에 대한 논쟁을 다음을 참고하라. A. Janku, *Nur leere Reden : Politischer Diskurs und die Shanghaier Presse im China des späten 19. Jahrhunderts*, Wiesbaden : Harassowitz, 2003, pp.111~141.

86　양이(楊逸), 『해상묵림(海上墨林)』(上海, 1920), 3권, p.25a. 이 기록은 우위안(武原), 성수칭(盛叔清)의 『청대화사증편(清代畫史增編)』(重印本. 台北 : 廣文書局, 1970, p.98.)과 차오충위안(曹充源)의 『오현지(吳縣志)』(台北 : 文海, 1979, 卷75下, p.21b.)에 채택된 바 있다. 또한 오우여의 사망시기를 1893년으로 제시한 첫 기록이기도 하다. 이 세 기록 모두 오우여의 태평천국 진압 그림을 제작한 시기를 『점석재화보』 창간 이전으로 잘못 기록했다.

87　鄭爲, 『點石齋畫報時事畫選』(北京 : 中國古典藝術出版社, 1958), 서문, p.2. 이 주장은 다음에서 반복된다. 俞劍華 ed., 『中國美術家人名辭典』(上海 : 上海人民美術出版社, 1985), p.307, 吳嘉猷 항목; 鄭經文, 「吳友如」(李文海, 孔祥吉, eds., 『清代人物傳稿』, 下編, 卷.5(瀋陽 : 遼寧人民出版社, 1989), p.367.

88　張鐵弦, 「略談晚清時期的石印畫報」, 『文物』 1959.3, pp.1~3.

89　鄭逸梅, 「吳友如和點石齋畫報」, 『清娛漫筆』(上海 : 上海書店, 1982), pp.38~40.

90　Cf. G. Debon, *Chou Yigui*, Lob der Naturtreue. *Das Xiaoshan huapu de Tsou Ikui*, Wiesbaden : Harrassowitz, 1969, p.77, n. 100, for the references.

91　협상첨호(頰上添毫)는 『세설신어(世說新語)』 「교예(巧藝)」 편의 고개지 이야기에 나오는 "협상삼모(頰上三毛 : 뺨에 터럭 세 가닥을 더하다)"라는 표현에서 나왔다. 고개지가 당대의 명사인 배해(裴楷)의 초상을 그리면서 뺨에 세 가닥의 터럭을 추가했는데 그 이유에 대해 사람들이 묻자, 그림을 보는 사람들이 배해의 정신을 터럭이 없을 때보다 더 잘 전달될 것이라고 대답했다는 것이다. 관련 내용은 『진서(晉書)』 92권, p.35b에서도 확인할 수 있다.

92　吳友如, 「飛影閣畫冊小啟」, 『飛影閣畫冊』 第1卷, 1893.8, p.1.

93　龔產興, 「新聞畫家吳友如-兼談吳友如研究中的幾個問題」, 『美術史論』 第10期(1990年 3月), p.73.

94　1885년 9월 『점석재화보』 삽화에 기재된 기사에서 오우여는 용이 출현한 것과도 같은 상하이항의 폭풍에 대해 이야기하며, "사십 년 평생 이런 일은 본 적이 없다"(有生四十年, 初未之見也.)라고 말한 바 있다. 「하늘에 용이 나타나다(飛龍在天)」, 『점석재화보』 제50호(戊2), 광서11년 7월 하순(1885년 9월 4일). 이 자료는 슐로어(A Schlor)의 석사논문에서 발견했다. A Schlor, "'Das Aussehen der Menschen in den fünf Himmelsrichtungen ist nicht gleich und man [muss] lernen, das jeweils Andere zu achten.' Zur Wahrnehmung des Westens im späteren 19. Jahrhundert in China : Die Bildberichte des Wu You-ru", Freiburg, n.d. (1987?), pp.23f. "40년 평생"이라는 말은 10년 단위를 이야기하면서 구체적인 햇수는 밝히지 않을 때 관습적으로 사용하는 상투어이다. 이 말에 근거해서 그의 출생연도를 추측해 보면 1846년 전후에서 몇 년 앞쪽일 것이다. 그의 고향인 쑤저우가 태평천국에 함락된 것은 1860년 4월이다. (그때 약관

을 넘겼다는 자신의 언급에 비춰보자면) 그의 출생 시기를 1841년 전후로 잡아야 한다. 판야 오창(潘耀昌)의 논문은 (비록 슐로어가 제시한 증거는 이용하지 못했지만) 기출판된 글 중 가장 면밀하게 시기를 분석하고 있는데, 그는 1840년보다 조금 앞선 시점을 출생 시기로 가정했다. 그러나 이렇게 빠른 시점을 지지할 증거는 없다. 潘耀昌, 「從蘇州到上海, 從"點石齋" 到"飛影閣"-晚清畫家心態管窺」, 『新美術』 1994.2, p.65.

95 이는 오우여의 손녀가 1958년 공찬싱에게 제공한 정보이다. 龔産興, 「新聞畫家吳友如」, p.69.

96 공찬싱은 1958년 상하이에 거주하던 오우여의 손녀를 방문했다. 그녀는 자기 집안이 쑤저우의 상인 가문이었으며 오우여가 상하이에 온 후에 그림을 시작했다는 것을 조부에게서 들어서 알고 있다고 주장했다. 龔産興, 「新聞畫家吳友如」, p.69. 오우여가 자신의 과거를 미화하려 했다는 정이메이의 주장은 근거가 없어 보인다. 鄭逸梅, 『藝林散葉續編』(北京 : 中華書局, 1987), p.63 no.638. 현재 알려진 바로는 1850년대나 1860년대에 제작된 오우여의 인쇄물은 단 한 장도 없다.

97 黃可, 「時事風俗畫派的發源」, 『文匯報』, 1996.10.6. 황커 선생은 고맙게도 나의 요청에 응하여 이 인터뷰를 진행했으며, 그 결과를 『문회보』에 발표하였다. 이 원고를 나에게 보내 준 그에게 나는 큰 신세를 진 셈이다.

98 상게서.

99 朱文炳 編, 『海上竹枝詞』(上海 : 集成圖書公司, 1908). 顧炳權 編, 『上海洋場竹枝詞』(上海 : 上海書店, 1996)

100 증국번(曾國藩)이 오우여에게 1860년대 초에 태평천국에 대한 승전도를 그리라고 직접 의뢰했다는 이야기는 앞서 인용한 자전적 기록의 오독에 기반하고 있다. (『점석재화보』에 참가하여 명성을 얻은 이후인 1885년에 이 의뢰를 받은 것은 확실하다.)[1888년 7월 4일 자 『신보』 광고에 따르면, 1886년 여름에 의뢰를 받아 그 다음해 완성시킨 후 1888년에 상하이로 돌아온다. 『점석재화보』 79호(1886년 6월 17일)~156호(1888년 7월 14일)까지 오우여의 서명이 담긴 그림을 찾을 수 없다.-역주] 楊逸, 『海上墨林』(1920년; 영인본이 "上海灘與上海人 叢書" 시리즈에 포함되었다. 上海 : 上海古籍出版社, 1989, p.78.) 鄭逸梅, 『書報舊話』(上海 : 學林出版社, 1983), p.86. 이 의뢰에 대한 부분은 pp.149~151를 참고하라.

101 潘耀昌, 「從蘇州到上海, 從"點石齋"到"飛影閣"-晚清畫家心態管窺」, p.68.

102 吳友如, 「百子遊園圖」, 1878. 세 폭짜리 두루마리(卷軸), 10.5x20.5, 上海博物館.

103 吳友如, 「豫園把戲圖」, 목판화, 날짜 불명. Zhang Hongxing, "Wu Youru's The Victory over the Taiping," ill. 82.

104 王樹村, 『中國民間年畫史圖錄』, 圖328, 329. 이외에 圖232의 『紅樓夢』 삽화도 참고하라.

105 吳友如, 「豫園嘉會」, 1880년. 두루마리(卷軸), 채묵(彩墨), 64.7×64.5, 上海歷史博物館.

106 오우여의 작품은 아직까지 거의 정리되지 않고 있다. 상하이박물관에서는 오우여가 제작한 다양한 직종의 젊은 아가씨 그림 연작 12폭을 출판한 바 있다. 이 그림에 표기된 시간은 1890년으로 되어 있어 그가 요청받은 그림의 종류에 대한 약간의 단서를 제공하고 있다. 『상하이박물관 소장 상하이 명화가 정품선집(上海博物館藏上海名畫家精品集)』(香港 : 大業公司,

1991, 圖47.1-12. 그는 서적 삽화 제작을 계속했다. 그중 하나가 『오우여가 삽화를 그린 최고의 사랑서 『청월루』(吳友如畫圖第一情書聽月樓)』이다. 나는 예전에 1893년 상하이 이문헌서국(理文軒書局)에서 출간한 석인본을 본 적이 있다. 이 책은 현재 베이징의 중국국가도서관(中國國家圖書館) 북해분관(北海分館; 書號216790)에 소장되어 있다. 이는 오우여의 명성이 당시 절정에 달했음을 알려주는 표지이다.

107 吳友如, 『飛影閣畫報』, 제1호 서문.

108 이 사설은 아래를 보라. 그 이후의 메이저가 직접 남긴 글은 『점석재화보』 제31호(1885년 3월 2일), [갑신정변을 다룬] 「조선난략(朝鮮亂略)」에서 확인할 수 있다. 이중 후기(跋文)는 메이저의 필적인 것으로 보인다. 메이저는 '존문각주인(尊聞閣主人)'이란 서명을 남기고 그의 중국어 이름인 '메이차(美查)'의 인장을 찍었다. 이 글은 화보처럼 비록 사소한 것(小道)일지라도 당대의 사건을 이해하는 데 가치가 있음을 설명하고 있다.

109 1884년 11월, 황봉갑(黃逢甲)이 『신강승경도』에 쓴 서문, p.2.

110 신보관 경영자의 광고, 『신보』, 1884.5.8, p.1.

111 『신보』, 1884.6.4, 1면.

112 그러나 장훙싱도 지적했다시피, 오우여가 떠난 후 『점석재화보』에 오우여에 대한 비판 기사가 게재되기도 했다. 『점석재화보』 제247호(戌6, 1890년 12월 27일)의 별지에서 오우여의 『백수도(百獸圖)』 시리즈가 1882년 상하이에서 출간된 책을 그대로 베꼈다고 지적하는 식으로 경쟁상대를 조롱했다. Zhang Hongxing, Wu Youru's 'Victory over the Taiping', p.179, note 9.

113 현행 중간본의 두번째 페이지에 정유 구월(丁酉九秋), 즉 1897년 가을이라고 재출간 날짜가 그대로 찍혀 있다. 이것은 점석재석인서국 자체에서 재출간한 것이다. 시기적으로 『점석재화보』가 실제로 종간하기 1년 전이다. 이 중간본은 1910년에 재출간되었으며(컬럼비아 대학 도서관이 소장하고 있다), 1983년 광둥인민출판사(廣東人民出版社)에서 다시 출간한 바 있다. 이 판본의 중국어 선집은 『점석재화보시사화선(點石齋畫報時事畫選)』(베이징, 1958)이다. 반면 홍콩의 광각경출판사(廣角鏡出版社)에서 1983년에 출간한 두 권 분량의 선집은 초판본을 다시 찍은 것이다. 서구의 선집은 다음과 같다. M.v. Brandt, *Der Chinese in der Öffentlichkeit und der Familie Chinese Wie Er Sich Selbst Sieht und Schildert*, Berlin : Dietrich Reimer, 1911; F. van Briessen, *Shanghai-Bildzeitung 1884~1898. Eine Illustrierte aus dem China des ausgehenden 19. Jahrhunderts*, Zurich : Atlantis, 1977; Don J. Cohn, ed., *Vignettes from the Chinese : Lithographs from Shanghai in the late Nineteenth Century*, Hongkong, 1987. 오우여의 석판화 작품 선집으로는 청말에 출간된 『오우여진적화집(吳友如真跡畫集)』(베이징국가도서관 북해분관이 한 부 소장하고 있다)과 임승서(林承緒)가 편집한 『오우여화보(吳友如畫寶)』(1909년, 중간본. 상하이 : 상하이고적출판사, 1984)가 있다. 일본의 한 선집은 『점석재화보』에 나타난 상하이의 사회생활을 잘 보여주고 있다. 마사야 다케다(武田雅哉), 『오우여의 사건첩(吳友如の事件帖)』(Tokyo : Sakuhinsha, 1998). 『점석재화보』 관련 연구는 다음을 참고하라. 王爾敏, 「中國近代知識普及化傳播之圖說形式—點石齋畫報例」, 『中央研究院近代史研究所集刊』(1980) 19, pp.135~172; B. Jungmann, *Traditionelle Muster und westliche*

Einflüsse in der Tien-shi-chai hua-pao untersucht am Beispiel der Darstellung von Europäerinnen und Amerikanerinnen, unpubl. MA dissertation, Heidelberg 1980; A. Schlor, "Das Aussehen der Menschen in den fünf Himmelsrichtungen ist nicht gleich"; Ye Xiaoqing, *Popular Culture in Shanghai* 1884~1898, unpubl. PhD dissertation, Australian National University 1991, and *The Dianshizhai : Pictorial Shanghai Urban Life*, 1884~1898, Ann Arbor : University of Michigan Press, 2003. N. Kim, *Die Dianshizhai huabao. Eine illustrierte Zeitung als literarisches Unterhaltungsmagazin*, unpubl. MA dissertation, Heidelberg 1993; J. Henningsmeier, *Von Schottenröcken, Prinzen, Anarchisten und weissen Elefanten. Die Verarbeitung englischen und amerikanischen Bildmaterials in der DSZHB*, unpubl MA dissertation, Heidelberg 1993; Lisa Claypool, *The Social Body. 'Beautiful Women' Imagery in Late Imperial China*, unpubl. MA dissertation, University of Oregon, 1994. 나는 다음 논문들도 그들이 입수한 원본에 기초하여 작업했다고 생각한다. 그러나 그들 또한 중간부록과 별지는 다루지 않았다. M. v. Brandt, *Der Chinese in der Öffentlichkeit und in der Familie*; W. Mohr, *Die moderne chinesische Tagespresse : Ihre Entwicklung in Tafeln und Dokumenten*, three vols., Wiesbaden : Harassowitz, 1975.

114 내가 파악하기로 지금 가장 많은 양을 소장하고 있는 도서관은 런던의 소아즈(School of Oriental and African Studies)로, 제1호에서 467호를 소장하고 있으며 그중 일부는 복본까지 이용할 수 있다. 그러나 표지와 별지는 보유하고 있지 않다. 대영도서관(The British Library)은 제289호(絲1, 1892년 2월 14일)에서 제467호(忠11, 1896년 11월 30일)까지의 호수를 표지와 별지를 포함해 거의 완벽하게 소장하고 있다. 케임브리지대학 도서관은 첫 10호를 묶은 제1집을 소장하고 있다. 이 모두에 출간 날짜가 적힌 표지가 포함되어 있지만 별지는 누락되었다. 보들리언 도서관(The Bodleian Library)은 장정되지 않은 4부를 소장하고 있는데 표지와 별지를 포함하고 있다. 그것은 각각 제16호(乙4, 1884년 10월 4일), 제20호(乙8, 1884년 11월 13일), 제34호(丙10, 1885년 4월 1일), 그리고 광서23년 8월 하순(1897년 9월 22일; [제496호?])의 발행분이다. 옥스포드대학 동방연구소(The Oriental Institute, Oxford University)에는 서양식으로 장정된 판본으로 볼륨 V – VI 및 VII – VIII을 소장하고 있다. 장정은 상하이 하남로(Honan Rd) 16호의 장정 기술자이자 서적상이자 인쇄공인 Kue Hsing에 의해 이뤄졌다. 표지가 함께 장정되어 있다. 책등에 표시된 제목은 "화보(畫報)"이다. 제49호(1885년 8월 25일), 즉 戊1~12를 묶은 볼륨 V에서, 己1~12 (= vol VI)를 거쳐, 마지막 호수는 제72호(1886년 4월 9일), 즉 己12까지가 목록에 포함된다. 하버드-옌칭 도서관의 귀중서고에도 별지를 포함한 일부 초기 판본이 있다. 이는 원래 컬럼비아대학의 소유였다. 분산되어 있는 컬럼비아대학 소장품에는 별지가 거의 포함되어 있지 않다. 기메 미술관(Musée Guimet)은 2묶음 분량을 소장하고 있는데, 비시에르 기금(Fonds Vissière)으로 조성된 것이다.[중국학자 아놀드 비시에르(Arnold-Jacques-Antoine Vissière, 1858~1930)의 수집품으로 보인다. 역주] 첫 번째 묶음은 제1-24호를 두 권으로 장정했는데, 각 권의 마지막에 해당 호수의 부록과 광고를 순서대로 같이 묶어 놓았다. 그러나 접착제를 붙이지는 않았다. 두 번째 묶음은 제1호에서 제160호(1884~1888) 사이의 장정되지 않은 불완전한 항목들이 포함되어 있다. 여기에는

화가 임백년이 그린 『사기』의 등장인물 부록(제42호와 43호), 김계(金桂)가 그린 송나라 황제 인종(141호, 1888년 2월 17일) 그림의 거대한 사이즈의 접혀진 별지, 소아즈(SOAS) 판본과 비교했을 때 다른 호수에 붙여져 있는 것으로 보이는 오우여의 태평천국 승전도 세 점(제157, 158, 160호), 공친왕 초상제(159호) 등이 들어있다. 버컬리대학(UC Berkeley)은 제463호에서 종간호인 제528호까지를 소장하고 있다. 하이델베르크의 포르타임 재단(Portheim Stiftung) 박물관은 제277호(1891년 10월 18일)에서 제290호(1892년 2월 24일) 및 禮, 樂, 射 3집(1894년 1월~1894년 9월)의 발행분 중에서 23호를 소장하고 있다. 소장량은 제각기 다르지만, 개인 소장자들 또한 상당수 있다.

115 제1집의 표지 페이지와 목차에 설명이 제공되어 있다. 현대의 재출간본에는 첫 페이지의 뒷면에 포함되어 있다. 1998년 프라하에서 열린 중국의 초기 문학 저널에 관한 학회를 위해 준비한 필자의 「중국 최초의 문학 저널」을 참고하라. [이와 관련한 『점석재화보』의 제안은 다음과 같다. "매월 수차례 발행하였다. 제1호는 甲一이 되고, 제2호는 甲二가 되는 식으로 그 나머지도 순서대로 내려간다. 따라서 서봉(書縫)의 수목(數目)이 일관되게 이어지니 장차 충분한 양이 쌓이면 책으로 장정하고 다시 서봉의 수목에 맞춰 새로이 시작하면 된다. 편폭의 크기를 일률적으로 통일하여 책으로 합정(合訂)할 때 조금도 어그러지지 않게 하였다. 감상가들이 보기에 어떠한가?"—역주]

116 그[심금원(沈錦垣)]의 서명이자 인장인 '문순관주인(問淳館主人)'은 표지에만 등장한다. 심육계에 대해서는 이 책 2장 「유용한 지식」을 참고하라. 그는 여러 신보관 서적의 제목 글씨를 제공했다.

117 *The North China Herald*에서 1861년에서 1872년 사이 출간한 『상하이신보(上海新報)』를 가리킨다.

118 18세기 이래의 삽화본 백과전서인 『고금도서집성(古今圖書集成)』은 이 당시 메이저의 신보관에서 중간한 바 있다.

119 왕기(王圻), 『삼재도회(三才圖會)』(1603년판의 중인본), 台北 : 成文, 1970. 풍부한 삽화로 유명한 이 백과전서 또한 신보관에서 중인하였다.

120 『점석재화보』, 발간사, 제1호. 표점은 다음을 참고했다. 아영(阿英), 「만청소보록(晚清小報錄)」, 『만청문예보간술략(晚清文藝報刊述略)』(上海 : 中華書局, 1959), pp.99~100.

121 상하이역사박물관 보관부 주임인 바오리화(包黎華)와 첸중하오(錢宗灝)가 이 정보를 나에게 제공하는 친절을 베풀어 주었다. 이 박물관에는 『오우여화보(吳友如畫寶)』라는 제목으로 출간된 오우여 그림 선집의 원본 또한 1000여 점을 소장하고 있다.

122 1884년 3월 26일 자 『노쓰차이나 헤럴드』는 "중국 소식통을 통해"라는 특별 보도를 게재한 바 있는데, 이 기사의 전반부가 이 보도와 매우 유사하다. 이어지는 내용은 흑기군에 대한 역습을 기술하고 있다.

123 오우여, 「비룡재천(飛龍在天)」, 『점석재화보』 제50호(戊2, 1885년 9월 4일). 부가된 기사에서 오우여는 자신을 나(吾)라고 표현하며 자기 나이를 언급한 바 있다.

124 『일러스트레이티드 런던뉴스』의 해당 호에 대해 알려준 장훙싱 박사에게 사의를 표한다.

125 줄리아 헤닝스마이어는 『점석재화보』에서 서양 삽화의 개편을 주제로 하이델베르크 대학
에서 석사논문을 썼다. 그녀는 『점석재화보』에서 개편하는 데 참고한 원작 삽화를 꽤 많이
발견했으며, 또한 서양의 삽화신문에서 『점석재화보』를 가져간 경우도 찾아내었다. Cf. J.
Henningsmeier, Von Schottenröcken, Prinzen, Anarchisten und weissen Elefanten. Die Verar-
beitung englischen und amerikanischen Bildmaterials in der DSZHB, unpubl MA dissertation,
Heidelberg 1993. 이 연구의 요약판 영어논문은 다음을 참고하라. J. Henningsmeier, "The For-
eign Sources of Dianshizhai Huabao, A Nineteenth Century Shanghai Illustrated Magazine" in :
Ming Qing Yanjiu(1998), pp.59~91.

126 1890년 1월 4일자 The Illustrirte Zeitung(Leipzig)에서는 독자들에게 『점석재화보』를 소개하
였다. 아래의 미주 133을 참고하라.

127 다음 장에 실린 내니 킴의 글을 참고하라.

128 「閱畫報書後」, 『신보』, 1884. 6. 19.

129 주모교의 첫 삽화는 『점석재화보』 제16호(乙4, 1884년 10월 4일)에 게재되었다. [이보다 앞서
제14호(1884년 9월 15일)에 이미 「행시염승(行尸厭勝)」이라는 삽화를 게재한 바 있다. 역주]

130 제1집에서 삽화의 수는 갑(甲) 44개, 을(乙) 37개, 병(丙) 40개, 정(丁) 48개, 무(戊)
44개, 기(己) 27개, 경(庚) 23개이다. ["19세기말 상하이 『점석재화보』(1884~1898)의 색
인·해제 및 데이터베이스화" 연구팀의 데이터베이스(http : //sinodb.info/)에 따르면, 오우여
가 참여한 삽화의 수는 총289개이다. 이 중 1884년 84개(49%), 1885년 138개(43%), 1886
년 제78호까지 67개(45%)를 제작했다. - 역주]

131 오우여의 1886년의 마지막 삽화는 제79호(1886년 6월 중순)의 경(庚) 48b이다. 그가 『점석
재화보』에 다시 등장한 것은 제158호(1888년 7월 말)의 묘(卯) 3이다. [이탈 전 마지막 삽화
는 제78호(1886년 6월 7일) 「영흉응책(迎凶應責)」, 복귀 후 첫 삽화는 제157호(1888년 7월
24일) 「승두홍종(僧頭紅腫)」이다. - 역주]

132 이 책 제4장, 내니 킴의 「새 포도주를 헌 병에」를 참고하라. 오우여 이탈의 영향이 최고치에 이
른 것은 초자연적인 이야기가 두 배 이상으로 늘어난 1892년의 죽집(竹集)이다.

133 "China's einheimische Presse" (China's vernacular press), Der Ostasiatische Lloyd (Shanghai),
September 2, 1889, p.4. 이 기사는 "『점석재화보』가 중국인의 소유"라고 추측하는 등 많은 실
수를 포함하고 있긴 하지만, 작성자가 포르투갈 출신의 신보관 경영자인 페레이라(Pereira)와
접촉하여 좋은 정보를 얻었을 수도 있다. 1890년 1월 4일 자 The Leipziger Illustrierte Zeitung
에서 이 정보를 재사용한 바 있다.

134 메이저, 「本報告白」, 『申報』, 제1호, 1872년 4월 30일. 『신보』 기사도 일반대중들에게 여전히
너무 힘들다는 결론을 내린 메이저는 1876년에 별개의 신문인 『민보』를 창간하여 이러한 독
자층을 달래고 그들이 『신보』를 읽을 수 있는 수준으로 다듬으려 했다. 그러나 이 신문은 얼마
가지 못했다.

135 내니 킴, 「새 포도주를 헌 병에」(제4장), 이 책의 해당 페이지.

136 Ibid. pp.191f.

137 魯迅,「上海文藝之一瞥」,『魯迅全集』(北京 : 人民出版社, 1981), vol. 4, pp.292ff.

138 「하남정주수재도(河南鄭州水災圖)」,『점석재화보』제130호(子10), (光緒13年[1887] 9月中).

139 Cf. also Vincent Gossaert, "Anatomie d'un discours anti-clérical : Le Shenbao, 1872~1878", in id., ed. L'Anticléricalisme en Chine, Extrême-Orient/Extrême-Occident : Cahiers de recherche comperative, 24 (2002), pp.133~152.

140 『점석재화보』는 중국인 광고주들을 별로 끌어들이지 못했고, 서양 회사들은 관심이 없었다. 그러나 신보관의 상품에 편중된 이 광고들은 상당히 귀중한 정보를 포함하고 있다.

141 점석재서국은 옛 삽화본 서적을 복각하기도 했고, 1888년『삽화본 경화연(繪圖鏡花緣)』처럼 새로운 삽화서적을 출간하기도 했다. 사본이 SOAS에 보관되어 있다.

142 王韜의『송은만록(淞隱漫錄)』은『점석재화보』제6호(1884년 6월 27일)에서 제122호(1887년 8월 15일)까지 연재되었다. 오우여와 전자림(제97호 이후)의 삽화 중간본은『필기오편(筆記五編)』(台北 : 廣聞, 1976)에 수록되었다.

143 1884년[1887년] 7월 4일 자『신보』광고. [각주23번의 역주 참고.]

144 沈復,『浮生六記』(上海 : 申報館, 1878). 이 책은 다른 저작과 함께『독오암총초(獨悟庵叢抄)』에 수록되었다.

145 왕도의『송은속록』은『점석재화보』제126호(1887년 9월 22일)에서 제174호(1889년 1월 7일)까지 연재되었다.

146 왕도의『만유수록』은『점석재화보』제126호(1887년 9월 22일)에서 제173호(1888년 12월 28일)까지 연재되었다.

147 이 두 작품은 나중에 점석재서국에서 책으로 출간되었다.

148 이어의『풍쟁오』는『점석재화보』제153호(1888년 6월 15일)에서 제172호(1888년 12월 18일)까지 연재되었다.

149 『규원총록』은『점석재화보』제223호(1890년 5월 4일)에서 제260호(1891년 5월 4일)까지 연재되었다. 김계는 제240호(1890년 10월 19일)부터 삽화를 맡았다. Wagner, "Women in Shenbaoguan Publishing, 1872~1890", paper prepared for the conference "Beyond Tradition and Modernity", Houston, 2005.

150 애원주인의『애원미승』은『점석재화보』제252호(1891년 2월 14일)부터 제279호(1891년 10월 28일)까지 연재되었다.[영문 및 중문 원문에서는 제253호부터 연재된 것으로 기술했다. 역주] 애원주인은 나중에『점석재화보』에 많은 그림의 사본을 삽입한 화가와 동일인물일 수도 있다. 저장성 해녕 출신의 서가례의 호는 애원이고, 자는 미약(美若)이다. Cf. pp.154f.

151 황조직성지여전도(皇朝直省地輿全圖). 제262호(1891년 5월 23일)부터 제286호(1892년 1월 15일)까지 연재되었으며[『신보』광고에 따르면, 제263호에 지도가 첨부되지 않았고, 제287호까지 첨부되었다. 역주], 표지와 목차는 제289호(1892년 2월 14일)에 제공되었다. 전서체 표지는 1889년 8월 주욱(朱煜)이 썼다. 1879년에 점석재는 같은 제목의 지도를 출판한 바 있다. 리샤오충(李孝聰)의『유럽의 중국어 고지도 목록(歐洲部分中文古地圖敍錄)』(北京 : 國際文化出版社, 1996), 212쪽의 10.41항목을 참고하라. 이 지도는 1863년 호남성의 관방출

판사인 한진여도국(漢鎭輿圖局)에서 호림익(胡林翼), 추세이(鄒世詒), 엄수삼(嚴樹森)이 그린 지도를 기초로 하여 새로 개방된 조약항을 추가하였다.

152 리샤오충의『유럽의 중국어 고지도 목록(歐洲部分中文古地圖敘錄)』, pp.203~204을 참고하라.

153 메이저,『황조직성지여전도서후(皇朝直省地輿全圖書後)』,『점석재화보』제290호(1892년 2월 24일). 메이저는 아마 1889년 책이 완성되고 난 시점 즈음에 후기를 작성했을 것이다.

154 Cf. I. Hsu, *The Ili Crisis : A Study in Sino-Russian Diplomacy*, 1871~1881, Oxford : Clarendon, 1965. 이 지도의 주석에 따르면, 〈가욕관외진적이리합도(嘉峪關外鎭迪伊犁合圖)〉는 호북성 한진여도국(漢鎭輿圖局)에서 제작되었지만 새로운 국경 확장을 수용하기 위해 한 구간을 변경해야 했다. 이 변경된 판본은 원래 상하이『진원보(晉源報)』에서 로마자로 표기된 상태로 출판된 바 있다. 그 지도는 러시아 군사지도에 기반한 것이었다. 점석재국은 1880년 7월에 이 지도를 한자로 바꾸어 재인쇄했다. 여기서도 점선을 통해 러시아가 점유한 영토를 보여준다. 리샤오충은 이 지도에 대한 항목에서 이러한 차이를 언급하지 않았다.『유럽의 중국어 고지도 목록(歐洲部分中文古地圖敘錄)』, 10.44, pp.215~216.

155 〈直省銅版橫披輿圖〉,『점석재화보』제7호(1884년 7월 7일) 광고.

156 작자는 하계생(何桂笙; 墉)이며, 필명은 고창한식생(高昌寒食生)이다.『승룡가화』는『점석재화보』제280호(1891년 11월 17일)에서 제297호(1892년 5월 2일)까지 연재되었다. [『신보』광고에 따르면, 제281호부터 연재되기 시작했다. ─역주] 양숙안(梁淑安)이 작성한『승룡가화』의 줄거리는 다음을 확인하라. 馬良春, 李福田 編,『中國文學大辭典』(天津 : 天津人民出版社, 1991), p.4864.

157 하계생에 대해서는 이 책 제2장에 수록된 나타샤 겐츠의「유용한 지식과 적절한 의사소통」을 참고하라.

158 『점석재총초(點石齋叢鈔)』는『점석재화보』제304호(1892년 7월 9일)에서 제413호(1895년 6월 18일)까지 연재되었다.

159 『중국미술가인명사전(中國美術家人名辭典)』1259쪽에 짧은 전기가 실려 있다.

160 『점석재화보』제66호(1886년 2월 9일/光緖12年 1월 6일). Bodleian Library, Oxford.

161 『점석재화보』제102호(1887년 1월 29일/光緖13年 1월 6일), 연화. 66.5 x 29.5.

162 리위(李渝),『임백년─청말의 시민화가(任伯年 : 淸末的市民畫家)』(台北 : 雄獅圖書公司, 1978). 임백년과 신보관의 유대관계에 대해서는 아직 연구가 진행되지 않았다.

163 『점석재화보』제10호(1884년 8월 5일). SOAS 소장.

164 『증문정공가서(曾文正公家書)』,『증후일기(曾侯日記)』,『증문정공대사기(曾文正公大事記)』,『증문정연보(曾文正年譜)』(上海 : 申報館, 1875).

165 경관의 후기 생애에 대해서는 다음을 참고하라. 趙振經,「一位值得重視的宮廷畫家」,『光明日報』, 1985.7.14.

166 대부분의 정보를 나는 다음 글에 의존했다. Zhang Hongxing, "Wu Youru's 'The Victory over the Taiping'", pp.11~13.

167 베이징에서 돌아온 후 주모교의 명성 또한 빠르게 상승했다. 그는 오유여의『비영각화보』에

합류했으며, 나중에는 가장 중요한 월분패(月份牌) 광고화가 중 한 사람이 되었다. 월분패 광고화가로서 그의 중요성을 보여주는 짧은 인생 스케치는 다음을 참고하라. 아쉽게도 오류가 많다. 陳超南, 馮懿有,『老廣告』(上海:上海人民美術出版社, 1998), pp.12~14.

168 吳友如,「飛影閣畫冊小啟」,『飛影閣畫冊』第1卷, p.1, 1893년 8월. 오우여의『비영각화보』제1호(1890), 1쪽의 서문도 참고하라.

169 『枕亞碎墨續集』1,『清史拾遺』,「紫光閣功臣像」, pp.31~32.

170 Ibid., p.30.

171 『점석재화보』제158호(1888년 8월 3일)에서 제201호(1889년 9월 30일)까지 제공되었다. SOAS와 기메 미술관(Musée Guimet)에 전체 혹은 일부가 소장되어 있다. [『신보』기사광고에 따르면 제157호(1888년 7월 24일)에「극복악주전도(克復岳州前圖)」를 제공한 후, 오우여의「공신도(功臣圖)」연재는 제221호(1890년 4월 15일)까지 이어졌다. - 역주]

172 1894년에『점석재화보』는 서태후의 (50세) 생일을 기념했다.「축하정은(祝嘏情殷)」,『점석재화보』제28호(1885년 1월 31일).

173 또 다른『점석재화보』삽화가인 관념자 또한 황실에서 화가로 지명된 적이 있다. 그러나 황실에서 이 항목에 지출하는 경비가 너무나 형편 없어 그는 결국 상하이로 오게 된 것이다.

174 『점석재화보』제31호(1885년 3월 2일).

175 Cf. A. Janku, *Nur leere Reden*, 112 f.

176 王伯敏,『中國版畫史』(上海, 1961), p.105. 王樹村 編,『中國民間年畫史圖錄』, 그림330도 참고하라.

177 王伯敏,『中國版畫史』, p.174.

178 L. Eastman, *Throne and Mandarins : China's Search for a Policy during the Sino-French Controversy 1880~1885*, Cambridge : Harvard University Press, 1967, pp.188 ff. Kwang-ching Liu, "The Military Challenge : The North-West and the Coast", in John K. Fairbank and Kwang-ching Liu, eds., *The Cambridge History of China vol. 11, Late Ch'ing, pt. 2*, Cambridge : Cambridge University Press, 1980, p.251.

179 『점석재화보』제178호(1889년 2월 15일), 별지 삽화에 딸린 텍스트.

180 『중국미술가인명사전(中國美術家人名辭典)』에 수록된 서가례에 관한 간단한 소개보다 자세한 정보는 찾을 수 없었다.

181 이 별지는『점석재화보』제178호에서 제289호(1892년 2월 14일)까지 제공되었다.

182 서가례(미약)의 마지막 그림은『점석재화보』제339호(1893년 6월 19일)에 실렸다.

183 鄭逸梅,「上海的畫報潮」,『書報舊話』(上海 : 學林出版社, 1983), pp.244ff.

184 魯迅,「略論中國人的臉」,『魯迅全集』(北京 : 人民出版社, 1957), 卷12, p.311;「上海文藝之一瞥」,『魯迅全集』(北京 : 人民出版社, 1981), 卷4, pp.292ff.

185 M. v. Brandt, *Der Chinese in der Öffentlichkeit und der Familie wie er sich selbst sieht und schildert*. Berlin : Reimer, 1911.

1 격려와 함께 많은 통찰력 넘치는 제안을 해준 루돌프 와그너(Rudolf G. Wagner)와 캐서린 예 (Catherine V. Yeh)에게 감사드린다.

2 본서 제3장 와그너, 「전 지구적 이미지 생산에 동참하기 – 상하이의 삽화신문 『점석재화보』」를 볼 것.

3 薩空了, 「五十年來中國畵報之三個時期」(張靜廬 輯注, 『中國現代出版史料』(乙編), 上海 : 中華書局, 1955), pp.508. 이와 같은 관점은 다음 글에서 차용하고 있다 : 余月亭, 「我國畵報的始祖 – 點石齋畵報初探」, 『新聞研究資料』10(1981.5), pp.149~181.

4 중국인의 관점을 보여주기 위해 중국과 서양의 출판물들은 종종 『점석재화보』에서 그림을 차용했다. 본서 제3장 와그너의 글 133번 주석에 인용하고 있는 바에 따르면 1889년에 독일에서 나온 기사에서는 "(『점석재화보』의) 발간인은 중국인들이다"라고 단언한 바 있다. 1928년에 중국에서 나온 기사에서는 영어 화보를 상찬하면서, 소유주나 그것이 모델로 삼은 바에 대한 하등 언급도 없이 『점석재화보』를 거론하고 있다. 武越, 「畵報進步談」, 『北洋畵報』 1928.12.1, p.7.

5 삽도본 작품들에 관해서는 다음을 볼 것 : 阿英, 『小說閑話四種 – 三談』, 上海 : 上海古籍出版社, 1985, pp.226~241; 路工, 『訪書見聞錄』, 上海 : 上海古籍出版社, 1985. 1884년에 申報館에서는 상하이에 관한 잘 그려진 안내서인 『申江勝景圖』를 출판한 바 있다.

6 葉曉靑(Ye Xiaoqing), 「點石齋畵報中的上海平民文化」, 『二十一世紀』 1(1990.1), pp.36~47, 그리고 The Dianshizhai Pictorial : Shanghai Urban Life, 1884-1898(Ann Arbor : University of Michigan Press, 2003)를 볼 것. 또한 다음을 볼 것. Erik Zürcher, "Middle-class Ambivalence. Religious Attitudes in the Dianshizhai huabao", Études chinoises 13-1/2 (Spring, 1994), pp.109~141; 陳平原·夏曉虹 編, 『圖像晚淸 : 點石齋畵報』, 天津 : 百花文藝出版社, 2001.

7 『點石齋畵報』의 성격은 다음과 같이 다양하게 규정되어 왔다 : 막스 폰 브란트는 이 잡지를 중국의 '골상학(physiognomy)'(즉, 전형적인 사회적 광경들)의 자료로 보았고(Max August Scipio von Brandt, Der Chinese in der Öffentlichkeit und der Familie wie er sich selbst sieht und schildert, Mit 82 Zeichnungen nach chinesischen Originalen, Berlin : Reimer, 1911); 루쉰은 근대 상하이의 형상의 저장소로 보았으며(魯迅, 『上海文藝之一瞥』(1931 초판), 『魯迅全集』, 北京 : 人民文學出版社, 1989, 제4권, pp.229~230; 『早花夕拾』 「後記」(1927 초판), 『魯迅全集』, 제2권, pp.289~295; 『略論中國人的臉』(1927, 초판), 『魯迅全集』, 제3권, p.311; 또한 『魯迅全集』, 제12권, pp.371~372·380~382에 실려 있는 웨이멍커(魏猛克)에게 보낸 두 통의 편지(1934)를 볼 것; 보도 비도프는 전통적 인쇄 삽화와 근대적 화보 잡지 사이의 과도적 형태로 보았고(Bodo Wiethoff, "Berichte über Europa und Europäer in einem frühen chinesischen Bildermagazin", Nachrichten der Gesellschaft für Natur- und Völkerkunde Ostasiens 95/96, December 1964, pp.113~125); 위웨팅은 중국에 화보 잡지를 소개한 진보적이긴 하지만 아직은 중간적 형식으로 간주했다(余月亭, 「我國畵報的始祖」); 비교적 최근에 들어와서, 왕얼민은 계몽의 매개수단으로 보았으며(王爾敏, 「中國近代知識普及化傳播之圖說形式 – 點石齋畵

報」,『中央研究院近代史研究所集刊』19. 1990, pp.135~172); 루돌프 와그너는 상하이를 세
계문화와 연결시킨 고리 가운데 하나로 보았다(본서 제3장).

8　王爾敏,「中國近代知識普及化傳播之圖說形式-點石齋畫報」, p.166.

9　戈公振,『中國報學史』(1926), 重刷 : 臺北 : 學生書局, 1982, p.333.

10　『점석재화보』에 실린 이야기들 가운데 많은 분량은 신뢰할 만한 뉴스로 받아들여지도록 의
도되지 않았다.

11　지괴(志怪)는 사전체(史傳體) 글쓰기로부터 파생되어 나온 장르로 진(晋)나라(4~5세기) 때
등장했으며 전기(傳奇)는 당나라 때에 서사형식으로 자리 잡은 장르다. 청대에 이르면 양자
를 뚜렷이 구분하기는 힘들게 되었다. 포송령(蒲松齡)의『요재지이(聊齋志異)』는 양자의 성
격을 결합시켜 장르에 새로운 생명력을 불어넣었으며 문학적 위상을 높였다. 그 결과 이 장르
는 청대 후반에 대단한 인기를 누렸다. 지괴는 공상적이었으며 기이한 사물을 전문적으로 취
급했지만 서사 양식 면에서 역사적 기록물의 성격을 보존하고 있었다. 이는 이 장르가 이야
기의 근거와 시간, 장소를 필요로 했다는 점에서, 그리고 최근의 사건들을 다루었다는 점에
서 드러난다. 이와 관련해서는 다음을 볼 것. Kenneth J. Dewoskin, "The Sou-shen-chi and the
chih-kuai tradition : A Bibliographic and Generic Study", PhD dissertation, Columbia Universi-
ty, 1974, p.308 이하; 陳伯海・袁進,『上海近代文學史』, 上海 : 上海人民出版社, 1993, p.231.
상하이에서 발간되던 일간지『申報』역시 이와 같은 지괴적인 기사를 실었으며, 이는 동시대
서양 언론에 의해 비평의 대상이 되었다는 점도 지적해 두어야 하겠다. 본서 제1장, 미틀러의
글「외래 매체의 현지화-서양식 신문을 중국의 공론장에 편입시키기」를 볼 것.

12　해당 시기『申報』의 발간부수는 평균 10,000~12,000부 정도로 추정되는데, Wolfgang
Mohr(Die moderne chinesische Tagespresse, vol.1, pp.104~105, vol.2, p.160)의 경우에는 1912
년이 되어서야 만 부를 돌파했다고 주장한다. 최초로 대중시장을 개척한 잡지라고 할 수 있
는『페니 잡지(Penny Magazine)』는 훨씬 적은 인구 속에서 1832년에서 1835년 사이에 발간
부수가 10만 부에서 20만 부 사이에 도달했다. Bennett Scott, "Revolutions in Thought : Serial
Publication and the Mass Market for Teaching", Joanne Shattock, Michael Wolff ed, The Victori-
an Periodical Press : Samplings and Soundings, Leicester : Leicester University Press, 1982, p.237.

13　이 연구가 근거하고 있는 중쇄본(廣州, 1984)은 부록, 삽입물, 광고를 포함하고 있지 않다. 부
록과 삽입물에 대한 연구로는 본서의 제3장, 본서 제3장 와그너의 글을 볼 것.

14　陳伯海・袁進,『上海近代文學史』, 上海 : 上海人民出版社, 1993, p.40.

15　包天笑,『釧影樓回憶錄』, 臺北 : 龍文出版社, 1971, p.134.

16　甲[一] 1-2. 이 서언의 번역은 본서 제3장 와그너의 글에서 볼 것.

17　『申報』의 편집인으로 있던 심금환(沈錦垣)이 이 잡지의 제호 및 특집호의 제호를 써서 제공
했는데(甲[一]의 속지 및 丙[七] 49b를 볼 것), 서명이 붙은 제호를 근거로 왕얼민은『점석
재화보』의 편집부 구성을 추정해 본다면 심금환이 그 책임자였을 것이라고 제안한 바 있다
(王爾敏,「中國近代知識普及化傳播之圖說形式-點石齋畫報」, pp.144・165). 그러나 제호 글
씨에 서명하는 것은 일반적인 일로, 이것만으로 심금환이 이 잡지의 편집에 어떤 역할을 했을

것이라고 추정하기에는 미흡하다.

18 어네스트 메이저는 첫 호의 서언(甲[一] 1-2)을 썼으며, 초기 발간분 중 한 호의 후기를 쓰기도 했다(丙[ⓒ七] 58a) 『신보(申報)』에 정기적으로 실린 잡지 신간호의 광고 역시 메이저의 명의로 이루어졌다. 이러한 점들은 잡지의 편집 방향 등과 관련된 주요 결정에서 그가 주도권을 행사했음을 시사한다. 메이저는 중국어를 말하고 문장을 썼으며, 편집진에게 상당한 재량을 주었던 것으로 명망을 얻었다. 戈公振, 『中國報學史』, p.106을 볼 것.

19 예를 들어, 1884년 6월 19일자 『신보』에 실린 화보에 관한 기사와 1884년 6월 4일 자부터 반복해 실린 상하이 외 지역의 화가들이 『점석재화보』에 그림을 보내줄 것을 요청하는 공지는 모두 『점석재화보』가 『신보』에서 앞서 보도한 내용을 그려냈음을 알려준다.

20 중국과 외세 사이의 전쟁을 보도한 기사에서 보이는 차이는 대단히 크다. 『신보』는 상세하고 정확한 보도로 정평이 나있었던 반면, 『점석재화보』는 때로는 환상적인 방법으로 거둔 중국 측의 승리만을 실었다. 시신으로부터 소금과 비료를 추출해 생산하는 영국의 공장에 관한 보도(卯[十二] 49) 또는 미국인 의사에 의해 개발된 시신을 축소하는 화학적 기술에 관한 보도(卯[八] 32a) 같은 것들은 메이저나 『신보』의 여느 편집자의 감독 하에서라면 게재가 허락되기 어려웠을 법도 하다.

21 서명에 따르면 베이징에 거주하고 있던 두 명의 화가들 역시 같은 스타일로 그림을 그렸다; 고월주(顧月洲)의 그림으로는 甲[九] 69를, 김정(金鼎)의 것으로는 壬[四] 32를 볼 것. 유일하게 다른 스타일을 보이는 화가는 저장성(浙江) 하이닝(海寧) 출신으로 상하이에 거주하고 있던 갈용지(葛龍芝)였다. 귀머거리였던 그는 고급회화 분야에서 잘 알려진 화가였다. 다음을 볼 것 : 俞劍華 編, 『中國美術家人名詞典』, 上海 : 上海人民藝術出版社, 1980, p.1213c.

22 오우여(吳友如), 김계(金桂), 주권(周權), 하원준(何元俊), 부절(符節) 5인이다. 다음을 볼 것 : 段本洛 · 張圻福 編, 『蘇州手工業史』, 蘇州 : 江蘇古籍出版社, 1986, pp.92 · 185; 薄松年, 『中國年畵史』, 瀋陽 : 遼寧美術出版社, 1986, p.168; 王爾敏, 「中國近代知識普及化傳播之圖說形式-點石齋畫報」, p.144. 다만 왕얼민(王爾敏)은 『점석재화보』의 화가들이 연화(年畵) 제작에 참여했다는 점을 간과했고, 아마도 그래서 그들을 문인화 전통과 지나치게 직접적으로 연계시키고 있는 듯하다. 와그너의 경우에는 오우여가 쑤저우(蘇州)에서 연화 제작에 참여했다는 견해에 대해 반박한다(본서 제3장).

23 阿英, 『小說閑話四種-三談』, pp.226~241에 이렇게 활동한 화가 4명이 언급되어 있다.

24 오우여에 관해서는 본서 제3장을 볼 것. 그에 관한 기술은 각종 화가 인명사전이나 명사들의 약전에 보인다. 예로 다음을 볼 것 : 曹允源等 纂修, 『吳縣志』(1933), 影印本 : 『中國方志叢書-華中地方十六』, 臺北 : 成文出版社, 1979, 卷21, p.75의 쑤저우 화가들의 약전; 楊逸, 『海上墨林』(1920), 重印 : 『上海灘與上海人叢書第一輯-海上墨林, 廣方言館全案, 粉墨叢談』, 上海 : 上海古籍出版社, 1989, p.78; 俞劍華 編, 『中國美術家人名詞典』, p.1213c. 楊逸, 『海上墨林』의 상하이 화가 약전 부분을 보면 오우여에 관해 적은 조목 뒤에 동료 18명의 이름만이 언급되어 있을 뿐이다(上海古籍出版社本, p.78).

25 쑤저우 연화(蘇州年畵)에 관해서는 다음을 볼 것 : 王樹村 編, 『中國民間年畵史圖錄』, 上海 :

上海人民藝術出版社, 1991; 薄松年, 『中國年畵史』, p.34 이하, p.72; 姚迁 編, 『桃花塢年畵』, 北京 : 文物出版社, 1985. 쑤저우와 상하이의 연화 출판업의 긴밀한 관계와 상호 영향에 관해서는 다음을 볼 것 : 吳貴芳, 「近代上海出版史小編」, 『出版史料』 17/18, (1989.11), pp.71~72.

26 潘賢模, 「淸初的輿论与朝报 – 近代中國報史初編(續)」, 『新聞硏究資料』 8(1981.11), pp.245~262; Mohr, *Die moderne chinesische Tagespresse*, vol.1, p.18. 또한 中國歷史博物館 編, 『中國近代史參考圖錄』(上海 : 中國歷史博物館, 1986)에 실려 있는 발간일 불명의 사본을 볼 것.

27 본서 제3장 와그너의 글에 실린 〈그림 3.3〉을 볼 것.

28 일례로 본서 제3장에 실린 〈그림 3.5〉를 볼 것. 또 다른 예로, 『점석재화보』 己[十一] 81b에 실린 김계가 그린 풍자재(馮子材)의 초상은 1885년에 촬영된 것으로 알려진 사진(中國歷史博物館 編, 『中國近代史參考圖錄』, p.224)을 기초로 한 것이었다.

29 본서 제3장 와그너의 글, pp.174~176 참고.

30 王爾敏, 「中國近代知識普及化傳播之圖說形式 – 點石齋畫報」, p.166.

31 다음에서 사례들을 볼 것 : Catherine V. Yeh, *Shanghai Love : Courtesans, Intellectuals and Entertainment Culture, 1850-1810*, Seattle : University of Washington Press, 2006, 제1장.

32 Ye Xiaoqing, *Popular Culture in Shanghai*, p.1. 1884년 5.8일 자 기사로부터 인용하고 있다. 나는 이와 같은 공연을 신문 매체가 정기적으로 동원하는 상투적인 수사로 본다.

33 전체 10권은 다음과 같다 : 갑집(甲集, 1884년 여름), 기집(己集, 1886년 겨울/봄), 자집(子集, 1887년 여름/가을), 사집(巳集, 1889년 봄), 술집(戌集, 1890/91년 가을/겨울), 죽집(竹集, 1892년 여름), 예집(禮集, 1894년 겨울/봄), 서집(書集, 1895년 여름), 신집(信集, 1896/97년 겨울/봄), 정집(貞集, 1898년 봄/여름).

34 余月亭, 「我國畵報的始祖 – 點石齋畫報初探」, pp.157~159; 王爾敏, 「中國近代知識普及化傳播之圖說形式 – 點石齋畫報」.

35 본서 제3장 와그너의 글, pp.192~196을 볼 것.

36 이와 같은 변화는 보도 대상을 취급하는 태도에서도 발견된다. 己[十一] 87 또는 巳[二] 7b에 대한 정정(표본에는 포함되어 있지 않음)처럼, 앞쪽 분량에서만 우리는 보도되는 사건의 타당성에 대한 비판적 태도의 사례를 찾아볼 수 있다. 이는 사건에 대한 평가에서도 마찬가지다. 예를 들어, 도려낸 자기 살로 병든 부모를 치료하려 한 효성 깊은 자식들에 대한 네 건의 보도 가운데 첫 번째가 甲[一] 10a에 보인다. 여기서 아들은 아버지를 치료하기 위해 자신의 간을 도려내는 극단적인 선택을 하는데, 그는 아버지를 고치기보다는 자신을 죽음으로 몰아넣을 어리석은 행동을 한 것으로 비판되고 있다. 그러나 그 뒤로의 유사한 사건에 대한 보도에서는 그와 같은 치료가 효과 있었다고 제시하면서 스스로의 살을 도려낸 자식들을 미덕의 모범으로 높이 칭송하고 있음을 보게 된다. 巳[三] 16b, 戌[一] 6, 信[七] 49b를 볼 것.

37 甲集과 己集의 보도들은 서양의 뉴스 출처를 잘 따르고 있다. 그러나 巳集 뒤로 과학기술에 관한 보도는 흥미위주로 전환하거나(놀이공원의 기계들을 그린 서양의 그림을 충실히 모사한 巳[七] 56, 또는 특별하게 지어진 누각을 보여주는 巳[七] 53), 기상천외한 것을 보여주는 쪽으로 돌아선다(하늘을 나는 선박을 보여주는 戌[七] 57a, 또는 물 밑으로 운행하는 열차를

그려 보이는 信[五] 39).

38 한 경우에 이 점이 명시되었다(子[九] 64).

39 魯迅, 『上海文藝之一瞥』, 『魯迅全集』 第4卷, pp.292~293; 『略論中國人的臉』, 『魯迅全集』 第3卷, pp.414~415.

40 예를 들면, 甲[十一] 86, 子[九] 66.

41 甲[七] 53.54.

42 예를 들면, 禮[四] 25a.

43 貞[五] 34.35. 나는 이와 같은 부류의 보도를 양쪽에 다 귀속시켰다.

44 戌[三] 25a.

45 貞[三] 18.

46 물고기 섬에 관한 이 널리 유전된 이야기는 늙은 중국인 선원 개인의 직접적인 경험으로 제시되고 있다.

47 중국의 여우 귀신에 관해서도 세 건의 보도가 있다. 禮[九] 68, 禮[十一] 87.88.

48 巳[十一] 82.83; 戌[十一] 84.

49 Ye Xiaoqing, *Popular Culture in Shanghai*, p.49.

50 표본으로 삼은 그림-기사의 29퍼센트가 기적과 경이로운 일들에 관한 것이었는데, 첫 페이지와 마지막 페이지의 경우에는 이와 같은 부류의 보도가 38퍼센트를 점하고 있다. 또한 중요한 사건은 첫 양면 그림-기사로 게재되는 경향이 있다. 유일한 예외가 초상이라고 하겠는데, 위아래로 좁고 긴 구도가 적합하기 때문이다.

51 당시에 기적이나 괴물은 미개한 미신의 산물로 여겨지지 않았다. 지방지에도 초자연적 현상들이 당당하게 기재되었다.

52 貞[一] 5.

53 貞[三] 21.

54 예로 黃逢甲이 쓴 『申江勝景圖』의 서문을 들 수 있다. 또한 본서 제3장 와그너의 글, p.201의 평을 볼 것.

55 꿈에 대한 보도는 다음에 보인다 : 己[三] 22, 子[十一] 81, 禮[一] 6, 禮[三] 18, 書[一] 5, 信[七] 49, 貞[七] 52.

56 己[十一] 87.

| 제5장 |

1 L. S. Mercier, *Nouveau Paris,* Paris, 1799, vol. 3, p.56.

2 C. Yeh, *Shanghai Love, Courtesans, Intellectuals, and Entertainment Culture, 1850-1910,* Seattle : University of Washington Press, 2006.

3 이와 같은 대립적 배치에 관해서는 다음을 또한 참조할 것. R. Wagner, "The Concept of Work/Labor/Arbeit in the Chinese World. First Explorations", in W. Bierwisch, ed., *Die Rolle der Arbeit*

in verschiedenen Epochen und Kulturen, Akademie-Verlag Berlin, 2003, pp.103~127.

4   阿英,『晚淸文藝報刊述略』, 北京 : 中華書局, 1959. 祝均宙,「上海小報的歷史沿革」,『新聞硏究 資料』 42 : 163~179 (1988); 43 : 137~153 (1988); 44 : 211~220 (1988). 하이델베르크대학 의 중국학연구소 도서관에는 이러한 유형의 타블로이드 신문들을 마이크로필름으로 충실히 소장하고 있다. '소보'라는 용어는 훨씬 뒤에 고안되어 쓰이기 시작했다는 점을 명기해 둔다.

5   「本報添印附張像起」,『游戱報』, 1899.6.9.

6   阿英,『晚淸文藝報刊述略』, 上海 : 古典問學出版社, 1958, p.66에서 인용.

7   「本館遺居四馬路說」,『游戱報』, 1897.10.2.

8   『禮拜六』 1 : 1 (1914); 南京 : 江蘇廣陵古籍刻印社, 1987(영인본). 도시 전문직 종사들의 일상 속 시간에 관한 연구로는 Wen-Hsin Yeh, "Corporate Space, Communal Time : Everyday Life in Shanghai's Bank of China", *The American Historical Review*, Vol. 100, No. 1 (February 1995), pp.97~122.

9   본서 제2장 나타샤 겐츠의「유용한 지식과 적절한 의사소통 — 19세기 말 중국의 신문·잡지의 생산 영역」에서 인용하고 있는 왕도(王韜)의 신문 창간의 변을 볼 것.

10   이백원의 가장 잘 알려진 소설로는 1903년에『世界繁華報』에 연재했던『官場現形記』, 그리고『文明小史』(1903),『活地獄』(1906),『中國現在記』(1906)가 있다.

11   그를 부양하던 아저씨가 죽자 그는 무일푼의 처지가 되었다. 비슷한 처지의 다른 이들과 마찬가지로, 그가 써먹을 수 있던 것이라고는 문학적 재능 외에는 없었다. 그가 창간한 두 종의 오락신문이 성공을 거두어 그는 어느 정도 경제적 안정을 찾을 수 있었다. 그의 생애에 대한 자세한 사항은 다음을 볼 것. 魏紹昌,『李伯元硏究資料』, 上海, 上海古籍出版社, 1980; Catherine Yeh, "The Intellectual as the Courtesan : A Trope in Twentieth Century Chinese Literature", conference paper presented at Harvard University, 1990; Catherine Yeh, "The Life of Four Late Qing Wenren in Shanghai", *Harvard Journal of Asiatic Studies* 57.2 (December 1997).

12   『지남보』와 관련해서는 남은 자료가 별로 없으며 논해진 바도 거의 없다. 이 신문을 다룬 짧은 글로 다음이 유일하다. 祝均宙,「李伯元與指南報」,『新聞大學』, 겨울호 (1990), pp.48~50.

13   제2제국 시기 파리의 타블로이드와 다른 오락매체에 관해서 다음을 볼 것. Laurent Fraison, "Offenbach : Une Iconographie Monumentale", in Jean-Claude Yon, *Offenbach, Catalogue of an exhibition in the Musée d'Orsay March 26-June 23, 1996*, Paris : Les Dossiers du Musée d'Orsay, 1996, pp.79~136.

14   「游戱報之本意」,『游戱報』, 1897.8.28;「本報添印附張像起」,『游戱報』, 1899.6.9;「記本報開創以來情形」,『游戱報』, 1898.1.16.

15   『游戱報』, 1898.10.1.

16   「本館遺居四馬路說」,『游戱報』, 1897.10.2.

17   『游戱報』, 1897.10.2.

18   李伯元,「游戱主人告白」,『游戱報』, 1899.3.19, p.1.

19   「本館遺居四馬路說」,『游戱報』, 1897.10.2.

20 「論游戲報之本意」,『游戲報』, 1897.8.25.

21 「論滬妓積習太甚」,『游戲報』, 1899.7.20, p.1.

22 필자의 다음 글을 참조할 것. "The Life of Four Late Qing Wenren in Shanghai", *HJAS* 57.2 (December 1997).

23 「論滬濱書寓應酬當以陸蘭芬爲第一」,『游戲報』, 1897.9.18.

24 王韜(1828~1897),「自序」,『海陬冶遊錄』, 1860. 張延華 編, 『香艷叢書』, 北京 : 人民文學出版社, 1992, 卷五, p.5637.

25 葛元煦는 이 책의 서문에 이렇게 적었다. "나는 상하이에서 15년간 머물고 있다. 먹고 자는 곳은 서양조계에 속해 있다. 이목이 미치는 데에서부터 듣고 본 것이 점차 쌓이게 되었다.(余遊上海十五年矣. 寓盧屬在洋場, 耳目所及, 見聞逐夥.)" 葛元煦,『滬遊雜記』(1877), 上海 : 上海古籍出版社, 1989, p.7.

26 「致游戲主人論林黛玉書」,『游戲報』, 1897.11.2.

27 王書怒,『中國娼妓史』(1933). 重印, 上海 : 三聯書店, 1988, p.311.

28 周瘦鵑,『老上海三十年』, 上海 : 大同書局, 1928, p.27.

29 『游戲報』, 1897.8.5.

30 자세한 내용은 다음을 볼 것. 周瘦鵑, 老上海三十年, p.33.

31 기록상의 첫 대회는 송나라 때 개최되었다. 자세한 내용은 다음을 볼 것. 汪了翁,『上海六十年花界史』, 上海 : 時新書局, 1922, pp.77~96.

32 李汝珍(1763~1830),『鏡花緣』, 1828년에 첫 출판; 현대 판본으로는 다음을 볼 것. 北京 : 人民出版社, 1986.

33 대회를 마치고 난 일정 기간『游戲報』는 대회 우승자들이 배우자를 구한다는 내용으로 헤드라인 기사를 실었다.

34 李伯元은 張園의 찻집에서 네 명의 최고 기녀들을 만났을 때 이 이름을 전달했다. 이곳에서 이들은 문 옆의 같은 자리에 매일 앉아 있을 터였다. 자세한 내용은 다음을 볼 것. 陳無我,『老上海三十年見聞錄』, 上海 : 大同書局, 1928, 卷一, p.34; 관련 연구로는 다음을 볼 것. Gail Hershatter, *Dangerous Pleasures. Prostitution and Modernity in Twentieth-Century Shanghai*, Berkeley : University of California Press, 1997, pp.169~171.

35 「游張園'四大金剛」,『游戲報』, 1897.10.12, p.2.

36 「林黛玉擇期開市」,『游戲報』, 1897.10.5.

37 「聞金小寶喬遷詩以賀之」,『游戲報』, 1897.9.21.

38 「張書玉履歷」,『游戲報』, 1897.11.11.

39 「金小寶傳」,『游戲報』, 1897.11.18.

40 「陸校書遊園諧二美」,『游戲報』, 1897.11.2.

41 「大金剛擇期戴帽」,『游戲報』, 1897.10.18.

42 「林黛玉衣裳出色」,『游戲報』, 1897.10.11.

43 다음을 볼 것. Catherine Yeh, *Shanghai Love*, 제1장.

44 『游戱報』, 1897.10.4.

45 『游戱報』는 나아가 대회 자료를 기초로 『春江花史』를 편찬할 예정이며 간과했던 기녀들도 포함될 수 있다는 광고를 실었다. 대회의 세 등급의 우승자들의 전기를 모두 포함할 예정으로, 일품의 3명, 이품의 30명, 삼품의 107명 등 도합 140명의 기녀가 해당되었다. 『游戱報』, 1897.8.26.

46 「代校書林黛玉等擬募捐購置花塚小啓」, 『游戱報』, 1897.10.9; 자세한 내용은 다음을 볼 것. 周瘦鵑, 『老上海三十年』, pp.122~130.

47 「紀今日本館附出名花小影」, 『游戱報』, 1898.9.30, p.1.

48 요화사진관[耀華照像號]에 관해서는 다음을 볼 것. Catherine Yeh, *Shanghai Love*, p.88.

49 葛元旭, 『滬遊雜記』, p.57, '사진관[照相樓]'이라는 제목 아래에 기녀들이 사진을 찍어 인화해서 잠재 고객들에게 돌리곤 했다고 적고 있다. 상하이 기녀들에 관한 王韜의 이른 기록에도 일부 기녀들 사이에서 사진 찍는 것이 유행이라고 적혀 있다. 王韜, 海陬冶遊附錄(1879). 蟲天子(張廷華) 編, 『香艶叢書』, 北京 : 人民文學出版社, 1992, p.5720. 관련 연구로는 다음을 볼 것. Regine Thiriez, "Photography and portraiture in nineteenth-century China", *East Asian History* 17/18 : 77~102 (June/December 1999).

50 『游戱報』, 1898.10.1.

51 『游戱報』, 1898.9.30, p.1.

52 다음을 볼 것. Catherine Yeh, *Shanghai Love*, 제1장.

53 『鏡影簫聲初集』, 동판, 東京, 1887.

54 예로 다음을 볼 것. [唐]崔令欽, 『教坊記』(714년). 楊家駱 編, 『中國學術名著』. vol.1 (3) pp.1~19; [唐]孫棨, 『北里志』. 楊家駱 編, 『中國學術名著』 vol.1(3), pp.21~42; 余懷, 『板橋雜技』(1654년), 蟲天子(張廷華) 編, 『香艶叢書』, 北京 : 人民文學出版社, 1992, pp.3637~3672.

55 다음 예들을 볼 것. 『小說月報』 2.4 (1910년 4월) 및 『小說大觀』 1915.

56 『花國百美圖』, 上海 : 生生 美術公司, 1918, p.18, '菊第'(문헌에는 페이지 번호가 없음).

57 1896년부터 1910년대까지의 기간 동안 순수 오락신문으로 30여 종이 발간되었다. 자세한 내용은 다음을 볼 것. 阿英, 『晚清文藝報刊述略』, 上海 : 中華書局, 1959, pp.49~89; 祝均宙 「上海小報的歷史沿革」, 『新聞研究資料』, 42 : 163~179 (1988).

58 1897년 11월부터 『游戱報』에 연재된 『鳳雙飛』(봉황 한 쌍, 날아오르다).

59 자세한 내용은 다음을 참조할 것. 阿英 「庚子國變彈詞」, 魏紹昌 編, 『李伯元研究資料』, p.260 및 『官場現形記』에 대한 이백원 자신의 언급, 같은 책, p.72.

60 吳沃堯(吳趼人), 「李伯元傳」, 魏紹昌 編, 『李伯元研究資料』, p.10.

61 祝均宙, 「上海小報的歷史沿革」, 42 : 137~139 (1988).

62 『大世界』는 1917년 7월 1일에 창간되었고 1913년 6월에 폐간되었다. 공화정을 가져온 혁명이 성공한 1911년 이후, 장르로서 소보는 거의 사라졌다. '심각한' 담론의 일시적 승리 때문이었을까? 소보는 1910년대 후반에 가서야 다시 고개를 들게 된다. 자세한 논의로는 다음을 볼 것. 祝均宙, 「上海小報的歷史沿革」, 42 : 170 (1988).

63 『先施樂園日報(*The Eden*)』은 1918년 3월 19일에 창간, 1927년 5월에 정간되었다.

64 『晶報(*Crystal*)』는 1919년 3월 3일에 창간, 1940년 5월 23일에 정간되었다.

65 魏紹昌,『李伯元硏究資料』, pp.490~492.

66 자세한 내용은 다음을 볼 것. 阿英,「惜秋生非李伯元化名考」, 魏紹昌,『李伯元硏究資料』, pp.486~489; 魏紹昌,「茂苑惜秋生其人其事」, 같은 책, pp.490~494; 釧影,「補茂苑惜秋生事」, 같은 책, pp.495~498.

67 자세한 내용은 祝均宙,「上海小報的歷史沿革」,『新聞硏究資料』 42 : 171~172 (1988).

68 다음을 볼 것. 祝均宙,「上海小報的歷史沿革」,『新聞硏究資料』 42 : 163~179 (1988), 43 : 137~153 (1988), 44 : 211~220 (1988).

69 張園에 관해서는 다음을 볼 것. 顧炳權,『上海風俗估計考』, 上海 : 華東師範大學出版社, 1993, pp.149~150; 熊月之,『張園－晩淸上海一個公共空間的硏究』, 張仲禮 編,『中國近代城市企業, 社會, 空間』, 上海 : 上海社會科學院出版社, 1998, pp.334~359.

찾아보기

저자 및 역자 소개

엮은이
루돌프 와그너 Rudolf G. Wagner, 1941~2019

하이델베르크대학교 중국학 수석교수로, 하버드대학교 페어뱅크(Fairbank) 센터 연구원을 겸직했다. 중국 지성사, 문화교류사, 근대 대중매체 등을 연구했다. 본서 외에『새로운 글로벌 지식에 관한 중국의 백과사전(*Chinese Encyclopaedias of New Global Knowledge, 1870~1930*)』,『현대성의 고전(*Modernity's Classics*)』을 엮었으며,『트랜스컬추럴 연구(*The Journal of Transcultural Studies*)』의 편집인이었다.

글쓴이
바바라 미틀러 Barbara Mittler

하이델베르크대학교 중국문화연구 교수로, 이 대학 아시아 및 트랜스컬추럴 연구소의 공동 창립자다. 중국과 타이완의 문화사, 아방가르드 예술, 대중문화 등을 연구하고 있으며, 역사학자 토마스 마이쎈(Thomas Maissen)과 함께『중국에 르네상스가 없었던 이유－왜 문제가 되는가(*Why China Did Not Have a Renaissance : and Why That Matters*)』를 썼다. 음악학, 일본학도 공부한 바 있다.

나타샤 겐츠 Natascha Gents

에딘버러대학교 중국학과 교수로,『신 지역연구(*Journal of New Area Studies*)』의 편집위원이다. 초국적 시야에서 문화연구를 강의하고 있다. 중국 언론사, 중국의 미디어 관념, 전 지구적 범위의 개념사와 초국적 지식생산, 현대 중국의 연극 이론과 실천 등의 주제에 관심을 두고 있다. 독일어로 당대 중국의 정치 연극에 관한 저서와 근대 중국 언론에 관한 저서를 낸 바 있으며, 최근에는 바바라 미틀러와 함께『현대 중국에 관한 트랜스컬추럴 관점들(*Transcultural Perspectives on Modern China*)』을 엮었다.

내니 킴 Nanny Kim

하이델베르크대학교 강사로, 하이델베르크대학교와 런던대학교 SOAS(동양 아프리카 연구 대학)에서 공부했다. 중국 근세와 근현대의 경제사와 문화사를 연구하고 있으며, 저서로『산간의 하천과 도로－청대 중국 남서부의 교통(*Mountain Rivers, Mountain Roads : Transport in the Southwest of Qing China*)』,『거울로서 이웃－중국의 한국 이미지(*The Neighbour as Mirror : Chinese Images of Korea*)』(1873~1932, 근간)가 있다.

캐서린 예 Catherine Vance Yeh 葉凱蒂

보스턴 대학교 중국현대문학 및 트랜스문화연구 교수로, 문학형식의 전 지구적 이동, 문화횡단적 상호작용 중의 연극미학의 변환, 사회변혁의 주동자로서 오락문화 등과 같은 주제를 다루고 있다. 저서로『상하이의 연애－기녀, 문인, 오락문화(*Shanghai Love : Courtesans, Intellectuals, and Entertainment Culture*)』(1850~1910),『중국 정치소설－세계 장르의 이동(*The Chinese Political Novel : Migration of a World Genre*)』이 있다.

옮긴이

심태식 沈泰植 Shim Tae-shik, 1967~2014
고려대학교 중문과를 졸업하고 영국 에든버러대학교에서 중국학으로 박사학위를 취득한 후 고려대학교 민족문화연구원 HK 연구교수와 동 대학 중국학연구소 연구교수를 역임하였다. 주요 연구 분야는 중국 현대문학과 미학, 동아시아의 서학이며, 번역서 『현대 중국의 아틀라스』를 비롯하여 "The Aesthetic Thought of Zhu Guangqian"(The Univ. of Edinburgh), "A Study of Mao Dun's Proletarian Literature", 「19세기 말 중국 신문의 위상과 지식 네트워크-초기 《申報》를 중심으로」, 「뒤 알드의 《중화제국과 중국 타타르의 지리, 역사, 연대기, 정치, 자연(물리)에 대한 서술》小考」 등의 논문이 있다.

민정기 閔正基 Mihn Jung-ki
인하대학교 중국학과 교수로, 국가와 민족들 사이 지식의 형성, 그리고 그 과정에서 시각적 재현이 어떤 작용을 하는지에 관심을 두고 있다. 논문으로 「상하이 《점석재화보》가 그려 보인 근대전환기의 조선과 일본」 등이 있고, 『언어횡단적 실천』(역), 『동서양의 경계에서 중국을 읽다』(공편), 『중국 현대미술의 길』(공역) 등의 책을 냈다.

이성현 李成賢 Lee Seong-hyun
서울대학교 강사로, 「『점석재화보(點石齋畫報)』 연구」로 박사학위를 받았다. 지은 책으로 『중국 근대의 풍경』(공저)이 있고, 옮긴 책으로 『80년대 중국과의 대화』, 『저항자』(공역), 『주르날 제국주의-프랑스 화보가 본 중국 그리고 아시아』 등이 있다.

차태근 車泰根 Cha Tae-geun
인하대학교 중국학과 교수로, 중국 현대사상과 문화를 연구해 오고 있으며, 저서 『제국주의 담론과 동아시아 근대성』, 『근대 동아시아 평화사상』(공저)과 번역서 『세계질서와 문명등급』, 『충돌하는 제국』, 『중국의 충격』(공역) 등이 있다.